OEUVRES

DE

MATHURIN REGNIER.

OEUVRES

DE

MATHURIN REGNIER,

AVEC LES COMMENTAIRES

REVUS, CORRIGÉS ET AUGMENTÉS;

PRÉCÉDÉES DE L'HISTOIRE DE LA SATIRE EN FRANCE,
POUR SERVIR DE DISCOURS PRÉLIMINAIRE,

PAR M. VIOLLET LE DUC.

A PARIS,

CHEZ TH. DESOER, LIBRAIRE,
RUE CHRISTINE, N°. 2.
1823.

HISTOIRE DE LA SATIRE EN FRANCE,

POUR SERVIR DE DISCOURS PRÉLIMINAIRE AUX OEUVRES DE MATHURIN REGNIER.

De tous les poëtes françois qui ont précédé le siècle de Louis XIV, Malherbe et Regnier sont les seuls qui aient conservé quelque réputation ; encore Malherbe est-il beaucoup plus connu que Regnier : la nature des ouvrages de ce dernier ne permettant pas de le mettre entre les mains de la jeunesse, et, passé cet âge, les devoirs que la société s'est imposés de nos jours éloignant de la lecture des poëtes tout ce qui n'est pas homme de lettres. Aussi s'en rapporte-t-on généralement au jugement que Boileau a porté de Regnier, en adoptant sans examen, et les éloges qu'il fait du talent de cet auteur, et les reproches qu'il adresse à ses ouvrages (1).

Regnier cependant ne mérite pas moins d'être étudié que Malherbe : son style n'est pas aussi pur ; mais comme sa poésie est moins élevée, et qu'il s'est par cela même donné plus de libertés, le langage dont il s'est servi, et la nature des sujets qu'il a traités, donnent lieu à des remarques grammaticales et à des observations de mœurs qui ne peuvent manquer d'avoir un grand intérêt. C'est, dit Boileau (réflexion v sur Longin), le poëte françois qui, du consentement de tout le monde, a le mieux connu avant Molière les mœurs et le caractère des hommes ; et à ce titre seul il eût dû échapper à l'oubli dans lequel il est tombé.

L'immense supériorité qu'il s'est acquise par son talent dans le genre de la satire, en s'élevant tout à coup au-dessus de ses devanciers et contemporains, m'impose le devoir de les faire connoître à mes lecteurs ou de les rappeler à leur mémoire. La comparaison que l'on aura la facilité d'établir entre leurs ouvrages et ceux de Regnier ne peut qu'ajouter à la gloire de cet auteur.

Satira tota nostra est, dit Quintilien ; et indépendamment de l'autorité que les vastes connoissances du rhéteur latin doivent donner à son assertion, il écrivoit dans un temps où l'on étoit en état de résoudre cette question mieux qu'aujourd'hui. Les Grecs cependant connoissoient la satire, au moins dans son but, si ce n'est dans la forme prescrite par les Latins, et que nous lui avons conservée. Les fables d'Ésope sont peut-être les plus anciens monuments de la satire : Homère en présente encore des exemples dans la peinture qu'il fait de la démarche inégale de Vulcain, et dans celle de l'impertinente loquacité de Thersite. La plupart des ouvrages des poëtes lyriques avoient un caractère qui les rapproche de ce que nous entendons par *satire*. Archiloque, Hypponax, lancèrent contre leurs ennemis des traits si piquans, qu'ils les firent mourir de désespoir. Stésichore perdit la vue en punition des vers mordans qu'il avoit faits contre Hélène. Alcée déchira avec Pittacus et les tyrans de Lesbos. Parmi les fragmens qui nous ont été conservés des ouvrages de Simonide, on remarque une satire violente contre les femmes, dont il compare les divers caractères avec les mauvaises inclinations de certains animaux. Théocrite commence son idylle intitulée *les Grâces* ou *Hiéron*, par une

---

(1) De ces maîtres savans, disciple ingénieux,
Regnier seul parmi nous, formé sur leurs modèles,
Dans son vieux style encore a des grâces nouvelles.
Heureux si ses discours, craints du chaste lecteur,
Ne se sentoient des lieux où fréquentoit l'auteur ;
Et si du son hardi de ses rimes cyniques,
Il n'alarmoit souvent les oreilles pudiques.

diatribe contre les princes peu généreux envers les poëtes.

Les auteurs tragiques eux-mêmes ont souvent donné dans leurs ouvrages un libre cours à leur verve satirique ; et l'*Hippolyte couronné* d'Euripide offre des passages entiers qui ne sont que des satires absolument parlant, puisqu'elles ralentissent l'action. Le chœur des tragédies est presque toujours satirique.

La vie entière de Diogène est une satire continuelle. La manière d'argumenter de Socrate avec ses disciples prouveroit seule que ce genre d'esprit, qui anime ce que nous appelons satire aujourd'hui, n'étoit pas inconnu aux Grecs, quand même les dialogues de Platon ne nous offriroient pas des modèles en ce genre. On sait que ce dernier philosophe, qui avoit banni Homère de sa république, faisoit ses délices de la lecture des ouvrages de Sophron. C'étoit un auteur de *mimes*, sorte de drames beaucoup plus libres que la comédie, et qui avoient, comme elle, la peinture des mœurs pour objet, mais sans action déterminée. On prétend que les *Syracusaines* de Théocrite sont une imitation de ces mimes. Il est aisé de conclure de ces divers exemples que si la satire n'affectoit pas une forme absolue chez les Grecs, elle ne leur étoit pas inconnue pour cela ; mais comme elle ne formoit pas *un genre* dans leur littérature, on ne lui avoit pas imposé de dénomination.

Ce que les Grecs appeloient *satyres*, étoient des pièces de théâtre ainsi nommées, parce que les divinités champêtres de ce nom y jouoient ordinairement un rôle obligé. On les représentoit après la tragédie, comme *petites pièces.* « Elles tenoient le « milieu, dit le P. Brumoy, entre la tragédie et la « comédie. Leur but principal étoit de remettre les « esprits dans une situation plus douce après les « impressions causées par la tragédie. » Le *Cyclope* d'Euripide est le seul modèle qui nous reste de ce genre : le comique en consiste principalement dans l'opposition du langage héroïque d'Ulysse avec les bouffonneries triviales du Cyclope. La comédie, en se perfectionnant, fit négliger ce poëme burlesque. Il est cependant question de Pratinas, qui composa cinquante satyres dont une fut couronnée ; et d'un certain Sosisthée, de l'école d'Alexandrie, qui se distingua encore dans ce genre de composition. Lycophron et Callimaque, poëtes de la même école, montrèrent aussi quelques intentions satiriques, le premier dans son éloge ironique du métaphysicien Ménidème, le second en signalant dans son *Ibis* la présomption et l'ignorance d'un de ses disciples.

Enfin Lucien termine l'histoire de la satire grecque ; et l'on trouve chez cet auteur la gaieté cynique des anciens, réunie à cette plaisanterie délicate dont Horace lui avoit donné l'exemple, et qui plaît tant aux nations modernes.

Lorsque les Romains eurent conquis la Grèce, les arts de cette terre féconde eurent bientôt adouci ses farouches vainqueurs. Avant cette époque on ne connoissoit en Italie que des vers appelés *saturnins* et *fescennins*, sans aucune mesure, remplis de railleries grossières, et chantés par des acteurs qui les accompagnoient de danses et de postures obscènes. Leur licence alla si loin que l'on fut obligé de la réprimer par une loi datée de l'an de Rome 302. Environ quatre-vingt-dix ans après, les jeux scéniques furent établis à l'occasion d'une peste qui désola Rome. Ces jeux consistoient en de simples danses exécutées par des Toscans. On ne tarda pas à joindre à ces ballets les railleries rustiques dont j'ai parlé, et que l'on nomma *saturæ*. Ces jeux furent en usage durant plus de deux cents ans, époque après laquelle parut Livius Andronicus, Grec de nation, esclave de Salinator, qui l'affranchit en faveur de ses talens. Andronicus composa et représenta à lui seul des tragédies imitées des Grecs. On ne put faire supporter ce spectacle aux Romains qu'en l'entremêlant de ces satyres grossières pour lesquelles ils avoient un goût décidé, et même en leur montrant des gladiateurs et des bêtes féroces, tant étoient grandes l'ignorance et la barbarie de ce peuple vainqueur du monde. Nœvius fit des comédies; Plaute et Térence composèrent les leurs; et enfin *Lucilius* vint, et passa pour l'inventeur de la satire, parce qu'il lui donna la forme qu'*Horace*, et ensuite *Perse* et *Juvénal*, ont adoptée.

Il est assez indifférent que les satyres, *saturæ*, des Latins aient été faites ou non à l'imitation des satyres des Grecs. Ce qu'il y a au moins de certain, c'est que la satire de Lucile, d'Horace, ainsi que la nôtre, n'ont aucune ressemblance avec ces drames grecs. Nous sommes donc fondés à croire avec Quintilien, que la satire, dans le sens que nous attachons aujourd'hui à ce mot, est toute romaine.

Ce genre de poésie malicieuse devoit plaire aux François, railleurs par caractère; aussi les premiers essais de notre poésie ont-ils une teinte satirique. Les fabliaux offrent souvent des traits piquans, dirigés la plupart contre les maris trompés, et la conduite peu scrupuleuse des gens d'église. Les contes du *Castoyement* ont le même but. Il nous reste un poëme de *la Mort*, composé par Helinand, poëte du douzième siècle. Cet ouvrage contient un grand nombre de passages satiriques qui attaquent sans ménagement tout ce qu'il y avoit alors de plus respectable. C'est ainsi qu'Helinand dit :

> Rome est li mail (maillet) qui tot (tout) assomme,
> Qui faict aux simoniaux voile
> De cardinal et d'apostoile (de pape).

Huon de Méry, poëte du treizième siècle, a composé un poëme sur le combat des vices et des vertus : cet ouvrage, qui n'est qu'une longue satire, est intitulé le *Tournoyement* (tournois) *de l'antechrist*. Or, il paroit que ce genre de composition étoit en faveur en France depuis long-temps, puisque Huon de Méry se plaint de n'avoir plus qu'à glaner dans le champ que ses prédécesseurs avoient moissonné.

> Jolivetez semond et point
> Mon cueur de dire aucun biau dict :
> Mais n'ai de quoi, car tout est dit.

Dans la *Bible Guyot*, poëme du même siècle, ainsi nommée de ce qu'elle contient toute vérité, et du nom de son auteur, les grands, les gens de loi, les moines passent tour à tour sous la censure du bon Guyot.

Vers ce même temps quelques troubadours provençaux, entre autres Pierre d'Auvergne, Izarn, Pierre Cardinal, etc., avoient composé en langage d'Oc des *Silventez* ou *Sirventes*, mot tiré de *Silvanus*, divinités pastorales des Latins. Ces poëmes étoient de véritables satires dont les querelles de religion qui désoloient alors ces belles contrées, les exactions de la noblesse, la corruption du clergé, forment presque toujours le sujet. Mais nos trouvères en langue d'Oïl eurent peu de communications avec les troubadours, ou du moins la forme adoptée par ces derniers pour ces sortes de poëmes, ne le fut point encore de ce côté-ci de la Loire.

Le *Roman de la Rose* est une satire où tous les états de la société sont amèrement critiqués. A la fin du quatorzième siècle, Robert Gobin composa les *Loups ravissans*, qu'il dédia pour étrennes à sa bonne mère l'université de Paris. C'est un *Doctrinal moral*, comme l'auteur le dit lui-même, dans lequel, par une sorte de dialogue mi-partie vers et prose établi entre le Loup ravissant et sainte Doctrine, il tente de corriger de leurs défauts les prêtres, les maitres-ès-arts, etc. Le moyen qu'il emploie pour cela est assez singulier : les loups font l'éloge de leurs vices et déportemens, qu'ils peignent en détail avec complaisance ; et sainte Doctrine leur répond par l'éloge de la morale et de la vertu. C'est dans cet ouvrage bizarre que La Fontaine a puisé les sujets de ses fables de la *Cigale et la Fourmi*, et du *Meunier, son Fils et l'Âne*.

Le *Gargantua* de Rabelais n'est aussi qu'une satire. On trouveroit encore dans notre vieille littérature une foule d'ouvrages de ce genre, tels que les poésies de Villon et de Charles Bordigné, auteur de la *Légende de Maître Pierre Faifeu ;* mais bien que leurs œuvres soient satiriques, cependant le nom de *satires* ne peut leur être donné, non plus qu'aux boutades critiques que Martial de Paris a jetées au hasard dans ses *Vigiles de Charles* vii. Il en est de même du *Catholicon des mal-avisés*, de Laurent des Moulins, de la *Danse aux aveugles*, de Pierre Michau, et d'une infinité d'autres poëmes où la malignité françoise se fait toujours reconnoitre, mais dont la forme s'oppose à ce qu'on les confonde avec ce que nous nommons aujourd'hui des satires.

Cette remarque peut également s'appliquer aux *Blasons*, pièces de poésie employées indifféremment à la louange ou au blâme. *Le Blason des faulces amours*, de Guillaume Alexis, qui florissoit dans les premières années du seizième siècle, est l'un des plus anciens que l'on connoisse. Il est peu de poëtes de cette époque et de celle qui l'a suivi immédiatement qui ne s'exerçassent à composer quelques blasons.

Ce ne fut que dans le courant du seizième siècle que la satire prit en France une forme constante. L'épigramme satirique la précéda, et ce furent encore les Latins, et Martial en particulier, que nos épigrammatistes prirent pour modèle. L'épigramme grecque n'étoit qu'une pensée délicate exprimée avec grâce et la précision qu'exigeoit son but, qui étoit presque toujours l'inscription. Celles qui nous ont été conservées dans l'*Anthologie* sont ou louangeuses ou galantes ; on auroit peine à en trouver quelques-unes malignes ou satiriques, ce qui leur donne plutôt l'apparence du madrigal que de ce que nous entendons par épigrammes. Mellin de Saint-Gelais, mort en 1558 dans un âge avancé, se distingua le premier dans ce genre de poésie, et plusieurs de ses épigrammes pourroient encore aujourd'hui se proposer pour modèles. Telles sont celles-ci :

> Chatelus donne à déjeuner
> A six pour moins d'un carolus ;
> Et Jacquelot donne à dîner
> A plus pour moins que Chatelus.
> Après tels repas dissolus,
> Chacun s'en va gai et sallot.
> Qui me perdra chez Chatelus,
> Ne me cherche chez Jacquelot.

> Un charlatan disoit en plein marché
> Qu'il montreroit le diable à tout le monde ;
> Si n'y eut, tant fust-il empêché,
> Qui ne courût pour voir l'esprit immonde.
> Lors, une bourse assez large et profonde

Il leur déploie, et leur dit : Gens de bien ,
Ouvrez les yeux , voyez : y a-t-il rien ?
Non , dit quelqu'un des plus près regardans ;
Et c'est , dit-il , le diable, oyez-vous bien ,
Ouvrir sa bourse et ne rien voir dedans.

Ce dernier exemple pourroit peut-être faire regarder Mellin de Saint-Gelais comme l'inventeur du conte épigrammatique. Il en a composé beaucoup d'autres , obscènes pour la plupart. Il est à remarquer que l'épigramme, et même la satire jusques et compris Regnier , ainsi que nous le rappellerons plus loin, ont souvent admis , avec une sorte d'affection, la licence de la pensée que le cynisme de l'expression ne corrigeoit en rien.

Le talent de Mellin de Saint-Gelais pour l'épigramme lui fit une grande réputation de méchanceté ; ce qui fit dire à Ronsard , arrivant jeune à la cour :

Ecarte loin de mon chef
Tout malheur et tout méchef.
Préserve-moi d'infamie ,
De toute langue ennemie ,
Et de tout esprit malin ;
Et fais que devant mon prince
Désormais plus ne me pince
La tenaille de Mellin.

Le François est essentiellement imitateur, et les poëtes contemporains de Mellin le prirent pour modèle. Le plus remarquable d'entre eux , celui qui les fit tous oublier, ainsi que son maître, fut Clément Marot ; et c'est à lui qu'il faut remonter pour trouver les premiers vestiges de la satire en France dans ses *coqs-à-l'âne* adressés à Louis Jamet, et composés d'une succession de phrases interrompues, sans suite entre elles. Marot donna ce nom ridicule à ces pièces de poésie, pour indiquer qu'elles forment des discours tels qu'en pourroit adresser un *coq* à un *âne*, animaux qui n'ont entre eux aucuns rapports : ce sont des pièces critiques sur les affaires du temps , et dans lesquelles la satire est mêlée à dessein avec de grosses vérités triviales, ce qui les rend inintelligibles , aujourd'hui qu'on en a perdu la clef, mais ce qui rendoit, par cette même raison, ces poésies piquantes dans un siècle d'oppression et d'intolérance. L'exemple de Marot entraîna la troupe moutonnière des poëtes de son temps , et les gens de goût eurent de la peine, long-temps encore après lui, à faire abandonner ce genre facile, et dans lequel les lecteurs peuvent supposer des intentions que les auteurs étoient souvent loin d'avoir , une finesse dont les derniers étoient innocens et où chacun voit enfin ce qu'il veut y voir.

Joachim Dubellay, poëte contemporain de Saint-Gelais et de Clément Marot , s'éleva le premier contre le *coq-à-l'âne*, dont la pureté fort remarquable de son goût lui fit apercevoir le ridicule. Voici ce qu'il en dit dans son *Illustration de la langue françoise*, chap. IV :

« Quand aux épistres , ce n'est un poëme qui
» puisse grandement enrichir nostre vulgaire, parce
» qu'elles sont volontiers de choses familières et
» domestiques, si tu ne les voulois faire à l'imita-
» tion d'élégies , comme Ovide , ou sentencieuses
» et graves , comme Horace. Autant te dis-je des
» satyres, que les François, je ne sais comment ,
» ont appellées *Cocs à l'asne*, esquelles je te con-
» seille aussi peu t'exercer comme je te veux estre
» aliéné de mal dire : si tu ne voulois à l'exemple
» des anciens en vers héroïques (c'est à dire de
» dix à douze, et non seulement de huit), soubs
» le nom de *satyre* et non de ceste inepte appella-
» tion de *coc à l'asne*, taxer modestement les vices

» de ton temps , et pardonner au nom des personnes
» vicieuses : tu as pour ceci Horace , qui , selon
» Quintilian , tient le premier lieu entre les sa-
» tiriques. »

Dubellay donna l'exemple en même temps que le précepte ; il composa une véritable satire intitulée le *Poëte courtisan*, et dans laquelle, avec une ironie délicate et ingénieuse, il instruit un poëte des moyens de réussir à la cour. C'est un petit chef-d'œuvre de malice et de grâce, dont mes lecteurs me sauront gré de leur rapporter ici quelques fragmens.

Je ne veux point ici du maistre d'Alexandre,
Touchant l'art poëtie , les préceptes t'apprendre :
Tu n'apprendras de moi comment jouër il fault
Les miseres des roys dessus un eschaffaud :
Je ne t'enseigne l'art de l'humble comédie :
Ni du Méonien la muse plus hardie :
Bref, je ne montre ici du vers horatien
Les vices et vertuz du poëme ancien.
Je ne dépeins aussi le poëte du vide :
La court est mon auteur, mon exemple et ma guide.
Je te veux peindre ici , comme un bon artizan,
De toutes ses couleurs l'Apollon courtisan,
Où la longueur surtout il convient que je fuye ,
Car de tout long ouvrage à la court on s'ennuye.
. . . .
Toi donc qui as choisi le chemin le plus court
Pour estre mis au rang des savans de la court,
Sans mascher le laurier, ny sans prendre la peine
De songer , en Parnasse , et boire à la fontaine
Que le cheval volant de son pied fist jaillir ,
Faisant ce que je dy tu ne pourras faillir.
Je veux en premier lieu que, sans suivre la trace,
Comme font quelques-uns , d'un Pindare ou Horace
Et sans vouloir, comme eux , voler si haultement,
Ton simple naturel tu suives seulement.
Ce procès tant mené , et qui encore dure,
Lequel des deux vault mieux , ou l'art ou la nature,
En matière de vers à la court est vuidé :
Car il suffit ici que tu soyes guidé
Par le seul naturel sans art et sans doctrine,
Fors cet art qui apprend à faire bonne mine ;
Car un petit sonnet , qui n'a rien que le son,
Un dixain à propos , ou bien une chanson,
Un rondeau bien troussé avec une ballade,
(Du temps qu'elle courroit) vault mieux qu'une Iliade.
Laisse-moi donques là ces Latins et Gregeois
Qui ne servent de rien au poëte françois,
Et soit la seule court ton Virgile et Homere ,
Puisqu'elle est (comme on dit) des bons esprits la mere.
. . . .
Je te veux enseigner un autre point notable,
Pourceque de la court l'eschole , c'est la table.
Si tu veux promptement en honneur parvenir,
C'est où plus sagement il te fault maintenir.
Il fault avoir toujours le petit mot pour rire,
Il fault des lieux communs , qu'à tout propos on tire,
Passer ce qu'on ne sait , et se montrer savant
En ce que l'on a lu deux ou trois jours devant.
Mais qui des grands seigneurs veult acquerir la grace,
Il ne fault que les vers seulement il embrasse,
Il fault d'autres propos son stile déguiser,
Et ne leur fault toujours des lettres deviser.
Bref, pour estre en cest art des premiers de ton aage ,
Si tu veux finement jouer ton personnage
Entre les courtisans , du savant tu feras,
Et entre les savans courtisan tu seras.
. . . .

Ce faisant, tu tiendras le lieu d'un Aristarque,
Et entre les savans seras comme un monarque ;
Tu seras bien venu entre les grands seigneurs,
Desquels tu recevras des biens et des honneurs,
Et non la pauvreté, des muses l'héritage,
La quelle est à ceux-là réservée eu partage,
Qui, dédaignant la court, fascheux et malplaisans,
Pour allonger leur gloire accourcissent leurs ans.

Joachim Dubellay nous fournit ici le premier exemple de satire composée en françois, telle que l'ont faite depuis Regnier et Boileau, et telle que nous la concevons encore aujourd'hui ; il est digne de remarque que Dubellay ne donne pas le titre de *satire* à son *Poëte courtisan.*

La volumineuse collection des poésies de Ronsard ne nous offre pas une seule pièce sous le nom de satire, quoiqu'il fût applicable à un grand nombre de ses poëmes, élégies, discours, etc. Cependant Jacques Pelletier du Mans avoit publié, en 1555, un art poétique en prose, dans lequel il avoit donné les règles de la satire d'après celle des Latins ; ainsi ce n'étoit pas un genre inconnu : il est vrai que Pelletier ne cite comme auteur satirique françois que le seul Clément Marot, à cause de son coq-à-l'âne, qu'il n'approuve pas. Toutes les poétiques de ce temps, entre autres celle de Sibillet, considèrent la satire d'Horace comme étant un coq-à-l'âne latin, et le coq-à-l'âne de Marot comme la seule satire françoise. Pierre Delaudun d'Aigalliers, écrivant plus tard, ne parle également que du coq-à-l'âne et du blason.

Pierre de Ronsard, dont les ouvrages eurent une grande influence, quoique contestée, sur notre littérature, lui ouvrit quelques routes nouvelles, et tenta presque toutes les autres, souvent avec succès. Il sentoit que la poésie françoise devoit prendre un essor plus élevé qu'elle n'avoit fait jusqu'alors : il encouragea les poëtes ses contemporains à essayer leurs forces sur des sujets non encore traités. Dans un poëme qu'il adresse à son ami Jean de la Peruse, après lui avoir exprimé les efforts qu'il avoit déjà faits et ceux qu'avoient tentés sur ses conseils Baïf, Jodelle, et la Peruse lui-même, il lui dit :

Peut-être après que Dieu nous donnera
Un cœur hardi, qui brave sonnera
De longue haleine un poëme héroïque ;
Quelqu'autre après, la chanson buccholique ;
L'un la satyre, et l'autre, plus gaillard,
Nous salera l'épigramme vaillard.

Ronsard leur donna l'exemple en s'exerçant dans l'épopée et l'églogue. Il ne put rester muet au milieu des malheurs et des désordres qui accablèrent le siècle pendant lequel il vécut ; la satire devoit nécessairement enflammer son âme fière et poétique. Voyons ce qu'il dit à Henry III :

Sire, voici le mois où le peuple romain
Donnoit aux serviteurs, par manière de rire,
Congé de raconter tout ce qu'ils vouloient dire :
Donnez-nous, s'il vous plaît, un semblable congé.
. . . .
Qui, bon Dieu ! n'escriroit, voyant ce temps ici ?
Quand Apollon n'auroit mes chansons en souci,
Quand ma langue seroit de nature muette,
Encore par dépit je deviendrois poëte.
C'est trop chanté l'amour et en trop de façon :
La France ne connoît que ce mauvais garçon,
Que ses traicts, que ses feux. Il faut qu'une autre voye
Par sentiers inconnus au Parnasse m'envoye,
Pour me serrer le front d'un laurier attaché,
D'autre main que la mienne encore non touché.
. . . .

Si quelqu'un en faveur de sa faveur abuse,
S'il fait le courtisan et s'arme d'une ruse ;
Si quelque viloteur aux princes devisant,
Contrefait le bouffon, le fat ou le plaisant ;
Si nos prélats de cour ne vont à leurs églises ;
Si quelque trafiqueur, qui vit de marchandises,
Veut gouverner l'état, faisant de l'entendu ;
Si quelqu'un vient crier qu'il a tout dépendu
En Pologne, et qu'il brave, enflé d'un tel voyage,
Et pour le sien accroître, à tous face dommage ;
Si plus, quelque valet de quelque bas métier
Veut, par force, acquerir tous les biens d'un cartier ;
Si plus, nos vieux corbeaux gourmandent vos finances;
Si plus, on se détruict d'habits et de dépenses ;
Et si quelqu'affamé, nouvellement venu,
Veut manger en un jour tout votre revenu,
Qu'il craigne ma fureur ! De l'encre la plus noire
Je lui veux engraver les faits de son histoire
D'un long trait sur le front; puis aille où il pourra :
Toujours entre les yeux ce trait lui demourra.
. . . .

J'ai trop long-temps suivi le métier héroïque,
Lyrique, élégiaq', je serai satyrique,
Disoi-je à votre frère, à Charles mon seigneur,
Charles qui fut mon tout, mon bien et mon bonneur.
Ce bon prince en m'oyant se prenoit à sourire,
Me prioit, m'exhortoit, me commandoit d'escrire,
D'estre tout satyrique icstamment me pressoit ;
Lors, tout enflé d'espoir dont le vent me paissoit,
Armé de sa faveur je promettois de l'estre ;
Cependant j'ay perdu ma satyre et mon maistre.

Ce fut encouragé par ces conseils de Charles IX, qui recommandoit à Ronsard de ne point l'épargner lui-même, que ce poëte composa sa trentième élégie, intitulée *la Dryade violée*, sur la coupe de la forêt de Gastine, abattue par les ordres de Charles. Après avoir chargé d'invectives l'auteur de ce sacrilège, c'est ainsi qu'il nomme l'aliénation de ce domaine, et la vente de ces bois que Ronsard avoit consacrés aux muses : il en témoigne ses regrets par des vers que je ne puis me dispenser de transcrire, et que je trouve remplis d'une grâce vraiment antique :

Forest, haute maison des oiseaux boccagers,
Plus le cerf solitaire et les chevreuls légers
Ne paistront sous ton ombre ; et ta verte crinière
Plus du soleil d'été ne rompra la lumière.
Plus l'amoureux pasteur sur un tronc adossé,
Enflant son flageolet à quatre trous percé,
Son mastin à ses pieds, à son flanc la houlette,
Ne redira l'ardeur de sa belle Jeannette ;
Tout deviendra muet, écho sera sans voix ;
Tu deviendras campagne ; et en lieu de tes bois,
Dont l'ombrage incertain lentement se remue,
Tu sentiras le soc, le coutre et la charrue ;
Tu perdras ton silence, et satyres, et Pan,
Et plus le cerf chez toi ne cachera son fan.
Adieu, vieille forest, le jouët du zéphyre,
Où premier j'accordai les langues de ma lyre,
Où premier j'entendy les flesches résouner
D'Apollon, qui me vint tout le cœur étonner ;
Où premier, admirant la belle Calliope,
Je devins amoureux de sa neuvaine trope,
Quand sa main sur le front cent roses me jetta
Et de son propre lait Euterpe m'allaita.

Ronsard, usant librement de la permission que lui avoit donnée Charles IX, lui reprocha assez aigrement les bénéfices ecclésiastiques qu'il accordoit aux personnes chargées de ses bâtimens, et entre

autres à Philibert de Lorme, par une pièce de
poésie intitulée *la Truelle croisée*. Plusieurs de
ses poëmes contiennent encore des conseils fort
sévères adressés à ce roi, tels que celui qui commence par ce vers :

Il me desplait de voir un si grand roi de France.

et cet autre :

Roi, le meilleur des rois.

et ses conseils ou instructions pour la jeunesse de
Charles IX.

Quelquefois la satire de Ronsard a toute la douceur de la plainte. Il s'adresse à Catherine de Médicis, et lui dit :

. . . . J'accusois la fortune,
La mère des flatteurs, la marâtre importune
Des hommes vertueux, en vivant condamnés
A souffrir le malheur des astres mal-tournés.
Je blâmois Apollon, les Grâces et la Muse,
Et le sage mestier qui ma folie amuse :
Puis, pensant d'une part combien j'ai fait d'escrits,
Et voyant d'autre part vieillir mes cheveux gris,
Après trente et sept ans, sans que la destinée
Se soit en ma faveur d'un seul point inclinée,
Je haïssois ma vie, et confessois aussi
Que l'antique vertu n'habitoit plus ici.
. . . .
Quand nous aurions servi quelque roi de Scythie,
Un roi goth ou Gelon, en la froide partie
Où le large Danube est le plus englacé,
Notre gentil labeur seroit récompensé.

Mais Ronsard retrouve toute la vigueur de sa verve
satirique dans ses *Discours sur les misères du temps*,
dédiés à la reine-mère. Il les composa pour laisser,
dit-il, à la postérité le souvenir des maux qui
désolèrent la France pendant la minorité de
Charles IX, et il est souvent à la hauteur de son
sujet :

Ha! que diront là bas, sous leurs tombes poudreuses,
De tant de vaillants rois les ombres généreuses,
Que dira Pharamond, Clodion et Clovis,
Nos Pepins, nos Martels, nos Charles, nos Loys,
Qui de leur propre sang, à tout péril de guerre,
Ont acquis à leurs fils une si belle terre ?

Que diront tant de ducs et tant d'hommes guerriers
Qui sont morts d'une playe au combat les premiers,
Et pour France ont souffert tant de labeur extrême,
La voyant aujourd'hui détruire par soi-même ?

Plus loin, en parlant de l'hérésie :

Ce monstre arme le fils contre son propre père ;
Le frere factieux s'arme contre son frere,
La sœur contre la sœur, et les cousins germains
Au sang de leurs cousins veulent tremper leurs mains ;
L'oncle hait son neveu, le serviteur son maître,
La femme ne veut plus son mari reconnoître ;
Les enfants sans raison disputent de la foi,
Et tout à l'abandon va sans ordre et sans loi.
L'artisan pour ce monstre a laissé sa boutique,
Le pasteur ses brebis, l'advocat sa pratique,
Sa nef le marinier, sou traficq le marchand,
Et par lui le prud'homme est devenu méchant ;
L'escholier se débauche, et de sa faulx tortue
Le laboureur façonne une dague pointue.
. . . .
Morte est l'autorité, chacun vist en sa guise ;
Au vice déréglé la licence est permise :
Le desir, l'avarice et l'erreur insensé
Ont sens dessus dessous le monde renversé.

On fait des lieux sacrés une horrible voirie,
Une grange, une étable et une porcherie ;
Si bien que Dieu n'est seur en sa propre maison.
Au ciel est revolée et justice et raison,
Et dans leur place, hélas ! regne le brigandage,
Le harnois, la rancœur, le sang et le carnage.

Tout va de mal en pis : le sujet a brisé
Le serment qu'il devoit à son roi méprisé.
Mars, enflé de faux zèle et de vaine apparence,
Ainsi qu'une furie agite notre France,
Qui, farouche à son prince, opiniastre, suit
L'erreur d'un étranger, et soi-mesme destruit.

Ces discours, dirigés principalement contre les ré-
formateurs, irritèrent les calvinistes, qui lui ré-
pondirent par de violentes satires. Le ministre protestant, Antoine de la Roche-Chandieu, lui adressa
la première sous le nom de Zamariel ; deux autres
lui furent envoyées par B. de Mont-Dieu, nom
inconnu, et probablement controuvé. Ces pièces,
qui contiennent un grand éloge de la réforme,
chargent d'injures le pape et l'église romaine, et
établissent une comparaison, au désavantage de
Ronsard, entre ce poète et Théodore de Beze.
Florent Chrestien, alors calviniste, mais ayant
abjuré depuis, prenant le nom de la Baronnie,
se joignit aux deux auteurs précédens, et dévoilant
la conduite privée de Ronsard, cherche à le couvrir de ridicule et de mépris ; il attaque même les
amis de ce poète, qu'il ne traite pas avec moins
de sévérité, les accusant de débauche et d'athéisme.
Cette dernière satire est suivie d'une pièce ayant
pour titre *le Temple de Ronsard, ou la légende de
sa vie briefvement décrite*. Jacques Grevin passe
pour l'auteur de ce libelle rempli d'injures grossières et de basses calomnies que Ronsard détruisit
assez victorieusement dans une longue réponse qu'il
fit à ces satires. Il se justifie surtout du reproche
d'idolâtrie auquel avoit donné lieu une fête bachi-
que d'Arcueil, dans laquelle Ronsard, Baïf, Jodelle
et quelques autres avoient promené en triomphe
un bouc couronné de lierre ; mais Ronsard dans sa
réponse ne garda pas plus de mesure que ses ad-
versaires : et c'est avec regret que l'on voit un
homme de talent se livrer à des invectives non moins
avilissantes pour celui qui les emploie que pour
ceux auxquels elles sont adressées. Quoi qu'il en
soit, le génie outragé de Ronsard lui donna tout
l'avantage qu'il eût mieux valu ne devoir qu'à la
vérité et à la raison.

Je ne sais si l'on me pardonnera de m'être éten-
du avec une sorte de prédilection sur le talent de
Ronsard, et d'avoir cité un aussi grand nombre de
ses vers ; mais je n'ai pu résister au désir de rendre justice à un poète oublié, ou, ce qui est pis
encore, mal connu, et qui, selon moi, a fait
faire les plus grands pas à notre littérature, en la
dégageant des entraves gauloises qui si long-temps
ont arrêté sa marche. Ronsard entrevit le premier
que la poésie françoise pouvoit atteindre celle des
anciens. Si les efforts qu'il fit pour parvenir à ce
but ne furent pas tous heureux, du moins montra-
t-il la route à ses successeurs, qui, éclairés par
lui sur les écueils qu'il toucha, surent enfin les
éviter. Ronsard mourut en 1585, comblé d'honneurs, et revêtu du titre non contesté de prince
des poëtes françois. La lecture des œuvres de Regnier
prouvera que la réputation de Ronsard n'étoit pas
encore effacée de son temps.

On retrouve dans les ouvrages des poètes contemporains de Ronsard plusieurs exemples de poésies satiriques qui ne portent, pas plus que celles
de Ronsard, le nom de satires. Telles sont l'*Invective satyrique*, de Guillaume de la Perrière, au-

teur du *Théâtre des bons engins*, et le *Discours du contentement d'un homme de village*, *âgé de cent ans*. Ce discours, en vers fort mauvais, est dirigé contre la cour et contre l'ambition : c'est une traduction de Claudien par Étienne Du Tronchet. Jean de la Jessé, né vers 1250, composa une *Exécration sur les infracteurs de la paix*, et un grand nombre de sonnets satiriques sur les mœurs déréglées de son siècle et les troubles qui agitoient la France. La première pièce de poésie que j'aie trouvée portant le titre de satire, est d'un nommé Gabriel Bounyn, qui fit imprimer en 1586 une *Satire au roi contre les républiquains*, et dans laquelle il blâme, en vers assez médiocres, les opposans aux édits du roi. Il peint, avec toute l'énergie dont il est capable, les dangers de la révolte, et il s'efforce de persuader au roi de donner à ses sujets l'exemple de la soumission aux lois. Par un rapprochement assez singulier, s'il est vrai que Bounyn donna le premier le nom de satire à un de ses ouvrages, ce qu'il est difficile d'affirmer, cet auteur fut aussi le premier poëte tragique qui mit des Turcs sur la scène françoise, dans sa pièce de *la Sultaque*, dont le sujet, la mort de Mustapha, étoit pris d'un événement récent : exemple qui fut suivi par Racine.

Nous apprenons par une *Deffense des femmes* comprise dans les œuvres de Marie de Romieu, imprimées en 1581, que Jacques de Romieu, son frère, avoit fait une satire contre les femmes ; mais j'ignore si elle a été imprimée, n'ayant pu me la procurer, et par conséquent m'assurer qu'elle porte en effet ce titre.

En l'année 1593, c'est-à-dire un an environ avant que Henri IV ne fût maître de Paris, Jean Passerat, Jacques Gillot, Pierre Leroy et Nicolas Rapin composèrent la satyre ménippée *de la Vertu du Catholicon d'Espagne*. La forme de cet ouvrage politique, presque tout en prose, s'oppose à ce qu'il rentre précisément dans notre sujet ; mais Durant de la Bergerie y joignit une pièce satirique fort plaisante *à sa Commère*, *sur le trépas de son âne*, *qui mourut de mort violente pendant le siége de Paris*. Comme le *Catholicon* est entre les mains de tout le monde, je me dispenserai de donner des extraits de l'ouvrage de la Bergerie.

Les œuvres de Passerat (1606) contiennent une sorte d'invective *contre Apollon et les Muses*, par laquelle il leur fait ses adieux poétiques en vers tels qu'il en savoit faire, c'est-à-dire, fort bons. Il reproche amèrement à ces divinités du Parnasse leur ingratitude, et les mensonges dont elles ont abusé sa jeunesse. Il termine par un tableau des poëtes qui, ayant le plus de droits aux faveurs des Muses, en ont été indignement récompensés.

De vous ni de Phœbus plus rien je ne dirai ;
Mais de vos favoris les malheurs j'écrirai.
Le harpeur tracien, que l'amoureuse flamme
Fit descendre aux enfers pour ramener sa femme,
Sans elle retourné au séjour des vivans,
Près du fleuve Strymon pleura six mois suivans.
Rien ne lui profita Calliope sa mère,
Rien le luth enchanteur encontre sa misère,
Euridice appelant si fort il lamenta,
Que de ses pleurs amers les eaux il augmenta
Du fleuve Æagrien ; et les roches atteintes
D'une juste pitié respondoient à ses plaintes.
Enfin que te valut, ô harpeur ! ton chanter
Si doucement piteux ! tu ne pus enchanter
La terrible furi des femmes méprisées
Qui firent de ton corps cent pieces divisées !
. . . .
Plus heureux ne fut pas ce grand poëte Homère,

Destitué d'amis, privé de la lumiere,
Qui, sans cesse endurant et la soif et la faim,
Alloit chantant ses vers pour un morceau de pain.
. . . .
Après tant de malheurs, ce grand Mœonien,
Quel profit reçut-il du blond Latonien ?
Celui qui, jusqu'ici, n'a qu'un qui le seconde,
S'ensevelit tout vif dedans la mer profonde.
. . . .
Votre pareil destin, Sophocle et Philippide,
Fut un peu plus heureux que celui d'Euripide ;
Euripide tragiq', que Phœbus ni Pallas
Ne purent garantir des mastins d'Archilas.
. . . .
Archiloch, des Spartains honteusement chassé,
Eut le corps d'une flesche en guerre outrepercé :
Aussi eut Lycophron ; du ciel une tortue
Tombant dessus Eschil, fatalement le tue.
. . . .
La malheureuse fin des poëtes de Grece
A suivi les Romains ; temoing en fut Lucrece,
Qui, avec le fer nud se traversant le flanc,
Respandit enragé sa vie et son sang.
Le trop boire envoya aux rives infernales
Ce rude Calabrois, écrivain des annales.
Dirai-je le destin de Plaute infortuné,
Qui, pour gagner son pain, a la meule tourné,
Et d'un asne tardif long-temps tenu la place ?
. . . .
Celui-la qui chanta d'une joyeuse voix
Dites io Pæan, io Pæan deux fois,
Fait d'un heureux amant un très miserable homme,
Chanta le grand Hélas, chassé bien loin de Rome ;
De son bannissement les larmes et les cris
Ne vinrent d'autre part que de ses vains écrits.
. . . .
Je passe de Lucain la malheureuse fin,
Et d'autres infinis ; je laisse tout, afin
D'achever cest adieu sur qui trop je demeure.
Partons donc, il est temps.........

Passerat avoit un talent flexible et une finesse d'esprit qui l'auroient merveilleusement servi s'il se fût entièrement voué à la satire. La pièce dont je viens de citer quelques endroits, et son conte de l'homme métamorphosé en coucou, prouvent la vérité de mon assertion.

Jean-Aimé de Chavigny publia en 1572 la satire *des Mœurs corrompues de ce siècle*. La foiblesse des ouvrages de cet auteur, dont les biographes s'accordent à louer le caractère facile et aimant, m'engage à passer à Vauquelin de la Fresnaye, véritable fondateur de la satire en France.

Vauquelin, né en 1536, à la Fresnaye, près Falaise, se lia d'amitié, pendant ses études à Paris, avec Baïf et Ronsard, et plus particulièrement avec Dubellay. Il prit, à leur exemple, le goût de la satire, à laquelle il se livra de retour dans sa province. Il nous apprend lui-même ces détails dans ses divers ouvrages, réunis en un volume imprimé à Caen en 1612. Ce volume, qui est devenu rare parce que la famille de Vauquelin retira de la circulation un grand nombre d'exemplaires, contient un art poétique françois, cinq livres de satires, des idyllies ou pastorales, des épigrammes, épitaphes et sonnets. Vauquelin a fait précéder ses satires d'un *Discours pour servir de préface sur le sujet de la satire*, dans lequel il fait l'historique de ce genre de poésie. Nonobstant son profond savoir, il y a commis quelques erreurs ; mais cet ouvrage n'en est pas moins curieux, en ce qu'il constate qu'avant lui la satire en France n'étoit encore connue que sous le nom de *coq-à-l'âne*. Il engage les poëtes à imiter Horace, « ne doutant pas, dit-il , que la satire ne » soit une espèce de poésie qui sera merveilleuse- » ment satisfaisante et profitable en notre France. » Il donne à ce sujet des conseils fort judicieux , répétés en grande partie dans son *Art poétique*. Ce poëme de Vauquelin est connu , ainsi que quelques-unes de ses satires , par des fragmens qui ont été mis dans les commentaires de Boileau ; mais les morceaux qu'on en a rapportés ne sont que des traductions d'Horace , faites aussi plus tard par Boileau , et cette cause seule a donné lieu d'établir une comparaison entre ces deux auteurs. Je vais tâcher de donner une idée du style et des idées de Vauquelin, abandonné à ses propres ressources.

Dans sa vieillesse il dédia une satire à Scévole de Sainte-Marthe , et lui dit :

Scœvole, mon même âge au sortir de l'enfance,
Ou bien peu s'en falloit , nous eusmes connoissance
Sur le Clain l'un de l'autre , et de pas innocents ,
La muse nous guidans sur les plaisants accents
De ces douces chansons , aux bois nous ûsmes dire
Qu'en nos chants revivoient Palémon et Tytire ;
Et le haut mont Joubert lors respondit cent fois
Au retentissement de nos gentilles voix.
Depuis, Dieu le voulant , par chemins tous contraires ,
Nous avons manié du monde les affaires.
Car vous , en court habit, de France trésorier ,
Vous avez en Poitou , couronné de laurier,
Toujours savant , rendu d'un art émerveillable
Par le docte Apollon , le dieu Mercure aimable ;
Mais moi , d'une autre part le long habit traînant ,
Tant de bruits importuns me vont environnant,
Qu'à grand' peine je puis maintenant reconnoître
Estre ce Vauquelin , qu'alors je soulois estre:
A raison que la muse et le gaillard Phœbus
N'approchent plus de moi parmi tant de tabus ;
Et ce qui plus me fasche est de voir , ô Scœvole ,
Nos cours et nos palais n'estre plus qu'une école
D'usage , de routine et de formalitez
Qui couvrent là dessous mille mechancetez.
Et si je ne craignois qu'on me tînt pour volage,
Ou bien , qui vaut autant , pour un homme trop sage ,
Je ferois un beau coup ! tous mes livres de lois ,
D'ordonnances , d'édits, tant latins que françois ,
Je mettrois dans le feu. Je prendrois pour devise
Le bonnet et la vigne , en signe de franchise :
Et comme le serpent , laissant sa vieille peau ,
Rajeunit, se refait au plaisant renouveau ,
Ainsi rajeunissant , recommençant mon âge ,
Je laisseray ma raffe en quelque beau solage.
. . . .
Je voudrois rajeunir, ainsi que fist Acton ,
Garçon redevenir , capable de raison ,
Sachant ce que je sçais : croyez mon sainte Marthe,
Qu'encor je reverroy le beau Loire et la Sarthe ;
Et qu'aux rives du Clain , vivant à l'abandon ,
Je feroy voir encor Damète et Corydon
Rechanter derechef , et leurs chansons ouïes
Rendre plus que jamais les forests rejouïes.
Mais ne pouvant tant faire ores , pour m'asseurer
Le reste de mes ans, je me veux retirer
De tant de mauvaitiez , de tant de brigandages
Où nous ont asservys mille tyrans usages
Qui gesnent la raison , belle âme de la loy,
Et baillent , comme on dit , le droit à liche doy.
Je me veux d'autre part séparer et distraire
De ceux qui disent bien et qui font le contraire.
Je desire , je veux m'en aller, m'enfuir
Plustôt en Canadas mille fois , que d'ouïr

Raconter pour vertus les cautes injustices
Des Tibères trompeurs , emmantelant leurs vices
De l'habit de Numa , qui , pour couvrir le mal ,
Font caresme le jour, et la nuit carnaval.
Tous vont en empirant : aujourd'hui nostre empire
Est pire qu'hier n'étoit, et demain sera pire.
Je m'en veux donc aller ; retirer je me veux ,
Pour vivre en l'innocence où nous vivions tous deux
En notre premier âge ; et surtout je desire
Qu'à faire comme moi mes compagnons j'attire.
. . . .
O que j'ai de regret qu'à votre Poictevine
Cette terre de Nort ne peut estre voisine !
Nous nous assemblerions , nous ferions assembler
Les compagnons à qui nous voulons ressembler :
Nos doctes compagnons , qui de mœurs toutes bonnes,
Par l'aspect seulement vont gaignant les personnes ;
Qui joviaux , bien nés, bien nourris , bien appris ,
Gaillards , vont reveillant les plus mornes esprits ;
Sans souffrir près de nous ces âmes soupçonneuses,
Qui font du vray le faux par haines dédaigneuses ;
Et n'aurions lors sinon que des hommes prudens,
Qui sçauroient supporter tous humains accidens,
Peser de leurs amis la raison , les excuses ,
Mesme prendre en payment quelques petites ruses
Qu'apporte le ménage ; et qui toujours prendroient
Les amis , comme amis estre pris ils voudroient ,
Sans se montrer quinteux , défiants ni sauvages ,
Changeants à tout propos de cœurs et de visages.
J'espere mettre à chef bientost mon entreprise ;
Et si vostre raison vostre desir maîtrise ,
Vous en feriez autant.........

Voici le commencement d'une satire à son fils , Vauquelin des Yveteaux , qui fut depuis précepteur du duc de Vendôme , fils de Gabrielle d'Estrées, et plus tard du dauphin. Il a laissé quelques poésies :

Mon fils , plus je ne chante ainsi comme autrefois :
Je suis plein de chagrin, je ne suis plus courtois :
Seulement , tout hargneux , je veux suivre la trace
De Juvénal , de Perse, et par sus tout Horace ;
Et si j'estends ma face en la moisson d'autruy,
J'y suis comme forcé par les mœurs d'aujourd'huy.
Les muses ne sont plus en cet âge écoutées,
Et les vertus au loin de tous sont rejettées.
Les jeunes de ce temps sont tous achalandez
Aux boutiques des jeux de cartes et de dez ,
Beaux danseurs , escrimeurs qui , mignons comme femmes ,
Couvrent sous mille habits les amoureuses flammes ;
La pluspart tous frizés , d'un visage poupin ,
Suivent dès le berceau les dames et le vin ,
Et vont par les maisons muguettant aux familles ,
Au hazard de l'honneur des femmes et des filles.
Te voilà de retour ; sous le ciel de Poictiers
Tu n'as pas cheminé par de plus beaux sentiers ;
Car à juger ton port , à regarder ta face ,
Tu as de ces mignons et la force et la grace.
Mais , tout mis sous le pied , il est temps de penser
En quel rang tu te veux maintenant avancer.
Le temps à tous moments notre asge nous dérobe.
Je te juge aussi propre aux armes qu'à la robe.
La malice du siecle , et Mars tout débausché,
T'a , comme l'un des siens , en son estat couché;
Mais ce seroit ton heur si d'une asme prudente
Tu suivois la déesse et guerriere et savante.
C'est le meilleur , d'avoir en la jeune saison
Des armes pour les champs , de l'art pour la maison.

Ces extraits suffiront , je pense , pour donner

une idée du style et de la manière de La Fresnaye Vauquelin. La droiture d'esprit et de cœur se peint dans ses satires, qui pourroient, la plupart, passer pour des épîtres, au peu de fiel qu'elles renferment. La raison éclairée et la douceur brillent, en général, dans ses poésies, plus que la malice et la colère, quoique Vauquelin ne fût pas dénué d'énergie et de cette noble indignation qu'inspire le vice à l'âme vertueuse. La pureté de ses mœurs se reconnoît dans ses écrits, où rien n'outrage la pudeur ; qualité fort remarquable chez un poëte satirique écrivant dans un siècle où des écrivains plus graves se sont permis de honteuses licences. L'évêque d'Avranches, Huet, a prétendu, dans ses *Origines de la ville de Caen*, que Vauquelin eût été l'égal des poëtes les plus renommés de son temps, s'il eût vécu à la cour ; mais, tel qu'il est, je ne sais trop quel est l'auteur, parmi ses contemporains, que l'on puisse regarder comme supérieur à La Fresnaye dans le genre qu'il avoit adopté, si l'on fait attention que ses ouvrages étoient composés avant que Regnier eût publié les siens.

Christophe de Gamon, calviniste enthousiaste, fit une critique fort aigre de la *Semaine* de Dubartas dans un ouvrage publié en 1615, et que Christophe intitula aussi *Semaine de la création du monde*. Ce poëme, en sept jours ou chants, sort de notre sujet par sa dimension ; il est d'ailleurs peu digne d'éloges : et après avoir reproché à Dubartas quelques erreurs de physique, Gamon en commet lui-même qui feroient honte au plus ignorant de nos écoliers.

On trouve dans les discours amoureux de Béroalde de Verville, un *Discours satyrique contre ceux qui escrivent d'amour*, par Nicolas Le Digne. Après s'être moqué des poëtes qui peignent leur amoureux martyre du même ton qu'ils auroient décrit le sac de Troye, il dit :

Ceux qui bruinent ainsi d'une voix forcenée,
Pleine d'effroy, de pleurs, leur fierre destinée,
N'ayant rien qu'un amour à la rage animé,
Ont fort peu, ce me semble, ou n'ont jamais aimé ;
Mais se fantasiant une dame en idée
Sur un sujet en l'air leur amour est guidée,
Qui, n'estant rien en soi qu'imagination,
Ne peut montrer le vray de leur affection :
Car, discourant d'amour souvent comme clers d'armes,
Pensent qu'amour ne soit que soupirs et que larmes,
Que sanglots et tourments, qu'importune douleur ;
Et tout cela provient de n'avoir eu cet heur
De choisir un sujet, pour, d'une ardeur certaine,
Sentir au vif le doux d'une agréable peine.

A les en croire, dit-il plus loin :

Un orage de pluie, une soudaine grêle
Ne tombe si menu et n'est point si cruelle
Que les traits décochés de ce jeune enfançon
Qui fait d'un pauvre cœur la peau d'un hérisson :
Tant il tire de traits, et tant sa main colere
Décoche vivement la sagette légere.
La mer n'a jamais eu tant de flots écumeux ;
Le creux du mont Gibel ne fut onc si fumeux,
Et jamais nautonnier ne vist telle tempeste,
Qu'un misérable amant sent de trouble en sa teste,
D'orage et de danger, de tristesse et de deuil.
Il n'est sitost en mer qu'il ne trouve un escueil,
Que son mât ne se rompe, ou bien que son navire
Dans un gouffre douteux cent fois ne tournevire ;
Et si, le plus souvent, ceux qui cherchent ces mots
N'ont jamais vu la mer ni l'horreur de ses flots.
. . . .

Bien souvent un bon mot, entendu proprement,
Le mal ou le plaisir d'escrire naivement,
Sont de bien plus grand poids qu'un tas de mots sans nombre
Qui ne s'expliquent point et ne servent que d'ombre,
Et lesquels bien relus, l'on ne sait qu'on a leu
Tenant du naturel de l'esclair tout en feu,
Qui fait monstre de luire au sortir de la nue,
Mais au lieu d'esclairer obscurcit notre vue.

La *Muse chasseresse*, de Guillaume du Sable, contient encore une de ces satires ridicules nommées *coqs-à-l'âne*, qui étoient abandonnées déjà depuis long-temps. Celle-ci n'étoit pas faite pour les remettre en faveur.

Tels sont les auteurs françois qui ont précédé Regnier dans le genre satirique ; encore les derniers que je viens de citer pourroient-ils passer pour ses contemporains. Je n'affirmerai pas que je n'en ai oublié aucun ; mais je crois qu'on sera plutôt surpris de ce que j'en ai trouvé un aussi grand nombre, qu'on ne me reprochera d'en avoir omis quelques-uns des plus ignorés. Tels furent donc les modèles françois que Regnier eut à suivre ; et quoique plusieurs d'entre eux eussent un talent fort remarquable, on verra combien Regnier leur est supérieur.

On a peu de détails sur la vie privée de Regnier ; tout ce que l'on sait se trouve dans les biographies, et mes efforts pour me procurer de nouveaux renseignemens ont été infructueux.

Mathurin Regnier, né à Chartres le 21 décembre 1573, étoit le fils aîné de Jacques Regnier et de Simone Desportes, sœur du poëte de ce nom. Jacques Regnier avoit fait construire à Chartres un jeu de paume qu'il louoit aux amateurs de cet exercice, ce qui fit reprocher plus tard à Mathurin d'être le fils d'un homme tenant tripot, ce qui est de toute fausseté. Jacques Regnier étoit échevin de sa ville, emploi honorable, et qu'on n'eût point confié à un homme de mœurs équivoques. Il mourut à Paris, pendant une mission dont il avoit été chargé par ses administrés, et dans leur intérêt.

Mathurin Regnier fut destiné à l'état ecclésiastique, ce qui ne l'empêcha pas d'avoir, pendant sa jeunesse, une conduite peu édifiante, et de s'attirer même, dit-on, plusieurs corrections paternelles pour avoir composé des satires dans lesquelles il respectoit peu les amis de sa propre famille.

On verra que ses poésies qu'il fit deux voyages à Rome, le premier à la suite du cardinal François de Joyeuse, le second avec l'ambassadeur Philippe de Béthune. Il paroît qu'il n'eut à se louer de ces deux protecteurs, et il seroit possible qu'il n'eût à en accuser que ses mauvaises mœurs, qui le conduisirent au tombeau le 22 octobre 1613, pendant un voyage qu'il fit à Rouen, dans sa quarantième année.

Il avoit obtenu un canonicat dans l'église de Notre-Dame de Chartres, et une pension de deux mille livres que Henri IV lui accorda sur l'abbaye des Vaux de Cernay, après la mort de Desportes, qui en étoit titulaire.

Voilà tout ce qu'ont pu me procurer de positif les recherches que j'ai cru devoir faire sur la vie de Mathurin Regnier. La tradition nous a conservé quelques anecdotes qui ont rapport à ses poésies, et que l'on trouvera dans le commentaire. Celle qui a donné lieu à la neuvième satire de Regnier présente un intérêt littéraire qui doit lui faire trouver sa place ici. Elle nous est fournie par la vie de Malherbe, attribuée à Racan.

Malherbe avoit été lié d'amitié avec Regnier, dont il estimoit les ouvrages à l'égal de ceux des Latins. Un jour qu'il fut dîner chez Desportes avec notre satirique, ils arrivèrent pendant que l'on étoit à table. Desportes se leva pour recevoir ses nouveaux hôtes avec civilité ; et, sans songer que le moment étoit peu favorable, Desportes offrit un exemplaire de ses psaumes à Malherbe. Celui-ci, dans sa brusque franchise, lui répliqua qu'il les avoit lus, qu'il étoit inutile que Desportes se dérangeât pour les aller chercher, parce que son potage valoit mieux que ses psaumes. Regnier, choqué de cette malhonnêteté, non-seulement ne voulut plus revoir Malherbe, mais encore composa contre lui sa neuvième satire, adressée à Rapin.

Regnier, poëte satirique, fut aimé et loué par ses contemporains. Il mérita même le surnom de *bon*, ainsi qu'il paroît par ces vers de sa troisième satire :

Et le surnom de Bon me va-t-on reprochant,
D'autant que je n'ai pas l'esprit d'estre méchant.

Ce ne fut que long-temps après sa mort que l'on pensa à lui reprocher la licence de ses expressions. Du temps de Regnier, le nom seul de satire indiquoit un ouvrage obscène. Les œuvres de Mottin, de Sigogne, de Berthelot, etc., n'ont jamais été réunies que sous le titre de *Cabinet satyrique, Recueil des plus excellents vers satyriques*. L'*Espadon satyrique*, de Fourquevaux, est du même genre, ainsi que le *Parnasse satyrique*, attribué à Théophile Viaud. Les auteurs, et probablement le public, étant alors dans la fausse persuasion, d'après des études imparfaites ou mal dirigées, que le style de la satire devoit être conforme au langage supposé des *satyres*, divinités lascives des Grecs. Faut-il donc s'étonner que Regnier ait partagé une opinion généralement reçue, et que ses habitudes ne le portoient que trop à embrasser.

On a ensuite adressé le reproche à Regnier, ainsi qu'à Boileau, d'avoir emprunté leurs idées aux anciens, ce qui n'est vrai qu'en partie. Regnier a, de plus que Boileau, puisé chez les Italiens ; mais l'on n'a pas assez remarqué, selon moi, que les morceaux imités ne sont pas les meilleurs endroits de leurs ouvrages : et, d'ailleurs, dans l'impossibilité où l'on est depuis bien long-temps de trouver quelques pensées nouvelles, doit-on reprocher comme une faute à un poëte d'avoir revêtu d'une forme originale et piquante les idées d'un auteur étranger, pour les faire passer dans notre langue ? Les Romains n'ont-ils pas puisé chez les Grecs, les Grecs chez les Égyptiens, ceux-ci ailleurs ? leurs ouvrages sont-ils à dédaigner pour cela ? Les pensées vraies ne sont point innombrables, ni par conséquent inépuisables, parce que la vérité est une et toujours la même ; le style seul peut modifier à l'infini les formes de la pensée, et c'est l'écrivain qui la rend le mieux qui s'en empare. L'expression de Regnier est toujours énergique, parce qu'elle est pittoresque ; elle fait image : ses peintures sont inaltérables encore aujourd'hui, quoique la différence des mœurs sembleroit avoir dû les effacer. Ses raisonnemens forcent le rire par leurs conséquences inattendues, ou étonnent par la profondeur, qu'ils cachent souvent sous une apparence frivole. Passons-lui ce que son langage, qui étoit celui de son siècle, nous offre de barbare ; ou plutôt, lisons nos vieux poëtes, pour nous habituer graduellement à son style, qui alors nous paroîtra pur, et même élégant. Pardonnons-lui quelques scènes qui révoltent la pudeur, mais qui, en ne les considérant que comme un objet d'études, ne toucheront pas plus nos sens que le modèle nu de l'académie ne fait rougir le studieux amant des arts.

On a dit de notre langue que c'étoit une *gueuse fière*. Sans vouloir ici adopter ou combattre cette opinion, je crois qu'on ne l'eût point avancée si, au lieu de prendre pour seul guide la muse de Malherbe, nos grands écrivains du dix-septième siècle eussent également suivi celle de Regnier. Je pense encore que c'est aujourd'hui le seul moyen qui reste à nos poëtes de donner à notre langue un aspect plus libre et moins dédaigneux ; et que la gloire de la langue françoise, autant que sa pureté, exigent qu'on ne l'enrichisse malgré elle qu'à ses propres dépens, et non par des emprunts faits à l'étranger.

C'est poussé par ces diverses considérations que je me suis déterminé à contribuer à une nouvelle édition des œuvres de Regnier, tâche que j'aurois regardée comme au-dessus de mes forces, si de premiers commentateurs n'avoient déjà dégagé ce travail de ce qu'il m'offroit de plus pénible. Je me suis donc conformé à l'édition donnée par Brossette (Londres, chez Lyon et Woodman, 1729), en ayant soin de collationner celle-ci avec les éditions de 1608 et 1612, faites pendant la vie de l'auteur. Les commentaires de Brossette, augmentés dans une seconde édition de 1733 (Londres, Jacob Tonson), m'ont paru devoir être conservés en partie. Je me suis borné à en élaguer ce que j'y ai trouvé d'inutile ; j'ai signalé les erreurs assez nombreuses dans lesquelles les commentateurs m'ont paru être tombés ; j'y ai fait des additions que j'ai cru nécessaires, soit pour éclaircir le texte, soit pour l'instruction ou l'agrément des lecteurs. La présente édition comprend en outre quelques poésies fugitives de Regnier omises dans les autres éditions, et imprimées sous son nom dans les recueils de son temps, peu communs aujourd'hui.

L'édition de 1733 est attribuée à l'abbé Lenglet-Dufresnoy par tous les bibliographes, et l'auteur même des *Mémoires pour servir à l'histoire de la vie et des ouvrages de Lenglet*. Cependant les avertissemens qui précèdent l'édition de 1729 et celle de 1733 sont identiquement les mêmes, à l'exception d'un paragraphe inséré dans la seconde, où l'éditeur dit : « Qu'il est fâché, pour ceux qui « ont acheté *sa première édition*, qu'une revue « qu'il a faite sur *son travail* l'ait engagé à augmen-« ter *ses observations*. » Or, comme il n'est pas permis de douter, d'après la correspondance de J.-B. Rousseau, que la première édition ne soit de Brossette, il paroîtroit que, si la seconde est de Lenglet-Dufresnoy, ce dernier commentateur aura voulu ou s'emparer du travail de Brossette, ou donner à son édition un mérite de plus, en faisant croire qu'elle est de cet écrivain : procédé que, dans aucun des deux cas, je ne me permettrai de qualifier.

Après avoir fait connoître les poëtes satiriques antérieurs à Regnier, je vais poursuivre la nomenclature des auteurs ses contemporains, et de ceux qu'il ont suivi : cette réunion complétera l'histoire de la satire en France jusqu'à Boileau.

Le sieur de Forquevaux ou Fourquevaux, à qui Regnier a dédié sa seizième satire (épître II de cette édition), est lui-même auteur de seize satires, ou du moins de seize pièces de poésies portant ce nom, qui, cependant, n'est applicable qu'à cinq ou six d'entre elles ; les autres sont en stances, et elles sont toutes d'un cynisme obscène et ordurier qui ne me permet pas d'en citer des passages. Le talent de l'auteur n'est pas d'ailleurs assez séduisant pour me donner la tentation de le faire sortir de l'oubli où il est justement tombé. Ce fut probablement la nature des sujets choisis par Fourquevaux qui le détermina à signer tantôt *Franchères* et tantôt *d'Esternod*, les différentes éditions de ses ouvrages qu'il publia sous le titre bizarre d'*Espadon satirique*. Il mourut en 1611.

✶✶

Claude Garnier adressa en 1602, à mademoi-selle de Végenère, un poëme satirique intitulé *les Atômes*. Jean Prevost publia une satire ayant pour titre *l'Asne*, et dans laquelle il manifeste le désir d'être âne, pour obtenir quelque emploi élevé. Ces ouvrages sont marqués du sceau de la plus ennuyeuse médiocrité.

Le sieur de Lortigues, poëte provençal, com-posa contre un pédant une diatribe qui contient quelques traits satiriques animés d'une certaine verve :

Ce vilain (dit-il) qui voudroit grimper dessus Par-
nasse,
Qui d'un front dédaigneux, qui d'un œil de travers,
Et d'un rire de chien, se moque de mes vers,
M'appelant ignorant ! comme si l'Uranie
Vouloit d'un sot pédant suivre la compagnie ;
Comme si telle engeance avoit en son pouvoir
La clef de l'ignorance et celle du sçavoir ;
Comme si dans l'escolle on tenoit en réserve
Le divin Apollon ou la docte Minerve !
. . . .
Le pédant pour certain, à ce que dit Charon,
N'a rien de propre à lui, car ce n'est qu'un larron
Qui desrobe aux auteurs, de mesme qu'une abeille
Qui vole sur la fleur blanche, bleue ou vermeille,
Pour façonner après et la cire et le miel :
Au contraire, un pédant convertit tout en fiel.

Son *Discours apologétique contre un ministre protestant qui l'avoit appelé athée*, et dans lequel il fait sa profession de foi, offre quelques passages remarquables, mais que leur longueur, autant que la délicatesse du sujet qu'il traite, m'empêchent de transcrire.

Thomas de Courval-Sonnet, Normand et doc-teur en médecine, a composé vingt-quatre satires divisées en trois livres, publiées à différentes épo-ques, et réunies en un seul volume en 1627. Elles frappent sur les divers états de la société et de la vie. Sept d'entre elles sont spécialement dirigées contre *le joug nuptial et les fâcheuses traverses du mariage*. Elles sont intitulées *Satyres menip-pées* dans quelques éditions.

Courval-Sonnet a souvent imité Regnier, sans même prendre le soin de déguiser ses imitations, qui pourroient, à la rigueur, passer pour des lar-cins. Telle est la satire de *l'Ignorant*, calquée sur la huitième de Regnier. Dans sa satire intitulée *le Cousinage*, il décrit, comme Regnier, un mau-vais repas et un mauvais gîte, et la comparaison qu'il force maladroitement le lecteur d'établir entre son style et celui de son prédécesseur, m'a paru fort au désavantage du dernier venu. En sa qua-lité de médecin, il affectionne des expressions et des images tirées de son art, qui sont pour la plu-part peu poétiques. Ses tableaux ne manquent pas de vérité ; mais il ne sait ni choisir ni s'arrêter, et il procède ordinairement par sept ou huit cents vers tout d'une haleine, ce qui rend presque im-possible l'extrait que je voudrois donner de quel-ques-uns de ses vers, au milieu des longues pé-riodes qui distinguent sa manière. Voici cependant un fragment qui en donnera une idée :

Les poëmes du temps, qui semblent bien dorez,
Ne sont rien que de bois, idoles, adorez
De tous les courtisans qui veulent, sans science,
Des vers couverts de l'or d'une belle apparence :
C'est de quoi je me plains sans personne offenser,
Oyant des vers si vains si hautement priser
Aux étalons de cour, dames et damoiselles
Qui se plaisent aux chants des syrènes pucelles ;

De ces monstres marins qui montrent au dehors
La moitié seulement de leur féminin corps ;
Le reste est un serpent caché sous la marine,
Ainsi les vers du temps n'ont rien que la poictrine
Et la moitié du corps, qui consiste en beaux mots
Doux, coulants, féminins : le reste est sous les flots,
Et le fluide cours de leur ignare muse ;
De tels vers à la cour les plus grands on amuse.

Ses satires contre le mariage donnent un détail minutieux et peu favorable des inconvéniens atta-chés à cet état. Elles ont de la vérité et du co-mique, et offrent un intérêt de mœurs qui peut encore les faire lire avec fruit ; leur seul défaut, inexcusable à la vérité, est l'absence complète de poésie. Courval-Sonnet étoit un homme d'esprit et de sens, plein de droiture, et fin observateur. Ces qualités se font particulièrement remarquer dans sa satire *contre les charlatans et pseudo-médecins empyriques* ; celle-ci est en prose, et forme un ouvrage de plus de trois cents pages, imprimé en 1610.

Théophile Viaud, condamné par le parlement de Paris comme auteur du *Parnasse satyrique*, imprimé en 1622, à faire amende honorable et à être brûlé vif en place de Grève, sentence exécu-tée en effigie, Théophile Viaud ne nous a pas laissé de satires proprement dites, quand bien même cet ouvrage seroit de lui. Les pièces contenues dans le *Parnasse*, qui portent le titre de *satyres*, sont des espèces de contes licencieux, des récits d'aventures érotiques, des peintures d'orgies, ou des descriptions de lieux infâmes, dont un homme qui se respecte ne peut apprécier la vérité. Du reste, il n'a jamais été prouvé que Théophile fût auteur de ce recueil. On sait aujourd'hui seulement que ces poésies, où l'expression n'est pas plus ménagée que les mœurs, sont de divers auteurs, parmi lesquels se trouve Regnier en assez mauvaise compagnie. Mais il est difficile de comprendre pourquoi Théophile seul fut puni, car rien n'indique qu'il soit même l'édi-teur du *Parnasse satyrique*. Enfin, son procès fut revisé, et sa peine commuée en un bannissement que l'on n'exécuta pas à la rigueur, puisque Théo-phile Viaud mourut à Paris en 1626.

Claude de Mons, poëte de la même époque, a composé trois livres de poëmes, parmi lesquels il y en a un satirique. Ils sont tous aussi ridi-cules et grossiers les uns que les autres. Les mêmes défauts se font remarquer dans les satires du vi-comte de Soulangis et du sieur de Renneville, poëtes contemporains.

Théodore-Agrippa d'Aubigné tient une place distinguée parmi les satiriques par ses *Tragiques donnés au public par le larcin de Prométhée*, 1616. Cet ouvrage est un recueil de sept longues satires ou déclamations sur les événemens politiques dont il avoit été le témoin, et sur les guerres de la ligue. Chacun de ces morceaux a son titre parti-culier, tels que *Misères*, *les Feux*, *les Fers*, *les Princes*, *Vengeances*, etc. ; et l'auteur, sans aucun ménagement, y donne l'essor à son génie ardent et poétique, mais peu flexible, et dont les vers sui-vans donneront une idée plus exacte qu'aucune dissertation. Veut-il peindre les *misères* d'un peu-ple livré à la guerre civile, il dit :

Les vieillards enrichis tremblent le long du jour ;
Les femmes, les maris privés de leur amour ;
Par l'espais de la nuit se mettent à la fuite ;
Les meurtriers souldoyez s'échauffent à la suite ;
L'homme est en proie à l'homme, un loup à son pareil ;
Le père étrangle au lict le fils, et le cercueil
Préparé par le fils, sollicite le pere ;
Le frere avant le temps hérite de son frere.

On trouve des moyens, des crimes tout nouveaux :
Des poisons inconnus ou les sanglans couteaux
Travaillent au midi ; et le furieux vice
Et le meurtre public ont le nom de justice.
. . . .

Les places de repos sont places estrangeres,
Les villes du milieu sont les villes frontieres;
Le village se garde, et nos propres maisons
Nous sont le plus souvent garnisons et prisons.
L'honorable bourgeois, l'exemple de sa ville,
Souffre devant ses yeux violer femme et fille ,
Et tomber sans merci dans l'insolente main
Qui s'estendoit naguere à mendier du pain.
Le sage justicier est traisné au supplice,
Le malfaicteur lui fait son procès : l'injustice
Est principe de droict. Comme au monde à l'envers,
Le vieil pere est fouetté de son enfant pervers.
Celui qui en la paix cachoit le brigandage
De peur d'estre puni, estale son pillage ;
Au son de la trompette, au plus fort des marchés,
Son meurtre et son butin sont à l'encan preschés :
Si, qu'au lieu de la roue, au lieu de la sentence,
La peine du forfaict se change en recompense.

Veut-il excuser auprès *des princes* l'amertume de ses discours ,

Si quelqu'un me reprend que mes vers eschauffés
Ne sont rien que de meurtre et de sang étoffés,
Qu'on n'y lit que fureur, que massacre, que rage,
Qu'horreur, malheur, prison, trahison et carnage ,
Je lui réponds : Ami , ces mots que tu reprends
Sont les vocables d'art de ce que j'entreprends.
Les vocables d'amour ne chantent que leurs vices,
Que vocables choisis à peindre les delices,
Que miel, que ris, que jeux , amours et passe-temps ,
Une heureuse folie à consommer son temps.
Quand j'estois fol heureux, si cet heur est folie
De rire ayant sur soi sa maison démolie,
Je fleurissois comme eux de ces mesmes propos ,
Quand par l'oisiveté je perdois le repos.
Ce siecle, autre en ses mœurs , demande un autre stile.
Cueillons des fruicts amers , desquels il est fertile.
Non , il n'est plus permis sa veine desguiser :
La main peut s'endormir , non l'âme reposer.

Plus loin il peint de couleurs non flattées les fils de Catherine. Après le portrait de l'aîné , il passe à son frère :

L'autre fut mieux instruit à juger des atours
Des dames de la cour , et plus propre aux amours.
Avoir raz le menton , garder la face pâle ,
Le geste efféminé , l'œil d'un Sardanapale :
Si bien qu'un jour des Rois ce douteux animal
Sans cervelle , sans front , parut tel en son bal.
De cordons emperlés sa chevelure pleine ,
Sous un bonnet sans bord , fait à l'italienne,
Faisoit deux arcs voûtés ; son menton pinceté
Son visage , de blanc et de rouge empasté ,
Son chef tout empoudré , nous montrerent l'idée,
En la place d'un roi , d'une p...... fardée.
Pensez quel beau spectacle ! et comme il fist bon voir
Ce prince avec un busc , un corps de satin noir
Coupé à l'espagnole , etc........
. . . . Il porta tout le jour
Cet habit monstrueux , pareil à son amour ;
Si , qu'au premier abord chacun étoit en peine
S'il voyoit un roi femme , ou bien un homme reine.

D'Aubigné ne s'arrête pas en si beau chemin , et il décrit avec la même énergie les désordres honteux de la cour des Valois , qu'il a reproduits dans sa *Confession de Sancy* , et qui ne sont pas de nature à être mis sous les yeux des lecteurs.

Son style , toujours poétique , est souvent noble et plein de grandeur , tel que dans ce début de son livre intitulé *les Fers :*

Dieu retira ses yeux de la terre ennemie :
La justice et la foi , la lumiere et la vie
S'envolèrent au ciel. Les ténèbres espais
Jouissoient de la terre et des hommes en paix.
Ce grand roi de tous rois , ce prince de tous princes ,
Lassé de visiter ses rebelles provinces ,
Se rassit en son throsne, et d'honneur couronné
Fist aux peuples du ciel voir son chef rayonné.
Cet amas bien heureux mesloit de sa présence
Clarté dessus clarté , puissance sur puissance :
Le haut pouvoir de Dieu sur tout pouvoir estoit ,
Et son throsne eslevé sur les throsnes montoit.

Mais les désastres affreux dont il avoit été la victime reviennent sans cesse réveiller ses regrets , ou ses plaintes , ou ses *vengeances :* il fait même partager ce dernier sentiment à la divinité dans le livre qui porte ce titre , où il cite un grand nombre de faits qui se pressent comme malgré lui sous sa plume :

Maint exemple me cherche ; et je ne cherche pas
Mille nouvelles morts , mille estranges trespas
De nos persécuteurs. Ces exemples m'ennuyent :
Ils poursuivent mes vers , et mes yeux qui les fuyent.

Ils produiront le même effet sur le lecteur qui ne peut lire sans dégoût près de dix mille vers sur les fureurs d'un parti , qui , sans prétendre l'excuser , auroit pu adresser de semblables reproches au parti opposé. D'Aubigné , jeté dès sa première jeunesse dans le tumulte des armées , n'eut pas le loisir d'étudier les progrès que fit la langue dans le siècle pendant lequel il vécut. Il suit encore l'école de Ronsard et de Dubartas , qu'avoient abandonnée Bertaud et Desportes. Leurs ouvrages pouvoient être connus d'Aubigné ; mais bien que ses tragiques ne furent publiés qu'en 1616 , ils étoient composés dès 1577 , pendant que leur auteur gardoit le lit à Castel-Jaloux , par suite d'une blessure reçue dans une action. Il ne pouvoit donc avoir connoissance des poésies de Regnier , ni de celles de Malherbe.

Le sieur Auvray publia en 1628 un recueil intitulé *le Banquet des muses* , qui contient des stances , des épigrammes , des élégies et de prétendues satires bien dignes de figurer dans le *Parnasse satyrique*. Au milieu des obscénités dont ces diverses pièces sont remplies , à peine puis-je extraire les vers suivans adressés à la France :

Ta noblesse n'a plus d'amour pour la vertu :
Esclatter en clinquant, gorrierement (galamment) vestu,
Piaffer en un bal , gausser , dire sornettes ,
Se faire chicanner tous les jours pour ses dettes ,
Savoir guarir la galle à quelques chiens courans ,
Mener levrette en lesse , assommer paysans ,
Gourmetter un cheval , monter un mords de bride ,
Lire Ronsard , Le Bembe et les Amours d'Armide,
Dire chouse pour chose , et courtez pour courtois ,
Paresse pour paroisse , et Francez pour François ;
Estre toujours botté , en casaque , en roupille ,
Battre du pied la terre en roussain qu'on estrille ,
Marcher en dom Rodrigue , et sous gorge rouller
Quelques airs de Guedron ; mentir , dissimuler,
Faire du Simonnet à la porte du Louvre ,
Sont les perfections dont aujourd'hui se couvre

La noblesse françoise, exemptant toutefois
Ceux qui versent leur sang à la garde des rois.

Il est fâcheux qu'Auvray n'ait pas cultivé son talent, ou en ait fait un si mauvais usage. Il emploie souvent des expressions basses et populaires, qui, d'ailleurs, sont en harmonie parfaite avec les sujets qu'il affectionne. Ce défaut lui fut reproché de son temps même par Gaillard, qui, dans sa *Comédie satirique*, dit, en parlant des poëtes de son temps :

Auvray, ce gros camard, plaide pour les suivantes.

Cette comédie de Gaillard n'est qu'une satire dialoguée, divisée en cinq actes de trente vers environ chacun. Elle ne peut que piquer la curiosité des personnes jalouses de connoître l'opinion publique de cette époque littéraire.

Les satires de Jacques Du Lorens paroissent avoir eu du succès, car il en publia deux éditions successives avant sa mort, qui eut lieu en 1658. Elles méritoient à quelques égards la faveur du public. Du Lorens est un imitateur de Regnier ; mais, plus adroit que Courval-Sonnet, il a souvent approché de son modèle sans se faire accuser de plagiat. Ainsi que ses prédécesseurs Vauquelin et Regnier, Du Lorens adressa sa première satire au roi Louis XIII. Après y avoir fait l'éloge de Henri IV, il dit à son fils :

Et ne faut s'étonner si en vostre jeune âge
Un serein si plaisant s'est troublé de nuages.
Si le bruit court l'hyver qu'on lève des soudars,
Et que nous reverrons la guerre au mois de mars,
Cela s'est toujours fait. La noblesse endebtée,
Qui de ses créanciers en paix est molestée,
Et qui voit tous les jours, ainsi qu'en garnison,
Un nombre de sergens fourrager sa maison,
Ne demande : Qu'où est-ce ? et sème des nouvelles
Pour avoir des répis, délais et quinquennelles.

Il s'élève, dans une des satires suivantes, contre le mariage, lien dont il avoit eu peu à se louer.

Quiconque est desireux d'entrer au mariage
Entreprend, mon ami, de faire un long voyage.
D'heureux et franc qu'il est, il veut s'embarrasser,
Il cherche des procès à ne jamais cesser,
Que le lict tire à soi comme la paille l'ambre.
. . . .
Quant au jour, il se passe ainsi qu'il plait à Dieu.
Qui prend femme, il peut bien aux plaisirs dire adieu;
Il se perd, il se tue, il se met à la gesne,
Il attache à son col une bien lourde chaîne;
En lieu de se moucher il s'arrache le nez.
Pensant que ses beaux jours de la paix soient bornés,
Il sème en sa maison une guerre civile ;
Il ne lui vient que croix, encore qu'il prenne pile.
Il s'englue, il s'empestre, il s'enferre, il se point,
Il chausse des souliers qui sont trop courts d'un point.
Pensant s'accommoder et se mettre à son aise,
Il chêt, comme l'on dit, de la poisle en la braise.
Il y a bien vingt ans que j'y fus bien pipé !
Jamais pauvre vilain ne fut mieux attrapé.
Tu cognois les façons de notre mesnagere,
Qui fait que je me couche et me leve en colere,
Qui ne veut voir chez moi pour boire ou pour manger,
Ni Gauthier, ni Garguille, en dussé-je enrager;
Qui contrôle mes jeux, mes yeux, mes pourmenades ;
Qui fait autant de bruit que toutes les Ménades ;
Qui danse, chante, rit et pleure en un instant.

Du Lorens s'élève rarement au dessus de ce style, qui, s'il n'est pas pompeux, est au moins naturel et rempli d'une sorte de gaieté bien préférable, selon moi, à la froide réserve d'une dignité qui ne permettroit pas la lecture des vingt-six satires de Du Lorens.

Parmi les poésies de Charles Vion Dalibray, on remarque quelques satires assez bien faites, au nombre desquelles se trouve la métamorphose de Gomor (Mont-Maur) en marmite. Mont-Maur étoit un professeur de grec, fameux parasite d'un esprit caustique qui lui fit beaucoup d'ennemis. Voici comme d'Alibray décrit cette transformation :

A tant Gomor se tut pour prendre du repos :
Les broches et les plats furent ses derniers mots.
Mercure, le patron de la vraie éloquence,
Ne pouvant plus long-temps souffrir son impudence,
Raccourcit ses deux pieds. De ce bâton aussi
Qu'il tenoit en sa main, fit un pied raccourci :
Après, sur ces trois pieds il rendurcit son ventre,
Fait qu'à l'estomach toute la tête y rentre ;
Ses deux bras attachés au col, comme jadis
Sur le ventre tombant, sont en anse arrondis :
Le collet du pourpoint s'élargit en grand cercle,
Le chapeau du docteur s'applatit en couvercle,
Son chapeau, qui lui sert ainsi qu'auparavant,
Et qui, comme il couvroit une tête à l'évent,
Desormais sert encore à couvrir la fumée
Qui s'exhale de l'eau qu'il n'a jamais aimée.
Son ventre, au lieu de vin, reste toujours plein d'eau,
Où cuisent sa poitrine et sa tête de veau.
Enfin, par la vengeance et justice divine,
De Gomor il devient marmite de cuisine.

Ce fut dans ce même temps que Sarrazin composa son poëme de *Dulot vaincu*, contre la manie des bouts-rimés; que de Lagarenne, Dauphinois, dans ses *Bacchanales*, fit une satire folle, mais plaisante, contre les ivrognes; et que Charles Beys se fit enfermer à la Bastille pour avoir composé une satire contre le cardinal de Richelieu.

Bautru avoit fait dans sa jeunesse quelques satires qui, s'il faut en croire Chapelain, parurent fort ingénieuses et firent grand bruit : elles sont aujourd'hui parfaitement inconnues, et méritent de l'être, quoique conservées dans quelques recueils de son temps. La *Description de la ville d'Amsterdam* en vers burlesques, de Pierre le Jolle, a éprouvé le même sort, ainsi que les poésies d'Assoucy, de St.-Amand, et même de Scaron. Ce genre burlesque remplaça la satire, ou plutôt le coq-à-l'âne, pendant plusieurs années, et entraîna enfin dans sa chute les ouvrages qu'il fit naître, parmi lesquels on pourroit compter toutes les mazarinades, qui, n'ayant dû leur vogue d'un moment qu'aux événemens politiques, restent ensevelies aujourd'hui dans la poussière de quelques bibliothéques, et passèrent avec le souvenir des circonstances qui les avoient fait naître : destinée inévitable de tous les ouvrages qui se rattachent à un fait fugitif ou à une mode passagère.

Boileau Despréaux, né avec un goût délicat, instruit par les essais de ses prédécesseurs, profitant des efforts qu'ils avoient faits pour épurer la langue, et joignant à son mérite personnel celui de l'à-propos, fit bientôt oublier les essais malheureux de Louis Petit, de Marigny et de Furetière, en composant ses satires, dans lesquelles il se surpassa successivement jusqu'à la neuvième, à la perfection de laquelle un bien petit nombre de ses successeurs peut se flatter d'avoir atteint.

VIOLLET LE DUC.

ŒUVRES DE REGNIER.

AU ROY. (1)

SIRE,

JE m'estois jusques icy résolu de tesmoigner, par le silence, le respect que je doy à vostre majesté. Mais ce que l'on eust tenu pour réverence, le seroit maintenant pour ingratitude, qu'il lui a pleu, me faisant du bien (2), m'inspirer, avec un désir de vertu, celuy de me rendre digne de l'aspect du plus parfaict et du plus victorieux monarque du monde. On lit qu'en Éthiopie il y avoit une statue (3) qui rendoit un son armonieux toutes les fois que le soleil levant la regardoit. Ce mesme miracle (sire) avez-vous faict en moy, qui, touché de l'astre de vostre majesté, ay receu la voix et la parole. On ne trouvera donc estrange si, me ressentant de cet honneur, ma muse prend la hardiesse de se mettre à l'abry de vos palmes; et si témerairement elle ose vous offrir ce qui par droict est desja vostre, puis que vous l'avez fait naistre dans un sujet qui n'est animé que de vous, et qui aura éternellement le cœur et la bouche ouverte à vos louanges; faisant des vœux et des prières continuelles à Dieu, qu'il vous rende là haut dans le ciel autant de biens que vous en faites ça bas (4) en terre.

> Vostre tres-humble, et tres-obeïssant,
> et tres-obligé sujet et serviteur,
>
> REGNIER.

REMARQUES.

(1) Henri-le-Grand. Dans la première édition on lisoit : *Épistre liminaire au roy.*

(2) *Me faisant du bien.*] Le roi l'avoit gratifié d'une pension de deux mille livres sur l'abbaye des Vaux de Cernay, dans le diocèse de Paris. Il est parlé de cette pension dans une pièce faite alors contre Regnier, intitulée : *Le combat de Regnier et de Berthelot.*

> Regnier ayant sur les épaules
> Satin, velours et taffetas,
> Méditoit, pour le bien des Gaules,
> D'estre envoyé vers les états;
> Et meriter de la couronne
> La pension qu'elle lui donne.

(3) *On lit qu'en Éthiopie il y avoit une statue.*] La statue de Memnon.

(4) *Ça bas.*] On a commencé à mettre *ici-bas* dans l'édition de 1642.

DISCOURS AU ROY. (1)

SATYRE I.

PUISSANT roy des François, astre vivant de Mars,
Dont le juste labeur, surmontant les bazards,
Fait voir par sa vertu que la grandeur de France
Ne pouvoit succomber souz une autre vaillance;

REMARQUES.

(1) Ce Discours, adressé à Henri IV, et composé après l'entière extinction de la Ligue, n'est pas le premier ouvrage de Regnier : il avoit déjà fait quelques satires, comme il le dit lui-même dans la suite.

Vray fils de la valeur de tes pères, qui sont   5
Ombragez des lauriers qui couronnent leur front,
Et qui, depuis mille ans, indomtables en guerre,
Furent transmis du ciel pour gouverner la terre :
Attendant qu'à ton rang ton courage t'eust mis,
En leur trosne eslevé dessus tes ennemis;   10
Jamais autre que toy n'eust, avecque prudence,
Vaincu de ton sujet l'ingrate outrecuidance,
Et ne l'eust, comme toy, du danger préservé :
Car estant ce miracle à toy seul réservé,
Comme au Dieu du pays, en ses desseins parjures,   15
Tu faits que tes bontez excedent ses injures.
Or après tant d'exploicts finis heureusement,
Laissant aux cœurs des tiens, comme un vif monument,
Avecque ta valeur ta clémence vivante,
Dedans l'éternité de la race suivante :   20
Puisse-tu, comme Auguste, admirable en tes faits,
Rouller tes jours heureux en une heureuse paix;
Ores que la justice icy bas descenduë,
Aux petits comme aux grands par tes mains est renduë;
Que, sans peur du larron, trafique le marchand;   25
Que l'innocent ne tombe aux aguets du meschant;
Et que de ta couronne, en palmes si fertile,
Le miel abondamment et la manne distile,
Comme des chesnes vieux aux jours du siècle d'or,
Qui renaissant sous toy reverdissent encor.   30
Aujourd'huy que ton fils, imitant ton courage,
Nous rend de sa valeur un si grand tesmoignage,
Que, jeune, de ses mains la rage il déconfit,
Estouffant les serpens ainsi qu'Hercule fit;

REMARQUES.

Mais à l'imitation de La Fresnaye-Vauquelin, qui avoit adressé à Henri II la première de ses satires, Regnier voulut faire précéder les siennes d'un Discours au roi; et Boileau suivit l'exemple de ses devanciers.

VERS 15. *Comme au Dieu du pays.....*] Ce vers forme une amphibologie que Regnier eût évitée s'il eût mis (vers 12) *vaincu de les sujets* au lieu de *vaincu de ton sujet*, en construisant sa phrase de cette manière :

> Jamais autre que toy n'eust avecque prudence,
> Vaincu de tes sujets l'ingrate outrecuidance,
> Ne les eust, comme toy, du danger préservé :
> Car étant ce miracle à toy seul réservé,
> Comme au Dieu du pays, en leurs desseins parjures,
> Tu fais que tes bontés excèdent leurs injures.

VERS 26. *Que l'innocent ne tombe aux aguets du meschant.*] *Aguets*, vieux mot qui signifioit *embûches;* d'où vient le terme de *guet-appens*, formé de l'ancienne expression *aguet-appensé.* On dit encore être aux *aguets*, pour *guetter.*

VERS 29. *Comme des chesnes vieux, aux jours du siècle d'or*]

> *Et duræ quercus sudabunt roscida mella.*
> VIRG. égl. IV, v. 30.

VERS 31. *Aujourd'huy que ton fils.....*] Le dauphin, qui fut ensuite le roi Louis XIII, né à Fontainebleau, le 27 septembre 1601.

VERS 34. *Estouffant les serpens......*] Cette fable est racontée de diverses manières par les mythologues. Selon Apollodore, ce fut Amphitryon lui-même qui, pour reconnoître son véritable fils entre les deux enfans jumeaux que lui avoit donnés Alc-

Et, domtant la discorde à la gueule sanglante,   35
D'impieté, d'horreur, encore frémissante,
Il luy trousse les bras de meurtres entachez,
De cent chaisnes d'acier sur le dos attachez;
Sous des monceaux de fer dans ses armes l'enterre,
Et ferme pour jamais le temple de la guerre;   40
Faisant voir clairement par ses faits triomphants,
Que les roys et les dieux ne sont jamais enfants.
Si bien que s'eslevant sous ta grandeur prospere,
Génereux heritier d'un si génereux pere,
Comblant les bons d'amour, et les méchans d'effroy, 45
Il se rend au berceau desia digne de toy.
Mais c'est mal contenter mon humeur frénétique,
Passer de la satyre en un panégyrique,
Où molement disert, souz un sujet si grand,
Dès le premier essay mon courage se rend.   50
Aussi plus grand qu'Ænée, et plus vaillant qu'Achille,
Tu surpasses l'esprit d'Homère et de Virgile,
Qui leurs vers à ton los ne peuvent esgaler,
Bien que maistres passez en l'art de bien parler.

REMARQUES.

mène, fit porter deux serpens dans leur berceau.
L'opinion la plus commune, cependant, est que ce
fut Junon qui, par haine pour Alcmène, suscita
ces deux monstres, victimes du jeune courage
d'Hercule. Théocrite a composé sur ce sujet une
idylle admirable; c'est sa vingt-quatrième.

Vers 35. *Et domtant la Discorde.....*] La naissance du dauphin apaisa les troubles, en étouffant
les projets auxquels la stérilité de Marguerite de
Valois, première femme d'Henri iv, avoit donné lieu.

> Ce sera vous qui de nos villes
> Ferez la beauté refleurir,
> Vous qui de nos haines civiles
> Ferez la racine mourir;
> Et par vous la paix assurée
> N'aura pas la courte durée
> Qu'esperent infidellement,
> Non lassez de notre souffrance,
> Ces François, qui n'ont de la France
> Que la langue et l'habillement.

> Par vous un daufin nous va naître, etc.

C'est la prédiction que Malherbe faisoit dans une
ode qu'il présenta, en 1600, à Marie de Médicis,
quand elle vint en France épouser Henri-le-Grand.

Vers 40. *Et ferme pour jamais le temple de
la guerre.*] Le temple de Janus, bâti à Rome par
Numa Pompilius. On ne fermoit ce temple que pendant la paix.

Vers 45. *Comblant les bons d'amour, et les
méchans d'effroy.*] On comble d'amour, de biens,
mais non d'effroy. *Combler* ne s'emploie aujourd'hui
que favorablement.

Vers 46. *Il se rend au berceau desja digne de
toy.*]

> *Tene ferunt geminos pressisse tenaciter angues,
> Cùm tener in cunis jam Jove dignus eras?*
>   Ovid. in Deianirâ.

> .... *Manibus suis Tyrinthius angues
> Pressit, et in cunis jam Jove dignus erat.*
>   Idem.

Dès que le dauphin fut né, Henri iv mit son
épée à la main du jeune prince, pour le service de
l'église, dit-il, et pour le bien de l'état.

Vers 48. *Passer de la satyre en un panégyrique.*] Ce vers fait connoître que l'auteur avoit déjà
composé des satires avant ce discours.

Vers 53. *Qui leurs vers à ton los......*] Los,
louange, éloge; du latin *laus*.

Et quand j'esgallerois ma muse à ton merite,   55
Toute extrême loüange est pour toy trop petite:
Ne pouvant les finy joindre l'infinité;
Et c'est aux mieux disants une témerité
De parler où le ciel discourt par ses oracles,
Et ne se taire pas où parlent tes miracles;   60
Où tout le monde entier ne bruit que tes projects,
Où ta bonté discourt au bien de tes sujects,
Où nostre aise et la paix ta vaillance publie;
Où le discord esteint, et la loy restablie,
Annoncent ta justice, où le vice abattu   65
Semble, en ses pleurs, chanter un hymne à ta vertu.
Dans le temple de Delphe, où Phœbus on révere,
Phœbus, roy des chansons, et des muses le pere,
Au plus haut de l'autel se voit un laurier sainct,
Qui sa perruque blonde en guirlandes estraint,   70
Que nul prestre du temple en jeunesse ne touche,
Ny mesme prédisant ne le masche en la bouche:
Chose permise aux vieux, de sainct zele enflamez,
Qui se sont par service en ce lieu confirmez,
Devots à son mistere, et de qui la poictrine   75
Est pleine de l'ardeur de sa verve divine.
Par ainsi, tout esprit n'est propre à tout suject:
L'œil foible s'esbloüit en un luisant object.
De tout bois, comme on dit, Mercure on ne façonne,
Et toute medecine à tout mal n'est pas bonne.   80
De mesme le laurier et la palme des roys
N'est un arbre où chacun puisse mettre les doigts;
Joint que ta vertu passe, en loüange seconde,
Tous les roys qui seront et qui furent au monde.
Il se faut reconnoistre, il se faut essayer,   85
Se sonder, s'exercer, avant que s'employer;
Comme fait un luiteur entrant dedans l'arène,
Qui se tordant les bras, tout en soy se démene,
S'alonge, s'accourcit, ses muscles estendant,
Et, ferme sur ses pieds, s'exerce en attendant   90
Que son ennemy vienne, estimant que la gloire
Jà riante en son cœur luy don'ra la victoire.
Il faut faire de mesme, un œuvre entreprenant,
Juger comme au sujet l'esprit est convenant,
Et quand on se sent ferme, et d'une aisle assez forte, 94
Laisser aller la plume où la verve l'emporte.
Mais, sire, c'est en vol bien eslevé pour ceux
Qui, foibles d'exercice et d'esprit paresseux,
Enorgueillis d'audace en leur barbe première,

REMARQUES.

Vers 61. *Où tout le monde entier ne bruit que tes
projects.*] *Bruire* est un verbe neutre qui n'a point
de régime; cependant il est employé ici comme
actif.

Vers 66. *Semble en ses pleurs chanter un hymne
à ta vertu.*] La Rochefoucauld, auteur des *Maximes
morales*, a dit que *l'hypocrisie est un hommage
que le vice rend à la vertu.* Maxime 223.

Vers 79. *De tout bois... Mercure on ne façonne.*]
Ancien proverbe dont Pythagore est l'inventeur, se-
lon Apulée, dans sa première apologie. Les Latins
avoient emprunté ce proverbe: *Non è quovis ligno
Mercurius fingi potest.* (Voyez Érasme, dans ses
Adages, chil. 2, cent. 5, adag. 47.)

Vers 87. *Comme fait un luiteur...*] Aujourd'hui
on dit *lutteur* et *lutte*.

Vers 92. *Jà riante en son cœur lui don'ra la
victoire.*] *Jà* pour *déjà*; *don'ra* pour *donnera*, par
syncope. Cette licence que prenoient nos anciens
poëtes est à regretter aujourd'hui; elle donnoit au
vers françois une vivacité et une concision qui lui
manquent trop souvent.

Chantèrent ta valeur d'une façon grossiere :		100
Trahissant tes honneurs, avecq' la vanité
D'attenter par ta gloire à l'immortalité.
Pour moy plus retenu, la raison m'a faict craindre ;
N'osant suivre un suject où l'on ne peut atteindre,
J'imite les Romains encore jeunes d'ans,		105
A qui l'on permettoit d'accuser impudans
Les plus vieux de l'estat, de reprendre et de dire
Ce qu'ils pensoient servir pour le bien de l'empire.
Et comme la jeunesse est vive et sans repos,
Sans peur, sans fiction, et libre en ses propos,		110
Il semble qu'on luy doit permettre davantage.
Aussi que les vertus fleurissent en cet âge,
Qu'on doit laisser meurir sans beaucoup de rigueur,
Afin que tout à l'aise elles prennent vigueur.

C'est ce qui m'a contraint de librement escrire,	115
Et, sans picquer au vif, me mettre à la satyre,
Où, poussé du caprice, ainsi que d'un grand vent,
Je vais haut dedans l'air quelque fois m'eslevant ;
Et quelque fois aussi, quand la fougue me quite,
Du plus haut au plus bas mon vers se précipite,	120
Selon que du suject touché diversement,
Les vers à mon discours s'offrent facilement.
Aussi que la satyre est comme une prairie,
Qui n'est belle sinon en sa bisarrerie ;
Et comme un pot pourry des frères mendians,		125
Elle forme son goust de cent ingrediens.

Or, grand roy, dont la gloire en la terre espenduë,
Dans un dessein si haut rend ma muse esperduë,
Ainsi que l'œil humain le soleil ne peut voir,
L'esclat de tes vertus offusque tout sçavoir ;	130

REMARQUES.

Vers 101 et 102. ...... *Avecq' la vanité D'atten-*
ter par ta gloire à l'immortalité.] Boileau s'est emparé de cette idée en en affoiblissant l'expression, à
notre gré, par ces vers :

Et mêle, en se louant soi-même à tout propos,
Les louanges d'un fat à celles d'un héros.

Vers 106. *A qui l'on permettoit d'accuser impu-*
dans.] Lenglet-Dufresnoy dit qu'*impudans* est là
pour *impudemment*, *hardiment*. Il se trompe : *im-*
pudans est un adjectif qui se rapporte à *jeunes Ro-*
mains, et non pas un adverbe. C'est ainsi que
Ronsard a dit :

. . . . Et la terre commune,
Sans semer ni planter, *bonne mère*, apportoit
Le fruit, etc.

et que Regnier lui-même dit plus loin, satire II,
vers 28 :

Et que ces rimasseurs........
N'approuvent *impuissans*, une fausse semence.

Vers 123. *Aussi que la satyre....*] Par ce vers et
les trois suivans, Regnier a prétendu vraisemblablement désigner la satire des Grecs, qui consistoit,
ainsi que nous l'avons dit, dans l'alliance du grave
avec le bouffon, car la satire romaine, dont Lucilius
fut l'inventeur, est un poëme railleur ou piquant,
composé pour critiquer les ouvrages ou pour reprendre les mœurs. *Satira dicitur carmen apud Romanos*
nunc quidem maledicum, et ad carpenda hominum
vitia archææ comediæ charactere compositum, qua-
les scripserunt Lucilius et Horatius et Persius. Sed
olim carmen, quod ex variis pœmatibus constat,
satyra vocabatur, quales scripserunt Pacuvius et
Ennius. Diomed. ex lib. III Grammat.

Vers 125. *Et comme un pot pourry....*] Mélange
de viandes et de légumes divers. En espagnol, *olla*
podrida.

Si bien que je ne sçay qui me rend plus coulpable,
Ou de dire si peu d'un suject si capable,
Ou la honte que j'ay d'estre si mal apris,
Ou la témerité de l'avoir entrepris.
Mais quoy, par ta bonté, qui toute autre surpasse,	135
J'espère du pardon, avecque ceste grace
Que tu liras ces vers, où jeune je m'esbas
Pour esgayer ma force ; ainsi qu'en ces combas
De fleurets on s'exerce, et dans une barricre
Aux pages l'on reveille une adresse guerriere,		140
Follement courageuse, afin qu'en passe-temps
Un labeur vertueux anime leur printemps,
Que leur corps se desnouë, et se desangourdisse,
Pour estre plus adroits à te faire service.
Aussi je fais de mesme en ces caprices fous :		145
Je sonde ma portée et me taste le pous,
Afin que s'il advient, comme un jour je l'espere,
Que Parnasse m'adopte et se dise mon pere,
Emporté de ta gloire et de tes faits guerriers,
Je plante mon lierre au pied de tes lauriers.		150

A MONSIEUR
LE COMTE DE CARAMAIN. (1)

SATYRE II.

Comte, de qui l'esprit pénètre l'univers,
Soigneux de ma fortune et facile à mes vers ;
Cher soucy de la muse, et sa gloire future,
Dont l'aimable génie et la douce nature
Fait voir, inaccessible aux efforts médisans,		5
Que vertu n'est pas morte en tous les courtisans :
Bien que foible et débile, et que mal reconnuë,
Son habit décousu la montre à demy nuë ;
Qu'elle ait seche sa chair, le corps amenuisé,
Et serve à contre-cœur le vice auctorisé,		10

REMARQUES.

Vers 148. *Que Parnasse m'adopte.......*] Cette
version est celle de l'édition de 1608. Celles de 1612
et 1613 portent : *Que Parnasse m'adore.* Quoique
faites pendant la vie de l'auteur, nous regardons
ce changement comme une faute plutôt que comme
une correction.

Vers 150. *Je plante mon lierre au pied de tes*
lauriers.] Ménage a ainsi déguisé ce vers charmant,
pour l'insérer dans son églogue à la reine Christine :

Rampe notre lierre au pied de tes lauriers.

ce qui lui a été reproché par Gilles Boileau, dans
son *Avis à Ménage.*

(1) Ou plutôt le comte de Cramail, nom qui,
selon Ménage, se dit, par corruption, pour Car-
main, changé en Cramail dans l'édition de 1642,
et dans toutes celles qui l'ont suivie. On lit Caramain dans les éditions précédentes, à remonter
jusqu'à la première, de 1608, où il y a Caramain.

Adrien de Monluc, comte de Cramail, fut l'un
des beaux esprits de la cour de Louis XIII. Il étoit
né l'an 1568, de Fabien de Monluc, fils du fameux
maréchal Blaise de Monluc, et mourut en 1646.
On lui attribue la comédie *des Proverbes*, pièce
singulière, et l'une des plus comiques de son temps,
ainsi qu'une farce remplie de quolibets, intitulée
les Jeux de l'inconnu.

Vers 1. *Comte, de qui l'esprit....*] Les douze
premiers vers contiennent une apostrophe imparfaite dont le sens n'est point fini.

Le vice qui pompeux tout mérite repousse,
Et va, comme un banquier, en carrosse et en housse.
Mais c'est trop sermonné de vice et de vertu.
Il faut suivre un sentier qui soit moins rebatu ;
Et, conduit d'Apollon, recognoistre la trace   15
Du libre Juvenal : trop discret est Horace,
Pour un homme picqué ; joint que la passion,
Comme sans jugement, est sans discretion.
Cependant il vaut mieux sucrer nostre moutarde :
L'homme, pour un caprice, c'est sot qui se hazarde. 20
Ignorez donc l'autheur de ces vers incertains,
Et, comme enfans trouvez, qu'ils soient fils de putains,
Exposez en la rüe, à qui mesme la mere,
Pour ne se découvrir, fait plus mauvaise chere.
Ce n'est pas que je croye, en ces temps effrontez, 25
Que mes vers soient sans pere et ne soient adoptez ;
Et que ces rimasseurs, pour feindre une abondance,
N'approuvent impuissans une fausse semence :
Comme nos citoyens de race désireux,
Qui bercent les enfans qui ne sont pas à eux.   30
Ainsi, tirant profit d'une fausse doctrine,
S'ils en sont accusez, ils feront bonne mine,
Et voudront, le niant, qu'on lise sur leur front,
S'il se fait un bon vers, que c'est eux qui le font.
Jaloux d'un sot honneur, d'une bastarde gloire,   35
Comme gens entendus s'en veulent faire accroire :
A faux titre insolens, et, sans fruict hazardeux,
Pissent au benestier, afin qu'on parle d'eux.

REMARQUES.

VERS 12. *Et va, comme un banquier, en carrosse et en housse.*] *En housse*, c'est-à-dire, *à cheval.* Du temps de Regnier les carrosses n'étoient pas si communs qu'ils le sont devenus dans la suite. On n'alloit par la ville qu'à cheval, ou monté sur des mules couvertes d'une grande housse qui descendoit presque jusqu'à terre. Cet usage s'est maintenu fort long-temps parmi les médecins de Paris, témoin ce vers de Boileau, satire VIII, en 1667 :

. . . . Quand il voit. . . . .
Courir chez un malade un assassin en housse.

VERS 19. *Cependant il vaut mieux sucrer nostre moutarde.*] Expression proverbiale bien énergique.

VERS 21. *Ignorez donc l'auteur de ces vers incertains.*] Ce vers feroit soupçonner que c'est ici la première satire de Regnier, qui ne vouloit pas alors que l'on sût qu'il en étoit l'auteur.

VERS 22. *Et comme enfans trouvez....*] Ce vers est un de ceux qui ont fait dire à Boileau, dans le second chant de son *Art poétique*, que Regnier *du son hardi de ses rimes cyniques, alarmoit souvent les oreilles pudiques.*

VERS 24. *......Fait plus mauvaise chere.*] Chère, accueil, visage : du latin *cara*, pour *facies, vultus.*

. . . . . *Postquam venêre verendam
. Cæsaris ante caram.*

CORIPPUS, *de Laudibus Justini*, lib. II.

(Voyez Du Cange , Ménage , etc.)

VERS 34. *S'il se fait un bon vers....*] Vers monosyllabique.

VERS 38. *Pissent au benestier....*] Autre expression proverbiale non moins énergique que la précédente. Les Grecs avoient un proverbe semblable, Ἐν Πυθίου χέσαι, qu'on peut rendre ainsi en latin : *In Pythii templo cacare.* ERASM. *Adag.* chil. 4. cent. 2, 65. *Pissent au benestier :* Anciennement on disoit *benoitier* et *benélier ;* aujourd'hui on ne dit que *bénitier.*

Or avecq' tout cecy, le point qui me console,
C'est que la pauvreté comme moy les affole ;   40
Et que, la grace à Dieu, Phœbus et son troupeau,
Nous n'eusmes sur le dos jamais un bon manteau.
Aussi lors que l'on voit un homme par la rüe,
Dont le rabat est sale et la chausse rompuë,
Ses gregues aux genoux, au coude son pourpoint,   45
Qui soit de pauvre mine, et qui soit mal en point,
Sans demander son nom on le peut reconnoistre ;
Car si ce n'est un poëte, au moins il le veut estre.
Pour moy, si mon habit, par tout cicatrisé,
Ne me rendoit du peuple et des grands mesprisé,   50
Je prendrois patience, et parmy la misere
Je trouverois du goust ; mais ce qui doit desplaire
A l'homme de courage et d'esprit relevé,
C'est qu'un chacun le fuit ainsi qu'un réprouvé.
Car, en quelque facon, les malheurs sont propices. 55'.
Puis les gueux en gueusant trouvent maintes délices,
Un repos qui s'essgaye en quelque oysiveté.
Mais je ne puis patir de me voir rejetté.
Ce dont pourquoy, si jeune abandonnant la France,
J'allay, vif de courage et tout chaud d'esperance,   60
En la cour d'un prélat qu'avec mille dangers

REMARQUES.

VERS 40. *.... La pauvreté comme moi les affole.*] Les foule, les blesse, les incommode. *Affoler*, en ce sens, n'est plus en usage :

Encor est-ce un confort à l'homme malheureux,
D'avoir un compagnon au malheur qui l'affole.

C'est la fin d'un des sonnets de Philippe Desportes, *Amours de Diane*, sonnet 14.

VERS 41. *Et que, la grace à Dieu...*] On dit maintenant *grâces à Dieu ;* mais *la grâce à Dieu* étoit la façon de parler usitée du temps de Regnier, et même plus anciennement ; car dans les *Nouvelles Récréations de Bonaventure Des Periers*, imprimées in 1561, et dont le privilége est de 1557, on lit : « Le bon homme lui respond qu'il n'en avoit point été malade, et qu'il avoit tousjours bien ouy *la grace à Dieu.* » Nouv. x, p. 42.

VERS 45. *Ses gregues aux genoux...*] Les gregues étoient une espèce de haut-de-chausses ou de culottes. Le pourpoint étoit une sorte de vêtement à manches, et que notre habit a remplacé.

VERS 48. *Car si ce n'est un poëte......*] Regnier fait toujours ce mot *poëte* de deux syllabes, quoiqu'il en ait trois, suivant son étymologie, ποιητὴς, *poëta*, et suivant l'usage. Dans la première édition, de 1608, ce même mot est partout imprimé avec une diphtongue, en cette manière : *pœte.* Notre auteur n'a fait ce mot de trois syllabes que dans un seul endroit, qui est le vers 49 de la satire XII. L'usage de faire *poëte* et *poëme* de deux syllabes s'est conservé long-temps après Regnier :

Tout vient dans ce grand poëme admirablement bien,

dit Th. Corneille.

Comme un poëte fameux il se fait regarder.

P. CORNEILLE.

Quintilien, *Instit. orat.*, lib. 1, cap. 5, cite un vers de Varron où ce poëte avoit aussi resserré deux syllabes en une dans le mot *Phaëton*, qui en a trois :

Cùm te flagranti dejectum fulmine Phæton.

VERS 58. *Mais je ne puis patir...*] Patir est hors d'usage dans le sens de ce vers ; on dit à présent *souffrir*, mot qu'on a substitué à l'autre dans l'édition de 1642 et dans les suivantes.

VERS 61. *En la cour d'un prélat...*] Ne seroit-ce

J'ay suivy, courtisan , aux païs estrangers.
J'ay changé mon humeur, alteré ma nature ;
J'ay beu chaud, mangé froid, j'ay couché sur la dure ;
Je l'ay , sans le quitter, à toute heure suivy ;   65
Donnant ma liberté je me suis asservy ,
En public , à l'église , à la chambre , à la table ,
Et pense avoir esté maintefois agréable.

Mais , instruict par le temps, à la fin j'ay connu
Que la fidelité n'est pas grand revenu ,   70
Et qu'à mon temps perdu , sans nulle autre esperance,
L'honneur d'estre sujet tient lieu de récompense :
N'ayant autre interest de dix ans ja passez ,
Sinon que sans regret je les ay despensez.
Puis je sçay , quant à luy, qu'il a l'ame royalle ,   75
Et qu'il est de nature et d'humeur liberalle.
Mais , ma foy, tout son bien enrichir ne me peut,
Ny domter mon malheur, si le ciel ne le veut.
C'est pourquoy , sans me plaindre en ma desconvenuë,
Le malheur qui me suit ma foy ne diminuë ;   80
Et rebuté du sort , je m'asservy pourtant,
Et sans estre avancé je demeure contant :
Sçachant bien que fortune est ainsi qu'une louve,
Qui sans choix s'abandonne au plus laid qu'elle trouve ;
Qui releve un pédant de nouveau baptisé ,   85
Et qui par ses larcins se rend authorisé ;
Qui le vice annoblit, et qui , tout au contraire,
Ravalant la vertu , la confine en misere.
Et puis je m'iray plaindre opres ces gens icy ?
Non , l'exemple du temps n'augmente mon soucy .   90
Et bien qu'ile ne m'ait sa faveur départie ,
Je n'entend , quand à moy , de la prendre à partie ,
Puis que , selon mon goust , son infidelité
Ne donne et n'oste rien à la félicité.   94
Mais que veux-tu qu'on face en ceste humeur austere ?
Il m'est, comme aux putains , mal-aisé de me taire ;
Il m'en faut discourir de tort et de travers.
Puis souvent la colere engendre de bons vers.

REMARQUES.

pas François de Joyeuse, cardinal en 1583, et archevêque de Toulouse en 1585? Ce prélat fit plusieurs voyages à Rome , où Regnier, en 1583,
n'ayant encore que vingt ans , le suivit , et s'atta-
cha à lui jusqu'à la fin de 1603, sans en avoir tiré
de récompense , puisque le premier bénéfice qu'il
ait eu , et qu'il obtint par une autre voie , fut un
canonicat de Chartres, en possession duquel il entra
le 30 juillet 1604 J'ajoute à ces conjectures le mot
cour, dont le poëte use ici , et l'idée de la magni-
ficence du prélat, qu'il donne vers 75 et 76.

VERS 64. *J'ay beu chaud.....*] J.-B. ROUSSEAU,
épigr. XXV, liv. 2 , définit ainsi un courtisan :

. . . . C'est un être ,
Qui ne connoît rien de froid ni de chaud ;
Et qui se rend précieux à son maître,
Par ce qu'il coûte , et non par ce qu'il vaut.

VERS 85. *Qui releve un pédant de nouveau baptisé*] Parvenu à quelque dignité. Boileau a dit de
même dans sa première satire :

Et que le sort burlesque , en ce siècle de fer,
D'un pédant, quand il veut, sait faire un duc et pair.

VERS 98. *Puis souvent la colere engendre de
bons vers.*]

Et sans aller rêver dans le sacré vallon,
La colère suffit, et vaut un Apollon.
                        BOILEAU, sat. 1, vers 144.

Regnier et Boileau ont imité ce vers fameux de
Juvénal, satire 1, vers 79.

Si natura negat, facit indignatio versum.

Mais , comte , que sçait-on ? elle est peut-être sage ,
Voire , avecque raison , inconstante et volage ;   100
Et déesse avisée aux biens qu'elle départ,
Les adjuge au mérite , et non point au hazard.
Puis l'on voit de son œil , l'on juge de sa teste ,
Et chacun en son dire a droict en sa requeste :
Car l'amour de soy-mesme et nostre affection   105
Adjouste avec usure à la perfection.
Tousiours le fond du sac ne vient en évidence,
Et bien souvent l'effet contredit l'apparence.
De Socrate à ce point l'oracle est my-party ;
Et ne sçait-on au vray qui des deux a menty ;   110.
Et si philosophant le jeune Alcibiade ,
Comme son chevalier , en receut l'accolade.
Il n'est à décider rien de si mal aisé ,
Que sous un sainct habit le vice desguisé.
Par ainsi j'ay donc tort, et ne doy pas me plaindre , 115
Ne pouvant par merite autrement la contraindre
A me faire du bien , ny de me départir
Autre chose à la fin, sinon qu'un repentir.

Mais quoy , qu'y feroit on , puis qu'on ne s'ose pendre ?
Encor faut-il avoir quelque chose où se prendre ,   120
Qui flatte , en discourant , le mal que nous sentons.
Or laissant tout cecy , retourne à nos moutons,

REMARQUES.

VERS 109. *De Socrate à ce point l'oracle est
my-party.*] Ce vers a beaucoup varié. Dans la première édition on lit : *De Socrate à ce point l'arrest est my-party.* Dans celles de 1612 et 1613,
faites pendant la vie de l'auteur, et dans les éditions suivantes , il y a l'*oracle* au lieu de l'*arrest.*
Dans celle de 1642 , et les autres qui ont été faites
après , on a mis : *De Socrate en ce point*, etc. L'expression de ce vers et des trois suivans est embar-
rassée. *Oracle* ou *arrest* , que portoit la première
version , ne signifie peut-être en cet endroit que
opinion publique , qui , en effet , est double sur le
compte de Socrate ; sa liaison avec Alcibiade ayant
été l'objet de soupçons que Cicéron lui-même a
tournés en plaisanterie : *Quid ? Socratem nonne
legimus quemadmodum notarit Zopyrus ? ..... ad-
didit etiam mulierosum : in quo Alcibiades cachin-
num dicitur sustulisse.* Cic. de Fato.

Boileau , satire XII , s'est emparé de la pensée
de Regnier , qu'il a rendue avec son élégance ac-
coutumée.

Et Socrate, l'honneur de la profane Grèce,
Qu'étoit-il, en effet, de près examiné ,
Qu'un mortel par lui-même au seul mal entraîné,
Et malgré la vertu dont il faisoit parade,
Très-équivoque ami du jeune Alcibiade ?

VERS 111. *Et si philosophant le jeune Alcibiade.*]
Ce vers est encore amphibologique ; on ne sait si
Regnier a voulu dire : *Et si Socrate philosophant
le jeune Alcibiade* , pour *enseignant la philosophie
au jeune Alcibiade* ; ou , par une inversion forcée :
Et si le jeune Alcibiade philosophant. Ce dernier
sens a paru plus convenable à quelques éditeurs,
qui , depuis 1642, ont mis une virgule après le
mot *philosophant.* Nous croyons devoir rétablir
le premier texte , dans la crainte de prêter à l'auteur un sens autre que celui qu'il a voulu donner à
la phrase.

VERS 122. *..... Retourne à nos moutons.*] C'est
un proverbe pris de la farce de *Patelin.* Martial .
liv. VI , 19 , a dit de même : *Jam dic , postume ,
de tribus capellis.* (Voyez Henri Étienne , en son
Dial. du nouveau langage , françois-italien. , édit.
d'Anvers , 1579 , page 137 ; et Pasquier , *Recherches* , liv. VIII , chap. 59.) On pourroit , touchant
ce proverbe , remonter jusqu'à celui-ci : *Alia Me-*

Muse , et sans varier dy nous quelques sornettes
De tes enfans bastards , ces tiercelets de poëtes ,
Qui par les carrefours vont leurs vers grimassans , 125
Qui par leurs actions font rire les passans ,
Et quand la faim les poind , se prenant sur le vostre ,
Comme les estourneaux ils s'affament l'un l'autre.

Cependant sans souliers , ceinture , ny cordon ,
L'œil farouche et troublé , l'esprit à l'abandon ,   13o
Vous viennent accoster comme personnes yvres ,
Et disent pour bon-jour : Monsieur, je fais des livres ;
On les vend au Palais , et les doctes du temps
A les lire amusez, n'ont autre passe-temps   134
De là , sans vous laisser , importuns ils vous suivent ,
Vous alourdent de vers , d'alegresse vous privent ,
Vous parlent de fortune , et qu'il faut acquerir
Du crédit , de l'honneur, avant que de mourir ;
Mais que pour leur respect l'ingrat siècle où nous sommes,
Au prix de la vertu n'estime point les hommes ;   14o
Que Ronsard , du Bellay , vivants ont eu du bien ,
Et que c'est honte au roy de ne leur donner rien.
Puis , sans qu'on les convie , ainsi que vénerables,
S'assient en prélats les premiers à vos tables ,   144
Où le caquet leur manque , et des dents discourant ,
Semblent avoir des yeux regret au demeurant.

Or la table levée , ils curent la mâchoire.
Apres grâces Dieu beut , il demandent à boire ;
Vous font un sot discours , puis au partir de là , 149

REMARQUES.

necles , alia porcellus loquitur , et voir l'explication qu'Érasme en donne. Rabelais a employé
plus d'une fois ce proverbe , retourner à ses moutons , liv. I , chap. 1 et 2 ; liv. III , chap. 33.

VERS 124. De tes enfans bastards , ces tiercelets
de poëtes.] Parmi les oiseaux de fauconnerie , les
femelles portent le nom de l'espèce , parce qu'elles
surpassent les mâles en grandeur de corps, en courage et en force. Leurs mâles sont nommés tiercelets , parce qu'ils sont un tiers plus petits qu'elles.
Tiercelet de faucon , d'autour, etc.
Rabelais a dit : Tiercelet de Job. Pantagr. 3 , 9.

VERS 132. Et disent pour bon-jour....] HORACE ,
dans sa satire de l'Importun , liv. 1 , sat. 9 :

Noris nos , inquit , docti sumus.

VERS 144. S'assient en prélats.] Dans les éditions de 1608 et 1612 on lit s'assiessent ; celles de
1613 et suivantes , s'assient.

VERS 146. ..... Regret au demeurant.] Demourant , édition de 1608.

VERS 148. Apres graces Dieu beut....] Un auteur
grave (Boetius Epo) dit que les Allemands , fort
adonnés à la débauche , ne se mettoient point en
peine de dire grâces après leur repas. Pour réprimer cet abus , le pape Honorius III donna des
indulgences aux Allemands qui boiroient un coup
après avoir dit grâces. BOETIUS EPO, Comment. sur
le chap. des Décrétales: Ne clerici vel monachi, etc.
cap. I , n. 13.
L'origine de cette façon de parler , apres graces
Dieu beut, ne vient-elle point plutôt de cet endroit de
l'Évangile ? Et , accepto calice , gratias agens dedit
eis , et biberunt ex illo omnes. La Monnoye croit
qu'il faut peut-être lire : Après Grace-Dieu bue, ils
demandent à boire, pour donner à entendre que, non
contens d'avoir bu le coup d'après grâces, ils demandent à boire sur nouveaux frais. Ainsi, boire Grace-
Dieu , ce seroit boire un seul coup après avoir dit
ses grâces ; et en demander davantage seroit manquer de savoir-vivre et de tempérance.

Vous disent : Mais monsieur, me donnez-vous cela ?
C'est tousjours le refrein qu'ils font à leur balade.
Pour moy je n'en voy point que je n'en sois malade ;
J'en perds le sentiment, du corps tout mutilé,
Et durant quelques jours j'en demeure opilé.

Un autre , renfrogné , resveur , mélancolique ,   155
Grimassant son discours , semble avoir la colique ,
Suant , crachant , toussant , pensant venir au point ,
Parle si finement que l'on ne l'entend point.

Un autre , ambitieux , pour les vers qu'il compose,
Quelque bon bénéfice en l'esprit se propose ,   16o
Et , dessus un cheval comme un singe attaché ,
Méditant un sonnet , médite un évesché.

Si quelqu'un , comme moy , leurs ouvrages n'estime ,
Il est lourd , ignorant , il n'ayme point la rime ;
Difficile , bargneux , de leur vertu jaloux ,   165
Contraire en jugement au commun bruit de tous ;
Que leur gloire il desrobe , avec ses artifices.
Les dames cependant se fondent en délices ,
Lisant leurs beaux escrits , et de jour et de nuict
Les ont au cabinet souz le chevet du lict ;   17o
Que portez à l'église , ils vallent des matines :
Tant , selon leurs discours , leurs œuvres sont divines.

Encore apres cela , ils sont enfans des cieux :
Ils font journellement carrousse avecq' les dieux :
Compagnons de Minerve, et confis en science ,   175
Un chacun d'eux pense estre une lumiere en France.

Ronsard , fay-m'en raison , et vous autres esprits ,
Que pour estre vivants en mes vers je n'escrits,
Pouvez-vous endurer que ces rauques cygalles
Esgallent leurs chansons à vos œuvres royalles ,   18o
Ayant vostre beau nom laschement démenty ?
Ha ! c'est que nostre siècle est en tout perverty.
Mais pourtant quel esprit , entre tant d'insolence ,
Sçait trier le sçavoir d'avecques l'ignorance ,
Le naturel de l'art , et d'un œil avisé   185
Voit qui de Calliope est plus favorisé ?
Juste postérité , à tesmoin je t'appelle ,

REMARQUES.

VERS 162. .... Médite un évesché.] Dans l'édition de 1608 on lit une évesché. Toutes les autres éditions portent un évesché ; mais dans la satire III, vers 175 , notre auteur a fait évéché du
genre féminin : Et si le faix léger d'une double
évesché. Quarante ans après la composition de cette
satire , le genre du mot évéché n'étoit pas encore
bien déterminé ; car Ménage, dans sa Requête des
Dictionnaires , imprimée en 1649 , assure qu'il n'y
avoit pas de puristes qui dissent une évesché :

Ils veulent malgré la raison ,
Qu'on dise aujourd'hui la poison ,
Une épitaphe , une épigramme ,
Une navire , une anagramme ,
Une reproche , une duché ,
Une mensonge , une évesché.

VERS 174. Ils font journellement carrousse.....]
Ce mot a vieilli ; il signifie débauche de vin, du mot
allemand garauss , tout vidé ; on sous-entend le
verre. MÉNAGE.

VERS 184. Sçait trier le sçavoir.....] Trier, c'est
ainsi qu'il faut lire , suivant la première édition ,
de 1608 , et non pas tirer , qui est dans les autres
éditions.

VERS 187. Juste postérité , à tesmoin je t'appelle.] Ce vers a été employé par Desmaretz de
Saint-Sorlin :

Car le siècle envieux juge sans équité ;
Mais j'en appelle à toy , juste postérité.

Desmarctz , dans une ode qui est à la tête de son

Toy qui, sans passion, maintiens l'œuvre immortelle ,
Et qui, selon l'esprit, la grace , et le sçavoir ,
De race en race au peuple un ouvrage fais voir :   190
Venge ceste querelle, et justement sépare
Du cigne d'Apollon la corneille barbare ,
Qui, croissant par tout d'un orgueil effronté ,
Ne couche de rien moins que l'immortalité.

Mais, comte , que sert-il d'en eutrer en colere? 195
Puis que le temps le veut, nous n'y pouvons rien faire.
Il faut rire de tout : aussi bien ne peut-on
Changer chose en Virgile , ou bien l'autre en Platon.

Quel plaisir penses-tu que dans l'ame je sente ,
Quand l'un de ceste trouppe , en audace insolente, 200
Vient à Vanves à pied pour grimper au coupeau
Du Parnasse françois et boire de son eau ;
Que , froidement receu , on l'escoute à grand peine ;
Que la muse en groignant luy deffend sa fontaine ,
Et, se bouchant l'oreille au récit de ses vers ,   205
Tourne les yeux à gauche et les lit de travers ;
Et , pour fruit de sa peine aux grands vens dispersée ,
Tous ses papiers servir à la chaise percée ?

REMARQUES.

poëme de *Clovis* , et dans un ouvrage de sa façon ,
intitulé : *La Comparaison de la langue et de la
poésie françoise*, etc. , 1670.

VERS 194. *Ne couche de rien moins que l'immortalité.*] Ce vers est ainsi dans l'édition de 1608, et
il doit étre ainsi , à moins qu'on n'aime mieux lire :
Ne couche rien de moins. D'autres éditions portent :

Ne couche de rien moins de l'immortalité ;

c'est-à-dire, *Ne vise, n'aspire à rien moins qu'à
l'immortalité.*

VERS 196. ..... *Nous n'y pouvons rien faire.*]
Édition de 1642 et suivantes : *Nous n'y pouvons
que faire.*

VERS 198. *Changer chose en Virgile , ou bien
l'autre en Platon.*] Les éditeurs se sont efforcés de
torturer ce vers naïf et plaisant pour le rendre
lourd et commun. L'édition de 1642 porte : *Changer chose*, pour aucune chose , *en Virgile , ou reprendre Platon.* Celles de 1655 et de 1667 : *Changer rien dans Virgile , ou reprendre en Platon.*
Lenglet-Dufresnoy, qui a compris le sens de Regnier,
propose aussi sa variante : *Changer l'un en Virgile* , etc.
   Il est évident que *chose* est là pour *un tel.*

VERS 201. ..... *Vient à Vanves.*] Village près de
Paris, qu'on appelle aujourd'hui *Vanvre.* Ce village
est renommé pour le beurre excellent qu'il fournit.

Hic truncis ubi burra fluunt Vanvœa cavatis.
                    Ant. DE ARENA , poëma Macaronic.
                    de Bello huguenotico.

François 1er. , pour se moquer de la longue liste
de titres qu'étoit l'empereur Charles-Quint , ne
prenoit d'autre qualité, dans ses réponses, que celle
de roi de France, seigneur de Gonesse et de *Vanves.*
Au reste , ce vers 20t fait présumer que le comte
de Cramail avoit une maison à Vanvre, et que cette
maison étoit ouverte aux gens de lettres et aux poëtes
célèbres.

VERS 203. *Que froidement receu on l'escoute....*]
L'hiatus qui se trouve à la césure de ce vers pouvoit
se sauver facilement en mettant *que receu froidement ;* mais du temps de Regnier, la rencontre de
deux voyelles dans les vers n'étoit pas regardée
comme un défaut.

VERS 208. *Tous ses papiers servir à la chaise*

Mais comme eux je suis poëte, et sans discrétion
Je deviens importun avec présomption.   210
Il faut que la raison retienne le caprice ,
Et que mon vers ne soit qu'ainsi qu'un exercice
Qui par le jugement doit estre limité ,
Selon que le requiert ou l'âge ou la santé.

Je ne sçay quel démon m'a fait devenir poëte : 215
Je n'ay , comme ce Grec, des dieux grand interprete ,
Dormy sur Helicon, où ces doctes mignons
Naissent en une nuict, comme les champignons.
Si ce n'est que ces jours , allant à l'adventure ,
Resvant comme un oyson allant à la pasture ,   220
A Vanves j'arrivay, où, suivant maint discours ,
On me fit au jardin faire cinq ou six tours ;
Et comme un conclaviste entre dans le conclave ,
Le sommelier me prit et m'enferme en la cave ,   224
Où beuvant et mangeant , je fis mon coup d'essay ,
Et où, si je sçay rien , j'apris ce que je sçay.

Voyla ce qui m'a fait et poëte et satyrique ,
Reglant la mesdisance à la façon antique.
Mais à ce que je voy , simpatisant d'humeur ,
J'ay peur que tout à fait je deviendray rimeur.   230
J'entre sur ma loüange , et , bouffy d'arrogance ,
Si je n'en ay l'esprit , j'en auray l'insolence.
Mais retournons à nous , et sage devenus ,
Soyons à leurs despens un peu plus retenus.

Or, comte , pour finir , ly doncq' ceste satyre , 235
Et voy ceux de ce temps que je pince sans rire ;
Pendant qu'à ce printemps retournant à la cour ,
J'iray revoir mon maistre , et luy dire bon-jour.

A MONSIEUR

LE MARQUIS DE COEUVRES. [1]

SATYRE III.

MARQUIS , que doy-je faire en ceste incertitude ?
Dois-je , las de courir , me remettre à l'estude ,
Lire Homère , Aristote , et, disciple nouveau ,
Glaner ce que les Grecs ont de riche et de beau ;
Reste de ces moissons que Ronsard et des Portes   5

REMARQUES.

percée.] N'est-ce point là l'original du vers de Molière ?

   Franchement il est bon à mettre au cabinet.
                         Misanthrope, acte 1 , sc. 11.

VERS 216. *Je n'ay , comme ce Grec, des dieux
grand interprete.*] Hésiode s'étant endormi sur le
mont Hélicon , après avoir bu de l'eau d'Hippo-
crène , devint poëte par une faveur singulière des
muses.

VERS 238. *J'iray revoir mon maistre.....*] Voyez
la note sur le vers 61.

   (1) François Annibal d'Estrées, marquis de Cœu-
vres , frère de la belle Gabrielle , duchesse de
Beaufort , s'est rendu célèbre par ses ambassades,
surtout par celle de Rome. Il fut fait maréchal de
France en 1624, et depuis ce temps-là on le nomme
le maréchal d'Estrées. Il mourut à Paris , le 5 mai
1670, âgé d'environ cent ans.

VERS 5. .... *Ronsard et des Portes.*] Pierre de
Ronsard et Philippe des Portes , poëtes fameux.
Ronsard, surnommé le prince des poëtes françois,
mort en 1585, conserva long-temps une haute réputation, méritée à quelques titres, et dont Regnier

Ont remporté du champ sur leurs espaules fortes,
Qu'ils ont comme leur propre en leur grange entassé,
Esgallant leurs honneurs aux honneurs du passé ?
Ou si, continuant à courtiser mon maistre,
Je me dois jusqu'au bout d'esperance repaistre,   10
Courtisan morfondu, frénetique et resveur,
Portrait de la disgrace et de la défaveur ;
Puis, sans avoir du bien, troublé de resverie,
Mourir dessus un coffre en une hostellerie,   14
En Toscane, en Savoye, ou dans quelque autre lieu,
Sans pouvoir faire paix ou tresve avecques Dieu ?
Sans parler je t'entends : il faut suivre l'orage ;
Aussi bien on ne peut où choisir avantage.
Nous vivons à tastons, et dans ce monde icy
Souvent avecq' travail on poursuit du soucy :   20
Car les dieux, courroussez contre la race humaine,
Ont mis avecq' les biens la sueur et la peine.
Le monde est un berlan où tout est confondu :
Tel pense avoir gagné qui souvent a perdu,
Ainsi qu'en une blanque où par hazard on tire,   25
Et qui voudroit choisir souvent prendroit le pire.
Tout despend du destin, qui, sans avoir esgard,
Les faveurs et les biens en ce monde départ.
    Mais puis qu'il est ainsi que le sort nous emporte,
Qui voudroit se bander contre une loy si forte ?   30
Suivons doncq' sa conduite en cet avenglement.
Qui peche avecq' le ciel peche honorablement.
Car penser s'affranchir, c'est une resverie :
La liberté par songe en la terre est cherie.   34
Rien n'est libre en ce monde, et chaque homme dépend,
Comtes, princes, sultans, de quelque autre plus grand.
Tous les hommes vivants sont icy bas esclaves ;
Mais suivant ce qu'ils sont ils different d'entraves ;
Les uns les portent d'or, et les autres de fer :
Mais n'en desplaise aux vieux, ny leur philosopher,   40

REMARQUES.

offre ici la preuve. L'abbé des Portes étoit natif de
Chartres, et oncle de Regnier. Il fut chanoine de
la Sainte-Chapelle, abbé de Tiron, de Bonport, de
Josaphat, des Vaux de Cernay et d'Aurillac. Il
mourut en 1606, possesseur d'une immense for-
tune.

VERS 9. .... *A courtiser mon maistre.*] Voyez
la note sur le vers 61 de la satire précédente.

VERS 14. *Mourir dessus un coffre.......*] Cette
expression de *mourir sur un coffre*, pour indiquer
une mort misérable, étoit en faveur du temps de
Regnier. On en peut juger par cette épitaphe que
Tristan l'Hermite, poëte contemporain de notre
auteur, composa pour lui-même :

Ébloui de l'éclat de la splendeur mondaine,
Je me flattai toujours d'une esperance vaine,
Faisant le chien couchant auprès d'un grand seigneur.
Je me vis toujours pauvre, et tâchai de paroistre ;
Je véquis dans la peine, attendant le bonheur,
Et mourus sur un coffre, en attendant mon maître.

VERS 15. *En Toscane, en Savoye...*] Notre poëte
avoit passé par ces pays-là dans son voyage de Rome.
Il y a apparence que cette satire ne fut faite qu'après
son retour.

VERS 21 et 22. *Car les dieux courroussez... ...*]
Ronsard avoit dit dans son *Boccage royal* :

On dit que Prométhée, en pétrissant l'argile
Dont il fit des humains l'essence trop fragile,
Pour donner origine à nos premiers malheurs,
Au lieu d'eau la trempa de sueurs et de pleurs.

VERS 40. *Mais n'en déplaise aux vieux, ny leur
philosopher.*] Voici le mot *philosopher* pris dans

Ny tant de beaux escrits qu'on lit en leurs escoles,
Pour s'affranchir l'esprit ne sont que des paroles.
    Au joug nous sommes nez, et n'a jamais esté
Homme qu'on ait veu vivre en pleine liberté.
    En vain me retirant enclos en une estude,   45
Penseroy-je laisser le joug de servitude ;
Estant serf du desir d'aprendre et de sçavoir,
Je ne ferois sinon que changer de devoir.
C'est l'arrest de nature, et personne en ce monde
Ne sçauroit controler sa sagesse profonde.   50
    Puis, que peut-il servir aux mortels icy bas,
Marquis, d'estre sçavant ou de ne l'estre pas,
Si la science pauvre, affreuse et mesprisée
Sert au peuple de fable, aux plus grands de risée ;
Si les gens de latin des sots sont denigrez,   55
Et si l'on n'est docteur sans prendre ses degrez ?
Pourveu qu'on soit morgant, qu'on bride sa moustache,
Qu'on frise ses cheveux, qu'on porte un grand panache,
Qu'on parle barragoüyn, et qu'on suive le vent,   59
En ce temps du jourd'huy l'on n'est que trop sçavant.
    Du siecle les mignons, fils de la poulle blanche,

REMARQUES.

l'acception inusitée aujourd'hui, de *connoissances
en philosophie ;* c'est l'infinitif du verbe devenu
substantif, comme *savoir* pris pour *science*. Cette
hardiesse ou cette licence de Regnier peut servir à
interpréter le vers 111 de la satire précédente.

VERS 53. *Si la science pauvre, affreuse et mé-
prisée.*] Notre poëte a parodié ces deux vers dans le
second discours au roi, vers 111 et 112. Joachim
DU BELLAY, sonnet *à Remy Belleau.*

La science à la table est des seigneurs prisée,
Mais en chambre, Belleau, elle sert de risée.

VERS 59. *Qu'on parle barragoüyn, et qu'on
suive le vent.*] Regnier a semé ses poésies de ces
façons de parler populaires et passagères. Sorel l'en
a repris dans ses remarques sur le livre XIV du *Ber-
ger extravagant*, p. 553 : « Que si au reste, dit-il,
» j'ay quelques proverbes, tous ceux qui parlent
» bien les disent aussi bien que moy. Que seroit-ce
» donc, si je disois comme Renyer : *C'est pour
» vostre beau nez que cela se fait. Vous parlez
» barragouin ; vous nous faites des bonadiez; vous
» mentez par vostre gorge ; Vous faites la figue
» aux autres. Je réponds d'un ris de saint Médard;
» je suis parmy vous comme un homme sans verd.*
» Voilà les meilleurs mots de ce poëte satyrique ;
» mais je n'en voudrois pas user : car possible que
» d'icy à dix ans l'on ne les entendra plus, et dès
» maintenant il y a plusieurs personnes qui ne les
» entendent pas. »
    Rabelais s'étoit déjà moqué du *baragouin* des sa-
vans de son temps, dans la rencontre que fit Panta-
gruel d'un écolier limousin. (Voyez liv. II, ch. 6.)

VERS 61. *Du siecle les mignons...*] Du temps de
Regnier on disoit *mignon* pour *favori : Les mignons
du roy.*

Ibid. .... *Fils de la poulle blanche.*] Expression
tirée du proverbe latin *Gallinæ filius albæ.* JUVÉN.
satire XIII, v. 141. (Voyez les *Adages* d'Érasme,
p. m. 67.)

Que le fils de la poule blanche,
L'heureux seigneur d'Angervilliers, etc.

dit l'abbé Regnier Desmarais, dans une lettre à
madame Desmarets. On entend par cette expres-
sion, le fils d'une femme que l'on aime, et sur le-
quel on répand les faveurs que l'on n'ose offrir à la
mère.

Ils tiennent à leur gré la fortune en la manche ;
En credit eslevez ils disposent de tout,
Et n'entreprennent rien qu'ils n'en viennent à bout.
Mais quoy, me dias-tu, il t'en faut autant faire :   65
Qui ose a peu souvent la fortune contraire.
Importune le Louvre et de jour et de nuict,
Perds pour t'assujettir et la table et le lict ;
Sois entrant, effronté, et sans cesse importune :
En ce temps l'impudence esleve la fortune.   70

  Il est vray, mais pourtant je ne suis point d'avis
De desgager mes jours pour les rendre asservis,
Et sous un nouvel astre aller, nouveau pilotte,
Conduire en autre mer mon navire qui flotte,
Entre l'espoir du bien et la peur du danger   75
De froisser mon attente en ce bord estranger.

  Car, pour dire le vray, c'est un pays estrange
Où, comme un vray Prothée, à toute heure on se change,
Où les loix, par respect sages humainement,
Confondent le loyer avecq' le chastiment,   80
Et pour un mesme fait, de mesme intelligence,
L'un est justicié, l'autre aura recompence.

  Car selon l'interest, le crédit ou l'appuy,
Le crime se condamne et s'absout aujourd'huy.
Je le dy sans confondre en ces aigres remarques   85
La clemence du roy, le miroir des monarques,
Qui, plus grand de vertu, de cœur et de renom,
S'est acquis de clement et la gloire et le nom.

  Or, quant à ton conseil qu'à la cour je m'engage,
Je n'en ay pas l'esprit, non plus que le courage.   90
Il faut trop de sçavoir et de civilité,
Et, si j'ose en parler, trop de subtilité.
Ce n'est pas mon humeur ; je suis mélancolique,
Je ne suis point entrant, ma façon est rustique ;
Et le surnom de bon me va-t-on reprochant,   95
D'autant que je n'ay pas l'esprit d'estre meschant.

  Et puis, je ne sçaurois me forcer ny me feindre ;
Trop libre en volonté je ne me puis contraindre :
Je ne sçaurois flatter, et ne sçay point comment
Il faut se taire accort, ou parler faussement,   100
Benir les favoris de geste et de parolles,
Parler de leurs ayeux au jour de Cerizolles,

Des hauts faits de leur race, et comme ils ont acquis
Ce titre avecq' honneur de ducs et de marquis.   104
Je n'ay point tant d'esprit pour tant de menterie ;
Je ne puis m'adonner à la cageollerie ;
Selon les accidents, les humeurs, ou les jours,
Changer comme d'habits tous les mois du discours,
Suivant mon naturel je hay tout artifice,
Je ne puis déguiser la vertu ny le vice,   110
Offrir tout de la bouche, et, d'un propos menteur,
Dire : Pardieu, monsieur, je vous suis serviteur;
Pour cent bonadiez s'arrester en la ruë,
Faire un tour des pieds en la sale du gruë,
Entendre un marjollet qui dit avecq' mespris: 115
Ainsi qu'asnes, ces gens sont tous vestus de gris,
Ces autres verdelets aux perroquets ressemblent,
Et ceux cy mal peignez devant les dames tremblent :
Puis au partir de là, comme tourne le vent,
Avecques un bonjour amis comme devant.   120
Je n'entends point le cours du ciel, ny des planetes,
Je ne sçay deviner les affaires secretes,
Connoistre un bon visage, et juger si le cœur
Contraire à ce qu'on voit, ne seroit point mocqueur.
De porter un poullet je n'ay la suffisance,   125
Je ne suis point adroit, je n'ay point d'éloquence
Pour colorer un fait, ou destourner la foy,

REMARQUES.

par le duc d'Enghien, sur celle de l'empereur
Charles-Quint. Les Latins disoient aussi *dies* pour
journée, ou *bataille*.

  Vers 113. *Pour cent bonadiez....*] Mot francisé,
du latin *bona dies*, bon jour. On fait aussi ce mot
bonadiez de trois syllabes ; c'est pourquoi, dans
l'édition de 1642 et dans les éditions suivantes, on
a mis : *Et pour cent bonadiez.* Le même mot,
réduit à trois syllabes, avoit été employé dans le
testament de Patelin : *Quand on me disoit bonadies.* Rabelais, liv. I, ch. 19, fait dire à Janotus
de Bragmardo, *mnadies* pour *bonadies*, et il le
fait dire ainsi pour charger le ridicule de la harangue latine qu'il met dans la bouche de cet orateur, ou pour se moquer de la prononciation vicieuse qui régnoit dans les écoles, comme l'a con-
jecturé le commentateur de Rabelais.

  Vers 115. *Entendre un marjollet...*] Petit maître
parfumé de marjolaine. C'est ainsi que le peuple a
fait *muscadin*, de musc, et que l'on dit encore,
dans le même sens, un *muguet*.
  La Fontaine a employé l'expression de *marjollet*
dans son conte des Lunettes.

  Vers 121. *Je n'entends point le cours du ciel ny
des planetes.*]

. . . . *Motus
Astrorum ignoro.*
               Juven. sat. III, vers 42.

  Vers 125. *De porter un poullet.*] Billet doux,
lettre d'amour.

. . . . *Ferre ad nuptam quæ mittit adulter,
Quæ mandat, norunt alii.*
               Juven. sat. III, vers 45.

  On lit dans le *Glossaire bourguignon*, au mot
poulô, que *poulet*, en ce sens-là, n'a guère été en
usage parmi nous que depuis 1610 jusqu'à 1670
tout au plus ; mais nous trouvons des exemples un
peu plus anciens de ce mot : car on fait dire à
Henri IV, en 1597, que mademoiselle de Guise,
sa nièce, « aimoit bien autant les poulets en pa-
» pier qu'en fricassée. » *Mém. de Sully*, part. II,
p. 114. Et alors on appeloit *porte-poulet* un en-
tremetteur d'amour. *Ibid.*, tome II, chap. 82,
page 248.

REMARQUES.

  Vers 69. *Sois entrant, effronté.....*] *Entrant*,
hardi, entreprenant. Notre auteur emploie le même
mot ci-après, vers 94 : *Je ne suis point entrant.*

  Vers 80. *Confondent le loyer avec le chastiment.*] *Loyer*, gages, salaire, récompense : de *lo-
care.*

. . . . Il le fist secrétaire
Et thrésorier des finances royales
  ·Pour le *loyer* de ses vertus loyales.
     Cl. Marot, *Cimetière de Cotereau.*

  Vers 82. *L'un est justicié, l'autre aura récompense.*]

. . . . *Multi
Committunt eadem diverso crimina fato :
Ille crucem pretium sceleris tulit, hic diadema.*
          Juven. sat. XIII, v. 104.

  Vers 89. *Or, quant à ton conseil qu'à la cour
je m'engage.*] Ce qui suit est imité de Juvénal,
satire III, v. 41 :

Quid Romæ faciam? mentiri nescio, etc.

(Voyez Martial, liv. III, ép. 38 : *Atria magna
colam*, etc.)

  Vers 102. ......*Au jour de Cerizolles.*] *Au jour*
pour *à la journée.* Bataille fameuse gagnée, en
1545, par l'armée de François Ier, commandée

Prouver qu'un grand amour n'est suject à la loy,
Suborner par discours une femme coquette ,   129
Luy conter des chansons de Jeanne , et de Paquette ;
Desbaucher une fille , et par vives raisons
Luy monstrer comme amour fait les bonnes maisons ,
Les maintient, les esleve , et propice aux plus belles
En honneur les avance , et les fait damoyselles ;   134
Que c'est pour leur beaux nez que se font les ballets ;
Qu'elles sont le subject des vers et des poullets ;
Que leur nom retentit dans les airs que l'on chante :
Qu'elles ont à leur suite une trouppe béante
De langoureux transis ; et pour le faire court ,   139
Dire qu'il n'est rien tel qu'aymer les gens de court :
Allegant maint exemple en ce siecle où nous sommes ,
Qu'il n'est rien si facile à prendre que les hommes ;
Et qu'on ne s'enquiert plus s'elle a fait le pourquoy,
Pourveu qu'elle soit riche, et qu'elle ait bien dequoy.
Quand elle auroit suivy le camp à la Rochelle ,   145
S'elle a force ducats elle est toute pucelle.
L'honneur estropié , languissant , et perclus ,
N'est plus rien qu'un idole on qui l'on ne croit plus..
Or pour dire cecy il faut force mistere ;
Et de mal discourir il vaut bien mieux se taire.   150
Il est vray que ceux-là qui n'ont pas tant d'esprit ,
Peuvent mettre en papier leur dire par escrit ;
Et rendre, par leurs vers , leur muse maquerelle ;
Mais , pour dire le vray , je n'en ay la cervelle.
Il faut estre trop prompt, escrire à tous propos ,   155
Perdre pour un sonnet, et sommeil , et repos.
Puis ma muse est trop chaste , et j'ay trop de courage ,
Et ne puis pour autruy façonner ma ouvrage.
Pour moy j'ay de la court autant comme il m'en faut :
Le vol de mon dessein ne s'estend point si haut :   160
De peu je suis content , encore que mon maistre
S'il luy plaisoit un jour mon travail reconnoistre
Peut autant qu'autre prince , à trop de moyen
D'eslever ma fortune et me faire du bien.
Ainsi que sa nature , à la vertu facile ,   165
Promet que mon labeur ne doit estre inutile ,
Et qu'il doit quelque jour , mal-gré le sort cuisant ,
Mon service honorer d'un honneste presant ,
Honneste , et convenable à ma basse fortune ,
Qui n'abaye , et n'aspire , ainsi que la commune ,   170

REMARQUES.

VERS 130. *Lui conter des chansons de Jeanne et de Paquette.*]Façon de parler populaire, pour marquer les discours que l'on tient du tiers et du quart.

VERS 145. *Quand elle auroit suivi le camp à la Rochelle.*] Les calvinistes s'étant emparés de la Rochelle , cette ville fut assiégée, en 1573, par Henri, duc d'Anjou, frère du roi Charles IX ; mais Henri, ayant été appelé à la couronne de Pologne , abandonna ce siége.

VERS 146. *S'elle a force ducats.....*] *S'elle* pour *si elle* , par élision.

VERS 157. *Puis ma muse est trop chaste.....*] On ne s'attendoit guère à trouver ici vers sous la plume de Regnier. Cependant on ne peut en conclure que notre auteur fût de mauvaise foi. Il est vrai que la pudeur est offensée aujourd'hui des *rimes cyniques* qu'il paroît rechercher avec complaisance ; mais on étoit de son temps moins délicat sur l'expression, et il faut avouer que Regnier n'a jamais peint le vice que pour en faire horreur. Combien depuis lui n'avons-nous pas eu de poëtes qui , sous un langage modeste et réservé , cachent une morale facile et dangereuse ? Un breuvage amer peut nous rendre la santé , comme un poison doucereux nous peut causer la mort.

Après l'or du Perou ; ny ne tend aux honneurs
Que Rome departit aux vertus des seigneurs.
Que me sert de m'asseoir le premier à la table ,
Si la faim d'en avoir me rend insatiable ?
Et si le faix leger d'une double evesché   175
Me rendant moins content me rend plus empesché ?
Si la gloire et la charge à la peine adonnée
Rend sous l'ambition mon ame infortunée ?
Et quand la servitude a pris l'homme au colet ,
J'estime que le prince est moins que son valet.   180
C'est pourquoy je ne tends à fortune si grande ;
Loin de l'ambition , la raison me commande ;
Et ne prétends avoir autre chose sinon
Qu'un simple bénéfice , et quelque peu de nom :
Afin de pouvoir vivre avec quelque asseurance ,   185
Et de m'oster mon bien que l'on ait conscience.
Alors vrayment heureux , les livres feuilletant ,
Je rendrois mon desir , et mon esprit contant.
Car sans le revenu l'estude nous abuse ,
Et le corps ne se paist aux banquets de la muse.   190
Ses mets sont de sçavoir discourir par raison ,
Comme l'ame se meut un temps en sa prison ;
Et comme delivrée elle monte divine
Au ciel , lieu de son estre , et de son origine ;
Comme le ciel mobile , esternel en son cours ,   195
Fait les siecles , les ans , et les mois , et les jours ,
Comme aux quatre élements , les matieres encloses,
Donnent , comme la mort , la vie à toutes choses.
Comme premierement les hommes dispersez ,
Furent par l'armonie en troupes amassez ,   200
Et comme la malice en leur ame glissée ,
Troubla de nos ayeux l'innocente pensée ;
D'où nasquirent les loix , les bourgs , et les citez ;
Pour servir de gourmette à leurs meschancetez ;
Comme ils furent en fin réduits sous un empire ,   205
Et beaucoup d'autres plats qui seroient longs à dire.
Et quand on en sçauroit ce que Platon en sçait ,
Marquis , tu n'en serois plus gras , ny plus refait.
Car c'est une viande en esprit consommée ,
Légere à l'estomach , ainsi que la fumée.   210
Sçais tu , pour sçavoir bien , ce qu'il nous faut sçavoir ?
C'est s'affiner le goust de cognoistre et de voir ,
Apprendre dans le monde , et lire dans la vie ,
D'autres secrets plus fins que de philosophie ;
Et qu'avecq' la science il faut un bon esprit.   215
Or entends à ce point ce qu'un Grec en escrit :

REMARQUES.

VERS 175. *Et si le faix leger d'une double evesché.*] Allusion à ces vers de Ronsard , adressés au ministre de Mont-Dieu :

Or sus , mon frere en Christ, tu dis que je suis prêtre ;
J'atteste l'Eternel que je le voudrois être,
Et d'avoir tout le dos et le chef empêché
Dessous la pesanteur d'une bonne évêché.

Aujourd'hui *évêché* est du genre masculin. (Voyez la remarque sur le vers 162 de la satire précédente.)

VERS 206. *Et beaucoup d'autres plats.....*] *Et beaucoup d'autres faits* , dans l'édition de 1642 et dans les suivantes.

VERS 216. *Or entends à ce point ce qu'un Grec en escrit.*] Regnier suppose que cette fable étoit originairement grecque , parce que les fables sont presque toutes. Celle-ci pourtant n'est pas du nombre , autant qu'on en peut juger par les citations que Ménage a curieusement ramassées là-dessus , pages 9 et 34 de ses *Modi di dire* , à la fin de ses *Origines italiennes* , édition de Genève , où il cite

Jadis un loup, dit-il, que la faim espoinçonne,
Sortant hors de son fort rencontre une lionne,
Rugissante à l'abort, et qui monstroit aux dents
L'insatiable faim qu'elle avoit au dedans.   220
Furieuse elle approche, et le loup qui l'advise,
D'un langage flateur luy parle et la courtise :
Car ce fut de tout temps que, ployant sous l'effort,
Le petit cede au grand, et le foible au plus fort.   224
     Luy, di-je, qui craignoit que faute d'autre proye,
La beste l'attaquast, ses ruses il employe.
Mais en fin le hazard si bien le secourut,
Qu'un mulet gros et gras à leurs yeux apparut.
Ils cheminent dispos, croyant la table preste,
Et s'approchent tous deux assez pres de la beste.   230
Le loup qui la cognoist, malin, et deffiant,
Luy regardant aux pieds, luy parloit en riant :
D'où es-tu ? qui es-tu ? quelle est ta nourriture,
Ta race, ta maison, ton maistre, ta nature ?
Le mulet estonné de ce nouveau discours,   235
De peur ingenieux, aux ruses eut recours ;
Et comme les Normans, sans luy respondre, voire :
Compere, ce dit-il, je n'ay point de mémoire.
Et comme sans esprit ma grand mere me vit,
Sans m'en dire autre chose, au pied me l'escrivit.   240
     Lors il leve la jambe au jarret ramassée ;
Et d'un œil innocent il couvroit sa pensée,
Se tenant suspendu sur les pieds en avant.
Le loup qui l'apperçoit, se leve de devant,
S'excusant de ne lire, avecqu' ceste parolle,   245
Que les loups de son temps n'alloient point à l'escole.
Quand la chaude lionne, à qui l'ardente faim
Alloit précipitant la rage et le dessein,

REMARQUES.

trois auteurs italiens qui ont raconté cette fable,
chacun à leur manière ; ce qui fait comprendre
que Regnier, étant à Rome, l'avoit pu lire dans
leurs écrits. Ces trois auteurs sont celui du *No-
velliere antico*, novella 91 ; Stefano Guazzo, dans
ses *Dialogues* ; et Scipione Ammirato, dans ses
Proverbes.

VERS 217 et 218. *Jadis un loup .... rencontre
une lionne.*] Selon les trois auteurs italiens qu'on
vient de citer, les acteurs de cette fable sont le
renard, le loup et le mulet. La Fontaine, qui l'a
mise en vers françois, liv. v, fable 8, introduit
le cheval et le loup. Elle est aussi d'une autre manière, sous le nom de renard, du loup et du cheval, dans le recueil imprimé chez Barbin en 1694,
liv. vii, fable 17. Ménage l'a tournée en vers latins
dans ses *Modi di dire*, p. 34. *Espoinçonne*, ai-
guillonne.

VERS 224. *Le petit cede au grand, et le foible
au plus fort.*] La Fontaine, dans la fable du loup
et de l'agneau :

   La raison du plus fort est toujours la méilleure.

VERS 233. ...... *Quelle est ta nourriture ?*] *Nourriture*, pour *éducation*, se dit encore dans quelques-unes de nos provinces.

VERS 237. *Et comme les Normans, sans luy
respondre, voire.*] Le mulet lui répondit en Normand. *Voire* est un adverbe affirmatif fort usité
en Normandie, qui signifie *vraiment.*

VERS 238. *Compere, ce dit-il.......*] C'est ainsi
qu'il faut lire suivant l'édition de 1608. On avoit
mis : *Et comme, ce dit-il*, dans toutes les éditions suivantes avant celle de 1642, ce qui est une
faute d'autant plus grossière, qu'il y auroit trois
vers de suite qui commenceroient par *et comme.*
Dans celle de 1645 : *Mais comment, ce dit-il*

S'approche, plus sçavante, en volonté de lire.   249
Le mulet prend le temps, et du grand coup qu'il tire,
Luy enfonce la teste, et d'une autre façon,
Qu'elle ne savoit point, luy aprit sa leçon.
     Alors le loup s'enfuit voyant la beste morte ;
Et de son ignorance ainsi se reconforte :
N'en desplaise aux docteurs, Cordeliers, Jacobins,   255
Pardieu, les plus grands clercs ne sont pas les plus fins.

A MONSIEUR MOTIN. (1)

SATYRE IV.

MOTIN, la muse est morte, ou la faveur pour elle.
En vain dessus Parnasse Apollon on appelle,
En vain par le veiller on acquiert du sçavoir,
Si fortune s'en mocque, et s'on ne peut avoir
Ny honneur, ny credit, non plus que si nos peines   5
Estoient fables du peuple inutiles et vaines.
Or va, romps toy la teste, et de jour et de nuict
Pallis dessus un livre, à l'appetit d'un bruict
Qui nous honore après que nous sommes souz terre ;
Et de te voir paré de trois brins de lierre :   10

REMARQUES.

VERS 249. *S'approche, plus sçavante, en volonté
de lire.*] Les trois auteurs italiens cités sur le
vers 216 ajoutent, que le loup crut que les cloux
attachés au fer du mulet étoient des lettres.

VERS 256. *Pardieu, les plus grands clercs ne
sont pas les plus fins.*] Ce vers est composé de monosyllabes. Il est proverbial, et on l'exprime par
ce mauvais latin : *Magis magnos clericos non sunt
magis magnos sapientes.* RABELAIS, liv. 1, ch. 39.
Autrefois *clerc* signifioit un homme de lettres,
parce qu'il n'y avoit que les gens d'église qui sussent
quelque chose. Les Italiens ont un proverbe semblable : *Tutti quei ch'hanno lettere, non son' savi.*
(Voyez la note sur le vers 19 de la satire XIII.)

(1) Pierre Motin, de la ville de Bourges, étoit
des amis de l'auteur. On a imprimé les poésies de
Motin, dans divers recueils, avec celles de Malherbe,
de Maynard, de Racan, etc. Balzac, lettre 5 du
livre XXII, fait mention de certains vers latins du
P. Teron, jésuite, qu'Henri IV ordonna à Motin
de traduire. Boileau parle de Motin comme d'un
poète très-froid :

   J'aime mieux Bergerac, et sa burlesque audace,
   Que ces vers où Motin se morfond et nous glace.
                    Art poétique, chant IV, v. 40.

VERS 4. ......*Et s'on ne peut avoir.*] *S'on*, sorte
d'élision et de construction que se permettoient
nos anciens poètes pour *si on* ou *si l'on.*

VERS 8. *Pallis dessus un livre.....*] *Pallis*, lisez
pâlis.

   Juvat impallescere chartis.
                    PERSE, sat. v, v. 62.

Après cela, docteur, va pâlir sur la Bible.
                    BOILEAU, satire VIII, vers 215.

VERS 9. *Qui nous honore après que nous sommes
souz terre.*]

   Cineri gloria sera venit.
                    MARTIAL 1, épigr. 26.

VERS 10. *Et de te voir paré de trois brins de lierre.*]
La couronne de lierre étoit donnée aux poètes.

   Prima feret hederæ victricis præmia.
                    HORACE, liv. 1, ép. 3.

Comme s'il importoit, estans ombres là bas ,
Que nostre nom vescust ou qu'il ne vescust pas.
Honneur hors de saison , inutile mérite ,
Qui vivants nous trahit , et qui morts ne profite ,
Sans soin de l'avenir je te laisse le bien   15
Qui vient à contre-poil alors qu'on ne sent rien :
Puis que vivant icy de nous on ne fait conte ,
Et que nostre vertu engendre nostre honte.

Doncq' par d'autres moyens à la cour familiers ,
Par vice , ou par vertu , acquerons des lauriers ;   20
Puis qu'en ce monde icy on n'en fait différence ,
Et que souvent par l'un , l'autre se récompense.
Aprenons à mentir , mais d'une autre façon
Que ne fait Calliope , ombrageaut sa chanson
Du voile d'une fable , afin que son mystère   25
Ne soit ouvert à tous , ny cognu du vulgaire.

Apprenons à mentir , nos propos desguiser ,
A trahir nos amis , nos ennemis baiser ,
Faire la cour aux grands , et dans leurs anti-chambres ,
Le chapeau dans la main , nous tenir sur nos membres ,
Sans oser ny cracher , ny toussir , ny s'asseoir ,   31
Et nous couchaut au jour , leur donner le bon-soir.
Car puis que la fortune aveuglément dispose
De tout , peut estre en fin aurons nous quelque chose
Qui pourra destourner l'ingratte adversité ,   35
Par un bien incertain à tastons débité :
Comme ces courtisans qui s'en faisant accroire ,
N'ont point d'autre vertu sinon de dire , voire.

Or laissons doncq' la muse , Apollon , et ses vers ,
Laissons le luth , la lyre , et ces outils divers ,   40
Dont Apollon nous flatte : ingratte frénésie !
Puis que pauvre et quaymande on voit la poésie ,
Où j'ay par tant de nuicts mon travail occupé.
Mais quoy ? je te pardonne , et si tu m'as trompé ,
La honte en soit au siècle , où vivant d'âge en âge   45
Mon exemple rendra quelqu'autre esprit plus sage.

Mais pour moy , mon amy , je suis fort mal-payé ,
D'avoir suivy cet art. Si j'eusse estudié ,
Jeune laborieux sur un banc à l'escole ,
Galien , Hipocrate , ou Jason , ou Bartole ,   50
Une cornette au col debout dans un parquet ,
A tort et à travers je vendrois mon caquet :
Ou bien tastant le poulx , le ventre et la poictrine ,
J'aurois un beau teston pour juger d'une urine ;

REMARQUES.

Vers 38. N'ont point d'autre vertu , sinon de
dire voire.] Voire , vraiment. Expression d'appro-
bation , d'admiration.

Vers 42. Puis que pauvre et quaymande....]
Édition de 1608, quemande. On écrit caimande.
de caimander , formé du latin mendicare , par
transposition de lettres : mendier.

Vers 48. ...... Si j'eusse estudié.] Hémistiche de
Villon.

Vers 51. Une cornette au col....] On a appelé
cornette le chaperon que les docteurs et les avocats
portoient autrefois sur leur tête ; dans la suite on
le mit autour du cou , comme le dit notre auteur ,
et maintenant on le porte sur l'épaule. Ce mot de
cornette lui est venu de ce que ses extrémités formoient deux petites cornes.

Vers 52. ...... Je vendrois mon caquet.]

— Hic clamosi rabiosa fori
Jurgia vendens. Senec.

Vers 54. J'aurois un beau teston....] Ancienne
monnoie de France qu'on a commencé à fabriquer
sous le règne de Louis XII, et qui fut abolie en 1575,
par Henri III. Elle valoit environ quinze sous , et

Et me prenant au nez , loûcher daus un bassin ,   55
Des ragousts qu'un malade offre à son medecin ;
En dire mon advis , former une ordonnance ,
D'un réchape s'il peut , puis d'une réverence ,
Contre-faire l'honneste , et quand viendroit au point ,
Dire , en serrant la main , dame il n'en falloit point. 60
Il est vray que le ciel , qui me regarda naistre ,
S'est de mon jugement tousjours rendu le maistre ;
Et bien que , jeune enfant , mon pere me tansast ,
Et de verges souvent mes chansons menassast ,
Me disant de despit , et bouffy de colere :   65
Badin , quitte ces vers , et que penses-tu faire ?
La muse est inutile ; et si ton oncle a sceu
S'avancer par cet art , tu t'y verras deceu.

REMARQUES.

étoit appelée teston parce qu'elle représentoit au
revers la tête du roi.

Vers 55. ...... Loûcher dans un bassin.] Loûcher , regarder de près , comme font ceux qui
voient louche.

Vers 60. Dire , en serrant la main , dame il n'en
falloit point.] Rabelais , liv. III , chap. 33 (c'est le
chapitre 34 des bonnes leçons de Rabelais) , parlant
du médecin Rondibilis , dont le vrai nom étoit
Rondelet , dit que Panurge , le voulant consulter,
luy mit à la main , sans mot dire , quatre nobles
à la roze , qui estoient quatre pièces d'or. Rondibilis les print tres-bien , puis lui dit en effroy ,
comme indigné : Hé , hé , hé , monsieur ! il ne
falloit rien. Grandmercy , toutefois ; de meschantes
gens jamais je ne prends rien , etc.

Vers 63. Et bien que , jeune enfant , mon pere
me tansast.]

Sæpe pater dixit : studium quid inutile tentas?
Mæonides nullas ipse reliquit opes.

Ovid. Trist. IV, élég. 10.

Vers 67 et 68. .... Et si ton oncle a sceu
S'avancer par cet art , tu t'y verras deceu.] Philippe Des Portes , oncle de Regnier , poëte fameux
sous le règne de Charles IX et d'Henri III. Le métier de la poésie lui avoit fait une fortune à laquelle
aucun autre poëte n'est peut-être jamais parvenu.
Claude Garnier, dans sa Muse infortunée, et Colletet,
rapportent que Charles IX donna à Des Portes huit
cents écus d'or pour la petite pièce du Rodomont ,
et Henri III dix mille écus d'argent comptant pour
mettre au jour un très-petit nombre de sonnets.
Balzac , dans un de ses Entretiens , dit que l'amiral
de Joyeuse donna à Des Portes une abbaye pour
un sonnet , et que la peine qu'il prit à faire des
vers lui acquit un loisir de dix mille écus de rente.
« Mais , ajoute Balzac , dans cette même cour où
» l'on exerçoit de ces liberalitez , et où l'on faisoit
» de ces fortunes , plusieurs poëtes étoient morts
» de faim , sans compter les orateurs et les historiens,
» dont le destin ne fut pas meilleur. Dans la même
» cour Torquato Tasso a eu besoin d'un écu , et l'a
» demandé par aumône à une dame de sa connois-
» sance. Il rapporta en Italie l'habillement qu'il
» avoit apporté en France , après y avoir fait un
» an de sejour. Et toutefois je m'assure qu'il n'y
» a point de stance de Torquato Tasso qui ne vaille
» autant , pour le moins , que le sonnet qui valut
» une abbaye. Concluons, dit toujours Balzac , que
» l'exemple de M. Des Portes est un dangereux
» exemple ; qu'il a bien causé du mal à la nation
» des poëtes ; qu'il a bien fait faire des sonnets et
» des élégies à faux , bien fait perdre des rimes
» et des mesures. Ce loisir de dix mille écus de
» rente est un écueil contre lequel les espérances
» de dix mille poëtes se sont brisées. C'est un pro-

Un mesme astre tousjours n'esclaire en ceste terre :
Mars tout ardent de feu nous menasse de guerre ,   70
Tout le monde fremit et ces grands mouvements
Couvent en leurs fureurs de piteux changements.

Pense-tu que le luth , et la lyre des poëtes
S'accorde d'harmonie avecques les trompettes,
Les fiffres , les tambours , le canon , et le fer ,   75
Concert extravaguant des musiques d'enfer ?
Toute chose a son regne , et dans quelques années ,
D'un autre œil nous verons les fieres destinées.

Les plus grands de ton temps dans le sang aguerris ,
Comme en Trace seront brutalement nourris ,   80
Qui rudes n'aymeront la lyre de la muse ,
Non plus qu'une viéle , ou qu'une cornemuse.
Laisse donc ce mestier , et sage prens le soin
De t'acquerir un art qui te serve au besoin.

Je ne sçay , mon amy , par quelle prescience ,   85
Il eut de nos destins si claire connoissance ;
Mais , pour moy , je sçay bien que , sans en faire cas ,
Je mesprisois son dire , et ne le croyois pas ;
Bien que mon bon démon souvent me dist le mesme.
Mais quand la passion en nous est si extrême ,   90
Les advertissements n'ont ny force ny lieu ,
Et l'homme croit à peine aux parolles d'un Dieu.

Ainsi me tançoit-il d'une parolle esmeuë.
Mais comme en se tournant je le perdoy de veuë ,
Je perdy la mémoire avecques ses discours ,   95
Et resveur m'esgaray tout seul par les destours
Des antres et des bois affreux et solitaires ,
Où la muse , en dormant , m'enseignoit ses misteres ,
M'apprenoit des secrets , et m'eschauffant le sein ,
De gloire et de renom relevoit mon dessein.   100
Inutile science , ingrate , et mesprisée ,
Qui sert de fable au peuple , et aux grands de risée !

Encor' seroit-ce peu , si , sans estre avancé ,
L'on avoit en cet art son âge despensé ,
Après un vain honneur que le temps nous refuse ;   105
Si moins qu'une putain l'on estimoit la muse.
Eusse-tu plus de feu , plus de soin , et plus d'art ,
Que Jodelle n'eut oncq' , des-Portes , ny Ronsard ,
L'on te fera la moüe , et pour fruict de ta peine ,
Ce n'est , ce dira t'on , qu'un poëte à la douzaine .   110
Car on n'a plus le goust comme on l'eut autrefois.
Apollon est gesné par de sauvages loix ,

REMARQUES.

» dige de ce tems-là ; c'est un des miracles de
» Henri III ; et vous m'avoüerez que les miracles
» ne doivent se tirer en exemple. »

Vers 70. *Mars tout ardent de feu nous menasse
de guerre.*] Les guerres civiles de la Ligue , qui
avoient affligé la France pendant la jeunesse de
Regnier.

Vers 80. *Comme en Trace seront brutalement
nourris.*] Mars , le dieu de la guerre , avoit été élevé
dans la Thrace , où il étoit particulièrement adoré.
Thrace bello furiosa , dit Horace.

Vers 99. *M'apprenoit des secrets....*] Ou *ses secrets.* Éditions de 1655 et de 1667.

Vers 108. *Que Jodelle n'eut oncq'..........*]
Étienne Jodelle , né à Paris en 1532 , mort en
1573 , fut l'introducteur de la tragédie en France :
sa *Cléopâtre captive* fut représentée en 1552 devant
Henri II , par les poëtes du temps , amis de Jodelle.
Le vers de Régnier prouve que la réputation de Jodelle lui survécut ; cependant , Étienne Pasquier ,
son contemporain , disoit : *Je me doute qu'il ne
demeurera que la mémoire de son nom en l'air.*
Cette prédiction fait honneur au goût de Pasquier

Qui retiennent sous l'art sa nature offusquée ,
Et de mainte figure est sa beauté masquée.
Si pour sçavoir former quatre vers empoullez ,   115
Faire tonner des mots mal joincts et mal collez ,
Amy , l'on estoit poëte , on verroit (cas estranges !)
Les poëtes plus espois que mouches en vendanges
Or que dès ta jeunesse Appollon t'ait apris ,
Que Calliope mesme ait tracé tes escris ,   120
Que le neveu d'Atlas les ait mis sur la lyre ,
Qu'en l'antre Thespéan on ait daigné les lire ;
Qu'ils tiennent du sçavoir de l'antique leçon ,
Et qu'ils soient imprimez des mains de Patisson ;   124
Si quelqu'un les regarde , et ne leur sert d'obstacle ,
Estime , mon amy , que c'est un grand miracle.

L'on a beau faire bien , et semer ses escris
De civette , bainjoin , de muse , et d'ambre gris :
Qu'ils soyent pleins , relevez , et graves à l'oreille ;
Qu'ils facent sourciller les doctes de merveille ;   130
Ne pense , pour cela , estre estimé moins fol ,   /
Et sans argent contant , qu'on te preste un licol ;
Ny qu'on n'estime plus (humeur extravagante !)
Un gros asne pourveu de mille escus de rente.
Ce mal-heur est venu de quelques jeunes veaux ,   135
Qui mettent à l'encan l'honneur dans les bordeaux ;
Et ravalant Phœbus , les muses , et la grace ,
Font un bouchon à vin du laurier de Parnasse ;
A qui le mal de teste est commun et fatal ,
Et vont bizarrement en poste en l'hospital :   140
Disant , s'on n'est hargneux , et d'humeur difficile ,
Que l'on est mesprisé de la troupe civile ;
Que pour estre bon poëte , il faut tenir des fous ;
Et desirent en eux , ce qu'on mesprise en tous.
Et puis en leur chanson , sottement importune ,   145

REMARQUES.

Vers 121. *Que le neveu d'Atlas.....*] Mercure ,
fils de Jupiter et de la nymphe Maïa , fille d'Atlas.
Ainsi Mercure étoit petit-fils d'Atlas , *nepos At-
lantis* , Horace , I , ode 10. Mais *nepos* ne signifie
pas *neveu* , comme l'a traduit Regnier. (Voyez Ménage , étymol. au mot *neveu.*

Ibid. *.....Les ait mis sur la lyre.*] Mercure fut
l'inventeur de la lyre.

Curvæque lyræ parentem.
Horace , dans la même ode.

Vers 122. *Qu'en l'antre Thespéan on ait daigné
les lire.*] Près du mont Hélicon , dans la Béotie ,
province de la Grèce , il y avoit une ville nommée
Thespies , *Thespiæ* , consacrée aux muses , en l'honneur desquelles on y célébroit des jeux , et l'on donnoit des prix à ceux qui les avoient mérités par la
beauté de leurs chants et de leurs vers. L'analogie
semble demander qu'on dise *Thespien, de Thespies,*
et non pas *Thespéan.* Cependant , comme la ville
de Thespies est nommé Θέσπεια (2 , Iliade , vers
5 , du dénombrement des vaisseaux) , Regnier a
très-bien pu former *Thespean* , à la manière de
Ronsard , qui a dit *Grynean* , *Patarean* , etc. L'antre *Thespean* , c'est la grotte où les muses font leur
séjour. Le mot *antre* donne souvent , parmi les
Grecs et les Latins , une idée fort agréable.

Vers 124. *Et qu'ils soient imprimez des mains
de Patisson.*] Mamert Patisson , natif d'Orléans ,
imprimeur à Paris , très-habile dans sa profession,
et savant en grec et en latin. Il avoit épousé la veuve
de Robert Estienne , père de Henri , en 1580 , et
imprima plusieurs livres qui sont fort recherchés ,
à cause des beaux caractères et du beau papier qu'il
y employoit. Il mourut avant l'année 1606 , laissant
Philippe Patisson , son fils , aussi imprimeur

Ils accusent les grands, le ciel et la fortune,
Qui fustez de leurs vers en sont si rebattus,
Qu'ils ont tiré cet art du nombre des vertus;
Tiennent à mal d'esprit leurs chansons indiscrettes,
Et les mettent au rang des plus vaines sornettes. 150
Encore quelques grands, afin de faire voir,
De Mœcene rivaux, qu'ils ayment le sçavoir,
Nous voyent de bon œil, et tenant une gaule,
Ainsi qu'à leurs chevaux, nous en flattent l'espaule;
Avecque bonne mine, et d'un langage doux, 155
Nous disent souriant: et bien que faictes vous?
Avez vous point sur vous quelque chanson nouvelle?
J'en vy ces jours passez de vous une si belle,
Que c'est pour en mourir: ha! ma foy, je voy bien,
Que vous ne m'aimez plus, vous ne me donnez rien. 160
Mais on lit à leurs yeux et dans leur contenance,
Que la bouche ne parle ainsi que l'âme pense;
Et que c'est, mon amy, un grimoire et des mots,
Dont tous les courtisans endorment les plus sots. 164
Mais je ne m'aperçoy que, trenchant du preud'homme,
Mon temps en cent caquets sottement je consomme:
Que mal instruit je porte en Brouäge du sel,
Et mes coquilles vendre à ceux de Sainct Michel.
Doncques, sans mettre enchere aux sottises du monde,
N'y gloser les humeurs de dame Fredegonde, 170
Je diray librement, pour finir en deux mots,
Que la plus part des gens sont habillez en sots.

REMARQUES.

VERS 147. *Qui fustez de leurs vers...*] Qui sont fournis de leurs vers. Fust, du latin *fustis*, bâton, s'est pris généralement pour *arme*; et *fûter*, pour *armer*, *garnir*, *équiper*. Peut-être *fustez* signifie-t-il ici *accablés sous le poids*.

VERS 153. *.......... Et tenant une gaule.*] Lenglet Dufresnoy reproche à Regnier de s'être servi du mot *gaule* préférablement à celui de *canne*. Il se trompe lourdement. L'auteur n'a point prétendu dire que les grands donnoient des coups de *canne* aux poëtes, mais qu'ils les frappoient légèrement, par manière de caresse, avec une *houssine* flexible, sorte de *cravache* faite d'une mince branche verte que les écuyers nomment encore une *gaule*.

VERS 167. *..... Je porte en Brouäge du sel.*] Brouage, ville du pays d'Aunis (Charente-Inférieure), très-célèbre par l'abondance et la bonté du sel qu'on y fait, dans des marais salans disposés à recevoir l'eau de la mer. Ce vers et le suivant répondent au proverbe: *Ferre noctuam Athenas.*

VERS 168. *Et mes coquilles vendre à ceux de Sainct Michel.*] Le mont Saint-Michel, en Normandie, est un rocher au milieu d'une grande grève que la mer couvre de son reflux. Cette grève est toute semée de coquilles, dont les pèlerins et les voyageurs font provision.

VERS 170. *Ni gloser les humeurs de dame Frédégonde.*] François Ogier, dans son *Jugement et censure du livre de la Doctrine curieuse de François Garasse*, imprimé à Paris en 1623, blâme fort le P. Garasse d'avoir cité plusieurs vers de Regnier, et particulièrement ceux-ci, qu'Ogier ne rapporte pas exactement:

A vouloir mettre enchere aux sottises du monde,
Ou gloser les humeurs en dame Frédégonde.

« Je vous prie, dit Ogier, page 24, dites-moi
» ce que vous entendez par *dame Frédégonde*?
» Votre poète a-t-il mis ce mot pour rimer seule-
» ment, et parce que *carmen laborabat in fine*?
» Ce mot de *dame*, duquel on nomme de bonnes
» dames; et ce mot de *Frédégonde*, nom d'une
» reine très-impudique et très-cogneue, n'étoient-

A MONSIEUR BERTAUT,
EVESQUE DE SÉES. (1)

SATYRE V.

BERTAUT, c'est un grand cas, quoy que l'on puisse faire,
Il n'est moyen qu'un homme à chacun puisse plaire;
Et fust il plus parfait que la perfection,
L'homme voit par les yeux de son affection.
Chasqu'un fait à son sens, dont sa raison s'escrime, 5
Et tel blasme en autruy ce de quoy je l'estime.
Tout, suivant l'intellect, change d'ordre et de rang:
Les Mores aujourd'huy peignent le diable blanc.
Le sel est doux aux uns, le sucre amer aux autres, 9
L'on reprend tes humeurs, ainsi qu'on fait les nostres.
Les critiques du temps m'appellent desbauché;
Que je suis jour et nuict aux plaisirs attaché,
Que j'y perds mon esprit, mon ame et ma jeunesse.
Les autres au rebours accusent ta sagesse,
Et ce hautain desir qui te fait mespriser 15
Plaisirs, trésors, grandeurs, pour t'immortaliser
Et disent: ô chetifs, qui, mourant sur un livre,
Pensez, seconds Phœnix, en vos cendres revivre,
Que vous estes trompez en vostre propre erreur!
Car, et vous, et vos vers, vivez par procureur. 20
Un livret tout moysi vit pour vous, et encore,
Comme la mort vous fait, la taigne le devore.

REMARQUES.

» ils point capables de vous faire soupçonner de qui
» il entendoit parler? »

Lenglet Dufresnoy dit avoir vu un exemplaire de ce livre d'Ogier, à la marge duquel un homme très-habile avoit écrit: *De la reine Marguerite.*

(1) Jean Bertaud, poëte françois, étoit né à Caen, en 1552. Il fut premier aumônier de la reine Catherine de Médicis, secrétaire du cabinet d'Henri III. Henri-le-Grand lui donna l'abbaye d'Aulnay en 1594, et l'évêché de Sées, ville de Normandie, en 1606. Ce prélat avoit contribué à la conversion d'Henri IV: ainsi en l'élevant à l'épiscopat, on récompensa son mérite et sa vertu. Il a composé diverses poésies remarquables par leur grâce et par leur pureté. Bertaud mourut le 8 juin 1611.

VERS 4. *L'homme voit par les yeux de son affection.*] Ce vers exprime le sujet de cette satire.

VERS 5. *Chasqu'un fait à son sens....*] Ce vers a fort varié dans les éditions. Celle de 1608, qui est la première, porte, *chasque fat à son sens*, avec un accent grave sur *à*. Celle de 1655 dit de même. Celles de 1612, 1645, 1667: *Chasque fait a son sens*. Celle de 1613, qui est la dernière édition de l'auteur; *Chasqu'un fait à son sens*: de même dans celles de 1614, 1616, 1617, 1625, 1626 et 1642. C'est la leçon que j'ai conservée.

VERS 8. *Les Mores aujourd'hui peignent le diable blanc.*] Un autre poëte du temps de Regnier, avoit tourné la même pensée au sens contraire, dans cette épigramme, contre une femme, dont le teint étoit brun.

Si tu crois ressembler un ange
Quand tu consultes ton miroir,
Va-t-en dans les îles du Gange,
Où l'on peint les anges en noir.

VERS 22. *Comme la mort vous fait, la taigne le devore.*] Le sens de ce vers a paru embarrassé aux commentateurs. L'auteur a voulu dire, que la teigne dévore le livret, comme *la mort fait à vous*:

Ingrate vanité, dont l'homme se repaist,
Qui bâille apres un bien qui sottement luy plaist !
Ainsi les actions aux langues sont sujettes.   25
Mais ces divers rapports sont de foibles sagettes,
Qui blessent seulement ceux qui sont mal armez ;
Non pas les bons esprits, à vaincre accoustumez,
Qui sçavent, avisez, avecque difference,
Séparer le vray bien du fard de l'apparence.   30
C'est un mal bien estrange au cerveau des humains,
Qui, suivant ce qu'ils sont, malades ou plus sains,
Digerent leur viande, et, selon leur nature,
Ils prennent ou mauvaise ou bonne nourriture.
Ce qui plaist à l'œil sain, offense un chassieux,   35
L'eau se jaunit en bile au corps du bilieux.
Le sang d'un hydropique en pituite se change ;
Et l'estomach gasté pourrit tout ce qu'il mange.
De la douce liqueur rosoyante du ciel,
L'une en fait le venim, et l'autre en fait le miel.   40
Ainsi c'est la nature, et l'humeur des personnes,
Et non la qualité qui rend les choses bonnes.
Charnellement se joindre avecq' sa parenté,
En France, c'est inceste ; en Perse, charité.   44
Tellement qu'à tout prendre, en ce monde où nous sommes,
Et le bien, et le mal, despend du goust des hommes.
Or, sans me tourmenter de divers appetis,
Quels ils sont aux plus grands, et quels aux plus petis,
Je te veux discourir comme je trouve estrange,   49
Le chemin d'où nous vient le blasme, et la loüange ;
Et comme j'ay l'esprit de chimeres broüillé,
Voyant qu'un More noir m'appelle barboüillé ;
Que les yeux de travers s'offencent que je lorgne,
Et que les quinze vingts disent que je suis borgne.

c'est-à-dire, *comme la mort vous dévore.* Cette
façon de parler est familière à notre auteur. (Voyez
le vers 194 de la satire VIII, et le vers 98 de l'épi-
tre II. La teigne est un vers qui ronge les étoffes et
les livres. Ce n'est que dans l'édition de 1608 qu'on
lit la *teigne le dévore.* L'on a mis dans toutes les
autres éditions, *vous dévore*, expression qui présente un sens très-faux.

VERS 26. *... Sont de foibles sagettes.*] Flèches :
du latin *sagitta.*

VERS 32. *Qui, suivant ce qu'ils sont, malades
ou plus sains.*] Edition de 1642 et suivantes, ou
malades, ou sains.

VERS 39. *De la douce liqueur rosoyante du
ciel.*] *Rosoyante :* ce mot signifie, semblable à la
rosée, ou tenant de la rosée. Nicot, au mot *rosée*,
met, *herbes rosoyantes, herbæ roscidæ vel roru-
lentæ.*

VERS 44. *En France c'est inceste ; en Perse, charité.*] Chez les Perses, non-seulement il n'étoit pas
honteux, mais encore il étoit permis de se marier
avec sa fille, ou sa sœur, et même avec sa mère.
Artaxercès épousa publiquement sa fille (PLUT.,
in Artax.), et Cambyse épousa ses deux sœurs.
(HERODOT., *in Thalia.*) Voyez *Alexand. ab
Alex. genial. dier.*, l. 24, *et ibi Tiraq.* Plusieurs
autres peuples ont pratiqué le même usage : jus-
que-là que les Incas, ou rois du Pérou, n'épou-
soient que leurs sœurs, de peur que le sang du soleil, dont ils se disoient issus, ne fût corrompu par
le mélange d'un sang étranger. *Hist. des Incas,*
par Garcilasso de la Véga.

VERS 54. *Et que les quinze vingts disent que je
suis borgne.*] Les Quinze-Vingts, hôpital fameux
de Paris fondé par saint Louis, pour trois cents
aveugles.

C'est ce qui me desplaist, encor que j'aye appris, 55
En mon philosopher, d'avoir tout à mespris.
Penses-tu qu'à present un homme a bonne grace,
Qui dans le Four-l'Evesque entherine sa grace,
Ou l'autre qui poursuit des abolitions,
De vouloir jetter l'œil dessus mes actions ?   60
Un traistre, un usurier, qui par misericorde,
Par argent, ou faveur, s'est sauvé de la corde !
Moy, qui dehors sans plus, ay veu le Chastelet,
Et que jamais sergent ne saisit au colet ;
Qui vis selon les loix, et me contiens de sorte   65
Que je ne tremble point quand on heurte à ma porte ;
Voyant un président le cœur ne me tressaut,
Et la peur d'un prevost ne m'esveille en sursault :
Le bruit d'une recherche au logis ne m'arreste,
Et nul remord fascheux de me trouble la teste ;   70
Je repose la nuict sus l'un et l'autre flanc,
Et cependant, Bertaut, je suis dessus le ranc.
Scaures du temps présent, hipocrites severes :
Un Claude effrontément parle des adulteres ;
Milon sanglant encor reprend un assassin ;   75

VERS 55. *C'est ce qui me desplaist.....*] Edition
de 1608 : *C'est ce qui m'en desplaist.*

VERS 58. *Qui dans le Four-l'Evesque entherine
sa grace.*] Qui poursuit l'entérinement de ses lettres
de grâce. Le For-l'Évêque, ou, comme on disoit
anciennement, le Four-l'Évêque, *Forum episcopi,*
étoit le siége de la juridiction épiscopale de Paris.
Il y avoit aussi une prison ; mais cette juridiction
fut réunie au Châtelet avec les autres juridictions
particulières de la ville, en 1674, et l'on fit du
bâtiment une des prisons royales. Jean François de
Gondi, premier archevêque de Paris, fit bâtir,
en 1652, le For-l'Évêque. La partie de ce bâtiment,
qui servit long-temps de lieu de réclusion aux dé-
tenus pour dettes, et aux acteurs que l'on vouloit
punir, existe encore rue St.-Germain l'Auxerrois.

VERS 63. *Moy qui dehors, sans plus, ay veu
le Chastelet.*] C'étoit une des prisons de Paris que
l'on dit avoir été bâtie du temps de Jules César, et
qui étoit une des portes de la ville. Il existoit sur la
rive droite de la Seine, au bout du Pont-au-Change.

VERS 73. *Scaures du temps présent, hipocrites
séveres.*] Les éditeurs de toutes les éditions qui ont
suivi celle de 1608, ont mis, les uns *Sçaurez*, les
autres *Si ores au temps présent.* Marcus Æmilius
Scaurus, sénateur romain, étoit un fin hypocrite,
et savoit habilement cacher ses vices. *Æmilius
Scaurus, homo nobilis, impiger, factiosus, avidus
potentiæ, honoris, divitiarum : cæterum vitia sua
callidè occultans.* SALLUSTE, Bell. Jugurth.

*Nonne igitur jure ac meritò vitia ultima fictos
Contemnunt Scauros, et castigata remordent ?*
                    JUVÉN., sat. II, v. 34.

VERS 74. *Un Claude effrontement parle des adulteres.*]

*Quis tulerit Gracchos de seditione querentes ?
Quis cælum terris non misceat, et mare cælo,
Si fur displiceat Verri, homicida Miloni ?
Clodius accuset mœchos ? etc.*
                    JUVÉN., sat. II, v. 24.

Publius Clodius fut soupçonné d'adultère avec Pom-
peia, femme de César, et d'inceste avec ses propres
sœurs. *Clodius........ infamis etiam sororis stu-
pro, et actus incesti reus, ob initum, inter reli-
giosissima populi romani sacra, adulterium.*
VELL. PAT., lib. II.

VERS 75. *Milon sanglant encor...*] Milon, meur-

Grache, un séditieux ; et Verrès, le larcin. .

Or pour moy, tout le mal que leur discours m'objete,
C'est que mon humeur libre à l'amour est sujete ;
Que j'ayme mes plaisirs, et que les passe-temps
Des amours m'ont rendu grison avant le temps ;   80
Qu'il est bien mal-aisé que jamais je me change,
Et qu'à d'autres façons ma jeunesse me range.

Mon oncle m'a conté, que monstrant à Ronsard
Tes vers estincelants et de lumiere et d'art ,
Il ne sceut que reprendre en ton apprentissage,   85
Sinon qu'il te jugeoit pour un poëte trop sage.

Et ores au contraire, on m'objecte à peché,
Les humeurs qu'en ta muse, il eust bien recherché.
Aussi je m'esmerveille, au feu que tu recelles,
Qu'un esprit si rassis ait des fougues si belles :   90
Car je tien, comme luy, que le chaud élément,
Qui donne ceste pointe au vif entendement,
Dont la verve s'eschauffe et s'enflame de sorte,
Que ce feu dans le ciel sur des aisles l'emporte ;
Soit le mesme qui rend le poëte ardent et chaud,   95
Suject à ses plaisirs, de courage si haut,
Qu'il mesprise le peuple, et les choses communes,
Et bravant les faveurs, se mocque des fortunes :
Qui le fait, desbauché, frenetique, resvant,
Porter la teste basse, et l'esprit dans le vent ;   100
Esgayer sa fureur parmy des précipices,
Et plus qu'à la raison suject à ses caprices.

Faut il doncq' à present s'estonner si je suis
Enclin à des humeurs qu'esviter je ne puis ;   105
Où mon temperamment mal-gré moy me transporte ,
Et rend la raison foible où la nature est forte ?
Mais que ce mal me dure , il est bien mal-aisé.

REMARQUES.

trier de Clodius. Cicéron fit un plaidoyer pour le
défendre.

VERS 76. *Grache un séditieux....*] On prononce
Gracque. Les deux frères *Gracches*, étant tri-
buns du peuple, périrent dans les séditions qu'ils
avoient excitées au sujet des lois agraires.

Ibid. *.....Et Verrès, le larcin.*] Quintus Verrès,
étant questeur en Sicile, avoit pillé cette riche
province. Tout le monde connoît les *Oraisons de
Cicéron contre Verrès.*

VERS 77 et 78. *Tout le mal que leur discours
m'objete. .....A l'amour est sujete.*] Édition de
1608, *m'objette, sugette.* Peut-être l'auteur avoit-
il écrit, *m'objecte, sugecte,* ou *sujecte,* car c'est
ainsi qu'il écrit ces mots partout ailleurs.

VERS 83. *Mon oncle...*] L'abbé Des Portes.

VERS 92. *.....Au vif entendément.*] Suivant l'édition de 1608, beaucoup mieux que , *En cet entendement,* qu'on lit dans celles de 1612, 1613, 1614
et autres , jusques à celle de 1642 , qui avoit rétabli
la bonne leçon.

VERS 95. *Soit le mesme.....* Est le même.

VERS 97. *Qu'il mesprise le peuple , et les choses
communes.*]

Odi prophanum vulgus.

HORACE, l. III, ode 1.

VERS 98. *Et bravant les faveurs...*] Cette leçon,
qui m'a paru la meilleure , est celle de l'édition
faite en 1608. Dans toutes les autres il y a , *en bravant.*

VERS 108. *L'homme ne se plaist pas d'être toujours fraisé.*] La mode de porter une fraise au cou
a duré jusque vers l'an 1630. Ensuite on commença
à porter des collets, ou rabats, auxquels ont enfin

L'homme ne se plaist pas d'estre tousjours fraisé.
Chasque âge a ses façons, et change de nature ,
De sept ans en sept ans , nostre temperature :   110
Selon que le soleil se loge en ses maisons,
Se tournent nos humeurs ainsi que nos saisons.
Toute chose en vivant avecq' l'âge s'altère.
Le desbauché se rid des sermons de son pere,
Et dans vingt et cinq ans venant à se changer ,   115
Retenu , vigilant , soigneux , et mesnager ,
De ces mesmes discours ses fils il admonneste,
Qui ne font que s'en rire et qu'en hocher la teste.
Chasque âge a ses humeurs , son goust , et ses plaisirs,
Et comme nostre poil blanchissent nos desirs.   120

Nature ne peut pas l'âge en l'âge confondre : -
L'enfant qui sçait desja demander et respondre ,
Qui marque asseurément la terre de ses pas ,
Avecques ses pareils se plaist en ses esbas :   124
Il fuit, il vient , il parle , il pleure , il saute d'aise ,
Sans raison , d'heure en heure , il s'esmeut , et s'apaise.
Croissant l'âge en avant , sans soin de gouverner ,

REMARQUES.

succédé les cravates. Dans l'édition de 1617 , et dans
celle de 1666, on lit *frisé,* à quoi l'on peut rapporter le vers 13 de la douzième satire :

S'il n'est bon courtisan , tant frisé peut il estre.

VERS 109. *Chasque âge a ses façons , et change
de nature.*] *De nature :* c'est ainsi qu'on lit dans les
éditions de 1612 , 1613 et suivantes , jusqu'à 1642.
La première, faite en 1608, dit *la nature,* qui a
été suivi dans les éditions de 1642, 1655 , etc. L'une
et l'autre leçon ont un sens : mais le premier paroît
préférable.

VERS 110. *.....Notre température.*] Notre tempé-
rament. Louis Guyon, dans ses diverses leçons ,
tom. II , l. 4 , ch. 30 : *Lesquelles diversités de passions ne procédent d'ailleurs que de la diversité
des venins de ces animaux , ou des diverses tempé-
ratures des patiens.*

VERS 111. *Selon que le soleil se loge en ses maisons.*] Dans les douze signes du zodiaque. Malherbe
a dit d'une belle dame :

Certes , l'autre soleil , d'une erreur vagabonde ,
Court inutilement dans ses douze maisons :
C'est elle , et non pas lui , qui fait sentir au monde
    Le change des saisons.

VERS 113. *Toute chose en vivant avecq' l'âge
s'altère.*] *Avecq' l'âge :* j'ai conservé cette leçon ,
qui est dans les éditions de 1608 et 1612. Celle de
1613 , et toutes les autres, portent , *avec l'ame.*

VERS 119. *Chasque âge a ses humeurs.....*] Description des quatre âges de l'homme : l'enfance, la
jeunesse , l'âge viril et la vieillesse.

*Ætatis cujusque notandi sunt tibi mores ,
Mobilibusque decor naturis dandus , et annis.*
                              HORACE , *Art poëtique,* v. 156.

Chaque âge a ses plaisirs , son esprit et ses mœurs.
BOILEAU , *Art poëtique,* chant III.

VERS 122. *L'enfant qui sçait desja. ...*]

*Reddere qui voces jam scit puer , et pede certo
Signat humum , gestit paribus colludere , et iram
Colligit ac ponit temerè , et mutatur in horas.*
                              HORACE , *Art poëtique,* v. 158.

VERS 127. *Croissant l'âge en avant .....*]

*Imberbis juvenis , tandem custode remoto ,
Gaudet equis canibusque , et aprici gramine campi :
Cereus in vitium flecti , monitoribus asper,
Utilium tardus provisor , prodigus æris ,
Sublimis , cupidusque , et amata relinquere pernix.*
                                                Idem.

Relevé , courageux , et cupide d'honneur ,
Il se plaist aux chevaux , aux chiens , à la campagne ;
Facile au vice , il hait les vieux et les desdaigne : 130
Rude à qui le reprend , paresseux à son bien ,
Prodigue , despensier , il ne conserve rien ;
Hautain , audacieux , conseiller de soy mesme ,
Et d'un cœur obstiné se heurte à ce qu'il ayme. 134

L'âge au soin se tournant , homme fait , il acquiert
Des biens , et des amis , si le temps le requiert ;
Il masque ses discours , comme sur un theatre ;
Subtil , ambitieux , l'honneur il idolatre :
Son esprit avisé previent le repentir ,
Et se garde d'un lieu difficile à sortir. 140

Maints fascheux accidens surprennent sa vieillesse :
Soit qu'avecq' du soucy gaignant du richesse ,
Il s'en deffend l'usage , et craint de s'en servir ,
Que tant plus il en a , moins s'en peut assouvir ;
Ou soit qu'avecq' froideur il face toute chose , 145
Imbécile , douteux , qui voudroit , et qui n'ose ,
Dilayant , qui tousjours a l'œil sur l'avenir ,
De leger il n'espere , et croit au souvenir :
Il parle de son temps , difficile et severe ,
Censurant la jeunesse aux droicts de pere , 150
Il corrige , il reprend , hargneux en ses façons ,
Et veut que tous ses mots soient autant de leçons.

Voyla doncq' , de par Dieu , comme tourne la vie ,
Ainsi diversement aux humeurs asservie , 154
Que chasque âge départ à chasque homme en vivant ,
De son temperamment la qualité suivant.

Et moy qui , jeune encor' , en mes plaisirs m'essaye ,
Il faudra que je change , et malgré que j'en aye ,
Plus soigneux devenu , plus froid , et plus rassis ,
Que mes jeunes pensers cedent aux vieux soucis ; 160
Que j'en paye l'escot , remply jusqu'à la gorge ,
Et que j'en rende un jour les armes à sainct George.

REMARQUES.

VERS. 130. .....*Et les desdaigne.*] Avant Regnier et de son temps encore on écrivoit *campaigne* pour *campagne* , *montaigne* pour *montagne* ; reste à savoir comment on prononçoit ces mots. La rime indiqueroit ici que l'on disoit *campaigne* , autrement il faudroit que l'on eût prononcé *dédagne* et dans la satire suivante , vers 37 , Regnier fait rimer ce mot avec *Sardaigne*.

VERS 135. *L'âge au soin se tournant.....*]

Conversis studiis , ætas , animusque virilis
Quærit opes , et amicitias , inservit honori :
Commisisse cavet , quod mox mutare laboret.

Idem.

VERS 141. *Maints fascheux accidens.....*

Multa senem circumveniunt incommoda : vel quòd
Quærit , et inventis miser abstinet , ac timet uti :
Vel quòd res omnes timidè gelidèque ministrat ,
Dilaior , spe longus , iners , avidusque futuri :
Difficilis , querulus , laudator temporis acti
Se puero , censor castigatorque minorum.

Idem.

VERS. 147. *Dilayant.....*] Cherchant des délais , retardant. Du latin *dilatare.*

VERS 161. *Que j'en paye l'escot , ...*] Façon de parler proverbiale , qui signifie , *porter seul la peine d'une folie faite entre plusieurs.* Celui qui régale paie l'écot de ceux qu'il a invités. *Que j'en paye ;* la dernière syllabe de ce mot , *paye* , étant une voyelle muette , devoit être élidée avec une autre voyelle , au commencement du mot suivant. (Voyez la note sur le vers 59 de la satire 9.)

VERS 162. *Et que j'en rende un jour les armes à sainct Georges.*] *Rendre les armes à sainct Geor-*

Mais de ces discoureurs il ne s'en trouve point ,
Ou pour le moins bien peu , qui cognoissent ce point.
Effrontez , ignorans , n'ayans rien de solide , 165
Leur esprit prend l'essor où leur langue le guide :
Sans voir le fond du sac ils prononcent l'arrest ,
Et rangent leurs discours au point de l'interest.
Pour exemple parfaite ils n'ont que l'apparence :
Et c'est ce qui nous porte à ceste indifference , 170
Qu'ensemble l'on confond le vice et la vertu ,
Et qu'on l'estime moins qu'on n'estime un festu.

Aussi qu'importe-il de mal ou de bien faire ,
Si de nos actions un juge volontaire ,
Selon ses appétits , les décide , et les rend 175
Dignes de récompense , ou d'un supplice grand ?
Si tousjours nos amis , en bon sens les expliquent ,
Et si tout au rebours nos haineux nous en piquent ?
Chacun selon son goust s'obstine en son party ,
Qui fait qu'il n'est plus rien qui ne soit perverty. 180
La vertu n'est vertu , l'envie la desguise ,
Et de bouche , sans plus , le vulgaire la prise.
Au lieu du jugement , regnent les passions ,
Et donne l'interest , le prix aux actions.
Ainsi ce vieux resveur , qui n'aguere à Rome 185
Gouvernoit un enfant et faisoit le preud'homme ,
Contre-carroit Caton , critique en ses discours ,
Qui tousjours rechignoit , et reprenoit tousjours :
Apres que cet enfant s'est fait plus grand par l'âge ,
Revenant à la cour d'un si lointain voyage , 190
Ce critique , changeant d'humeurs et de cerveau ,
De son pedant qu'il fut , devient son maquereau.

O gentille vertu qu'aisément tu te changes !
Non , non , ces actions meritent des loüanges :
Car le voyant tout seul qu'on le prenne à serment , 195
Il dira qu'icy bas l'homme de jugement
Se doit accommoder au temps qui luy commande ,
Et que c'est à la cour une vertu bien grande.
Doncq' la mesme vertu le dressant au poulet ,
De vertueux qu'il fut , le rend Dariolet. 200
Doncq' à si peu de frais , la vertu se profane ,
Se desguise , se masque , et devient courtisane ,

REMARQUES.

ge , expression proverbiale. Les légendes racontent que saint George , chevalier de Cappadoce , après divers voyages , s'arrêta à Silène , ville de Libye , qui étoit infestée par un dragon épouvantable. Ce cavalier armé de pied en cap , *et monté comme un saint George* , attaqua le dragon , et lui passa un lien au cou. Le monstre se soumit à lui par l'effet d'une puissance invisible et surnaturelle , et se laissa conduire sans résistance : de sorte qu'il rendit , pour ainsi dire , *les armes à saint George.* Ce fait miraculeux est cité sous l'empire de Dioclétien , en l'année 299 de Jésus-Christ.

VERS 192. .....*Devient son maquereau.*] Devint édition de 1614 et toutes les suivantes. Le commentateur de Rabelais croit que *Maquereau* , et *Maquerelle* se disent peut-être par corruption , pour *Mercureau* , et *Mercurelle* , comme qui diroit un petit *Mercure.* (Note 5 sur le ch. 22 du liv. II de Rabelais.

VERS 199. .....*Le dressant au poulet.*] (Voyez la note sur le vers 125 de la satire III.

VERS 200. .....*Le rend Dariolet.*] Dariolette confidente d'Élisenne , dans l'*Amadis* , a fait nommer Dariolettes toutes les confidentes et entremetteuses d'amour. Scarron dans le livre IV de son *Virgile travesti* , a dit de la sœur de Didon ,

Qu'en un cas de nécessité ,
Elle eût été Dariolette.

C

Se transforme aux humeurs, suit le cours du marché,
Et dispence les gens de blasme et de peché.

Peres des siecles vieux, exemples de la vie,   205
Dignes d'estre admirez d'une honorable envie,
(Si quelque beau desir vivoit encor en nous)
Nous voyant de là-haut, peres, qu'en dites vous?

Jadis de vostre temps la vertu simple et pure,
Sans fard, sans fiction, imitoit sa nature,   210
Austere en ses façons, severe en ses propos,
Qui dans un labeur juste esgayoit son repos,
D'hommes vous faisant dieux, vous paissoit d'ambrosie,
Et donnoit place au ciel à vostre fantaisie.
La lampe de son front par tout vous esclairoit,   215
Et de toutes frayeurs vos esprits asseuroit ;
Et sans penser aux biens où le vulgaire pense,
Elle estoit vostre prix et vostre récompense :
Où la nostre aujourd'huy qu'on révere icy bas,
Va la nuict dans le bal, et danse les cinq pas,   220
Se parfume, se frise, et de façons nouvelles
Veut avoir par le fard du nom entre les belles ;
Fait crever les courtaux en chassant aux forests :
Court le faquin, la bague, escrime des fleurets :   224
Monte un cheval de bois, fait dessus des pommades,

REMARQUES.

Vers 210. *.....Imitoit sa nature.*] La nature.

Vers 220. *.....Et danse les cinq pas,*] Sorte de
danse, qui est décrite par Antonius de Arena, dans
son poëme macaronique sur la danse, chapitre *Quot
passibus duplum esse debet.*

*Sed labor ac opus est passus cognoscere cunctos ,
Nam passus fiunt ordine quinque suo.*

Et dans le chapitre intitulé : *Modus dansandi branlos :*

*Ipse modis branlos debes dansare duobus ,
Simplos et duplos usus habere solet.
Sed branlos duplos, passus tibi quinque laborent ,
Tres fac avantum , sed reculando duos.*

Vers 221. *.....Et de façons nouvelles.*] Éditions
de 1613, 1614 et autres, *des façons nouvelles.*

Vers 223. *Fait crever les courtaux...*] On appeloit ainsi les chevaux et les chiens à qui on avoit
coupé la queue.

*. . . . . Nunc mihi curto
Ire licet mulo.*

HORACE , liv. 1 , sat. VI , v. 104.

Vers 224. *Court le faquin , la bague.....*] Exer-
cices de manége que l'on pratiquoit dans les jeux,
fêtes, tournois et carrousels.

Le *faquin* est un fantôme, ou homme de bois ,
contre lequel on court pour l'atteindre avec une
lance. Cette figure est plantée sur un pivot mobile ;
et quand on ne l'atteint pas au milieu, elle tourne
facilement, et frappe le cavalier d'un sabre de
bois, ou d'un sac plein de terre, qui est attaché à le
main de cette figure : ce qui donne à rire aux spectateurs. On l'appelle aussi *quintaine;* mais la *quintaine* est plus proprement un écusson, ou bouclier
mobile sur un pivot, qui fait à peu près le même
effet. Au reste, depuis l'invention des armes à feu,
la lance ayant été bannie des véritables combats,
on ne s'exerce guère plus aux courses de bague, et
du faquin ou de la quintaine, ces jeux n'ayant été
inventés que pour mesurer les coups de lance.

Vers 225. *.....Fait dessus des pommades.*] Autre

Talonne le genêt, et le dresse aux passades,
Chante des airs nouveaux, invente des balets,
Sçait escrire et porter les vers et les poulets ;
A l'œil tousjours au guet pour des tours de souplesse,
Glose sur les habits et sur la gentillesse,   230
Se plaist à l'entretien, commente les bons mots,
Et met à mesme prix les sages et les sots.

Et ce qui plus encor' m'empoisonne de rage,
Est quand un charlatan releve son langage,
Et de coquin, faisant le prince revestu,   235
Bastit un paranimphe à sa belle vertu ;
Et qu'il n'est crocheteur, ny courtaut de boutique,
Qui n'estime à vertu l'art où sa main s'aplique ;
Et qui paraphrasant sa gloire et son renom,
Entre les vertueux ne vueille avoir du nom.   240

Voila comme à present chacun l'adulterise,
Et forme une vertu comme il plaist à sa guise.
Elle est comme au marché dans les impressions :
Et s'adjugeant aux taux de nos affections,
Fait que par le caprice, et non par le merite,   245
Le blasme, et la loüange au hazard se debite ;
Et peut un jeune sot, suyvant ce qu'il conçoit,
Ou ce que par ses yeux son esprit en reçoit,
Donner son jugement, en dire ce qu'il pense,
Et mettre sans respect nostre honneur en balance.   250
Mais puis que c'est le temps, mesprisant les rumeurs
Du peuple, laissons là le monde en ces humeurs ;
Et si, selon son goust, un chacun en peut dire,
Mon goust sera, Bertaut, de n'en faire que rire.

REMARQUES.

exercice de manége, qu'on appelle, voltiger sur
le cheval de bois. *Pommade* est un saut que l'on fait
en tournant sur le cheval de bois, et en appuyant
seulement la main sur le pommeau de la selle : ce
qui l'a fait nommer ainsi. Quelques-uns écrivent
paumade, parce que ce tour se fait sur la paume
de la main. FURETIÈRE.

Vers 226. *Talonne le genêt....*] Espèce de cheval venant d'Espagne ; c'est pourquoi on dit ordinairement *un genêt d'Espagne*, de l'espagnol *gi-
nete.* Notre auteur a pourtant dit, *genêt de Sardaigne*, dans la satire 6, vers 38.

Vers 233. *Et ce qui plus encor' m'empoisonne
de rage.*] 1625, *la rage.* 1616, et 1617. *Et qui de
plus encor' m'empoisonne la rage.*

Vers 236. *Bastit un paranimphe.....*] Dans la
faculté de théologie, et dans celle de médecine,
à Paris, avant que de recevoir les licenciés, on fait
le *paranimphe ;* c'est-à-dire, un discours qui contient l'éloge ou le caractère personnel de chaque
bachelier : quelquefois aussi on y dit des choses
très-piquantes. Cette cérémonie, dit-on, est une
imitation *des paranymphes*, qui se faisoient anciennement dans les noces, où l'on louoit les époux.
D'autres croient que les *paranymphes* de Sorbonne
tirent leur origine de la cérémonie qu'on faisoit
autrefois à Athènes, pour donner le manteau aux
nouveaux philosophes. Il falloit que le philosophe,
habillé d'une manière extraordinaire, essuyât durant trois jours entiers les railleries du peuple, et
même des honnêtes gens. La modération et la fer-
meté contre ces sortes d'insultes, étoit le prix auquel on mettoit le manteau philosophique.

Vers 241. *Voila comme à présent chacun l'a-
dultérise.*] *Adultériser* la vertu · expression propre
à Regnier, pour *altérer*, *abâtardir.*

'A MONSIEUR DE BETHUNE,

ESTANT AMBASSADEUR POUR SA MAJESTÉ,
A ROME (1).

SATYRE VI.

BETHUNE, si la charge où ta vertu s'amuse,
Te permet esconter les chansons que la muse,
Dessus les bords du Tibre et du mont Palatin,
Me fait dire en françois au rivage latin,
Où, comme au grand Hercule à la poitrine large,   5
Nostre Atlas de son faix sur ton dos se descharge,
Te commet de l'estat l'entier gouvernement :
Escoute ce discours tissu bijarrement,
Où je ne prétends point escrire ton histoire.
Je ne veux que mes vers s'honorent en la gloire   10
De tes nobles ayeux, dont les faits relevez,
Dans les cœurs des Flamens sont encore gravez,
Qui tiennent à grand-heur de ce que tes ancestres,

REMARQUES.

(1) Philippe de Béthune, baron de Selles et de
Charost, chevalier des ordres du roi, fut nommé,
en 1601, ambassadeur à Rome, où il demeura jusques au 6 juin 1605. Il avoit été ambassadeur en
Écosse, et il mourut en 1649, âgé de quatre-vingt-
quatre ans. Regnier composa cette satire à Rome,
où il étoit allé à la suite de M. de Béthune.
Le sujet de la satire est expliqué dans la note
sur le vers 62.

VERS 3. *Dessus les bords du Tibre et du mont
Palatin.*] On dit bien *les bords d'une rivière*; mais
non pas, *les bords d'une montagne.*

VERS 5. *Où, comme au grand Hercule.....*] J'ai
conservé la leçon de l'édition de 1608, *au grand
Hercule.* On lit dans toutes les autres *un grand
Hercule.* Regnier paroît s'être emparé en cet endroit
d'une comparaison employée par Ronsard dans son
Bocage royal, adressé à Henri III.

Quand Hercule ou Atblas ont chargé sur l'échine
De ce grand univers la pesante machine,
Que de col et de teste, et de bras bien nerveux,
Se bandent sous le faix, qui tomberoit sans eux,
Si quelque fâcheux sot arrivoit d'aventure,
Qui vinst les amuser d'une longue escriture,
Ou d'un maigre discours, soit en prose ou en vers,
Offenseroit-il pas contre tout l'univers?

VERS 8. *..... Tissu bijarrement.*] Ce dernier mot
est ainsi écrit dans la première édition de 1608. Il
y a *bigarrement* dans toutes les autres, jusqu'à celle
de 1642, qui dit *bigearrement.* Dans celles qui
viennent après, on a mis *bizarrement*, qui est la
prononciation moderne de ce mot.

VERS 12. *Dans les cœurs des Flamens.....*] La
maison de Béthune a pris son nom de la ville de
Béthune dans l'Artois. Une fille de cette illustre mai-
son, mariée à un comte de Flandre, fut mère de
Robert III, dit Béthune, qui fut aussi comte de
Flandre, au commencement du quatorzième siècle.
C'est pourquoi notre auteur dit que les ancêtres de
M. de Béthune ont été les maîtres des Flamands,
qu'il écrit *Flamens* suivant l'usage de ce temps-là.
Nicolas Rapin, dans une imitation de la première
ode d'Horace, dit à M. le duc de Sully :

Race des ducs de Flandre, illustre de Béthune,
O l'honneur et l'appuy de ma foible fortune! etc.

VERS 13. *Qui tiennent à grand-heur.....*] Toutes
les éditions, tant celles qui ont été faites pendant
la vie de l'auteur, que les autres, disent *à grandeur;*

En armes glorieux, furent jadis leurs maistres.
Ny moins, comme ton frère, aydé de ta vertu,   15
Par force et par conseil, en France a combatu
Ces avares oyseaux, dont les griffes gourmandes,
Du bon roy des François ravissoient les viandes :
Suject trop haut pour moy, qui doy sans m'esgarer,
Au champ de sa valeur, le voir, et l'admirer.   20
Aussi selon le corps on doit tailler la robe :
Je ne veux qu'à mes vers vostre honneur se desrobe,
Ny qu'en tissant le fil de vos faits plus qu'humains,
Dedans ce labirinthe il m'eschape des mains.
On doit selon la force entreprendre la peine,   25
Et se donner le ton suivant qu'on a d'haleine :
Non comme un fol, chanter de tort et de travers.
Laissant doncq' aux sçavans à vous peindre en leurs vers,
Haut eslevez en l'air sur une aisle dorée,
Dignes imitateurs des enfans de Borée ;   30
Tandis qu'à mon pouvoir mes forces mesurant,
Sans prendre ny Phœbus, ny la muse à garant,
Je suivray le caprice en ces païs estranges ;
Et sans paraphraser tes faits et tes loüanges,
Ou me fantasier le cerveau de soucy,   35
Sur ce qu'on dit de France, ou ce qu'on voit icy ;
Je me deschargeray d'un faix que je desdaigne,
Suffisant de crever un genêt de Sardaigne,

REMARQUES.

mais j'ai cru que, pour rendre au texte sa véritable
leçon, il falloit mettre *à grand-heur;* c'est-à-dire,
à grand bonheur; quoique l'autre leçon ne soit pas
absolument mauvaise.

VERS 15. *Ny moins, comme ton frère.....*] Maximilien de Béthune, marquis de Rosni, surintendant des finances, frère aîné de Philippe, à qui
cette satire est adressée. Le marquis de Rosni fut
fait duc et pair en 1606, sous le nom de duc de
Sully.

VERS 17. *Ces avares oiseaux.....*] Le marquis
Rosni, surintendant des finances, avoit réprimé
l'avidité et les concussions des gens d'affaires, com-
parés ici aux harpies, monstres toujours affamés.
On lit dans les mémoires de ce ministre, que *la
recherche des Finances fut continuée toute l'année
1604, et enfin terminée en une composition, contre
son avis.* Mém. de Sully, part. IV, ch. 46, p. 167.

VERS 20. *Au champ de sa valeur, le voir et
l'admirer.*] *La voir*, dans toutes les éditions qui
ont précédé celle de 1645.

VERS 22. *Je ne veux qu'à mes vers vostre honneur
se desrobe.*] Je ne crois point avoir trop osé, en
mettant, *vostre honneur*, au lieu de *nostre*, qui
est dans toutes les éditions, et que j'ai regardé
comme une faute d'impression. Boileau a dit d'une
manière plus nette, plus noble et plus énergique,
en parlant au roi :

. . . . Et ma muse tremblante,
Touchant à tes lauriers, craindroit de les flétrir.

VERS 30. *..... Des enfans de Borée.*] Zétès et Calaïs, fils de Borée, dieu de la bise et des frimas,
avoient des ailes comme leur père, et s'élevoient en
l'air avec beaucoup de légéreté. Ils suivirent les
Argonautes à la conquête de la toison d'or; et, pendant le voyage, Zétès et Calaïs délivrèrent Phinée
de la persécution des harpies.

VERS 38. *..... Un genêt de Sardaigne.*] On dit
toujours *un genêt d'Espagne*, et notre auteur est
le seul qui ait dit *un genêt de Sardaigne.* (Voyez
la note sur le vers 226 de la satire 4.)
Les chevaux sardes sont remarquablement petits,
et cette circonstance explique l'intention de Regnier.

Qui pourroit defaillant en sa morne vigueur,
Succomber sous le faix que j'ay dessus le cœur.   40

Or ce n'est point de voir en regne la sottise ,
L'avarice et le luxe entre les gens d'église,
La justice à l'ancan , l'innocent oppressé ;
Le conseil corrompu , suivre l'interessé ;
Les estats pervertis , toute chose se vendre ,   45
Et n'avoir du crédit qu'au prix qu'on peut despendre.

Ny moins , que la valeur n'ait icy plus de lieu ,
Que la noblesse courre en poste à l'Hostel Dieu ,
Que les jeunes oysifs aux plaisirs s'abandonnent ,   49
Que les femmes du temps soient à qui plus leur donnent,
Que l'usure ait trouvé (bien que je n'ay dequoy,
Tant elle a bonnes dents) que mordre dessus moy.

Tout cecy ne me peze , et l'esprit ne me trouble.
Que tout s'y pervertisse , il ne m'en chaut d'un double.
Du temps, ny de l'estat, il ne faut s'affliger.   55
Selon le vent qui fait , l'homme doit naviger.

Mais ce dont je me deuls est bien une autre chose ,
Qui fait que l'œil humain jamais ne se repose ,
Qu'il s'abandonne en proye aux soucis plus cuisans.
Ha ! que ne suis-je roy pour cent ou six vingts ans ! 60
Par un edict public qui fust irrevocable,
Je bannirois l'honneur , ce monstre abominable,
Qui nous trouble l'esprit , et nous charme si bien ,
Que sans luy les humains icy ne voyent rien ;
Qui trahit la nature , et qui rend imparfaite   65

REMARQUES.

Vers 46. ..... Despendre , pour dépenser. Vieux mot.

Vers 56. Selon le vent qui fait.....] Édition de 1642 et suivantes : qu'il fait.

Vers 57. Mais ce dont je me deuls...] On lit , dont je m'afflige, dans l'édition de 1642 et autres. Deuls , de l'infinitif douloir, avoir douleur.

Femme se plaint , femme se deult,
Femme pleure quand elle veut.

C'est un ancien proverbe, rapporté par Borel , Antiquités gauloises.

Vers 60. Ha ! que ne suis-je roy pour cent ou six-vingts ans !] Ce vers est composé de monosyllabes. Rabelais , l. 1 , ch. 39. Hon , que ne suis-je roy de France pour quatre-vingts ou cent ans !

Vers 62. Je bannirois l'honneur.....] Les deux capitoli du Mauro, poëte italien , l'un in dishonor dell'honore , et l'autre del dishonore , ont servi de modèle à Regnier dans cette satire sixième. Comme les satires du Mauro ne sont pas communes en France, j'ai cru devoir insérer dans mes notes les endroits du poëte italien , qui se rapportent plus précisément à ceux du poëte françois , afin que mes lecteurs en puissent faire la comparaison.
Le Mauro débute par une longue invective contre les hommes, qui se sont soustraits aux lois pures et simples de la nature ; après quoi il entre ainsi en matière, au tercet 23 :

Voi havete , prior, dunque a sapere ,
Che s'io fossi ricco , e gran signore ,
Molte gran cose io vi farei vedere.

E prima , cacciarei del mondo fuore
Quella cosa da noi tanto pregiata,
Quel nome vano , che si chiama Honore.

Cacciarei de la testa a la brigata
Questo si lungo error , questa pazzia,
Ne i cervelli degli huomini invecchiata.

Vers 65. Qui trahit la nature.....]

I' qual ci toglie ciò , che si desia,
Tutti piaceri , à tutti li diletti ,

Toute chose qu'au goust les délices ont faite.

Or je ne doute point que ces espris bossus ,
Qui veulent qu'on les croye en droite ligne yssus
Des sept sages de Grece , à mes vers ne s'oposent ,
Et que leurs jugements dessus le mien ne glosent.   70
Comme de faire entendre à chacun que je suis
Aussi perclus d'esprit comme Pierre du Puis ,
De vouloir sottement que mon discours se dore ,
Aux despens d'un suject que tout le monde adore ;
Et que je suis de plus privé de jugement ,   75
De t'offrir ce caprice ainsi si librement :
A toy qui , dès jeunesse , appris en son escole,
As adoré l'honneur , d'effet et de parole ;   .
Qui l'as pour un but sainct , en ton penser profond ,
Et qui mourrois plustost que luy faire un faux bond. 80
Je veux bien avoir tort en ceste seule chose.
Mais ton doux naturel fait que je me propose ,
Librement te monstrer à nud mes passions ,
Comme à cil qui pardonne aux imperfections.   84
    Qu'ils n'en parlent doncq' plus , et qu'estrange on ne trouve ,
Si je hais plus l'honneur qu'un mouton une louve :
L'honneur , qui souz faux titre habite avecque nous ,
Qui nous oste la vie , et les plaisirs plus doux ,
Qui trahit nostre espoir , et fait que l'on se peine
Apres l'esclat fardé d'une apparence vaine :   90
Qui sevre les désirs , et passe meschamment
La plume par le bec à nostre sentiment ;
Qui nous veut faire entendre en ses vaines chimères ,
Que pour ce qu'il nous touche , il se perd , si nos meres ,
Nos femmes , nos sœurs , font leurs maris jaloux : 95
Comme si leurs desirs dépendissent de nous.

Je pense quant à moy que cet homme fust yvre ,
Qui changea le premier l'usage de son vivre ,
Et rangeant souz des loix les hommes escartez ,

REMARQUES.

Che per nostro uso la natura cria.
E deli suoi maravigliosi effetti
Il dulcissimo gusto ne fà amaro ,
E tutti i maggior ben torna imperfetti, etc.

Le Mauro , tercet 26.

Vers 71 et 72. Comme de faire entendre à chacun que je suis Aussi perclus d'esprit...]

Sò che molti diran , ch'io sono un matto ,
Dicendo mal di quel , che sì soprano ,
Si degno al mondo i nostri antichi han fatto.

Idem , tercet 21.

Ibid. Aussi perclus d'esprit, comme Pierre du Puis.] C'étoit un fou courant les rues , qui portoit un chapeau à un pied , en guise de soulier. Desmarets , Défense du poëme épique, p. 73, maître Pierre Dupuy , archifol en robe longue : c'est ainsi qu'il est qualifié dans les Paradoxes de Bruscambille, imprimés en 1622 , p. 45.

Vers 77 et 78. ....Appris en son escole, As adoré l'honneur.]J'ai conservé cette leçon, qui est celle des éditions de 1608 et 1612. On lit a adoré, dans celle de 1713 et dans toutes les autres, avant celle de 1655.

Vers 83 et 84. Librement te monstrer à nud mes passions.] Édit. de 1642 , 1652 , 1655 et suivantes : De te montrer à nud toutes, etc., mais c'est une correction moderne. Comme à cil , pour à celui.

Vers 96. Comme si leurs desirs dépendissent de nous.] Dépendissent , pour dépendoient , 1642 , 1652 et 1667. Prenoient la loi de nous. 1655 , prissent la loi.

Vers 97 et 98.....Que cet homme fust yvre.] Édit. de 1642 et suivantes : étoit yvre. L'usage de son vivre , pour sa manière de vivre.

Bastit premierement et villes et citez,   100
De tours et de fossez renforça ses murailles,
Et r'enferma dedans cent sortes de quenailles.

De cest amas confus nasquirent à l'instant,
L'envie, le mespris, le discord inconstant,
La peur, la trahison, le meurtre, la vengeance,   105
L'horrible desespoir, et toute ceste engeance
De maux qu'on voit regner en l'enfer de la court,
Dont un pédant de diable en ses leçons discourt,
Quand par art il instruit ses escoliers, pour estre   109
(S'il se peut faire) en mal plus grands clercs que leur
maistre.

Ainsi la liberté du monde s'envola,
Et chacun se campant, qui deçà, qui delà,
De bayes, de buissons remarqua son partage,
Et la fraude fist lors fa figue au premier âge.
Lors du mien, et du tien, nasquirent les procez,   115
A qui l'argent départ bon ou mauvais succez.
Le fort battit le foible, et luy livra la guerre.
De-là l'ambition fist envahir la terre,
Qui fut, avant le temps que surviendrent ces maux,
Un hospital commun à tous les animaux;   120
Quand le mary de Rhée, au siecle d'innocence,
Gouvernoit doucement le monde en son enfance:
Que la terre de soy le froment rapportoit;
Que le chesne de manne et de miel degouttoit: 124
Que tout vivoit en paix, qu'il n'estoit point d'usures:
Que rien ne se vendoit, par poids ny par mesures:
Qu'on n'avoit point de peur qu'un procureur fiscal
Formast sur une éguille un long procés verbal;
Et se jettant d'aguet dessus vostre personne,
Qu'un Barisel vous mist dedans la tour de Nonne.   130

Mais si tost que le fils le pere déchassa,
Tout sens dessus dessous icy se renversa.
Les soucis, les ennuis, nous broüillerent la teste,
L'on ne pria les saincts qu'au fort de la tempeste,
L'on trompa son prochain, la mesdisance eut lieu,   135
Et l'hipocrite fist barbe de paille à Dieu.
L'homme trahit sa foy, d'où vindrent les notaires,
Pour attacher au joug les humeurs volontaires.

La faim et la cherté se mirent sur le rang;
La fiévre, les charbons, le maigre flux de sang,   140
Commencerent d'esclorre, et tout ce que l'autonne,
Par le vent de midy, nous apporte et nous donne.
Les soldats, puis après, ennemis de la paix,
Qui de l'avoir d'autruy ne se saoulent jamais,
Troublerent la campagne, et saccageant nos villes,   145
Par force en nos maisons violerent nos filles;
D'où nasquit le bordeau qui s'eslevant debout,
A l'instant, comme un Dieu, s'estendit tout par tout,
Et rendit, Dieu mercy ces fiévres amoureuses,
Tant de galants pelez, et de femmes galeuses,   150
Que les perruques sont, et les drogues encor,
(Tant on en a besoin.) aussi cherça que l'or.

Encor tous ces maux ne seroient que fleurettes,
Sans ce maudit honneur, ce conteur de sornettes,   154
Ce fier serpent, qui couve un venim sous des fleurs,
Qui noye jour et nuict nos esprits en nos pleurs.
Car pour ces autres maux, c'estoient légeres peines,
Que Dieu donna selon les foiblesses humaines.

Mais ce traistre cruel excedant tout pouvoir,
Nous fait suer le sang sous un pesant devoir;   160
De chimeres nous pipe, et nous veut faire accroire,
Qu'au travail seulement doit consister la gloire;

REMARQUES.

VERS 102. .....Cent sortes de quenailles.] 1626,
quanailles. 1642 et suivantes, canailles.

VERS 108. Dont un pédant de diable...] Ma-
chiavel.

VERS 114. Et la fraude fist lors la figue....] 1645.
La nique. Ces deux expressions populaires, faire
la figue, et faire la nique, sont expliquées par
Furetière.

VERS 121. Quand le mari de Rhée.....] Saturne,
sous lequel fut l'âge d'or.

VERS 123. .....Le froment rapportoit.] 1608.
Le fourment.

Molli paulatim florescet campus aristâ,

Et duræ quercus sudabunt roscida mella.
                                    VIRGILE, égl. IV.

VERS 130. Qu'un Barisel...] A Rome le Barisel,
Barigello, est un officier dont le soin est de veiller
à la sûreté publique, en faisant arrêter et punir
les bandits et les voleurs. Le chef, ou le capitaine des sbirres, qui sont des archers, Barigello,
Capitan de' Birri : Dict. Della Crusca.

Ibid. .....Vous mist dedans la tour de Nonne.]
Ancienne tour de Rome, qui servoit de prison:
autrefois Torre de Nona, et aujourd'hui Tordinone;
ainsi appelée par corruption, de Torre dell' anno-
na, parce que les magasins publics de blé étoient
dans ce lieu-là. Cette tour, située dans la rue de
l'Ours, dell'Orso, assez près du pont St.-Ange,
fut démolie vers l'an 1690, et l'on bâtit à sa place
un théâtre pour les comédiens et les spectacles. Ce
théâtre étoit fameux par sa disposition, par ses dé-
corations et par ses peintures, mais surtout par la
commodité d'y représenter un combat naval sur le
Tibre, qui étoit presqu'au niveau et en perspective
de ce théâtre. Il a été consumé par le feu.

REMARQUES.

VERS 131. Mais si tost que le fils le pere déchassa]
Jupiter détrôna et chassa Saturne son père.

Poi ch'al padre il figliuol tolse il governo,
Ogni ben prima à gli huomini fu tolto,
E dato il mal, che durerà in eterno.
IL MAURO, capitolo del Dishonore, terzetto 40.

VERS 136. Et l'hipocrite fist barbe de paille à
Dieu.] Selon Nicot, on disoit autrefois. Faire à
Dieu jarbe de foarre; Jarbe, pour gerbe, de gar-
ba; c'est-à-dire, payer les dîmes à son curé en
mauvaises gerbes, où il n'y a que de la paille, et
point de grain. Ce proverbe a été corrompu, en
disant faire barbe de paille à Dieu. (Voyez Nicot
dans ses Proverbes, p. 18, col. 2; et Pasquier, l. 8
des Recherches, ch. 62; et Ménage, dans ses Origines.

VERS 137. L'homme trahit sa foy.....]

E per legar più stretto il viver sciolto,
Vennero li dottori, e li notai,
Genti, ch'el mondo han sotto sopra volto.
LE MAURO, tercet 41.

VERS 139. La faim et la cherté.....]

La carestia, la fame, e gli usurai,
E la peste, e la guerra, e li soldati,
Che di quel d'altri non si sasian mai.
Idem, tercet 42.

VERS 147. D'où nasquit le bordeau.....] 1612,
1613, etc. Bourdeau. 1642, Bordel.

E furono gli ortacci ritrovati,
Per gratia de li quai si veggon tante
Donne rognose, e huomini pelati.
Idem, tercet 43.

VERS 162. Qu'au travail seulement doit consister
la gloire.]

Mettone il sommo honor nella fatica,

Qu'il faut perdre et sommeil, et repos, et repas,
Pour tascher d'acquerir un suject qui n'est pas,
Ou s'il est, qui jamais aux yeux ne se descouvre,   165
Et perdu pour un coup jamais ne se recouvre ;
Qui nous gonfle le cœur de vapeur et de vent,
Et d'excez par luy-mesme il se perd bien souvent.

Puis on adorera ceste menteuse idole !
Pour oracle on tiendra ceste croyance folle,   170
Qu'il n'est rien de si beau que tomber bataillant ;
Qu'aux despens de son sang il faut estre vaillant,
Mourir d'un coup de lance, ou du choc d'une picque,
Comme les paladins de la saison antique ;
Et respandant l'esprit, blessé par quelque endroit,   175
Que nostre ame s'envolle en paradis tout droit !

Ha, que c'est chose belle, et fort bien ordonnée,
Dormir dedans un lict la grasse matinée,
En dame de Paris, s'habiller chaudement,
A la table s'asseoir, manger humainement,   180
Se reposer un peu, puis monter en carrosse,
Aller à Gentilly caresser une rosse,
Pour escroquer sa fille, et venant à l'effect,
Luy monstrer comme Jean à sa mere le faict.   184

Ha Dieu, pourquoy faut il que mon esprit ne vaille
Autant que cil qui mist les souris en bataille,
Qui sceut à la grenoüille apprendre son caquet ;

REMARQUES.

Nel travagliarsi sempre, e far facende,
Come facean quegli huomini a l'antica,
De' quei scritte troviam cose stupende.
                Idem, capitolo in *Dishonor dell' Honore*,
                                        tercet 3o.

Redire cùm perît, nescit pudor.
        SÉNÈQUE, trag. d'*Agamemnon*, act. II, sc. I.

Cosa, che co'l sudor tanto s'acquista,
Acquistata si perde in un momento,
E perduta giamai non si racquista.
                                LE MAURO, tercet 71.

L'honneur est comme une île escarpée et sans bords,
On n'y peut plus rentrer quand on en est dehors.
                                BOILEAU, sat. x, v. 167.

VERS 171. *Qu'il n'est rien de si beau que tomber*
bataillant.] Allusion au mot célèbre : *Oportet im-*
peratorem stantem mori.

E dicon, che'l morir di lancia, è bello,
O di colpo di stocco, ò d'archibugio,
Come Fabrizio, Cesare, e Marcello.

E c'haver nella schiena un gran pertugio,
O ne la pancia d'una colobrina,
Ti fà gir alle stelle senza indugio.
                                LE MAURO, tercet 32.

VERS 177. *Ha ! que c'est chose belle.....*]

Oh quanto mi par cosa pellegrina,
Star riposatamente in quel mio letto,
E giacer de la sera, a la mattina !

Viver senza dolor, senza sospetto,
Una vita sicura, e dolce, e cheta,
Vorrei che foss' el mio sonno diletto.
                                Idem, tercet 34.

VERS 182. *Aller à Gentilly.....*] Village près de
Paris, sous Bicêtre.

VERS 186. *Autant que cil qui mist les souris en*
bataille.] Homère, suivant l'opinion commune, a
fait le poème de la guerre des rats et des grenouilles, intitulé *la Batrachomyomachie* ; et ce poème

Ou que l'autre, qui fist en vers un sopiquet !
Je ferois esloigné de toute raillerie,
Un poëme grand et beau de la poltronerie,   190
En despit de l'honneur, et des femmes qui l'ont,
D'effect souz la chemise, ou d'apparence au front ;
Et m'assenre pour moy qu'en ayant leu l'histoire,
Elles ne seroient plus si sottes que d'y croire.

Mais quand je considere où l'ingrat nous réduit,   195
Comme il nous ensorcelle, et comme il nous séduit ;
Qu'il assemble en festin au renard la cigoigne,
Et que son plus beau jeu ne gist rien qu'en sa troigne ;
Celui le peut bien dire, à qui dès le berceau,
Ce malheureux honneur a tins le bec en l'eau ;   200
Qui le traine à tastons, quelque part qu'il puisse estre :
Ainsi que fait un chien un aveugle son maistre,
Qui s'en va doucement apres luy pas à pas,
Et librement se fie à ce qu'il ne voit pas.   204

S'il veut que plus long-temps à ses discours je croye,
Qu'il m'offre à tout le moins quelque chose qu'on voye,
Et qu'on savoure, afin qu'il se puisse sçavoir,
Si le goust desment point ce que l'œil en peut voir.

REMARQUES.

a été mis en vers françois par Boivin, garde de la
Bibliothéque du roi.

Oh ciel ! s'io fossi qualche gran poëta,
Come quel, che cantò il Gatto e la Rana,
O quel che cantò Titiro, e Dameta !
                                Idem, tercet 36.

Le Mauro, par une méprise, ou fortuite, ou affectée, a mis *il gatto* en la place du *topo* : n'y ayant
jamais eu de poëte qui ait imaginé la bataille entre
les chats et les grenouilles.

VERS 188. *Ou que l'autre, qui fist en vers un*
sopiquet.] C'est Virgile dans son poëme intitulé
Moretum, ragoût composé de ces huit ingrédiens :
coriandre, ail, ognon, persil, rue, fromage,
huile et vinaigre. Il faut écrire *saupiquet*. Joachim
Du Bellay a traduit en vers françois le *Moretum*
de Virgile.

VERS 189. *Je ferois......*] C'est ainsi qu'il faut
lire, suivant l'édition de 1608 qui est la première.
Je ferois......un poëme.... . Il y a dans toutes les
autres éditions : *Je serois ;* mais c'est une faute d'impression.

VERS 197. *Qu'il assemble en festin au renard la*
cigoigne.] Allusion à une fable d'Ésope fort connue,
traduite par La Fontaine, liv. I. fab. 18.

VERS 201. *Qui le traine à tastons.....*]

E cor l'Honor fa li medesmi passi,
Che far co'l suo cagnol un cieco suole,
Che non lo vede e dietro a lui pur vassi.
                                Idem, tercet 56.

VERS 203. *Qui s'en va doucement après lui pas*
à pas.] La cadence de ce vers est expressive pour
marquer la démarche lente et douteuse d'un pauvre
aveugle qui suit son chien.

VERS 205. *......A ses discours je croye.*] 1608. *A*
ces discours.

VERS 206. *Qu'il m'offre à tout le moins quelque*
chose qu'on voye.]

Datemi cosa, che con man si tocchi ;
E se con mano non si può toccare,
Che si possa veder almen con gli occhi.

Quest' Honor invisibile mi pare,
Ed intoccabil' come febre, e gotta,
Che ti strugge la vita, e non appare.
                                Idem, tercet 58.

VERS 208. ....Ce que l'œil en peut voir.*] On a

Autrement quant à moy je luy fay banqueroute.
Estant imperceptible, il est comme la goutte, 210
Et le mal qui caché nous oste l'embonpoint,
Qui nous tuë à veu' d'œil, et que l'on ne voit point.
On a beau se charger de telle marchandise :
A peine en auroit-on un catrin à Venise ;
Encor qu'on voye après courir certains cerveaux, 215
Comme apres les raisins courent les estourneaux.

Que font tous ces vaillans de leur valeur guerriere,
Qui touchent du penser l'estoile poussiniere,
Morguent la destinée et gourmandent la mort,
Contre qui rien ne dure, et tuant un chacun, 220
Et qui tout transparents de claire renommée,
Dressent cent fois le jour en discours une armée,
Donnent quelque bataille, et tuant un chacun,
Font que mourir et vivre à leur dire n'est qu'un :
Relevez, emplumez, braves comme sainct George, 225
Et Dieu sçait cependant s'ils mentent par la gorge :
Et bien que de l'honneur ils facent des leçons,
Enfin au fond de sac ce ne sont que chansons.

REMARQUES.

mis mal à propos, *ne peut voir*, dans les dernières
éditions.

VERS 214. *.....Un catrin à Venise.*] Un catrin,
ou plutôt un quadrin, *quadrino*, est une petite
monnoie d'Italie.

VERS 216. *Comme après les raisins courent les
estourneaux.*]

Di cotal robba, nè cruda, nè cotta,
    Non si vende in mercato, e pur le genti
    Dietro le vengon, come storni in frotta.
                                    Idem, tercet 60.

VERS 217. *Que font tous ces vaillans ....*]

Che fanno più quest' animi si ardenti
Di valorosi, e franchi cavalieri,
Illustri, cristallini, e transparenti?

Raggionano di guerra volontieri,
    E'l viver, e'l morir fanno tutt' uno,
    E toccano le stelle co i pensieri.
                                    Idem, tercet 61.

VERS 218. *. ...L'estoile poussinière.*] La poussinière, ainsi nommée par le peuple ; et les pléiades,
par les astronomes, est une constellation composée
de sept étoiles, dont celle qui se fait remarquer au
milieu, est appelée proprement la *poussinière*. Rabelais, l. 1, ch. 53, a parlé de *l'étoile poussinière*;
et l. 4, 43. *Deux jours après, arrivasmes en l'isle
de Ruasch, et vous jure par* l'étoile poussinière,
*que je trouvay l'estat et la vie du peuple, estrange
plus que je ne dis.*

VERS 219. *Morguent la destinée.....*] Regardent
avec audace, insolence, curiosité. De là vient le
nom du lieu où l'on expose les cadavres abandonnés.

VERS 225. *......Braves comme sainct George.*]
(Voyez la note sur le vers 162 de la cinquième satire. On a mis, *comme un saint George*, dans l'é-
dition de 1642 et suivantes ; mais c'est une faute.
Rabelais, liv. 1, ch. 41 à la fin : *Tous armés à
l'advantaige, la lance au poing, montez comme
saint George.*

VERS 226. *Et Dieu sçait cependant s'ils mentent
par la gorge.*]

L'Honor và per la bocca di ciascuno,
E menton qualche volta per la gola,
Onde ne squazza di cartelli ogn'uno.

In ogni moto, ogni atto, ogni parola,
Li termini d'Honor han sempre à canto,
E par, che ne sien mastri, ò tengan scuola.
                                    Idem, tercet 63.

Mais, mon Dieu! que ce traistre est d'une estrange sorte!
Tandis qu'à le blasmer la raison me transporte, 230
Que de luy je mesdis, il me flatte, et me dit,
Que je veux par ces vers acquerir son crédit ;
Que c'est ce que ma muse en travaillant pourchasse,
Et mon intention qu'estre en sa bonne grace,
Qu'en mesdisant de luy je le veux requerir, 235
Et tout ce que je fay que c'est pour l'acquerir.
Si ce n'est qu'on diroit qu'il me l'auroit fait faire,
Je l'irois appeler comme mon adversaire.
Aussi que le duel est icy deffendu ;
Et que d'une autre part j'ayme l'individu. 240
Mais tandis qu'en colere à parler je m'arreste,
Je ne m'apperçoy pas que la viande est preste ;
Qu'icy, non plus qu'en France, on ne s'amuse pas
A discourir d'honneur quand on prend son repas.
Le sommelier en haste est sorty de la cave : 245
Desja monsieur le maistre et son monde se lave.
Tresves avecq' l'honneur. Je m'en vais tout courant,
Décider au Tinel un autre different.

A M. LE MARQUIS DE CŒUVRES(1).

SATYRE VII.

SOTTE et fascheuse humeur de la pluspart des hommes,
Qui, suivant ce qu'ils sont, jugent ce que nous sommes ;

REMARQUES.

VERS 229. *Mais, mon Dieu ! que ce traistre.....*]

Io penso che mi soffia il traditore
Ne l'orecchie, e mi dice, ch'io non sono,
Come vorrei, de la sua legge fuore.

Hor mirate, prior, s'egli hà del buono,
Ch'io dico mal di lui quanto più posso
E mi lusinga con un' altro suono.
                                    Idem, tercet 49.

VERS 229. *Que je veux par ces vers acquérir son
crédit.*] Cicéron se moquoit de ces philosophes,
qui mettoient leurs noms à des traités, où ils con-
damnoient l'amour des louanges. *Ipsi illi philosoph i
etiam in illis libellis, quos de contemnendâ gloriâ
scribunt, nomen suum inscribunt. In eo ipso in quo
prædicationem, nobilitatemque despiciunt, præ-
dicari de se, ac nominari volunt.* Cic. *pro Archiâ
poëtâ.* (Voyez ses *Tusculanes*, l. 1, et Val. Maxime
l. 8, c. 14, n. 3 ; Pascal, dans ses *Pensées*, ch. 24.
*Ceux qui écrivent contre la gloire, veulent avoir la
gloire d'avoir bien écrit ; et ceux qui le lisent,
veulent avoir la gloire de l'avoir lu : Et moi qui
écris ceci, j'ai peut-être cette envie ; et peut-être
que ceux qui le liront, l'auront aussy.*

Boileau, satire XI, vers 204, parlant du faux
honneur : *Et peut-être est-ce lui qui m'a dicté ces
vers.* (Voyez les remarques sur ce vers de Boileau.)

VERS 239. *Aussi que le duel est icy deffendu.*]
Par un édit du mois de juin 1602.

VERS 241. *Mais tandis qu'en colère.....*]

Ma questo ragionar mio troppo dura :
E'l cuoco, e'l bottiglier han chiusi gli occhi, etc.
                                    Idem, tercet 57.

VERS 248. *Décider au Tinel....*] Mot francisé
par Regnier, de l'italien *tinello*, qui signifie la salle
du commun, dans laquelle mangent les officiers et
domestiques d'un grand seigneur : *Luogo, dove
mangiano i cortigiani.* Rabelais, qui avoit aussi été
à Rome, s'est servi du même mot dans l'ancien
prologue du livre 4 de son *Pantagruel.*

(1) Cette satire, pleine de charme et de grâce, dans
laquelle Regnier s'accuse du penchant invincible qui

Et sucerant d'un souris un discours ruineux,
Accusent un chacun des maux qui sont en eux!

Nostre mélancoliqu? en sçavoit bien que dire,   5
Qui nous pique en riant, et nous flate sans rire,
Qui porte un cœur de sang dessous un front blesmy,
Et duquel il vaut moins estre amy qu'ennemy.

Vous qui, tout au contraire, avez dans le courage
Les mesmes mouvements qu'on vous lit au visage;   10
Et qui, parfait amy, vos amis espargnez,
Et de mauvais discours leur vertu n'esborgnez :
Dont le cœur grand, et ferme, au changement ne ploye,
Et qui fort librement en l'orage s'employe :
Ainsi qu'un bon patron, qui soigneux, sage et fort, 15
Sauve ses compagnons, et les conduit à bord.

Cognoissant doncq' en vous une vertu facile,
A porter les deffauts d'un esprit imbécille,
Qui dit sans aucun fard ce qu'il sent librement,
Et dont jamais le cœur la bouche ne desment :   20
Comme à mon confesseur, vous ouvrant ma pensée,
De jeunesse et d'amour follement insensée,
Je vous conte le mal où trop enclin je suis,
Et que prest à laisser, je ne veux et ne puis :
Tant il est mal-aisé d'oster avecq' l'estude,   25
Ce qu'on a de nature, ou par longue habitude.

Puis, la force me manque, et n'ay le jugement
De conduire ma barque en ce ravissement.
Au gouffre du plaisir la couraute m'emporte :
Tout ainsi qu'un cheval, qui a la bouche forte,   30
J'obeis au caprice, et sans discrétion,
La raison ne peut rien dessus ma passion.
Nulle loy ne retient mon ame abandonnée,
Ou soit par volonté, ou soit par destinée,
En un mal évident je clos l'œil à mon bien :   35
Ny conseil, ny raison, ne me servent de rien.
Je choppe par dessein, ma faute est volontaire.
Je me bande les yeux quand le soleil m'esclaire :
Et, content de mon mal, je me tiens trop heureux,
D'estre comme je suis, en tous lieux amoureux.   40

REMARQUES.

l'entraîne vers l'amour, est imitée de la quatrième
élégie, livre second, des *Amours d'Ovide*.

VERS 5. *Nostre mélancolique en sçavoit bien que dire.*] Edition de 1642 et suivantes, *En sçauroit.*

VERS 8. *Et duquel il vaut mieux estre amy qu'ennemy.*] Edition de 1608, *Il vaut moins.* Cette leçon paroit meilleure, et forme un plus beau sens que celle-ci : *il vaut mieux*, qui est dans toutes les autres éditions.

VERS 9. *Vous qui, tout au contraire, avez dans le courage.*] *Dans le cœur.* Ce vers et les sept suivans contiennent une phrase qui n'est pas achevée.

VERS 16. *.... Et les conduit à bord.*] En termes de marine, *conduire à bord* est conduire du rivage au vaisseau. Regnier veut dire ici tout le contraire.

VERS 23. *Je vous conte le mal où trop enclin je suis, Et que prest....*]

Confiteor, si quid prodest delicta fateri,
In mea nunc demens crimina fassus eo.
Odi : nec possum cupiens non esse, quod odi;
Heu ! quàm quod studeas ponere, ferre grave est!
                        OVIDE, dans l'élégie citée, v. 3.

VERS 25. *Tant il est malaisé d'oster avecq' l'estude.*] Édition de 1608. *Avecq' estude.*

VERS 27. *Puis la force me manque.....*]

Nam desunt vires ad me mihi jusque regendum :
Auferor, ut rapidá concita puppis aquá.
                        Idem, v. 7.

Et comme à bien aymer mille causes m'invitent,
Aussi mille beautez mes amours ne limitent;
Et courant çà et là, je trouve tous les jours,
En des sujects nouveaux de nouvelles amours.

Si de l'œil du desir une femme j'avise,   45
Ou soit belle, ou soit laide, ou sage, ou mal aprise,
Elle aura quelque trait qui de mes sens vainqueur,
Me passant par les yeux me blessera le cœur.
Et c'est comme un miracle, en ce monde où nous sommes,
Tant l'aveugle appetit ensorcelle les hommes,   50
Qu'encore qu'une femme aux amours face peur,
Que le ciel, et Venus, la voye à contrecœur :
Toutes fois, estant femme, elle aura ses délices,
Relevera sa grace avecq' des artifices,
Qui dans l'estat d'Amour la sçauront maintenir,   55
Et par quelques attraits les amants retenir.

Si quelqu'une est difforme, elle aura bonne grace,
Et par l'art de l'esprit embellira sa face :
Captivant les amants, de mœurs, ou de discours,
Elle aura du crédit en l'empire d'Amours.   60

En cela l'on cognoist que la nature est sage ;
Que voyant les deffaux du fœminin ouvrage,
Qu'il seroit, sans respect, des hommes mesprisé,
L'anima d'un esprit, et vif, et desguisé;
D'une simple innocence elle adoucit sa face,   65
Elle luy mist au sein, la ruse, et la fallace;
Dans sa bouche, la foy qu'on donne à ses discours,
Dont ce sexe trahit les cieux, et les amours :
Et selon, plus ou moins, qu'elle estoit belle, ou laide,
Sage elle sceut si bien user d'un bon remede,   70
Divisant de l'esprit, la grace, et la beanté,
Qu'elle les sépara d'un et d'autre costé ;
De peur qu'en les joignant, quelqu'une eust l'avantage,
Avecq' un bel esprit d'avoir un beau visage.

La belle du depuis ne le recherche point,   75
Et l'esprit rarement à la beauté se joint.

Or afin que la laide, autrement inutile,
Dessous le jong d'amour rendist l'homme servile,
Elle ombragea l'esprit d'un morne aveuglement,
Avecques le desir, troublant le jugement :   80
De peur que nulle femme, ou fust laide, ou fust belle,
Ne vescust sans le faire, et ne mourust pucelle.
D'où vient que si souvent les hommes offusquez,
Sont de leurs appetits si lourdement mocquez,
Que d'une laide femme ils ont l'ame eschauffée,   85
Dressent à la laideur d'eux mesmes un trophée :
Pensant avoir trouvé la febve du gasteau,
Et qu'au serail du Turc il n'est rien de si beau.

Mais comme les beautez, soit des corps, ou des ames,
Selon l'object des sens, sont diverses aux dames; 90
Aussi diversement les hommes sont domtez,
Et sont divers effets les diverses beautez.
(Estrange providence, et prudente méthode
De nature, qui sert un chacun à sa mode !)   94
Or moy, qui suis tout flame et de nuict et de jour,
Qui n'baleine que feu, ne respire qu'amour,
Je me laisse emporter à mes flames communes,
Et cours souz divers vents de diverses fortunes.
Ravy de tous objects, j'ayme si vivement,
Que je n'ay pour l'amour ny choix, ny jugement.   100

REMARQUES.

VERS 41. *Et comme à bien aymer.....*]

Non est certa meos quæ forma invitet amores :
Centum sunt causæ cur ego semper amem.
                        Idem, v. 9.

VERS 59. *Captivant les amants, de mœurs ou de discours.*] Édit. de 1608, *Des mœurs ou du discours.*

VERS 66. *...... Fallace.*] Tromperie, astuce.

De toute eslection mon ame est despourveuë,
Et nul object certain ne limite ma veuë.
Toute femme m'agrée, et les perfections,
Du corps ou de l'esprit, troublent mes passions.
J'ayme le port de l'une, et de l'autre la taille ; 105
L'autre, d'un trait lascif me livre la bataille ;
Et l'autre, desdaignant d'un œil sévere et doux,
Ma peine et mon amour, me donne mille coups.
Soit qu'une autre modeste à l'impourven m'avise,
De vergongue et d'amour mon âme est toute éprise : 110
Je sens d'un sage feu mon esprit enflammer,
Et son honnesteté me constrainct de l'aymer.

Si quelque autre, affetée en sa douce malice,
Gouverne son œillade avecq' de l'artifice,
J'ayme sa gentillesse ; et mon nouveau desir 115
Se la promet sçavante en l'amoureux plaisir.

Que l'autre parle livre, et face des merveilles :
Amour, qui prend par tout, me prend par les oreilles ;
Et juge par l'esprit, parfaict en ses accords,
Des points plus accomplis que peut avoir le corps. 120
Si l'autre est au rebours des lettres nonchalante,
Je croy qu'au fait d'amour elle sera sçavante ;
Et que nature habile à couvrir son deffaut,
Luy aura mis au lict tout l'esprit qu'il luy faut.

Ainsi, de toute femme à mes yeux opposée, 125
Soit parfaite en beauté, ou soit mal composée,
De mœurs, ou de façons, quelque chose m'en plaist ;
Et ne sçay point comment, ny pourquoy, ny que c'est.

Quelque objet que l'esprit par mes yeux se figure,
Mon cœur, tendre à l'amour, en reçoit la pointure : 130
Comme un miroir en soy toute image reçoit,
Il reçoit en amour quelque object que ce soit.
Autant qu'une plus blanche, il ayme une brunette :

REMARQUES.

Vers 106. *L'autre, d'un trait lascif….*]

Sive procax ulla est, capior, quia rustica non est.
Ovide, *ibidem*, v. 13.

Vers 107. *Et l'autre, desdaignant…..*]

Aspera si visa est, rigidasque imitata Sabinas :
Velle, sed ex alto dissimulare, puto.
Idem, v. 15.

Vers 117. *Que l'autre parle livre….*] Édition
1642, *parle libre*. C'est une faute. On dit encore
populairement, *parler comme un livre*.

Sive est docta, placet raras dotata per artes.
Idem, v. 17.

Vers 121. *Si l'autre est au rebours…..*]

Sive rudis, placida est simplicitate suâ.
Idem, v. 18.

Vers. 125. *Ainsi de toute femme….*]

Denique quas totâ quisquam probat urbe puellas,
Noster in has omnes ambitiosus amor.
Idem, v. 47.

Vers 127. *De mœurs, ou de façons…..*]

Hæc melior specie, moribus illa placet.
Idem, v. 46.

Vers 130. *Mon cœur, tendre à l'amour, en re-*
çoit la pointure.] C'est ainsi qu'il faut lire, *la poin-*
ture ; et non pas *la peinture*, comme porte l'édition de 1625.

Vers 133. *Autant qu'une plus blanche, il aime*
une brunette.]

Candida me capiet, capiet me flava puella.
Idem, v. 39.

Si l'une a plus d'esclat, l'autre est plus sadinette,
Et plus vive de feu, d'amour et de desir, 135
Comme elle en reçoit plus, donne plus de plaisir.

Mais sans parler de moy, que toute amour emporte :
Voyant une beauté folastrement accorte,
Dont l'abord soit facile, et l'œil plein de douceur ;
Que semblable à Venus on l'estime sa sœur, 140
Que le ciel sur son front ait posé sa richesse,
Qu'elle ait le cœur humain, le port d'un deesse,
Qu'elle soit le tourment, et le plaisir des cœurs,
Que Flore souz ses pas face naistre des fleurs ;
Au seul trait de ses yeux, si puissans sur les ames, 145
Les cœurs les plus glacez sont tous bruslans de flames :
Et fust-il de metail, ou de bronze, ou de roc,
Il n'est moine si sainct qui n'en quittast le froc.

Ainsi, moy seulement souz l'amour je ne plie ;
Mais de tous les mortels la nature accomplie, 150
Fleschit sous cest empire, et n'est homme icy bas
Qui soit exempt d'amour, non plus que du trespas.

Ce n'est donc chose estrange (estant si naturelle),
Que ceste passion me trouble la cervelle,
M'empoisonne l'esprit, et me charme si fort, 155
Que j'aimeray, je croy, encore apres ma mort.

Marquis, voyla le vent dont ma nef est portée,
A la triste mercy de la vague indomtée,
Sans cordes, sans timon, sans estoile, ny jour :
Reste ingrat et piteux de l'orage d'Amour, 160
Qui content de mon mal, et joyeux de ma perte,
Se rit de voir des flots ma poitrine couverte ;
Et comme sans espoir flote ma passion,
Digne, non de risée, ains de compassion.

Cependant, incertain du cours de la tempeste, 165
Je nage sur les flots, et relevant la teste,
Je semble despiter, naufrage audacieux,
L'infortune, les vents, la marine et les cieux :

REMARQUES.

Vers 134. *…..L'autre est plus sadinette.*] *Gentille*
selon Borel, *Antiquit.* où il cite le livre des Pardons
S. Trotet.

Et preschant en maintes sornettes,
Et qu'elles sont si sadinettes,
Frisques, si sades et si belles,
Il a mal fait de parler d'elles.

Vers 137. *Mais sans parler de moy…..*

Ut taceam de me, quia causâ tangor ab omni :
Illic Hippolytum pone, Priapus erit.
Ovide, v. 31.

Vers 138. *Voyant une beauté….*] Ce mot, *voyant*
qui semble se rapporter au vers précédent, se rapporte au vers 146, et la construction se doit faire
ainsi :

Les cœurs les plus glacez sont tous brûlans de flames,
Voyant une beauté, etc.

Ce vers 138 et les dix suivans ne sont qu'une paraphrase du vers d'Ovide qu'on vient de citer :

Illic Hippolytum pone, Priapus erit.

Vers 149. *Ainsi, moy seulement souz l'amour*
je ne plie.] Ainsi, ce n'est pas moi seulement qui
plie sous l'amour.

Vers 150. *……..La nature accomplie.*] La nature entière.

Vers 167. *……...Naufrage audacieux.*] *Nau-*
frage, substantif personnel, *naufragus*, celui qui
a fait naufrage.

Vers 168. *….La marine et les cieux.*] *La marine*
pour *la mer.* Vieux mot employé souvent par Marot

d

M'esgayant en mon mal , comme un mélancolique ,
Qui répute à vertu son humeur frenetique ,   170
Discourt de son caprice , en caquete tout haut.

Aussi comme à vertu j'estime ce deffaut ,
Et quand tout par mal-heur jureroit mon dommage ,
Je mourray fort content, mourant en ce voyage.

A M. L'ABBÉ DE BEAULIEU, (1)

NOMMÉ PAR SA MAJESTÉ A L'ÉVESCHÉ DU MANS.

SATYRE VIII.

CHARLES, de mes pechez j'ay bien fait penitence.
Or toy , qui te cognois aux cas de conscience ,
Juge si j'ay raison de penser estre absous.
J'oyois un de ces jours la messe à deux genoux ,   4
Faisant mainte oraison, l'œil au ciel, les mains jointes,
Le cœur ouvert aux pleurs , et tout percé de pointes
Qu'un devot repentir eslançoit dedans moy ,
Tremblant des peurs d'enfer , et tout bruslant de foy :
Quand un jeune frisé , relevé de moustache ,
De galoche , de botte et d'un ample pennache ,   10
Me vint prendre et me dict, pensant dire un bon mot :
Pour un poëte du temps vous estes trop devot.
Moy civil , je me leve , et le bon jour luy donne.
(Qu'heureux est le folastre , à la teste grisonne ,
Qui brusquement eust dit , avecq' une sambieu :   15
Ouy bien pour vous, monsieur, qui ne croyez en Dieu !)
Sotte discretion ! je voulus faire accroire
Qu'un poëte n'est bisarre et fascheux qu'apres boire.
Je baisse un peu la teste , et tout modestement

REMARQUES.

(1) Charles de Beaumanoir de Lavardin , fils de
Jean , seigneur de Lavardin , maréchal de France ,
fut nommé à l'éveché du Mans en 1601 , après la
mort de Claude d'Angennes de Rambouillet , et
mourut en 1637.

Cette satire est contre un importun. Horace en
a fait aussi une sur le même sujet ; elle est la neuvième du premier livre , et a servi de modèle à
Regnier. Le P. Garasse , dans ses *Recherches des
Recherches*, page 526 , donne de grandes louanges
à la satire de Regnier , et ne fait pas difficulté de
la mettre au-dessus de celle d'Horace pour la naïveté
et pour la finesse.

VERS 10. ....*Et d'un ample pennache.*] D'un
bouquet de plumes ; ornement qu'on a porté encore long-temps après : témoin ces deux vers de
Boileau dans sa troisième satire, composée en 1665 :

Quand un des campagnards relevant sa moustache ,
Et son feutre à grands poils , ombragé d'un panache.

Ces deux vers sont imités du 9 et 10 de cette satire.

VERS 12. ....*Vous estes trop devot.*] 1642 et
1645 , tres-devot.

VERS 15. ...... *Avecq' une sambieu.*] Espèce de
jurement qu'on prononce aujourd'hui *sambleu*. Autrefois on disoit aussi *sangoy;* sur quoi on peut voir
Pasquier, liv. VIII, chap. 2 de ses *Recherches*. Mais
tous ces mots sont du genre masculin ; c'est pourquoi , dans l'édition de 1666 , on a mis , *avecques
un sambieu.*

VERS 18. ....*Qu'apres boire.*] Pour , *apres
avoir bu.* Cette ancienne locution , quoique peu
exacte , s'est conservée dans le style familier. La
Fontaine l'a souvent employée.

Je luy fis à la mode un petit compliment.   20
Luy , comme bien apris , le mesme me sceut rendre ,
Et ceste courtoisie , à si haut prix me vendre ,
Que j'aimerois bien mieux , chargé d'age et d'ennuis,
Me voir à Rome pauvre entre les mains des Juifs.

Il me prit par la main , apres mainte grimace ,   25
Changeant sur l'un des pieds à toute heure de place ,
Et , dansant tout ainsi qu'un barbe encastelé ,
Me dist , en remâchant un propos avalé :
Que vous estes heureux, vous autres belles ames ,
Favoris d'Apollon , qui gouvernez les dames ,   30
Et par mille beaux vers les charmez tellement,
Qu'il n'est point de beautez que pour vous seulement !
Mais vous les meritez : vos vertus non communes
Vous font digne , monsieur , de ces bonnes fortunes.
Glorieux de me voir si hautement loüé ,   35
Je devins aussi fier qu'un chat amadoüé ;
Et , sentant au palais mon discours se confondre ,
D'un ris de sainct Medard il me fallut respondre.
Je poursuis. Mais , amy , laissons le discourir ,
Dire cent et cent fois : Il en faudroit mourir ;   40
Sa barbe pinçoter , cageoller la science ;
Relever ses cheveux ; dire , En ma conscience ;
Faire la belle main , mordre un bout de ses gants ,
Rire hors de propos , monstrer ses belles dents ,
Se carrer sur un pied , faire arser son espée ,   45
Et s'adoucir les yeux ainsi qu'une poupée :
Cependant qu'en trois mots je te feray sçavoir ,
Où premier à mon dam ce fascheux me peut voir.

REMARQUES.

VERS 24. ....*Entre les mains des Juifs.*] Les
Juifs passent pour grands usuriers. Dans la première édition de 1608 , on lisoit *des Juys,* suivant
la prononciation de ce mot au temps de Regnier.
Aujourd'hui on écrit et on prononce *Juif* et *Juifs*.

VERS 27. .... *Un barbe encastelé.*] Un cheval
encastelé est , selon M. de Solleysel , dans son *Parfait Maréchal* , celui dont les talons pressent si fort
le petit pied , qu'ils font boiter le cheval , ou du
moins l'empêchent de marcher à son aise ; et ce
défaut est plus ordinaire aux chevaux de légère
taille , comme aux chevaux *barbes* et aux chevaux
d'Espagne.

VERS 38. *D'un ris de sainct Medard.*] D'un ris
forcé. Grégoire de Tours , chap. 95 de *la Gloire
des Confesseurs* , nous apprend que saint Médard
ayant le don d'apaiser la douleur des dents , on le
représentoit exprès la bouche entr'ouverte , laissant
un peu voir ses dents , pour faire souvenir, quand
on y auroit mal , d'avoir recours à ce saint. Et
comme, entr'ouvrant ainsi la bouche , il paroissoit
rire , mais d'un ris forcé , de là est venu le proverbe du *rire de saint Médard.*

VERS 40 et 42 .... *Il en faudroit mourir.*
.... *En ma conscience.*] Ce sont de ces expressions passagères que le caprice ou le hasard intro-
duisent de temps en temps , et qu'on emploie à
tout propos tandis qu'elles sont à la mode. Dans
les *Mémoires de Sully,* part. II , chap. II , il est
parlé de « ces cajoleurs de cour , qui semblent n'y
» être que pour faire des exclamations et des ad-
» mirations de tout ce qu'ils voyent et oyent ; réi-
» térer des *Jésus sire* ! et crier en voix dolente ,
» *il en faut mourir* ! »

VERS 43. .... *Mordre un bout de ses gants.*]
1608 , 1612 , *guents.*

VERS 45. ...... *Faire arser son espée.*] *Arser,* redresser. Du temps de Rabelais on disoit *arresser.*
(Voir *Gargantua*, liv. II , chap. 26.) Ce mot vient
de l'italien *arricciare,* formé du latin *adrectiare.*

J'estois chez une dame , en qui , si la satyre
Permettoit en ces vers que je le peusse dire ,   50
Reluit , environné de la divinité,
Un esprit aussi grand que grande est sa beauté.

Ce fanfaron chez elle eut de moy cognoissance ,
Et ne fut de parler jamais en ma puissance,
Luy voyant ce jour-là son chappeau de velours ,   55
Rire d'un fascheux conte , et faire un sot discours ;
Bien qu'il m'eust à l'abord doucement fait entendre
Qu'il estoit mon valet, à vendre et à despendre :
Et destournant les yeux : Belle , à ce que j'entends ,   59
Comment ! vous gouvernez les beaux esprits du temps ;
Et faisant le doucet de parole et de geste ,
Il se met sur un lict , luy disant : Je proteste
Que je me meurs d'amour quand je suis pres de vous ;
Je vous ayme si fort que j'en suis tout jaloux.
Puis rechangeant de note , il monstre sa rotonde :   65
C'est ouvrage est il beau ? que vous semble du monde?
L'homme que vous sçavez m'a dit qu'il n'ayme rien.
Madame , à vostre avis , ce jourd'huy suis-je bien?
Suis-je pas bien chaussé ? ma jambe est elle belle ?
Voyez ce tafetas ; la mode en est nouvelle ;   70
C'est œuvre de la Chine. A propos , on m'a dit
Que contre les clainquants le roy fait un édict.
Sur le coude il se met , trois boutons se délace :
Madame , baisez moy ; n'ay-je pas bonne grace ?
Que vous estes fascheuse ! A la fin on verra ,   75

REMARQUES.

Vers 55. ..... Son chapeau de velours.] Les gens
du grand air portoient alors des chapeaux couverts
ou doublés de velours. - Notez , dit Rabelais, liv I,
« chap. 13 , que des chapeaux , les uns sont ras ,
« les autres à poil , les autres veloutez , les autres
« taffetassez , les autres satinisez. »

Vers 65. .... Il monstre sa rotonde.] Collet
empesé et monté sur du laiton. Dans la satire intitulée l'Inventaire d'un courtisan , imprimée avec
les œuvres de Regnier , dans les éditions de 1616,
1617 , etc. :

 La coquille d'un limaçon ,
 Pour bien lisser une rotonde.

Vers 71. C'est œuvre de la Chine.....] On appeloit taffetas de la Chine , celui qui est rouge et
blanc.

Vers 72. Que contre les clainquants le roy fait un
édict.] Henri IV avoit fait trois édits contre les
clainquants et dorures : le premier en 1594 , le second en 1601, et le troisième en novembre 1606 ,
publié et registré au parlement le 9 janvier 1607.
C'est de ce dernier édit que Regnier veut parler, et
il peut servir de date à cette satire.

Vers 75 et 76. ....A la fin on verra , Rozete ,
le premier qui s'en repentira.] L'abbé Desportes ,
oncle de Regnier , avoit fait une chanson ou villanelle , dont chaque couplet finissoit par ce refrain.
Le petit-maître dont Regnier fait ici la peinture,
se met à chanter ce refrain à la dame chez qui il
étoit. Voici le premier couplet de la villanelle de
Desportes , imprimée dans ses œuvres parmi les
Bergeries :

 Rozette , pour un peu d'absence ,
 Votre cœur vous avez changé :
 Et moy , sçachant cette inconstance ,
 Le mien autre part j'ay rangé.
 Jamais plus beauté si légère
 Sur moy tant de pouvoir n'aura.
 Nous verrons , volage bergère ,
 Qui premier s'en repentira.

Regnier a répété le même refrain dans la quatorzième satire , vers 166.

 Rozete , nous verrons qui s'en repentira.

Rozete , le premier qui s'en repentira.
D'assez d'autres propos il me rompit la teste.
Voilà quant et comment je cogneu ceste beste ;
Te jurant , mon amy , que je quittay ce lieu
Sans demander son nom et sans luy dire adieu.   80
Je n'eus depuis ce jour de luy nouvelle aucune ,
Si ce n'est ce matin que , de male fortune ,
Je fus en ceste église où , comme j'ay conté ,
Pour me persécuter Satan l'avoit porté.
Apres tous ces propos qu'on se dict d'arrivée ,   85
D'un fardeau si pesant ayant l'ame grevée ,
Je chauvy de l'oreille , et demourant pensif ,
L'eschine j'alongeois comme un asne rétif ,
Minutant me sauver de ceste tirannie.
Il le juge à respect : O ! sans ceremonie ,   90
Je vous suply , dit-il , vivons en compagnons ;
Ayant , ainsi qu'un pot , les mains sur les roignons.
Il me pousse en avant , me présente la porte ,
Et , sans respect des saincts , hors l'église il me porte ,
Aussi froid qu'un jaloux qui voit son corrival .   95
Sortis , il me demande : Estes vous à cheval ?
Avez vous point icy quelqu'un de vostre troupe ?

REMARQUES.

Vers 79. .....Que je quittay ce lieu.] Édition de
1608 , je quitté ; 1612 et suivantes , j'ay quitté ;
1642 et autres , je quittay.

Vers. 82. .....Que de male fortune.] Mauvaise
fortune.

Vers. 86. .....Ayant l'ame grevée.] Accablée , du
latin gravare. Cette acception n'est plus d'usage.

Vers 87. Je chauvy de l'oreille.....]

Dimitto auriculas , ut iniquæ mentis asellus ,
Quum gravius dorso subiit onus.
     Horace , l. 1 , sat. 9 , v. 20.

Le Dictionnaire de l'Académie explique le verbe
chauvir, par dresser les oreilles , et Regnier a dit :
Je chauvy de l'oreille , pour exprimer le demitto
auriculas d'Horace ; ce qui ne s'accorde point avec
l'explication de l'académie , et confirme plutôt celle
d'Oudin, dans son Dictionnaire françois-italien, où
chauvir est interprété, chinare dimenando le orecchie. Rabelais, dans le prologue du troisième livre
a dit : chauvant les oreilles ; et dans le chap. 7
du livre V , attribué à Rabelais on lit que l'asne ,
qui on présenta de l'avoine, chauvoit de l'oreille
c'est-à-dire , baissoit l'oreille en la secouant , pour
témoigner qu'on lui faisoit trop d'honneur de la lui
vouloir cribler. On lit aussi dans le Moyen de parvenir , chapitre intitulé Sommaire : Il n'en avoit
qui chauvissoient les oreilles , comme asnes en
appétit. Chauvir ou chauver vient apparemment
du latin cadivus. Pline a dit : poma cadiva , des
pommes qui d'elles-mêmes tombent de l'arbre.
De cadivus, on peut , dans la basse latinité , avoir
fait cadivare , comme de captivus on a fait capti-
vare.

Vers 89. Minutant me sauver.....]

.... Miserè discedere quærens , etc.
      Idem , v. 8.

Vers 95. Aussi froid qu'un jaloux qui voit son
corrival.] Rival. Des corrivaux sont ceux qui re-
cherchent une même personne en mariage. Trote-
rel a fait une comédie sous ce titre , représentée
en 1612.

Vers 96. .... Estes vous à cheval ?] Les carrosses n'étant pas fort en usage du temps de Regnier,
les gens de distinction alloient à cheval dans les
rues.

Je suis tout seul, à pied. Lui, de m'offrir la croupe.
Moy, pour m'en depêtrer, luy dire tout expres :
Je vous baise les mains, je m'en vais icy pres,　100
Chez mon oncle disner. O Dieu le galand homme !
J'en suis. Et moy pour lors, comme un bœuf qu'on as-
　sommé,
Je laisse choir la teste, et bien peu s'en falut,
Remettant par despit en la mort mon salut,
Que je n'allasse lors, la teste la première,　105
Me jetter du Pont-Neuf à bas en la rivière.
Insensible il me traine en la court du Palais,
Où trouvant par hazard quelqu'un de ses valets,
Il l'apelle et luy dit : Hola hau ! Ladreville,
Qu'on ne m'attende point, je vay disner en ville.　110
Dieu sçait si ce propos me traversa l'esprit !
Encor n'est-ce pas tout : il tire un long escrit
Que voyant je frémy. Lors, sans cageollerie :
Monsieur, je ne m'entends à la chicannerie,
Ce luy dis-je, feignant l'avoir veu de travers.　115
Aussi n'en est-ce pas, ce sont des meschans vers
(Je cogneu qu'il estoit veritable à son dire)
Que pour tuer le temps je m'efforce d'escrire ;
Et pour un courtisan, quand vient l'occasion,
Je montre que j'en sçay pour ma provision.　120
Il lit, et se tournant brusquement sur la place,
Les banquiers estonnez admiroient sa grimace,
Et monstroient en riant qu'ils ne luy eussent pas
Presté sur son minois quatre doubles ducats
(Que j'eusse bien donnez pour sortir de sa pate).　125
Je l'escoute, et durant que l'oreille il me flate,
(Le bon Dieu sçait comment) à chasque fin de vers,
Tout exprès je disois quelque mot de travers.
Il poursuit nonobstant d'une fureur plus grande,
Et ne cessa jamais qu'il n'eût fait sa légende.　130
Me voyant froidement ses œuvres advoüer,
Il les serre, et se met luy mesme à se loüer :
Doncq pour un cavalier n'est-ce pas quelque chose ?
Mais, monsieur, n'avez vous jamais veu de ma prose ?
Moy de dire que si, tant je craignois qu'il eust　135
Quelque procès verbal qu'entendre il me fallust.
Encore, dittes moy en vostre conscience,
Pour un qui n'a du-tout acquis nulle science,
Cecy n'est-il pas rare ? Il est vray, sur ma foy,
Luy dis-je sousriant. Lors, se tournant vers moy,　140
M'accolle à tour de bras, et tout petillant d'aise,
Doux comme une espousée, à la joüe il me baise :
Puis me flattant l'espaule, il me fist librement
L'honneur que d'approuver mon petit jugement.
Apres ceste caresse il rentre de plus belle :　145
Tantost il parle à l'un, tantost l'autre il l'appelle,
Toujours nouveaux discours ; et tant fut-il humain,
Que toujours de faveur il me tint par la main.
J'ay peur que sans cela, j'ay l'ame si fragile,

Vers 99. *Moy, pour m'en depêtrer....*]

. . . . . *Misere cupis*, inquit, *abire :*
Jam dudum video. Sed nil agis ; usque tenebo,
Persequar. Hinc quò nunc iter est tibi ? Nil opus est te
Circumagi : quendam volo visere, non tibi notum, etc.
　　　　　Horace, liv. I, sat. 9, vers 14.

Ibid. ... *Lui dire tout expres.*] Édition de 1642
et suivantes, *je lui dis tout exprés.*

Vers 138. *Pour un qui n'a du-tout acquis nulle*
science.] Première édition, 1608, *nul acquis de*
science. Ce mot *acquis* est substantif dans cette
version : *Il n'a nul acquis, il a beaucoup d'ac-*
quis.

Que le laissant d'aguet, j'eusse peu faire gile ;　150
Mais il me fut bien force, estant bien attaché,
Que ma discretion expiast mon peché.
Quel heur ce m'eust esté, si, sortant de l'église,
Il m'eust conduit chez luy, et, m'ostant la chemise,
Ce beau valet, à qui ce beau maistre parla,　155
M'eust donné l'anguillade, et puis m'eust laissé là !
Honorable defaite, heureuse eschapatoire !
Encores derechef me la fallut-il boire.
Il vint à reparler dessus le bruict qui court,
De la royne, du roy, des princes, de la court ;　160
Que Paris est bien grand, que le Pont-Neuf s'acheve ;
Si, plus en paix qu'en guerre, un empire s'esleve.
Il vint à définir que c'estoit qu'amitié,
Et tant d'autres vertus, que c'en estoit pitié.
Mais il ne définit, tant il estoit novice,　165
Que l'indiscretion est un si fascheux vice,
Qu'il vaut bien mieux mourir de rage ou de regret
Que de vivre à la gesne avec un indiscret.
Tandis que ces discours me donnoient la torture,
Je sonde tous moyens pour voir si d'aventure　170
Quelque bon accident eust peu m'en retirer,
Et m'empescher enfin de me desesperer.
Voyant un président, je luy parle d'affaire ;
S'il avoit des procès, qu'il estoit necessaire
D'estre toujours après ces messieurs bonneter ;　175
Qu'il ne laissast pour moy de les soliciter ;
Quant à luy, qu'il estoit homme d'intelligence,
Qui sçavoit comme on perd son bien par négligence :
Où marche l'interest qu'il faut ouvrir les yeux.　179
Ha ! non, monsieur, dit-il, j'aymerois beaucoup mieux
Perdre tout ce que j'ay que vostre compagnie ;
Et se mist aussi-tost sur la ceremonie.

REMARQUES.

Vers 150. *Que le laissant d'aguet.*] Dans toutes
les éditions il y a *du guet*, mais c'est une faute
d'impression. *D'aguet*, adroitement, subtilement :

　Craignant qu'on ne le voye, je passe outre d'aguet.
　　　　　　　　　　　Sat. x, v. 41.

Vers 156. *M'eust donné l'anguillade....*] Édition
de 1608, *anguillade ;* dans toutes les autres éditions avant 1642, *anguilade.* On fouettoit avec une
peau d'anguille les jeunes Romains qui étoient en
faute. Pline, liv. ix, chap. 23. De là sans doute
est venu que, dans les écoles, on a donné le nom
d'*anguille* à certaine courroie dont anciennement
on frappoit les jeunes gens qui avoient manqué à leur
devoir. Les Gloses d'Isidore, citées par Du Cange
dans son Glossaire latin : *Anguilla est quâ coercen-*
tur in scholis pueri, quæ vulgò scutica dicitur.
C'est la remarque du commentateur de Rabelais,
sur cet endroit du liv. ii, chap. 30 : *Adoncq le*
pastissier lui bailla l'anguillade, si bien que sa
peau n'eust rien vallu à faire cornemuse. Et dans
un autre endroit : *Je le renvoyerois bien d'où il est*
venu, à grands coups d'anguillade.

Vers 161. ..... *Que le Pont-Neuf s'acheve.*] Ce
pont fut commencé en 1578, sous le règne d'Henri iii,
et ayant été discontinué, à cause des guerres civiles,
Henri iv y fit travailler de nouveau en 1604, et il
fut achevé en 1606. Cette date marque encore le
temps auquel notre auteur composa cette satire.

Vers 180. *Ha ! non, monsieur, dit-il, j'ayme-*
rois beaucoup mieux.]

. . . . . . *Dubius sum quid faciam*, inquit :
Tene relinquam, an rem ? Me, sodes. Non faciam ille,
etc.
　　　　　Horace, liv. I, sat. 9, v. 40.

Moy qui n'ayme à debatre en ces fadêses-là,
Un temps, sans luy parler, ma langue vacila.
Enfin je me remets sur les cageolleries, 185
Luy dis (comme le roy estoit aux Tuilleries)
Ce qu'au Louvre on disoit qu'il feroit ce jourd'hui,
Qu'il devroit se tenir tousjours auprès de luy.
Dieu sçait combien alors il me dist de sottises,
Parlant de ses hauts faicts et de ses vaillantises ; 190
Qu'il avoit tant servy, tant faict la faction,
Et n'avoit cependant aucune pension ;
Mais qu'il se consoloit en ce qu'au moins l'histoire,
Comme on fait son travail, ne desroboit sa gloire ;
Et s'y met si avant que je creu que mes jours 195
Devoient plustost fuir que non pas son discours.

   Mais comme Dieu voulut, après tant de demeures,
L'orloge du Palais vint à fraper onze heures,
Et luy, qui pour la souppe avoit l'esprit subtil :
A quelle heure, monsieur, vostre oncle disne-til ? 200
Lors bien peu s'en falut, sans plus long-temps attendre,
Que de rage au gibet je ne m'allasse pendre.
Encor l'eussé-je-fait, estant desesperé ;
Mais je croy que le ciel, contre moy conjuré,
Voulut que s'accomplist ceste avanture mienne 205
Que me dist, jeune enfant, une Bohemienne :
Ny la peste, la faim, la verolle, la tous,
La fievre, les venins, les larrons, ny les lous,
Ne tueront cestuy-cy ; mais l'importun langage 209
D'un fâcheux : qu'il s'en garde estant grand, s'il est sage.
   Comme il continuoit ceste vieille chanson,
Voicy venir quelqu'un d'assez pauvre façon.
Il se porte au devant, luy parle, le cageolle ;

REMARQUES.

VERS 186. *Luy dis (comme le roy.....]* Dans toutes les éditions, ce vers et le suivant sont ponctués de cette manière :

Luy dis comme le roy estoit aux Tuilleries,
Ce qu'au Louvre on disoit qu'il feroit aujourd'hui.

C'est-à-dire, *Je lui dis que le roy étoit aux Tuilleries : et je lui demandai ce qu'on disoit au Louvre que le roy feroit aujourd'hui.* Mais il m'a paru que ce qui précède et ce qui suit ces deux vers conduisoit à un autre sens : c'est pourquoi j'ai changé la ponctuation pour exprimer le sens de l'auteur, qui vraisemblablement a voulu dire que, comme le roi étoit aux Tuileries, Regnier, pour cajoler son importun, lui avoit demandé ce qu'on disoit au Louvre, et ce que le roi feroit aujourd'hui.

VERS 194. *...... Ne desroboit sa gloire.]* 1608, 1642, 1667, *dérobroit* pour *deroberoit.*

VERS 195. *Et s'y met.......] Et s'y mit*, édition de 1642 et suivantes.

VERS 197. *.....Après tant de demeures*, pour *retards*, n'est plus d'usage.

VERS 206. *Que me dist, jeune enfant, une Bohemienne.....]*

..... Namque instat fatum mihi triste, Sabella
Quod puero cecinit, divinâ mota anus urnâ.
Hunc neque dira venena, nec hosticus auferret ensis,
Nec laterum dolor, aut tussis, nec tarda podagra ;
Garrulus hunc quando consumet cunque ; loquaces,
Si sapiat vitet, simul atque adoleverit ætas.
                              Idem, v. 29.

VERS 212. *Voicy venir quelqu'un d'assez pauvre façon.]* Un sergent.

..... Casu venit obvius illi
Adversarius : et, quò tu, turpissime ? magnâ
Exclamat voce.
                              HORACE, liv. 1, sat. 9.

Mais cest autre, à la fin, se monta de parole : 214
Monsieur, c'est trop long-temps... tout ce que vous voudrez....
Voicy l'arrest signé... Non, monsieur, vous viendrez...
Quand vous serez dedans, vous serez à partie...
Et moy, qui cependant n'estois de la partie,
J'esquive doucement, et m'en vais à grand pas,
La queuë en loup qui fuit, et les yeux contre bas, 220
Le cœur sautant de joye, et triste d'aparence.
Depuis aux bons sergens j'ay porté reverence,
Comme à des gens d'honneur par qui le ciel voulut
Que je recense un jour le bien de mon salut. 224
   Mais, craignant d'encourir vers toy le mesme vice
Que je blasme en autruy, je suis à ton service ;
Et prie Dieu qu'il nous garde, en ce bas monde icy,
De faim, d'un importun, de froid et de soucy.

A MONSIEUR RAPIN.[1]

SATYRE IX.

RAPIN, le favorit d'Apollon et des Muses,
Pendant qu'en leur mestier jour et nuict tu t'amuses,
Et que d'un vers nombreux non encore chanté,
Tu te fais un chemin à l'immortalité,
Moy, qui n'ay ny l'esprit, ny l'haleine assez forte 5

REMARQUES.

VERS 215. *Monsieur, c'est trop long-temps.....]* Dans ce vers et les deux suivans le sergent répond tout haut, et par ricochets, aux raisons que le personnage est censé lui alléguer tout bas, pour se dispenser d'aller en prison. Ces interruptions n'étoient marquées que par des virgules dans l'impression ; je les ai fait distinguer par des points.

VERS 217. *Quand vous serez dedans, vous ferez à partie....]* Quand vous serez en prison, vous prendrez à partie celui qui vous y fait mettre.

VERS 227. *Et prie Dieu qu'il nous garde....]* L'e final de ce mot *prie* est une voyelle muette qui ne se fait presque pas sentir dans la prononciation ; ainsi, pour rendre ce vers régulier, il faut prononcer *et pri' Dieu*. Dans l'édition de 1655 et suivantes, on a corrigé, *priant Dieu*. (Voyez la note sur le vers 59 de la neuvième satire.)

(1) Nicolas Rapin, poëte françois, étoit né à Fontenai-le-Comte, en Poitou. Il mourut à Tours, dans un âge fort avancé, le 15 février 1608. La plupart des beaux-esprits de son temps lui consacrèrent des éloges funèbres.

Regnier composa l'épitaphe de Rapin, en forme de sonnet. Il se trouvera dans ce volume.

VERS 1. *Rapin le favorit......]* Édition de 1642 et suivantes, *le favory.*

VERS 3. *Et que d'un vers nombreux non encore chanté.]*

..... Carmina non priùs
   Audita, Musarum sacerdos,
   Virginibus puerisque canto.
                  HORACE, liv. III, ode 1.

A l'exemple de Baïf, Rapin entreprit de faire des vers mesurés, comme les anciens Grecs et Romains, en négligeant la rime ; et c'est ce que Regnier prétend indiquer par le vers qui donne lieu à cette note. Rapin composa un grand nombre de poésies françoises et latines, qui ont été recueillies en grande partie en un volume in-4°., 1610. Ses épigrammes latines méritent d'être particulièrement estimées.

Pour te suivre de pres et te servir d'escorte,
Je me contenteray, sans me précipiter,
D'admirer ton labeur, ne pouvant l'imiter ;
Et pour me satisfaire au desir qui me reste,
De rendre cest hommage à chascun manifeste.   10
Par ces vers j'en prens acte, afin que l'advenir
De moy, par ta vertu, se puisse souvenir ;
Et que ceste mémoire à jamais s'entretienne,
Que ma muse imparfaite eut en honneur la tienne ;
Et que si j'eus l'esprit d'ignorance abbatu,   15
Je l'eus au moins si bon, que j'aymay ta vertu.
Contraire à ces resveurs, dont la muse insolente,
Censurant les plus vieux, arrogamment se vante
De reformer les vers, non les tiens seulement,
Mais veulent déterrer les Grecs du monument,   20
Les Latins, les Hébreux, et toute l'antiquaille,
Et leur dire en leur nez qu'ils n'ont rien fait qui vaille.
Ronsard en son mestier n'estoit qu'un apprentif,

REMARQUES.

VERS 17. *Contraire à ces resveurs...*] Malherbe.

VERS 18. *Censurant les plus vieux....*] On lit *le plus vieux* dans toutes les éditions avant celles de 1626.

VERS 19. *De reformer les vers......*] Avant Malherbe, la poésie françoise étoit fort imparfaite ; la plupart des vers qui avoient paru en cette langue étoient plutôt gothiques que françois. Malherbe entreprit de réformer notre poésie, et de la rendre plus exacte en l'assujettissant à des règles sévères, soit pour le tour et la cadence du vers, soit pour la netteté de l'expression, en quoi il a parfaitement réussi. Cette réforme déplut aux poëtes de ce temps-là, accoutumés à l'ancienne licence, qui rendoit la composition des vers beaucoup plus facile. C'est pour la défense de cette liberté que Regnier composa cette satire.

Berthelot, son contemporain et son ami, se déchaîna aussi contre Malherbe, et fit une chanson en refrain qui finissoit ainsi :

> Estre six ans à faire une ode,
> Et faire des lois à sa mode,
> Cela se peut facilement ;
> Mais de nous charmer les oreilles
> Par sa merveille des merveilles,
> Cela ne se peut nullement.

Le refrain de Berthelot étoit parodié sur une chanson où Malherbe appeloit madame de Bellegarde *merveille des merveilles*.

VERS 20. *Mais veulent déterrer les Grecs du monument.*] L'auteur de la *Vie de Malherbe* nous assure que ce poëte n'estimoit point du tout les Grecs, et qu'il s'étoit particulièrement déclaré ennemi du galimatias de Pindare. Pour les Latins, celui qu'il estimoit le plus étoit Stace, auteur de la *Thébaïde*, et ensuite Sénèque le tragique, Horace, Juvénal, Martial et Ovide.

VERS 21. *Les Latins, les Hébreux, et toute l'antiquaille.*] *Antiquaille*, pour *antiquité*, ne se prend aujourd'hui qu'en mauvaise part, et ce n'est point dans ce sens que Regnier l'emploie ici.

VERS 22. *Et leur dire en leur nez...*] *A leur nez*, édition de 1608. Dans les éditions suivantes, avant celle de 1642, on lit, *en leur nez*.

VERS 23. *Ronsard en son mestier....*] Ces six vers contiennent le jugement que Malherbe faisoit de Ronsard, de Desportes, de du Bellay et de Belleau. Il est vrai que Malherbe traitoit ces poëtes avec beaucoup de mépris, et les décrioit en toutes occasions. Il avoit effacé plus de la moitié de son Ronsard, et en cotoit à la marge les raisons. Un

Il avoit le cerveau fantastique et rétif :
Des Portes n'est pas net, du Bellay trop facile ;   25
Belleau ne parle pas comme on parle à la ville.
Il a des mots hargneux, bouffis et relevez,
Qui du peuple aujourd'hui ne sont pas approuvez.

Comment ! il nous faut donq', pour faire une œuvre grande,
Qui de la calomnie et du temps se deffende,   30
Qui trouve quelque place entre les bons autheurs,
Parler comme à Sainct-Jean parlent les crocheteurs.

Encore je le veux, pourveu qu'ils puissent faire,
Que ce beau sçavoir entre en l'esprit du vulgaire :
Et quand les crocheteurs seront poëtes fameux,   35
Alors, sans me fascher, je parleray comme eux.

Pensent ils, des plus vieux offençant la mémoire,
Par le mespris d'autruy s'acquerir de la gloire ;
Et pour quelque vieux mot estrange, ou de travers,
Prouver qu'ils ont raison de censurer leurs vers !   40
(Alors qu'une œuvre brille et d'art et de science,

REMARQUES.

jour Yvrande, Racan, Colomby, et quelques autres de ses amis, le feuilletoient sur sa table ; et Racan lui demanda s'il approuvoit ce qu'il n'avoit point effacé : *Pas plus que le reste*, dit-il. Cela donna sujet à la compagnie, et entre autres à Colomby, de lui dire que, si on trouvoit ce livre après sa mort, on croiroit qu'il auroit pris pour bon ce qu'il n'auroit pas effacé : sur quoi il lui répondit qu'il disoit vrai ; et tout à l'heure il acheva d'effacer le reste. *Vie de Malherbe*, page 24.

VERS 29. *Comment ! il nous faut donq'......*] *Comment, nous faut-il donc*, édition de 1642 et suivantes. Maynard faisoit, dans le même temps, les mêmes plaintes que Regnier :

> En cheveux blancs il me faut donc aller,
> Comme un enfant, tous les jours à l'école ?
> Que je suis fou d'apprendre à bien parler,
> Lorsque la mort vient m'ôter la parole !

VERS 32. *Parler comme à Sainct-Jean parlent les crocheteurs.*] C'est-à-dire, comme parlent les crocheteurs de la place de Grève, ou de la rue Saint-Jean, qui est tout proche de l'endroit où étoit autrefois l'église de ce nom, appelée pour cela *Saint-Jean en Grève*. Si notre auteur n'eût pas été gêné par la mesure du vers, il auroit dit sans doute : *Parler comme à la Grève parlent les crocheteurs.* Quand on demandoit à Malherbe son avis sur quelque mot françois, il renvoyoit ordinairement aux crocheteurs du port au foin, et disoit que c'étoient ses maîtres pour le langage. *Vie de Malherbe*, p. 26.

VERS 37 et suiv. *Pensent-ils.....*] Ce sentiment de Regnier est fort sage et habilement exprimé. Il donneroit à penser que notre auteur prévoyoit qu'on lui adresseroit un jour les mêmes reproches que l'on prodiguoit de son temps aux poëtes ses prédécesseurs. Jean de Meun, continuateur du *Roman de la Rose*, posoit les mêmes règles dans son *Codicile*, bien avant Regnier :

> Nulz des aucteurs parler sinistrement,
> Si leur dict ne contient erreur appertement ;
> Car tant estadierent pour nostre enseignement,
> Qu'on doit leurs mots glozer moult favorablement.

VERS 41. *Alors qu'une œuvre brille.....*]

*Verùm, ubi plura nitent in carmine, non ego paucis
Offendar maculis, quas aut incuria fudit,
Aut humana parùm cavit natura.*

HORACE, *Art poétique*, v. 351.

C'est peu qu'en un ouvrage où les fautes fourmillent,
Des traits d'esprit semés de temps en temps petillent ;
Il faut que chaque chose y soit mise en son lieu, etc.

BOILEAU, *Art poétique*, chant 1, v. 175.

La verve quelquefois s'esgaye en la licence.)
Il semble en leurs discours hautains et genereux,
Que le cheval volant n'ait pissé que pour eux;
Que Phœbus à leur ton accorde sa vielle;   45
Que la mouche du Grec leurs levres emmielle ;
Qu'ils ont seuls icy bas trouvé la pie au nit,
Et que des hauts esprits le leur est le zénit :
Que seuls des grands secrets ils ont la cognoissance;
Et disent librement que leur experience   50
A rafiné les vers fantastiques d'humeur,
Ainsi que les Gascons ont fait le point d'honneur;
Qu'eux tous seuls du bien dire ont trouvé la metode,
Et que rien n'est parfaict s'il n'est fait à leur mode.
Cependant leur sçavoir ne s'estend seulement   55
Qu'à regratter un mot douteux au jugement,
Prendre garde qu'un *qui* ne heurte une diphtongue,

REMARQUES.

Vers 43. ..... *Leurs discours hautains et gene-*
reux.] *Généreux* ne se prend aujourd'hui qu'en
bonne part. Il signifie en cet endroit, *orgueilleux.*

Vers 44. *Que le cheval volant n'ait pissé que*
pour eux.] On lit *pissé* dans l'édition de 1642 et
dans les suivantes. On avoit mis *passé* dans toutes les autres, même pendant la vie de l'auteur. Mais
l'expression que nous adoptons nous paroît plus conforme au cynisme énergique de Regnier.

Vers 46. *Que la mouche du Grec leurs levres*
emmielle.] On doit entendre ceci de Pindare, sur
les lèvres duquel, en son enfance, des abeilles se
posèrent et firent leur miel ; car Platon, dont on
a écrit la même chose, n'a pas fait profession de
poésie.

Vers 47. *Qu'ils ont seuls icy-bas trouvé la pie*
au nit.] *Trouver la pie au nid*, ou *prendre la*
pie au nid, se dit par dérision de ceux qui croient
avoir fait une heureuse découverte, ou être venus à bout d'une chose qui leur paroissoit difficile, *parce que*, comme dit Nicot dans ses *Pro-*
verbes : Le naturel de la pie est de faire son nid
sur les plus hauts arbres qu'elle puisse trouver.

Vers 48. *Et que des hauts esprits le leur est*
le zénit.] *Zénith*, terme d'astronomie, qui signifie le point du ciel qui répond directement à notre
tête, opposé au *nadir*, qui est la partie du ciel
qui répond à nos pieds. *Zénith* et *nadir* sont des
mots arabes.

Vers 57. *Prendre garde qu'un qui ne heurte*
une diphtongue.] Ou *une* voyelle. Le concours vicieux de deux voyelles s'appelle *hiatus* ou *bâille-*
ment.

Gardez qu'une voyelle, à courir trop bâtée,
Ne soit d'une voyelle en son chemin heurtée,

dit Boileau dans son *Art poétique*, chant I, v. 107.
De son temps même l'usage d'éviter les *hiatus* n'é-
toit pas encore assez généralement établi pour que
cet auteur se dispensât d'en faire un précepte.
Malherbe évita le premier cette faute d'harmonie,
qui n'en étoit pas une avant lui, et que la délicatesse de son oreille lui indiqua. On n'en trouve
qu'un seul exemple dans ses poésies ; c'est dans la
vingt-troisième strophe de son poème intitulé *les*
Larmes de saint Pierre, qu'il avoit composé dans
sa jeunesse :

Je demeure en danger que l'ame qui est née
Pour ne mourir jamais, meure éternellement.

Le bâillement est dans ces mots, *qui est*, et c'est
à quoi Regnier fait allusion : *Prendre garde qu'un*
qui, etc. Ce vers est ainsi dans la première édition,
faite en 1608. L'ignorance des imprimeurs l'avoit

Espier si ses vers la rime est breve ou longue,
Ou bien si la voyelle à l'autre s'unissant,
Ne rend point à l'oreille un vers trop languissant,   60
Et laissent sur le verd le noble de l'ouvrage.
Nul esguillon divin n'esleve leur courage;
Ils rampent bassement; foibles d'inventions,
Et n'osent, peu hardis, tenter les fictions,
Froids à l'imaginer : car s'ils font quelque chose,   65
C'est proser de la rime, et rimer de la prose,
Que l'art lime, et relime, et polit de façon,
Qu'elle rend à l'oreille un agreable son;
Et voyant qu'un beau feu leur cervelle n'embrase,
Ils attifent leurs mots, enjolivent leur phrase,   70
Affectent leur discours tout si relevé d'art,
Et peignent leur defaux de couleur et de fard.
Aussi je les compare à ces femmes jolies,
Qui, par les affiquets, se rendent embellies,
Qui gentes en habits, et sades en façons,   75

REMARQUES.

estropié dans les éditions suivantes, sous les yeux
mêmes de l'auteur, en mettant : *Prendre garde*
qu'un, qui heurte, etc., ce qui ne signifie rien. Ce
vers fut rétabli dans l'édition de 1642. Nonobstant
la critique de Regnier, là règle a prévalu.

Vers 59. *Ou bien si la voyelle à l'autre s'unis-*
sant.] Ceci pourroit encore s'appliquer à l'*hiatus*,
mais vraisemblablement l'auteur a voulu indiquer
une autre règle de Malherbe, ce qui est que quand,
à la fin d'un mot, l'*e* muet, ou féminin, est précédé d'une autre voyelle (comme dans ces mots :
vie, *prie*, *aimée*, etc.), il doit être élidé avec une
autre voyelle au commencement du mot suivant,
parce que cet *e* muet, ne se faisant presque point
sentir dans la prononciation, n'a pas la valeur d'une
syllabe entière, *et rend*, comme dit Regnier, *le*
vers trop languissant. Regnier ne s'est jamais voulu
assujettir à cette règle, ainsi qu'il paroît par ses
poésies; mais elle a été adoptée par tous les poëtes
qui sont venus après Malherbe. (Voyez les notes
sur le vers 161 de la satire V, et sur le vers 227
de la satire VIII.)

Vers 61. *Et laissent sur le verd....*] Expression
proverbiale, *négligent, abandonnent*, comme ceux
qui laissent à terre, sur l'herbe, ce qu'il falloit
ramasser.

Vers 62. *Nul esguillon divin n'esleve leur cou-*
rage.] On a reproché à Malherbe de manquer un
peu de ce feu qui fait les grands poëtes.

Malherbe dans ses furies
Marche à pas trop concertés.

Boileau , *Ode sur la prise de Namur,*
strophe 2 , supprimée.

Vers 70. *Ils attifent leurs mots, enjolivent leur*
phrase.] Édition de 1608 : *Ils attifent leurs mots,*
ageollivent leur frase. Dans la plupart des éditions
suivantes, les imprimeurs ont mis *ils attisent*,
n'ayant pas entendu le sens d'*attifer*, qui est, orner,
charger d'*attifets*, d'ornemens superflus : tout ce
passage de Regnier est un chef-d'œuvre de sens et
de goût.

Vers 71. *Affectent leur discours tout si relevé*
d'art.] Édition de 1642 et suivantes :

Affectent des discours qu'ils relèvent par art.

Vers 75. *Qui gentes en habits et sades en fa-*
çons.] Dans la première édition, 1608, on lit *sades*,
qui a la même signification que *gentes*, c'est-à-dire,
gentilles, selon Borel, *Antiquités gauloises*, Nicot, etc. (Voyez satire VII, vers 134.) Dans les
éditions suivantes, on a mis *fades*, qui signifie tout

Parmy leur point coupé tendent leurs hameçons ;
Dont l'œil rit mollement avecque affeterie ,
Et de qui le parler n'est rien que flaterie :
De rubans piolez s'agencent proprement ,
Et toute leur beauté ne gist qu'en l'ornement ;　　80
Leur visage reluit de ceruse et de peautre ,
Propres en leur coiffure , un poil ne passe l'autre.

Ou , ces divins esprits , hautains et relevez ,
Qui des eaux d'Hélicon ont les sens abreuvez ;
De verve et de fureur leur ouvrage estincelle ,　　85
De leurs vers tout divins la grace est naturelle ,
Et sont , comme l'on voit , la parfaicte beauté ,
Qui contente de soy , laisse la nouveauté
Que l'art trouve au Palais , ou dans le blanc d'Espagne.
Rien que le naturel sa grace n'accompagne :　　90
Son front , lavé d'eau claire , esclate d'un beau teint ,
De roses et de lys la nature la peint ;
Et laissant là Mercure , et toutes ses malices ,
Les nonchalances sont ses plus grands artifices.　　94

Or , Rapin , quant à moy , je n'ay point tant d'esprit.
Je vay le grand chemin que mon oncle m'apprit :
Laissant là ces docteurs que les muses instruisent
En des arts tout nouveaux ; et s'ils font , comme ils disent,
De ses fautes un livre aussi gros que le sien ,
Telles je les croiray quand ils auront du bien ;　　100
Et que leur belle muse , à mordre si cuisante,

REMARQUES.

le contraire. L'édition de 1642 , et celles qui suivent, portent, *doucettes en façons*. Dans le *Roman de la Rose* , on trouve *sade* dans la signification de *sapidus* , savoureux :

> Avocats et phisiciens (1)
> Sont tous liez de tels liens ,
> Tant ont le gain et doux et sade ,
> Qu'ils voudroyent pour un malade
> Qu'il y en eust plus de cinquante.

Clément Marot l'emploie dans le même sens.

VERS 79. *De rubans piolez......*] Moitié d'une couleur , moitié d'une autre , comme une pie. BOREL , *Antiquités gauloises*.

VERS 81. *....... De ceruse et de peautre.*] De plâtre.

VERS 83. *Ou ces divins esprits......*] *Au lieu que* , au contraire. Ces divins esprits , c'est-à-dire , Ronsard , du Bellay , et les autres anciens poëtes dont il vient de parler.

VERS 89. *Que l'art trouve au Palais , ou dans le blanc d'Espagne.*] Les marchandes du Palais , à Paris , vendoient particulièrement les nippes et les ajustemens des femmes.

VERS 93. *Et laissant là Mercure et toutes ses malices.*] Mercure étoit le dieu du mensonge et de l'artifice : *Fraudis furumque magister Mercurius.*

VERS 95. *...... Quant à moy , je n'ay point tant d'esprit*] Première édition , *qui n'ay point tant d'esprit.*

VERS 98. *En des arts tout nouveaux...*] Édition de 1642 et suivantes , *en des airs.*

VERS 99. *De ses fautes un livre aussi gros que le sien.*] Malherbe disoit effectivement que , s'il vouloit se donner la peine de remarquer les fautes de l'abbé Desportes , il en feroit un livre aussi gros que les œuvres de cet abbé. *Parnasse réformé* , page 76. Peut-être en pourroit-on dire autant aujourd'hui des œuvres de Malherbe lui-même.

(1) Médecins.

Leur don'ra , comme à luy , dix mil escus de rente ,
De l'honneur , de l'estime; et quand par l'univers ,
Sur le lut de David on chantera leurs vers ;
Qu'ils auront joint l'utile avecq' le délectable ,　　105
Et qu'ils sçauront rimer une aussi bonne table.

On faict en Italie un conte assez plaisant ,
Qui vient à mon propos , qu'une fois un paisant ,
Homme fort entendu , et suffisant de teste ,
Comme on peut aisément juger par sa requeste ,　　110
S'en vint trouver le pape , et le voulut prier ,
Que les prestres du temps se peussent marier ,
Afin , ce disoit-il , que nous puissions nous autres ,
Leurs femmes carresser , ainsi qu'ils font les nostres.

Ainsi suis-je d'avis , comme ce bon lourdaut :　　115
S'ils ont l'esprit si bon , et l'intellect si haut ,
Le jugement si clair , qu'ils fassent un ouvrage ,
Riche d'inventions , de sens et de langage ,
Que nous puissions draper comme ils font nos escris ,
Et voir , comme l'on dit , s'ils sont si bien apris :　　120
Qu'ils monstrent de leur eau , qu'ils entrent en carriere.
Leur age deffaudra plustost que la matiere.
Nous sommes en un siécle où le prince est si grand ,

REMARQUES.

VERS 102. *Leur don'ra , comme à luy , dix mil escus de rente.*] Voyez la note sur le vers 57 de la satire IV. *Leur don'ra* , pour *donnera*. Le raisonnement de Regnier , bon peut-être pour la satire , ne vaut rien dans sa conséquence ; car si Desportes avoit dix mille écus de rente , Regnier lui-même , dont le talent étoit bien supérieur à celui de son oncle , mourut pauvre ; et jamais on ne jugera de la valeur des œuvres d'un poëte par celle de son revenu. Le cardinal de Richelieu , qui donna à Godeau l'évêché de Grasse en échange de sa traduction du *Benedicite* , pour le plaisir de faire un calembourg , laissa périr Maynard de misère , et persécuta l'auteur du *Cid*.

VERS 104. *Sur le lut de David on chantera leurs vers.*] Desportes avoit traduit en vers françois les Psaumes de David , qui furent imprimés à Paris , chez Langelier , en 1604 , et mis en musique à plusieurs parties par Denis Caignet , musicien de M. de Villeroy. La musique fut imprimée chez Pierre Ballard , en 1607.

VERS 107. *On faict en Italie un conte assez plaisant.*] La question qui fut agitée au concile de Trente, si l'on permettroit aux prêtres de se marier , avoit sans doute donné lieu à ce conte. Je ne crois pas qu'il se trouve ailleurs que dans Regnier.

VERS 114. *Leurs femmes carresser , ainsi qu'ils font les nostres.*]

> *Corrumpit sine talione cœlebs.*
>
> MARTIAL , liv. II, épigr. 64.

Le reste de la comparaison que Regnier fait dans les vers suivans , se trouve à la fin de la même épigramme :

> *Nil securius est malo poetâ.*

En voici une imitation françoise par De la Monnoie :

> Colin , tu pilles Despréaux
> Sans appréhender qu'il se vange ;
> Il ne peut te rendre le change ,
> Tes vers ne sont pas assez beaux.
> Sans redouter le cocuage ,
> Un abbé dans son voisinage
> Fait cocus force gens de bien ;
> Un aveugle éborgne sans crainte
> De recevoir pareille atteinte :
> Un mauvais rimeur ne craint rien.

Que tout le monde entier à peine le comprend. 124
Qu'ils facent, par leurs vers, rougir chacun de honte.
Et comme de valeur nostre prince surmonte
Hercule, Ænée, Achil'; qu'ils ostent les lauriers
Aux vieux, comme le roy l'a fait aux vieux guerriers;
Qu'ils composent une œuvre, on verra si leur livre,
Apres mille et mille ans, sera digne de vivre, 130
Surmontant par vertu, l'envie et le destin,
Comme celuy d'Homere, et du chantre latin.

Mais, Rapin mon amy, c'est la vieille querelle.
L'homme le plus parfaict a manque de cervelle;
Et de ce grand deffaut vient l'imbécilité. 135
Qui rend l'homme hautain, insolent, effronté :
Et selon le sujet qu'à l'œil il se propose,
Suivant son appétit il juge toute chose.

Aussi, selon nos yeux, le soleil est luysant.
Moy-mesme en ce discours qui fais le suffisant, 140
Je me cognoy frappé, sans le pouvoir comprendre,
Et de mon ver-coquin je ne me puis deffendre.

Sans juger, nous jugeons, estant nostre raison
Là haut dedans la teste, où, selon la saison 144
Qui regne en nostre humeur, les broüillars nous em-
broüillent,
Et de liévres cornus le cerveau nous barboüillent.

Philosophes resveurs, discourez hautement :
Sans bouger de la terre allez au firmament;
Faites que tout le ciel branle à vostre cadence,
Et pesez vos discours mesme dans sa balance : 150
Cognoissez les humeurs qu'il verse dessus nous,
Ce qui se fait dessus, ce qui se fait dessous;
Portez une lanterne aux cachots de nature,
Sçachez qui donne aux fleurs ceste aimable peinture,
Quelle main sur la terre en broye la couleur, 155
Leurs secrettes vertus, leurs degrez de chaleur,
Voyez germer à l'œil les semences du monde, ✳

REMARQUES.

VERS 127. *Hercule, Ænée, Achil'*....] Première
édition, *Ænée* ; celles de 1612, 1613 et autres,
Ælée, qui ne signifie rien ; 1642 et suivantes,
Hercule, Ænée, Hector.

VERS 134. *L'homme le plus parfaict a manque
de cervelle.*] *Manque* est ici substantif. *Avoir manque*, c'est *manquer*. On lit *manque* dans la première édition; dans la plupart des autres on a mis,
a manqué de cervelle, mais la première leçon paroît la plus juste.

VERS 142. *Et de mon ver-coquin......*] De mon
caprice. Furetière le définit, une petite fureur
qui saisit quelquefois l'esprit des hommes, et qui les
rend capricieux, acariâtres, têtus, et incapables
de raison. Le peuple croit qu'il y a effectivement
un ver dans la tête des gens agités de cette passion.

VERS 145. ....*Les broüillars nous embroüillent.*]
Première édition, *les brouillas.*

VERS 146. *Et de liévres cornus........*] Toutes
sortes d'idées fausses et chimériques. On dit aussi
des visions cornues. Regnier donne ici les *liévres
cornus* pour des *chimères.*

VERS 154. *Sachez qui donne aux fleurs ceste aimable peinture.*]

Il donne aux fleurs leur aimable peinture.
RACINE, *Athalie*, act. 1, sc. 4, v. 13.

VERS 155. *Quelle main sur la terre en broye la
couleur.*] *Broye*, de deux syllabes (Voyez la note
sur le vers 59 de cette satire.)

L'autre broye en riant le vermillon des moines.
BOILEAU, *Lutrin*, chant II, v. 102.

Allez mettre couver les poissons dedans l'onde,
Deschiffrez les secrets de nature et des cieux : 159
Vostre raison vous trompe, aussi bien que vos yeux.

Or ignorant de tout, de tout je me veux rire,
Faire de mon humeur moy-mesme une satyre,
N'estimer rien de vray, qu'au goust il ne soit tel,
Vivre, et comme chrestien adorer l'Immortel,
Où gist le seul repos, qui chasse l'ignorance : 165
Ce qu'on voit hors de luy n'est que sotte apparence,
Piperie, artifice; encore, ô cruauté
Des hommes, et du temps! nostre meschanceté
S'en sert aux passions, et dessous une aumusse,
L'ambition, l'amour, l'avarice se musse. 170
L'on se couvre d'un froc pour tromper les jaloux;
Les temples aujourd'huy servent aux rendez-vous :
Derriere les pilliers on oyt mainte sornette,
Et, comme dans un bal, tout le monde y caquette.
On doit rendre, suivant et le temps et le lieu, 175
Ce qu'on doit à César, et ce qu'on doit à Dieu.
Et quant aux appétis de la sottise humaine,
Comme un homme sans goust, je les ayme sans peine ;
Aussi bien rien n'est bon que par affection :
Nous jugeons, nous voyons, selon la passion. 180

Le soldat aujourd'huy ne resve que la guerre;
En paix le laboureur veut cultiver sa terre :
L'avare n'a plaisir qu'en ses doubles ducas ;
L'amant juge sa dame un chef d'œuvre icy bas,
Encore qu'elle n'ait sur soy rien qui soit d'elle ; 185
Que le rouge et le blanc par art la fasse belle,
Qu'elle ante en son palais ses dents les les matins,
Qu'elle doive sa taille au bois de ses patins,
Que son poil, des le soir, frisé dans la boutique,
Comme un casque au matin sur sa teste s'aplique ; 190
Qu'elle ait, comme un piquier, le corselet au dos,
Qu'à grand peine sa peau puisse couvrir ses os,
Et tout ce qui de jour la fait voir si doucette,
La nuit comme en dépost soit dessous la toillete :
Son esprit ulceré juge en sa passion, 195
Que son teint fait la nique à la perfection.
Le soldat tout-ainsi pour la guerre souspire,
Jour et nuict il y pense, et tousjours la desire :

REMARQUES.

VERS 164. *Vivre, et comme chrestien adorer
l'Immortel.*] 1616, 1617 et 1625 :

Vivre comme chrestien, adorer l'Immortel.

VERS 169 et 170. *.....Et dessous une aumusse,
L'ambition, l'amour.....*]

Dans la crasse du froc logea la vanité.
BOILEAU, chant VI, v. 44.

VERS 170. *Se musse*, pour *se cache.* Vieux mot
françois encore en usage dans le patois normand
et picard.

VERS 172. *Les temples aujourd'huy servent aux
rendez-vous.*]

Et puis dictes que les moustiers (églises)
Ne servent point aux amoureux.
Clément MAROT, épître XLIII.

VERS 188. *Qu'elle doive sa taille au bois de
ses patins.*] Les femmes portoient alors, sous la
semelle de leurs souliers, des espèces de patins
pour s'exhausser, tels à peu près qu'on en porte
encore en Angleterre pour se garantir de la boue.

VERS 191. *Qu'elle ait, comme un piquier......*]
Quand les piques étoient encore d'usage dans nos
armées, les piquiers portoient la cuirasse ou corselet.

e

Il ne resve la nuict que carnage et que sang :
La pique dans le poing , et l'estoc sur le flanc ,   200
Il pense mettre à chef quelque belle entreprise ;
Que forçant un chasteau , tout est de bonne prise ;
Il se plaist aux trésors qu'il cuide ravager ,
Et que l'honneur luy rie au milieu du danger.

  L'avare , d'autre part , n'ayme que la richesse ,   205
C'est son roy , sa faveur , sa cour et sa maistresse ;
Nul object ne luy plaist , sinon l'or et l'argent ,
Et tant plus il en a , plus il est indigent.

  Le paysant , d'autre soin se sent l'âme embrasée,
Ainsi l'humanité sottement abusée ,   210
Court à ses appétis qui l'aveuglent si bien ,
Qu'encor qu'elle ait des yeux , si ne voit elle rien.
Nul chois hors de son goust ne regle son envie ,
Mais s'abeurte où sans plus quelque apas la convie ,
Selon son appétit le monde se repaist ,   215
Qui fait qu'on trouve bon seulement ce qui plaist.

  O debile raison ! où est ores ta bride ?
Où ce flambeau qui sert aux personnes de guide ?
Conffu la passion trop foible est ton secours ,
Et souvent, courtisane, apres elle tu cours ;   220
Et savourant l'appas qui ton âme ensorcelle ,
Tu ne vis qu'à son goust , et ne vois que par elle.
De là vient qu'un chacun , mesmes en son deffaut ,
Pense avoir de l'esprit autant qu'il luy en faut ,
Aussi rien n'est party si bien par la nature ,   225
Que le sens : car chacun en a sa fourniture.
Mais pour nous , moins hardis à croire à nos raisons ,
Qui reglons nos esprits par les comparaisons
D'une chose avecq' l'autre , espluchons de la vie
L'action qui doit estre ou blasmée, ou suivie ;   230
Qui criblons le discours , au chois se variant ,
D'avecq' la fausseté , la verité triant ,
(Tant que l'homme le peut) ; qui formons nos ouvrages,
Aux moûles si parfaits de ces grands personnages ,
Qui depuis deux mille ans ont acquis le crédit   235
Qu'en vers rien n'est parfait que ce qu'ils en ont dit :
Devons nous aujourd'huy , pour une erreur nouvelle ,
Que ces clercs dévoyez forment en leur cervelle ,
Laisser légerement la vieille opinion,
Et suivant leur avis , croire à leur passion ?   240
  Pour moy , les Huguenots pourroient faire miracles ,

  VERS 200. ..... Et l'estoc sur le flanc.] L'estoc
étoit une épée longue et étroite.

  VERS 203. Qu'il cuide , qu'il croit. De cuider.

  VERS 206. C'est son roy , sa faveur , sa cour et
sa maistresse.] Éditions de 1608 et 1612 :

  C'est son roy, sa faveur , la court est sa maistresse ;

ainsi orthographié et ponctué. Edition de 1613 et
suivantes , jusqu'à 1642 :

  C'est son roy, sa faveur , la cour est sa maîstresse.

  VERS 210. Ainsi l'humanité.......] Employée ici
comme collectif d'humains. C'est dans ce sens que
Bossuet a dit : L'humanité même s'en étonna.

  VERS 214. Mais s'aheurte.....] S'obstine.

  VERS 225. Aussi rien n'est party....] Distribué ,
départi.

  VERS 233. .... Qui formons nos ouvrages.]
Edition de 1642 et suivantes , nos courages. C'est
une mauvaise correction.

  VERS 238. Que ces clercs dévoyez.....] Hors de
la voie , dérangés : n'est plus d'usage dans ce sens.

  VERS 241. Les huguenots pourroient faire mi-

Ressusciter les morts , rendre de vrais oracles,
Que je ne pourrois pas croire à leur verité.
En toute opinion je suis la nouveauté.
Aussi doit-on plustost imiter nos vieux peres ,   245
Que suivre des nouveaux les nouvelles chimeres.
De mesme , en l'art divin de la muse , doit-on
Moins croire à leur esprit , qu'à l'esprit de Platon.

  Mais , Rapin , à leur goust , si les vieux sont profanes ;
Si Virgile , le Tasse , et Ronsard , sont des asnes :   250
Sans perdre en ces discours le temps que nous perdons,
Allons comme eux aux champs, et mangeons des chardons.

SATYRE X (1).

  Ce mouvement de temps , peu cogneu des humains ,
Qui trompe nostre espoir , nostre esprit , et nos mains ,
Chevelu sur le front , et chauve par derriere ,
N'est pas de ces oyseaux qu'on prend à la pantiere :
Non plus que ce milieu , des vieux tant débatu ,   5
Où l'on mist par despit à l'abry la vertu ,
N'est un siége vaquant au premier qui l'occupe.

racles.....] Sed licèt nos , aut angelus de cœlo
evangelizet vobis , præterquàm quod evangeliza-
vimus vobis , anathema sit , etc. SAINT PAUL ,
Épître aux Galates , c. 1 , v. 8 et 9.

  VERS 250. Si Virgile , le Tasse et Ronsard sont
des asnes.] L'événement a fait voir combien Regnier
s'est trompé , et combien Malherbe a deviné juste ;
car depuis long-temps , et presque depuis le temps
même de Regnier , on ne lit plus Ronsard , du
Bellay, Belleau ni Desportes , qu'il place pourtant
à côté d'Homère et de Virgile.

  VERS 252. Allons comme eux aux champs , et
mangeons des chardons.]

  Content de ses chardons , et secouant la tête :
Ma foi, non plus que nous, l'homme n'est qu'une bête.

              BOILEAU , satire VIII , à la fin.

  (1) Cette satire n'est point dans la première édition , de 1608.

  VERS 1. Ce mouvement de temps. ...] L'occasion.
Dans le troisième vers , notre auteur personnifie
ce mouvement de temps , en le faisant chevelu sur
le front , et chauve par derrière. « L'occasion ha
» tous ses cheveulx au front : quand elle est oultre-
» passée , vous ne la pouvez plus révocquer. Elle
» est chauve par le derrière de la teste , et jamais
» plus ne retourne. » RABELAIS , liv. I , ch. 37.
Ausone , épigramme 12 , a fait une description
de l'occasion.

  VERS 4. N'est pas de ces oyseaux qu'on prend
à la pantiere.] Pantière , grand filet à prendre les
oiseaux. On le tend dans un endroit de passage ,
et on y prend ordinairement beaucoup d'oiseaux
à la fois quand ils volent par troupes. En latin ,
panthera , dont le jurisconsulte Ulpien fait mention
à la fin de la loi XI au Digeste , de Actionibus empti
et venditi. En quelques provinces on l'appelle pan-
thène.

  VERS 5. Non plus que ce milieu , des vieux tant
débatu.]

  In medio virtus. . . . . . .
  . . . .
  Virtus est medium vitiorum , et utrinque reductum.
                                              HORACE.

  Des vieux , pour des anciens.

Souvent le plus mattois ne passe que pour dupe :
Où par le jugement il faut perdre son temps ,
A choisir dans les mœurs ce milieu que j'entens.   10

Or j'excuse en cecy nostre foiblesse humaine ,
Qui ne veut , ou ne peut , se donner tant de peine ,
Que s'exercer l'esprit en tout ce qu'il faudroit ,
Pour rendre par estude un lourdaut plus adroit.
Mais je n'excuse pas les censeurs de Socrate ,   15
De qui l'esprit rongneux de soy-même se grate ,
S'idolatre , s'admire , et d'un parler de miel ,
Se va préconisant cousin de larcanciel.

Qui baillent pour raisons des chansons et des bourdes ,
Et , tous sages qu'ils sont , font les fautes pius lourdes :
Et pour sçavoir gloser sur le magnificat ,   21
Trenchent en leurs discours de l'esprit délicat ,
Controllent un chacun , et par apostasie ,
Veulent paraphraser dessus la fantasie.

Aussi leur bien ne sert qu'à monstrer le deffaut ,   25
Et semblent se baigner quand on chante tout haut ,
Qu'ils ont si bon cerveau qu'il n'est point de sottise
Dont par raison d'estat leur esprit ne s'advise.

Or il ne me chaudroit , insensez ou prudens ,
Qu'ils fissent à leurs frais messieurs les intendans ,   30
A chaque bout de champ , si , sous ombre de chere ,
Il ne m'en falloit point payer la folle enchere.

Un de ces jours derniers , par des lieux destournez ,
Je m'en allois resvant , le manteau sur le nez ,
L'ame bizarrement de vapeurs occupée ,   35
Comme un poëte qui prend les vers à la pipée :
En ces songes profonds où flottoit mon esprit ,
Un homme par la main hazardément me prit ,
Ainsi qu'on pourroit prendre un dormeur par l'oreille ,
Quand on veut qu'à minuict en sursaut il s'esveille.   40
Je passe outre d'aguet , sans en faire semblant ,
Et m'en vois à grands pas , tout froid et tout tremblant :
Craignant de faire encor' , avec ma patience ,
Des sottises d'antruy nouvelle pénitence.

REMARQUES.

Vers 9. ..... *Il faut perdre son temps.*] Édition de 1642 et suivantes, *le temps.*

Vers 15. *Mais je n'excuse pas les censeurs de Socrate.*] Boileau , satire IV, a dit de même :

. . . . Que l'homme le moins sage
Croit toujours avoir seul la sagesse en partage.

Ici Regnier commence à désigner le courtisan qui l'avoit retenu à souper.

Vers 18. ..... *Cousin de larcanciel.*] Ainsi écrit dans les premières éditions , pendant la vie de l'auteur, pour *l'arc-en-ciel.* Métaphore pour indiquer des gens qui se croient plus élevés que les autres.

Vers 20. *Et , tous sages qu'ils sont....*] *Tout-sages.* De même dans le vers 395 : *Et , comme eux , tous sanglans.*

Vers 29. *Or il ne me chaudroit....*] *Il ne m'importeroit* , de l'ancien verbe *chaloir* , qui n'est plus en usage.

Vers 33. *Un de ces jours derniers , par des lieux destournés.*]

Iham forte via sacra (sicut meus est mos)
Nescio quid meditans nugarum , totus in illis :
Accurrit quidam notus mihi nomine tantum ,
Arreptaque manu : Quid agis , etc.

HORACE, l. 1, sat. 9.

Vers 42. *Et m'en vois....*] 1642 et suivantes, *et m'en vais.* Correction moderne.

Vers 44 *Des sottises d'antruy nouvelle péni-*

Tout courtois il me suit , et d'un parler remis :   45
Quoy, monsieur, est-ce ainsi qu'on traite ses amis ?
Je m'arreste , contraint , d'une façon confuse ,
Grondant entre mes dents je barbotte une excuse.
De vous dire son nom , il ne garit de rien ,
Et vous jure au surplus qu'il est homme de bien ,   50
Que son cœur convoiteux d'ambition ne creve ,
Et pour ses factions qu'il n'ira point en Greve :
Car il aime la France, et ne souffriroit point ,
Le bon seigneur qu'il est, qu'on la mist en pourpoint.
Au compas du devoir il regle son courage ,   55
Et ne laisse en dépost pourtant son advantage.
Selon le temps il met ses partis en avant.
Alors que le roy passe , il gaigne le devant ;
Et dans la gallerie , encor' que tu luy parles ,   59
Il te laisse au roy Jean , et s'en court au roy Charles :

REMARQUES.

tence.] Allusion à la satire VIII, où il a décrit l'ennui mortel que lui avoit causé un importun.

Vers 45. ..... *Et d'un parler remis.*] D'un ton doux et flatteur : *Demissa voce.*

Vers 48. ..... *Je barbotte une excuse.*] Clément Marot a employé le même terme , auquel il donne la même acception , épître XXXI.

Fait neuf grands tours ; entre les dents *barbotte,*
Tout à part lui , d'Argios une botte.

Aujourd'hui l'on dit populairement , et peut-être par corruption , *marmotter* pour *parler confusément.*

Vers 59. *Et dans la gallerie...*] Du Louvre.

Vers 60. *Il te laisse au roy Jean , et s'en court au roy Charles.*] Tel est le caractère d'un étourdi qui , ayant commencé un discours avec quelqu'un , le laisse la brusquement pour courir au premier venu. L'auteur du *Glossaire bourguignon,* au mot *Jaque,* dit que « Regnier avoit écrit *Charle* en cet endroit :

» Et dans la gallerie, encor que je lui parle,
» Il me laisse au roy Jean , et s'en court au roy Charle ;

» ce que des correcteurs peu sensés ont mal à propos
» reformé de cette sorte :

» . . . . Encor que tu lui parles ,
» Il te laisse au roy Jean , et s'en court au roy Charles ;

» ne faisant pas réflexion, ajoute M. de la Monnoye,
» qu'il faut toujours représenter le texte des au-
» teurs tel qu'il est. »

Cet auteur autorise son sentiment par cette note de Thomas Corneille sur les Remarques de Vaugelas , tome II, page 660 : « Voici ce que M. Cha-
» pelain a écrit sur cette remarque : *M. le Maistre*
» *dit Charle sans s. Nos anciens ont dit également*
» *Philippes et Philippe , et jamais* Charle. *Regnier*
» *l'a mis pour la rime.* Ce passage fait voir, dit
» M. de la Monnoye , que Chapelain avoit lu dans
» son exemplaire : *Encor' que je lui parle.* »

J'ai de la peine à croire que Chapelain eût un exemplaire de Regnier où l'on lût *Charle sans s,* et *encor' que je lui parle ;* car tous les exemplaires que j'ai vus donnent le texte tel que je l'ai conservé. Le P. Garasse , contemporain et admirateur de Regnier , cite ces deux vers dans sa *Recherche des Recherches* , page 178 , et les cite tels qu'ils sont ici. D'ailleurs , notre poëte avoit écrit *Charles* avec une s dans un autre endroit où il n'étoit point gêné par la rime : c'est dans le premier mot de la satire VIII , adressée à *Charles* de Beaumanoir, où toutes les éditions , tant anciennes que nouvelles , sans exception , font lire *Charles.* Enfin , dans ces deux vers , la justesse demande que l'on mette le discours à la seconde personne , *encor' que tu luy*

Mesme aux plus avancez demandant le pourquoy,
Il se met sur un pied, et sur le quant à moy;
Et seroit bien fasché, le prince assis à table,
Qu'un autre en fust plus prés, ou fist plus l'agréable;
Qui plus suffisamment entrant sur le devis,   65
Fist mieux le philosophe, ou dist mieux son avis :
Qui de chiens ou d'oiseaux eust plus d'experience,
Ou qui décidast mieux un cas de conscience :
Puis dittes, comme un sot, qu'il est sans passion.

Sans gloser plus avant sur sa perfection,   70
Avec maints hauts discours, de chiens, d'oyseaux, de bottes;
Que les vallets de pied sont fort sujects aux crottes;
Pour bien faire du pain il faut bien enfourner;
Si dom Pedre est venu, qu'il s'en peut retourner :   74
Le ciel nous fist ce bien qu'encor' d'assez bonne heure,
Nous vinsmes au logis où ce monsieur demeure,
Où, sans historier le tout par le menu,
Il me dict : vous soyez, monsieur, le bien venu.
Apres quelques propos, sans propos, et sans suite,
Avecq' un froid adieu je minutte ma fuitte,   80
Plus de peur d'accident que de discretion.
Il commence un sermon de son affection :
Me rid, me prend, m'embrasse, avec cérémonie :
Quoy, vous ennuyez-vous en nostre compagnie?
Non, non, ma foy, dit-il, il n'ira pas ainsi ;   85
Et puis que je vous tiens, vous souperez icy.
Je m'excuse, il me force. O dieux! quelle injustice!
Alors, mais las! trop tard, je cogneus mon supplice :
Mais pour l'avoir cogneu, je ne peus l'esviter,
Tant le destin se plaist à me persécuter.   90
A peine à ces propos eut-il fermé la bouche,
Qu'il entre à l'estourdi un sot faict à la fourche,

Qui, pour nous saluer, laissant choir son chappeau,
Fist comme un entre-chat avec un escabeau,
Trebuchant par le cul s'en va devant-derriere,   95
Et grondant se fascha qu'on estoit sans lumiere.
Pour nous faire, sans rire, avaller ce beau saut,
Le monsieur sur la veuë excuse ce deffaut.
Que les gens de sçavoir ont la visiere tendre.
L'autre se relevant devers nous se vint rendre,   100
Moins honteux d'estre cheut que de s'estre dressé ;
Et luy demandast-il s'il s'estoit point blessé.

Apres mille discours dignes d'un grand volume,
On appelle un vallet, la chandelle s'allume :
On apporte la nappe, et met-on le couvert;   105
Et suis parmy ces gens comme un homme sans vert,
Qui fait en rechignant aussi maigre visage,
Qu'un renard que Martin porte au Louvre en sa cage.
Un long-temps sans parler je regorgeois d'ennuy.
Mais n'estant point garand des sottises d'autruy,   110
Je creu qu'il me falloit d'une mauvaise affaire,
En prendre seulement ce qui m'en pouvoit plaire.
Ainsi considerant ces hommes et leurs soins,
Si je n'en disois mot, je n'en pensois pas moins;
Et jugé ce lourdaut, à son nez antentique,   115
Que c'estoit ce pédant, animal domestique,
De qui la mine rogue, et le parler confus,
Les cheveux gras et longs, et les sourcils touffus,
Faisoient par leur sçavoir, comme il faisoit entendre,
La figue sur le nez au pédant d'Alexandre.   120
Lors je fus asseuré de ce que j'avois creu,
Qu'il n'est plus courtisan de la cour si recreu,
Pour faire l'entendu, qu'il n'ait, pour quoy qu'il vaille
Un poëte, un astrologue, ou quelque pédentaille,

parles, plutôt qu'à la première, *encor que je luy parle*, parce que la seconde personne est ici employée dans une signification indéfinie et indeterminée, comme s'il y avoit :

. . . . Encor' que l'on lui parle,
Il vous laisse au roy Jean, et s'en court au roy Charle.

VERS 62. *Il se met sur un pied, et sur le quant à moy.*] Monosyllabes.

VERS 65. *Qui plus suffisamment entrant sur le devis.*] Édition de 1665 et suivantes, *Et plus suffisament*; celle de 1617, *entrant dans le devis.*

VERS 68. *Ou qui décidast mieux.....*] L'édition de 1635 porte, *ou qui dévidast mieux*, etc. ; les éditions suivantes, même celle de Brossette, ont adopté cette version : mais quoiqu'elle ne soit pas inintelligible, j'ai préféré rétablir la première.

VERS 73. *Pour bien faire du pain, il faut.....*] 1655 et suivantes, *qu'il faut.*

VERS 74. *Si dom Pedre est venu....*] Dom Pedro Manriquez, connétable de Castille, allant en Flandre, traversa la France, et fit quelque séjour à Paris à la fin de 1603. La fierté de cet Espagnol ne fut pas au gré de la cour de France, où il fit mille fanfaronades. MATHIEU, *Hist. d'Henri IV*, tome II, fol. 292; *Mémoires de Sully*, part. II, chap. 26, page 524.

VERS 79. *........ Sans propos et sans suite.*] 1645, *sans raison et sans suite.*

VERS 81. *Plus de peur d'accident que de discrétion.*] Toutes les éditions portent *que de discrétion;* Brossette a pris sur lui de corriger le texte de Regnier, en mettant *que par discrétion.* Certes, le sens est aujourd'hui plus intelligible de cette manière ; mais cette locution étoit-elle adoptée du temps de Regnier ?

VERS 92. *...... A l'estourdi un sot faict à la*

fourche.] *A l'estourdie* seroit mieux et sauveroit l'*hiatus. Faict à la fourche*, manière populaire d'indiquer un homme mal fait. Il faut remarquer comme inadmissible la rime de *fourche* avec *bouche.*

VERS 98. *Le monsieur sur la veuë excuse ce deffaut.*] Le maître du logis rejette ce malheur sur la foiblesse de la vue du pédant.

VERS 106. *...... Comme un homme sans vert.*] Comme un homme pris au dépourvu. *Estre pris sans vert*, façon de parler tirée d'un jeu appelé *le jeu du verd.* Panurge, dans Rabelais, liv. III, ch. II, dit que « les dez sont *le verd du diable... Le diable me prendroit sans verd*, ajoute-t-il, *s'il me rencontroit sans dez.* »

VERS 108. *Qu'un renard que Martin porte au Louvre en sa cage.*] Aussi étonné qu'un renard en cage, que Martin ou quelque villageois porteroit au Louvre pour amuser les laquais.

VERS 116. *Que c'estoit un pédant....*] Dans cette description du pédant, Regnier a fait entrer presque toute la pièce du Caporali, poète italien, intitulée *del Pedante.* Dans le premier tercet, il appelle son pédant *un animal domestique :*

*Un' animal domestico, che in casa
D'altri più volte è stato per pedante.*

VERS 120. *... Au pédant d'Alexandre.*] Aristote.

*Costui mi par' un si fatto compagno,
C'havendol' voi potrete far le fica
Al pedagogo d'Alessandro Magno.*

               CAPORALI, tercet 4.

VERS 122. *..... Courtisan..... si recreu.*] Vieux mot françois, *fatigué, dérangé.*

VERS 124. *Un poëte, un astrologue....*] Du temps de Regnier, et long-temps auparavant, les astrologues et les devins étoient fort à la mode en France.

Qui durant ses amours, avec son bel esprit, 125
Couche de ses faveurs l'histoire par escrit.

Maintenant que l'on voit, et que je vous veux dire,
Tout ce qui se fist là digne d'une satyre;
Je croirois faire tort à ce docteur nouveau,
Si je ne luy donnois quelques traicts de pinceau. 130
Mais estant mauvais peintre, ainsi que mauvais poëte,
Et que j'ay la cervelle et la main maladroitte :
O muse, je t'invoque : emmielle moy le bec,
Et bandes de tes mains les nerfs de ton rebec ;
Laisse moy là Phœbus chercher son aventure, 135
Laisse moy son b mol, prend la clef de nature ;
Et vien, simple, sans fard, nuë, et sans ornement,
Pour accorder ma fluste avec ton instrument.
Dy moy comme sa race, autrefois ancienne,
Dedans Rome accoucha d'une patricienne,° 140
D'où nasquit dix Catons, et quatre-vingts préteurs,
Sans les historiens, et tous les orateurs.
Mais non, venons à luy, dont la maussade mine
Ressemble un de ces dieux des couteaux de la Chine,
Et dont les beaux discours, plaisamment estourdis, 145
Feroient crever de rire un sainct de paradis.

REMARQUES.

La confiance que la reine Catherine de Médicis avoit
eue en leurs vaines prédictions, et l'étude même
que cette princesse avoit faite de leur art, aussi
ridicule que criminel, avoit beaucoup contribué à
mettre ces imposteurs en crédit.

VERS 133. *O muse ! je t'invoque.....*] Dans les
éditions de 1616, 1617 et 1645, on a mis mal à
propos *or muse*. Rabelais, dans un sujet aussi grave
que celui-ci, a fait une invocation pareille, liv. II,
chap. 28, à la fin : « O qui pourra maintenant ra-
» compter comment se porta Pantagruel contre
» les trois cens geants ? O ma muse, ma Calliope,
» ma Thalie, inspire moy à ceste heure : restaure
» mes esperits ! car voicy le pont aux asnes de lo-
» gique, voicy le trébuchet, voicy la difficulté de
» pouvoir exprimer l'horrible bataille que feut
» faite. »

Ma tu, Musa, ripiglia il tuo liuto,
  Poi che tanto ti piace haver in mano
  La chiave grossa del b molle acuto.
            Idem, tercet 12.

VERS 134. *..... Les nerfs de ton rebec.*] Violon.

VERS 139. *Dy moy comme sa race, autrefois
ancienne.*]

E di col tuo natio gergo Toscano,
  Com' il pedante mio de i suoi maggiori
  Si vanta, che fur di sangue Romano.

E che di casa sua cinque pretori
  N'usciro, e duoi Martelli, e duoi Catoni,
  Senza i poeti illustri, e gli oratori.
            Idem, tercets 13 et 14.

VERS 144. *Ressemble un de ces dieux des couteaux de la Chine.*] On s'est servi pendant quelque
temps de couteaux dont le manche étoit figuré en
marmouzet, ou terminé par quelque figure extraordinaire, comme une tête de Maure, et d'autres
semblables, et on appeloit ces couteaux *des couteaux de la Chine*. Cette mode duroit encore en
France vers le commencement du siècle passé. Sygognes a dit, dans une épître en coq-à-l'âne :

Teste de manche de couteau,
Et dos courbé comme un bateau.

VERS 146. *Feroient crever de rire un sainct de
paradis.*]

Prima dirà com' egli è fatto in guisa,
  Ch'a l'humor maninconico potria
  Al suo dispetto far mover le risa.
            CAPORALI, tercet 19.

Son teint jaune, enfumé, de couleur de malade,
Feroit donner au diable, et ceruze, et pommade ;
Et n'est blanc en Espaigne à qui ce cormoran
Ne fasse renier la loy de l'Alcoran. 150
Ses yeux bordez de rouge, esgarez, sembloient estre,
L'un à Montmartre, et l'autre au chasteau de Bicestre :
Toutesfois, redressant leur entre-pas tortu,
Ils guidoient la jeunesse au chemin de vertu.
Son nez haut relevé sembloit faire la nique 155
A l'Ovide Nason, au Scipion Nasique,
Où maints rubiz balez, tous rougissants de vin,
Monstroient un *hac itur* à la Pomme de pin ;
Et preschant la vendange, asseuroient en leur trongne,
Qu'une jeune medecin vit moins qu'un vieux yvrongne.

REMARQUES.

VERS 147. *Son teint jaune, enfumé, de couleur
de malade.*]

Prima la fronte d'allegrezza scossa,
  Rappresenta da longi un suo colore,
  Da spiritar' il minio, e la cirossa.
            Idem, tercet 22.

VERS 149. *Et n'est blanc en Espaigne à qui ce
cormoran.*] Oiseau de rivière, dont la chair est
fort noire.

VERS 150. *Ne fasse renier la loy de l'Alcoran.*]
Le blanc d'Espagne même ne sauroit le blanchir.
La métaphore est un peu hardie. L'auteur personnifie la céruse, la pommade et le blanc d'Espagne. Les deux premiers se donnent au diable,
et le blanc d'Espagne renie la loi de Mahomet ;
jurement familier aux Espagnols, à cause de leur
antipathie mortelle pour les Maures, qui ont occupé fort long-temps une partie de l'Espagne.

VERS 152. *L'un à Montmartre, et l'autre au
chasteau de Bicestre.*] Montmartre est au nord de
Paris, et Bicêtre est au midi. Bicêtre a pris son
nom d'un évêque de Winchester, en Angleterre,
qui, en 1290, fit bâtir un château en cet endroit.
Aujourd'hui c'est un hôpital et un lieu de réclusion.

E come disse del Signor Ferrante,
  Quel vostro amico hà, dì due gambe, l'una
  Volta a settentrion, l'altra a levante.
            Idem, tercet 35.

VERS 155. *Son nez haut relevé sembloit faire la
nique.*]

Stassi il naso fecondo in se raccolto,
  Che fe stupir Nason, non che Nasica,
  E gridano : o che naso ! onde l'hai tolto ?
            Idem, tercet 24.

VERS 157. *Où maints rubis balez....*] On écrit
et on prononce aujourd'hui *rubis balais*. Villon
appelle ces boutons colorés *des rubis de taverne*.
Villon dit ailleurs, en parlant d'un roi d'Écosse :

Qui demy face eut, ce dit-on,
Vermeille comme une amathiste.

L'améthiste est une pierre précieuse violette et
pourpre. Les commentateurs ont pris ce nom pour
celui d'un roi fabuleux de la même contrée.

VERS 158. *...... A la Pomme de pin.*] Ancien et
fameux cabaret de Paris proche le pont Notre-
Dame. Rabelais parle de la Pomme de pin comme
d'un cabaret célèbre : *Puis cauponizons és tavernes
meritoires de la Pomme de pin, du Castel,* etc.
Le poëte Villon en a fait mention dans son *Petit
Testament*, couplet 14 : *Le trou de la Pomme de
pin* ; et dans son *Grand Testament* :

Aller, sans chausse, en eschappin,
Tous les matins quand il se lieve,
Au trou de la Pomme de pin.

Sa bouche est grosse et torte , et semble en son porfil ,
Celle-là d'Alison , qui retardant du fil ,   162
Fait la moüe aux passans , et féconde en grimace ,
Bave comme au prin-temps une vieille limace.
Un rateau mal rangé pour ses dents paroissoit ,   165
Où le chancre et la roüille en monceaux s'amassoit;
Dont pour lors je cogneus , grondant quelques paroles ,
Qu'espert il en sçavoit crever ses éveroles :
Qui me fist bien juger qu'aux veilles des bons jours ,
Il en souloit roigner ses ongles de velours.   170
Sa barbe sur sa joüe esparse à l'avanture ,
Où l'art est en colere avecque la nature ,
En bosquets s'eslevoit , où certains animaux ,
Qui des pieds , non des mains , luy faisoient mille maux.
    Quant au reste du corps , il est de telle sorte ,   175
Qu'il semble que ses reins , et son espaule torte ,
Facent guerre à sa teste , et par rebellion .
Qu'ils eussent entassé Osse sur Pélion :

REMARQUES.

Il en est aussi parlé dans les *Repues franches :*

> L'ung fit emplir de belle cave claire ,
>   Et vint à la Pomme de pin.

Boileau , dans sa troisième satire , parle de Crenet ,
ou Creney , qui tenoit ce cabaret encore de son
temps.

Vers 161. *Sa bouche est grosse et torte....*]

> *Torta , e grossa è la bocca , ove s'intrica*
>   *Un' ordine di denti mal tessuto ,*
>   *Ove la roge infetta si nutrica.*
>   CAPORALI , tercet 25.

Vers 165. *Un rateau mal rangé pour ses dents
paroissoit.*] 1613 et suivantes, jusqu'en 1642 , *par
ses dents ;* 1612, 1642 et suivantes, *pour.*

Vers 168. *Qu'espert il en sçavoit crever ses
éverolles.*] Nicot , au mot *Aérole* , dit que *plusieurs
écrivent et prononcent* Eaurole , ampoule ; *et à la
vérité c'est comme une petite ampoule , ou bouteille , et vessie pleine d'eau.* Oudin , dans son *Dictionnaire françois-espagnol* , dit *Eaurole , Aerole,*
qu'il explique par ces mots espagnols, *Calmaxarra,
Limeta.*

> *E con questi sovente io l'ho veduto*
>   *Hor frange le vesiche , e hor tosarsi*
>   *L'ugna sua foderate velluto.*
>   Idem, tercet 26.

Vers 171. *Sa barbe sur sa joüe esparse à l'a-
vanture.*]

> *Si ch'io possa scrivendo in vostro honore,*
>   *Rapresentar la costui barba in carte ,*
>   *Non essendo io poeta , ne pittore.*
>
> *La qual rara e mal tinta si disparte ,*
>   *Da le sudice gote con gl'irsuti*
>   *Mostacci , fregia la natura , e l'arte.*
>
> *Ivi certi animai tondi , e branchuti ,*
>   *Con molta ostination piatano insieme ,*
>   *I maggiori , i mezzani , e più minuti , etc.*
>   Idem, tercet 28.

Vers 174. *Qui des pieds.....*] Regnier a voulu
indiquer sans équivoque ces animaux appelés *pe-
diculi* en latin.

Vers 178. *Qu'ils eussent entassé Osse sur Pélion.*]
Pélion : ce mot étoit écrit *Pellion* dans les éditions
de 1612 et 1613 , faites pendant la vie de l'auteur.
Ossa et Pélion , montagnes de Thessalie , qui servirent aux géans pour escalader le ciel.

> Pour détrôner les dieux , leur vaste ambition
> Entreprit d'entasser Osse sur Pélion ,

dit Boileau , *Traité du Sublime* , chap. VI.

Tellement qu'il n'a rien en tout son attelage ,
Qui ne suive au galop la trace du visage.   180
Pour sa robbe , elle fut autre qu'elle n'estoit
Alors qu'Albert-le-Grand aux festes la portoit ;
Mais tousjours recousant piéce à piéce nouvelle ,
Depuis trente ans c'est elle , et si ce n'est pas elle :
Ainsi que ce vaisseau des Grecs tant renommé ,   185
Qui survescut au temps qui l'avoit consommé.
Une taigne affamée estoit sur ses épaules ,
Qui traçoit en arabe une carte des Gaules.
Les piéces et les trous semez de tous costez,
Représentoient les bourgs , les monts et les citez.   190
Les filets séparez , qui se tenoient à peine ,
Imitoient les ruisseaux coulans dans une plaine.
Les Alpes , en jurant , luy grimpoient au collet ,

REMARQUES.

Vers 180. *Qui ne suive au galop la trace du
visage.*]

> *L'altre sue membra , poi come le braccia ,*
>   *E'l petto , e'l collo , a passo non errante*
>   *Seguon del volto la difforme traccia.*
>   CAPORALI , tercet 34.

Vers 182. *Alors qu'Albert le Grand...*] Fameux
docteur de Paris qui florissoit sous le règne de
saint Louis , et qui mourut à Cologne l'an 1280.

Vers 185. *Ainsi que ce vaisseau....*] C'est celui
qui porta Thésée d'Athènes en l'île de Crète , pour
aller combattre le Minotaure. Les Athéniens con-
servèrent ce vaisseau pendant plusieurs siècles , en
substituant des planches neuves à celles qui tom-
boient en pourriture ; ce qui donna enfin occasion
aux philosophes de ce temps-là de disputer si ce
vaisseau, ainsi radoubé et renouvelé , étoit le même,
ou si c'en étoit un autre. PLUTARQUE , *Vie de
Thésée.* Le sieur de Sigogne , qui vivoit du temps
de Regnier , a imité cet endroit dans la satire *sur
le Pourpoint d'un courtisan :*

> Piece sur piece on y reboute
> Tant de fois qu'on puisse estre en doute
> S'il reste rien du vieux pourpoint.
> Ainsi la nef pégasienne ,
> Bien que changée à l'ancienne ,
> A sa forme qui ne meurt point.

Vers 187. *Une taigne affamée....*] Taigne , ou
plutôt *teigne* aujourd'hui : c'est un ver qui ronge
les étoffes et les livres :

> La teigne , qui prend nourriture
> De la laine et de la teinture ,
> Ne vous peut desormais ronger ;
> Dans vostre crasse et pourriture
> Elle trouve sa sépulture ,
> Et s'étouffe au lieu de manger.

Satire intitulée *le Chapeau d'un courtisan.*

(Voyez la note sur le vers 22 de la satire V.)

> *Ov' un tigno domestico s'en viene ,*
>   *E v'ha scritto in Arabico co'l dente ;*
>   *Si è debile il filo a cui s'attiene.*
>   CAPORALI , tercet 52.

Vers 188. *Qui traçoit en arabe une carte des
Gaules.*] La description que Regnier fait dans les
vers suivans semble être imitée du discours que
tient frère Jean à Panurge , dans Rabelais , liv. III,
chap. 28 : « Desja vois-je ton poil grisonner en teste.
» Ta barbe , par les distinctions du gris , du blanc ,
» du tanné et du noir , me semble une mappe-
» monde. Regarde ici : voila l'Asie. Icy sont Tigris
» et Euphrates. Voila Afrique. Icy est la mon-
» tagne de la Lune. Veois-tu les Palus du Nil ?
» Deça est Europe. Veois-tu Thélème ? Ce toupet
» icy tout blanc , sont les monts Hyperborées. »

Et Savoy' qui plus bas ne pend qu'à un filet.
Les puces, et les poux, et telle autre quenaille, 195
Aux plaines d'alentour se mettoient en bataille,
Qui les places d'autruy par armes usurpant,
Le titre disputoient au premier occupant.

    Or dessous ceste robbe illustre et vénérable,
Il avoit un jupon, non celuy de constable; 200
Mais un qui pour un temps suivit l'arriere-ban,
Quand en premiere nopce il servit de caban
Au croniqueur Turpin, lors que par la campagne

REMARQUES.

Vers 195. ..... *Et telle autre quenaille.*] *Que-naille* paroît une prononciation picarde. On dit aussi *quenaille* dans l'Angoumois, comme le marquent les vers que cite Balzac, page 635 du tome II de ses OEuvres, in-fol. On a mis *canaille* dans l'édition de 1642 et dans les suivantes Sans doute l'auteur a employé à dessein *quenaille* comme un terme burlesque et corrompu, afin de rendre plus plaisante l'application qu'il en fait aux plus vils insectes, et pour marquer qu'il les trouve même indignes de porter une injure qui ne convient qu'aux hommes. En effet, dans cette même satire, vers 403, il se sert du mot de *canaille* en parlant des hommes:

    Qui vouloit mettre barre entre cette canaille.

Vers 200. *Il avoit un jupon, non celui de constable.*] Sygognes commence ainsi une de ses épîtres en coq-à-l'âne:

    Il n'est rien plus beau ny plus stable,
    Qu'un teint de juppe de constable.

Le *jupon* étoit une espèce de grand pourpoint ou de petit justaucorps qui avoit de longues basques. FURETIÈRE. On l'appeloit aussi *jupe*, que Monet définit une espèce de hoqueton, ou saïe ample, ondoyant ou volant. Il falloit que cet habillement fût une marque de distinction: témoin ce que notre auteur ajoute, que ce *jupon* n'étoit pas *celui de constable*; témoin ce passage de Rabelais, liv. v, chap. 12: « Frère Jean, impatient de ce qu'avoit » desduit Grippeminaud, dist: *Hau, monsieur le* » *diable engipponné! comment veux-tu qu'il res-* » *ponde d'ung cas lequel il ignore?* » Il l'appelle *engipponné*, à cause du jupon que portoit Grippeminaud, archiduc des chats-fourrés, ou gens de chicane. Molière nous en fournit une autre preuve dans son *Tartuffe*, acte v, scène 4, où l'on dit à M. Loyal:

    Vous pourriez bien ici, sur votre noir jupon,
    Monsieur l'huissier à verge, attirer le bâton.

L'auteur du *Moyen de parvenir*, contemporain de Regnier, a dit dans son dernier chapitre: *J'ai quasi juré comme un connestable, et pris Dieu par tout.*

Vers 202. ...... *Il servit de caban.*] Espèce de manteau avec des manches. Ménage fait venir ce mot de *cappa*.

    Il saio che s'allaccia a la man destra,
    Già fù gaban di monsignor Turpino,
    Che portava al rè Carlo la balestra.
                    CAPORALI, tercet 56.

Vers 203. *Au chroniqueur Turpin.....*] Turpin, archevêque de Reims, accompagna Charlemagne dans la plupart de ses voyages; et, selon Trithème, il écrivit l'histoire de cet empereur, en deux livres. Dans la suite, un écrivain fabuleux et imposteur emprunta le nom de Turpin, qu'il mit à la tête d'un roman ridicule, auquel il donna le titre d'*Histoire de Charlemagne*, ce qui a fait dire à Hottoman (*Franco-Gallia*, c. v) que c'est l'ouvrage d'un ignorant qui a écrit des fables, et non pas une histoire. Le savant Huet (*Origine des*

Il portoit l'arbalestre au bon roy Charlemagne.
Pour asseurer si c'est, ou laine, ou, soye, ou lin, 205
Il faut en devinaille estre maistre Gonin.

    Sa ceinture honorable, ainsi que ses jartieres,
Furent d'un drap du Seau, mais j'entends des lizieres,
Qui sur maint cousturier joüerent maint rollet,
Mais pour l'heure présente ils sangloient le mulet. 210
Un mouchoir et des gands, avecq' ignominie,
Ainsi que des larrons, pendus en compagnie,
Lui pendoient au costé, qui sembloient, en lambeaux,
Crier, en se mocquant: vieux linges, vieux drapeaux!
De l'autre, brimballoit une clef fort honneste, 215
Qui tire à sa cordelle une noix d'arbaleste.

    Ainsi ce personnage, en magnifique arroy,
Marchant *pedetentim*, s'en vint jusques à moy,
Qui sentis à son nez, à ses lèvres décloses, 219
Qu'il fleuroit bien plus fort, mais non pas mieux que roses.

Il me parle latin, il allegue, il discourt,
Il reforme à son pied les humeurs de la court:

REMARQUES.

Romans) assure que le livre des faits de Charlemagne, attribué à l'archevêque Turpin, lui est postérieur de plus de deux cents ans. Il y en a des éditions faites à Paris en 1527 et en 1583.

Vers 205. *Pour asseurer si c'est ou laine, ou soye, ou lin.*]

    Non è foggia di Greco, ò di Latino,
    Fù cotton, fu velluto, è poi fu raso,
    Et horà è più sottil che l'ormesino.
                  Idem, tercet 57.

Vers 206. *Il faut en devinaille estre maistre Gonin.*] Brantôme, sur la fin du premier volume de ses *Dames galantes*, parle d'un maître Gonin, fameux magicien, ou soi-disant tel, qui, par des tours merveilleux de son art, divertissoit la cour de François Ier. Un autre maître Gonin, petit-fils du précédent, mais beaucoup moins habile, si l'on en croit Brantôme, vivoit sous Charles IX. Delrio, tome II de ses *Disquisitions magiques*, en rapporte un fait par où, s'il étoit véritable, il paroîtroit que le petit-fils ne cédoit en rien au grand-père.

Vers 208. *Furent d'un drap du Seau.....*] Ainsi nommé d'une petite ville appelée le Seau, dans le Berri. C'est un gros drap dont l'usage est fort bon.

Ibid. ..... *Mais j'entends des lizieres.*] De *lizieres*, dans toutes les éditions avant 1642.

Vers 209. *Qui sur maint cousturier.....*] *Qui chez maint*, édition de 1642 et suivantes.

Vers 210. .... *Ils sangloient le mulet..*] Elles, la ceinture et les jarretières.

Vers 214. ...... *Vieux linges, vieux drapeaux.*] C'étoit le cri des revendeuses qui cherchoient à acheter de vieilles hardes, de vieux chiffons.

Vers 218. *Marchant pedetentim.....*] Mot latin, pied à pied, tout doucement. Ce mot avoit aussi été employé par le Caporali, dans le portrait de son pédant, tercet 38:

    Pedetentin s'accosta al dotto Scrinio.

Il est visible que le poète italien et le poëte françois ont pensé à l'allusion que fait ce mot à celui de *pédant*, qui

  ....Marche à pas comptés,
  Comme un recteur suivi des quatre facultés.

Vers 220. *Qu'il fleuroit bien plus fort, mais non pas mieux que roses.*] Regnier a emprunté cette expression proverbiale de Rabelais, liv. I, chap. I: *Un..... joly, petit, moisy livret, plus, mais non mieux sentant que roses.*

Qu'il a pour enseigner, une belle maniere,
Qu'en son globe il a veu la matiere premiere ;
Qu'Épicure est yvrongne, Hypocrate un bourreau, 225
Que Bartole et Jason ignorent le barreau ;
Que Virgile est passable, encor' qu'en quelques pages
Il meritast au Louvre estre chifflé des pages ;
Que Pline est inégal, Terence un peu joly :
Mais surtout il estime un langage poly.   230
　Ainsi sur chasque autheur il trouve dequoy mordre.
L'un n'a point de raison, et l'autre n'a point d'ordre ;
L'autre avorte avant temps des œuvres qu'il conçoit.
Or' il vous prend Macrobe, et luy donne le foit.
Ciceron, il s'en taist, d'autant que l'on le crie   235
Le pain quotidien de la pédanterie.
Quant à son jugement, il est plus que parfait,
Et l'immortalité n'ayme que ce qu'il fait.
Par hazard disputant, si quelqu'un luy replique,
Et qu'il soit à quia : Vous estes heretique,   240
Ou pour le moins fauteur ; ou, vous ne sçavez point
Ce qu'en mon manuscrit j'ay noté sur ce point.
　Comme il n'est rien de simple, aussi rien n'est durable.
De pauvre on devient riche, et d'heureux misérable.
Tout se change : qui fist qu'on changea de discours. 245
Apres maint entretien, maints tours, et maints retours,
Un valet, se levant le chapeau de la teste,

Vers 223. Qu'il a, pour enseigner....] Boileau
a cité ces douze vers comme un beau portrait du
pédant. C'est dans sa cinquième réflexion critique
sur Longin.

Vers 224. Qu'en son globe il a veu la matiere
première.]

　　E qui divien perito, e qui si stima
　　Haver leggendo certi commentari
　　Veduta ignuda la materia prima.
　　　　　　Caporali, tercet 40.

Vers 228. Il meritast au Louvre estre chifflé
des pages.]

　　Studia à staffetta il testo d'Hippocrate,
　　E in quanto al suo giuditio in molti passi
　　Ei meriarebbe haver le staffilate.
　　　　　　Idem, tercet 42.

Vers 229. Que Pline est inégal, Térence un
peu joly.]

　　Ogni buono scrittor Latino affrappa,
　　Hor nota Plinio, hor nota Juvenale,
　　Hor la vuol con Macrobio à spada, e cappa.
　　　　　　Idem, tercet 44.

Vers 230. Mais sur tout il estime un langage
poly.]

　　Gli piaccion molto le lettere polite, etc.
　　　　　　Idem, tercet 45.

　A mon gré, le Corneille est joli quelquefois :
　En vérité, pour moi, j'aime le beau françois.
　　　　　　Boileau, satire iii, v. 183.

Vers 234. Or, il vous prend Macrobe......] Or'
pour ore, ou ores, maintenant.

Vers 239. Par hazard disputant....]

　　Hor con gli amici disputando stassi,
　　E se per caso in qualche dubbio incappa,
　　Dice : son luoghi heretici, io gli hò cassi.
　　　　　　Caporali, tercet 43.

Vers 240 et 241. .... Vous estes herétique,
Ou pour le moins fauteur] Accusation fort ordinaire en ce temps-là, depuis l'introduction du
calvinisme.

Nous vint dire tout haut que la souppe estoit preste.
Je cognen qu'il est vray ce qu'Homère en escrit,
Qu'il n'est rien qui si fort nous resveille l'esprit ; 250
Car j'eus, au son des plats, l'ame plus alterée,
Que ne l'auroit un chien au son de la curée.
Mais comme un jour d'hyver où le soleil reluit,
Ma joye en moins d'un rien comme un éclair s'enfuit ;
Et le ciel, qui des dents me rid à la pareille,   255
Me bailla gentiment le liévre par l'oreille.
Et comme en une montre, où les passe-volans,
Pour se monstrer soldats, sont les plus insolens :
Ainsi, parmy ces gens, un gros vallet d'estable,
Glorieux de porter les plats dessus la table,   260
D'un nez de majordome, et qui morgue la faim,
Entra, serviette au bras, et fricassée en main ;
Et sans respect du lieu, du docteur, ny des sausses,
Heurtant table et treteaux, versa tout sur mes chausses.
On le tance, il s'escuse ; et moy tout résolu,   265
Puis qu'à mon dam le ciel l'avoit ainsi voulu,
Je tourne en raillerie un si fascheux mistere :
De sorte que monsieur m'obligea de s'en taire.
　Sur ce point on se lave, et chacun en son rang
Se met dans une chaire, ou s'assied sur un banc, 270
Suivant ou son merite, ou sa charge, ou sa race.
Des niais, sans prier, je me mets en la place,
Où j'estois résolu, faisant autant que trois,

Vers 248. ...... Que la souppe étoit preste.] On
servoit alors la soupe au repas du soir, usage que
l'on ne pratique plus depuis long-temps. Cœna,
au contraire, qui signifie le soupé, signifioit, selon
Festus, le diné chez les anciens.

Vers 249. .... Ce qu'Homere en escrit.] Rien,
ce me semble, ne revient mieux, dans tout Homère, au sens de ce vers, que l'endroit du livre xix
de l'Iliade, depuis le vers 155 jusqu'au vers 170,
où Ulysse, voyant Achille prêt à mener les Grecs
au combat, lui représente qu'il n'est point à propos de les y mener à jeun, parce que, dit-il, le pain
et le vin, μένος ἐστὶ καὶ ἀλκή. Regnier interprete
lui-même réveiller l'âme par réveiller l'esprit ; et
c'est le sens des mots ἦτορ et θυμὸς, au livre ix
de l'Iliade, vers 701 ; et dans l'Odyssée, soit au
livre v, vers 95, soit au livre xiv, vers 111. Ulysse
dit encore merveille sur le boire et le manger,
vers 215 et suivans du livre vii de l'Odyssée.

Vers 253. Mais comme un jour d'hyver......]
Dans toutes les éditions on lisoit : Mais comme
un jour d'esté.] Il est visible que l'auteur ou les
imprimeurs avoient mis ici l'esté pour l'hyver ;
faute qui, s'étant glissée dans la première édition, de 1608, s'est répandue dans toutes les éditions postérieures.

Vers 256. Me bailla gentiment le liévre par
l'oreille.] Rire des dents, c'est se moquer. Bailler
le lièvre par l'oreille, signifie, faire semblant de
donner une chose, et l'ôter en même temps.

Vers 257. Et comme en une montre......] La
montre étoit ce qu'on appelle aujourd'hui une revue
de troupes.

Vers 267. Je tourne en raillerie un si fascheux
mistere.] Les mystères étoient des représentations
morales, ou comédies sérieuses, que l'on faisoit
suivre ordinairement de farces, ou comédies
joyeuses.

Vers 270. Se met dans une chaire.....] Sorte de
siége en bois que la chaise a remplacé.

Vers 272. Des niais, sans prier....] La place
des niais, la meilleure place.

De boire et de manger, comme aux veilles des rois;
Mais à si beau dessein défaillant la matière,   275
Je fus enfin contraint de ronger ma litière :
Comme un asne affamé qui n'a chardons ny foin,
N'ayant pour lors dequoy me saouler au besoin.

Or entre tous ceux-là qui se mirent à table,
Il n'en estoit pas un qui ne fust remarquable,   280
Et qui, sans esplucher, n'avallast l'éperlan.
L'un, en titre d'office exerçoit un berlan :
L'autre estoit des suivants de madame Lipée,
Et l'autre, chevalier de la petite espée ;   284
Et le plus sainct d'entr'eux (sauf le droict du cordeau)
Vivoit au cabaret, pour mourir au bordeau.

En forme d'eschiquier les plats rangez sur table,
N'avoient ny le maintien, ny la grace accostable;
Et bien que nos disneurs mangeassent en sergens,
La viande pourtant ne prioit point les gens.   290
Mon docteur de menestre, en sa mine alterée,

REMARQUES.

Vers 280. *Il n'en estoit pas un......*] 1642 et
suivantes, *Il ne s'en trouva point.*

Vers 281. *Et qui, sans esplucher, n'avallast
l'éperlan.*] Éperlan, petit poisson de mer ainsi
nommé, selon Nicot, à cause de sa blancheur, qui
imite celle de la perle. *Avaler l'éperlan* signifie
manger goulument, avaler les morceaux tout entiers, sans esplucher ni sans mâcher.

Vers 283. *L'autre estoit des suivants de madame Lipée.*] Un parasite.

Vers 284. *Et l'autre, chevalier de la petite
espée.*] Un filou, un coupeur de bourse, parce que
les filoux se servent de couteaux pour couper les
bourses. Oudin, dans son Dictionnaire, au mot
Épée, dit : *Compagnon, estafier, gentilhomme,
officier de la courte espée.* 1. *Taglia-borse.* Le
même Oudin, dans son *Dictionnaire françois-
espagnol*, et dans ses *Curiosités françoises*, aux
mots *Espée* et *Gentilhomme*, marque, en termes
exprès, que c'est un proverbe vulgaire....

Vers 291. *Mon docteur de menestre.....*] Le mot
italien *minestra* signifie une soupe, d'où nous avons
fait le proverbe, *un docteur de menestre.*

L'ingrat époux lui fit tâter
D'une menestre empoisonnée.

SCARRON, satire contre un nommé Baron.

Ce vers 291, et les vingt-sept suivants, sont co-
piés d'une autre pièce du même Caporali, intitulée : *Sopra la Corte*, part. 1, tercets:

79. *Ma il caso è che s'incontro havea Pompeo,
    O il venerabil Costa, ch'a la mensa,
    Havean più braccie, e man, che Briareo......*

81. *Io rimasi tal volta stupefatto,
    Che sempre ch'addocchiai qualche boccone,
    Un dì lor mi gli dava scacco matto.*

82. *Si ch'all'hor m'accorsi io, messer Trifone,
    Che nella cotta, e nella cruda, il vitio
    Della carne ci dà gran tentatione.....*

85. *Ecco di brodo piene le scudelle,
    Dove non seppi mai d'unto, ò di grasso
    Con l'astrolabio in man trovar due stelle.*

86. *S'io fossi stato a quel naval fracasso,
    Qual' hebbe il Turco, io potrei somigliare
    La mia scudella al golfo di Patrasso.*

87. *Però ch'in essa si vedeano andare
    A gala i corpi de le mosche lesse,
    E i conversi in carbon legni del mare.*

88. *Qui, Trifon, se per caso alcun dicesse,
    Che la comparation non gisse a testo,
    E ch'io fossi obligato a l'interesse :*

Avoit deux fois autant de mains que Briarée ;
Et n'estoit, quel qu'il fust, morceau dedans le plat,
Qui des yeux et des mains n'eust un escheq et mat.
D'où j'appris, en la cuitte, aussi bien qu'en la cruë,
Que l'ame se laissoit piper comme une gruë :   296
Et qu'aux plats, comme au lict, avec lubricité,
Le péché de la chair tentoit l'humanité.

Devant moy justement on plante un grand potage
D'où les mousches à jeun se sauvoient à la nage :   300
Le broüet estoit maigre, et n'est Nostradamus,
Qui, l'astrolabe en main, ne demeurast camus,
Si par galenterie, ou par sottise expresse,
Il y pensoit trouver une estoile de gresse.
Pour moy, si j'eusse esté sur la mer de Levant,   305
Où le vieux Louchaly fendit si bien le vent,
Quand Sainct Marc s'habilla des enseignes de Trace ;

REMARQUES.

89. *Dite, che legga Homero, ove in un testo
    Fà una comparation di certe mosche,
    Nè forse calza ben, sì come in questo.*

90. *Mà lasciam le question dubbiose, e fosche,
    Hor che siamo a Tinel*, etc.

Vers 292. *Avoit deux fois autant de mains que
Briarée.*] Géant d'une énorme grandeur, à qui les
poëtes ont donné cent bras et cinquante ventres.
Sorel, dans le *Banquet des dieux*, inséré au troisième livre de son *Berger extravagant*, donne ingé-
nieusement à ces dieux Briarée pour échanson.

Vers 301 et 302. *...... Et n'est Nostradamus,
Qui, l'astrolabe en main....*] L'astrolabe est un
instrument propre à observer la hauteur des astres, etc., et qui convient à un astrologue comme
Michel Nostradamus.

Vers 305. *Pour moy, si j'eusse esté sur la mer
de Levant.*] Comparaison magnifique d'un potage
avec le golfe de Lépante, où l'armée navale des
chrétiens confédérés remporta une célèbre victoire
sur les infidèles, le 7 octobre 1571. Du Bartas a fait
sur cette victoire un poëme françois intitulé *Lé-
panthe*, traduit d'un poëme latin de Jacques VI,
roi d'Écosse.

Vers 306. *Où le vieux Louchaly fendit si bien
le vent.*] Louchali, Vecchiali, Ochiali ou Uluzzali
(car on trouve ce nom écrit de ces quatre manières), fameux corsaire, renégat, natif de Calabre
en Italie. Dès sa jeunesse il avoit été fait esclave
par les Turcs, et avoit renoncé au christianisme
pour recouvrer sa liberté. Il parvint à la vice-royauté
d'Alger, et amassa de grandes richesses. On l'appeloit ordinairement le vieux Louchali. Pendant la
guerre de Chypre, Louchali se joignit à l'armée
navale des infidèles, et commanda l'aile gauche à
la bataille de Lépante. Durant le combat Louchali
prit le large pour venir charger la flotte chrétienne
par derrière et dans les flancs ; mais ayant appris
la mort de Haly, chef de la flotte des Ottomans,
il s'enfuit à toutes rames, suivi de trente-deux ga-
lères. C'est pourquoi Regnier dit que *Louchali
fendit si bien le vent ;* et avec d'autant plus de
raison, que le vent étoit devenu contraire à l'armée navale des Turcs dès le commencement du
combat.

Vers 307. *Quand saint Marc s'habilla des enseignes de Thrace.*] Sélim II, empereur des Turcs,
ayant résolu de faire la conquête de l'île de Chypre,
qui appartenoit aux Vénitiens, leur déclara la
guerre en 1570. Les Vénitiens armèrent pour leur
défense, et opposèrent aux infidèles une puissante
ligue, formée par le pape avec tous les princes
d'Italie et le roi d'Espagne. Les Turcs se rendirent
maîtres de Chypre, mais ils perdirent la bataille

f

Je la comparois au golphe de Patrasse :
Pource qu'on y voyoit, en mille et mille parts,
Les moûches qui flottoient en guise de soldarts,   310
Qui morts, sembloient encor', dans les ondes salées,
Embrasser les charbons des galeres bruslées.

   J'oy, ce semble, quelqu'un de ces nouveaux docteurs,
Qui d'estoc et de taille estrillent les autheurs,
Dire que ceste exemple est fort mal assortie.   315
Homere, et non pas moy, t'en doit la garentie,
Qui dedans ses escrits, en de certains effets,
Les compare peut-estre aussi mal que je faits.

   Mais retournons à table, où l'esclanche en cervelle,
Des dents et du chalan séparoit la querelle ;   320
Et sur la nappe allant de quartier en quartier,
Plus dru qu'une navette au travers d'un mestier,
Glissoit de main en main, où sans perdre advantage,
Ebréchant le cousteau, tesmoignoit son courage :
Et durant que brebis elle fut parmy nous,   325
Elle sceut bravement se deffendre des loups;
Et de se conserver elle mist si bon ordre,
Que morte de vieillesse elle ne sçavoit mordre.

   A quoy, glouton oyseau, du ventre renaissant
Du fils du bon Japet te vas-tu repaissant?   330

REMARQUES.

de Lépante, où la flotte chrétienne, armée pour la défense des Vénitiens, remporta la victoire. Les enseignes et étendards des Turcs furent portés à Venise, dans l'église de Saint-Marc, patron de la ville et de la république. La Thrace étoit autrefois cette grande province que nous appelons aujourd'hui Romanie, où est la ville de Constantinople, capitale de l'empire des Turcs.

Vers 308. *Je la comparerois au golphe de Patrasse.*] Le golfe de Patrasse ou Patras est le golfe de Lépante. Ce golfe prend son nom de la ville de Patrazzo, dans la Morée, et de la ville de Lépante, dans l'Achaïe, lesquelles sont situées sur ce golfe. C'est dans le même endroit que César Auguste défit Marc Antoine et la reine Cléopâtre à la fameuse bataille d'Actium, qui décida de l'empire romain.

Vers 315. *Dire que ceste exemple......*] Ce dernier mot est à présent du genre masculin.

Vers 318. *Les compare peut-estre aussi mal que je faits*] Homère emploie souvent les mouches dans ses comparaisons. *Iliade*, livres IV, XVI, XVII, XIX, etc. Regnier n'est pas le seul critique qui l'en ait repris. On peut voir ce qu'en a dit l'abbé Terrasson dans sa *Dissertation critique sur l'Iliade*, part. IV, chap. 5 ; mais il faut voir aussi ce qu'en a écrit madame Dacier pour justifier ce grand poëte.

Vers 319 et 320. *......Où l'esclanche en cervelle, Des dents et du chalan séparoit la querelle.*] L'esclanche en cervelle, c'est-à-dire en mauvaise humeur, ou fort dure ; ou bien, l'éclanche en mouvement, et passant de main en main, suspendoit la querelle des dents et du chalan, c'est-à-dire, la peine qu'on avoit à mâcher le pain chalan, qui étoit fort dur. On appelle, à Paris, *pain chalan*, une sorte de pain grossier.

Vers 328. *...... Elle ne sçavoit mordre.*] *Elle ne sçauroit mordre*, dans toutes les éditions avant celle de 1642.

Vers 330. *Du fils du bon Japet te vas-tu repaissant ?*] Prométhée, fils de Japet, fut enchaîné sur le mont Caucase par ordre de Jupiter ; et tous les jours un aigle lui venoit manger le foie, qui recroissoit la nuit.

Assez, et trop long temps, son poulmon tu gourmandes.
La faim se renouvelle au change des viandes,
Où la tripaille est fritte en cent sortes de mets.
Or durant ce festin damoyselle Famine,   335
Avec son nez étique, et sa mourante mine,
Ainsi que la cherté par edict l'ordonna,
Faisoit un beau discours dessus la Lezina ;
Et nous torchant le bec, alléguoit Symonide,   339
Qui dict, pour estre sain, qu'il faut mascher à vuide.
Au reste, à manger peu, monsieur beuvoit d'autant,
Du vin qu'à la taverne on ne payoit contant;
Et se faschoit qu'un Jean, blessé de la logique,
Luy barboüilloit l'esprit d'un *ergo* sophistique.   344

   Esmiant, quant à moy, du pain entre mes doigts,
A tout ce qu'on disoit doucet je m'accordois :
Leur voyant de piot la cervelle eschauffée,
De peur, comme l'on dict, de courroucer la fée.

REMARQUES.

Vers 331. *Assez et trop long temps.......*] Hémistiche bien répété depuis Reguier.

Vers 338. *Faisoit un beau discours dessus la Lezina.*] Allusion à un ouvrage plaisant , composé en italien vers la fin du seizième siècle , et intitulé : *Della famosissima Compagnia della Lezina, Dialogo , Capitoli*, etc. , par un nommé Vialardi. L'auteur de cette plaisanterie feint l'établissement d'une compagnie composée de plusieurs officiers dont les noms et les emplois sont conformes à leur institut, et le but de cet établissement est l'épargne la plus sordide. Il y a des statuts qui portent la lésine au plus haut point de raffinement, jusqu'à ordonner de porter la même chemise aussi longtemps que l'empereur Auguste étoit à recevoir des lettres d'Égypte, c'est-à-dire, quarante-cinq jours ; de ne point jeter de sable sur les lettres fraîchement écrites, afin de diminuer d'autant le port de la lettre (*Ricordi*, 16 et 41), et plusieurs autres pratiques semblables.

On a fait aussi , en italien, *la Contra-Lezina*, et une comédie intitulée : *le Nozze d'Antilezina*, ouvrage traduit en françois, et imprimé à Paris, chez Saugrain , en 1604 , in-12.

Vers 339. *....... Alléguoit Symonide.*] Écrivez *Simonide*. C'étoit un poëte lyrique grec.

Vers 343 et 344. *Et se faschoit qu'un Jean, blessé de la logique, Luy barboüilloit l'esprit d'un ergo sophistique.*] Le Monsieur , dans cette satire , est celui qui donne à manger. Jean est ce suivant de madame Lipée , c'est-à-dire un parasite. Comme tous les convives sont caractérisés , le caractère de ce Jean étoit de faire le raisonneur, le dialecticien ; et c'est de quoi se plaint le Monsieur, qui , ne pouvant résoudre les argumens de cet ergoteur, appelle le Pédant à son secours dans le vers 364.

Vers 347. *Leur voyant de piot......*] Vieux mot françois synonyme de *boisson* , fort affectionné de Rabelais , et tirant peut-être son étymologie de πιεῖν , *Boire*.

Vers 348. *....... De courroucer la fée.*] On dit en proverbe qu'*il ne faut pas courroucer la fée* , et ce proverbe s'explique par cet autre : *Il ne faut pas réveiller le chat qui dort*, c'est-à-dire, qu'il faut laisser en repos ceux qui nous peuvent faire du mal.

Clément Marot emploie cette expression dans l'un de ses coqs-à-l'âne :

     Il fait bon estre papelard ,
     Et ne courroucer point les fées.

Mais à tant d'accidents l'un sur l'autre amassez,
Sçachant qu'il en falloit payer les pots cassez, 250
De rage, sans parler, je m'en mordois la levre ;
Et n'est Job, de despit, qui n'en eust pris la chevre.
Car un limier boiteux, de galles damassé,
Qu'on avoit d'huile chaude et de souffre graissé :
Ainsi comme un verrat enveloppé de fange, 355
Quand sous le corcelet la crasse luy demange,
Se bouchonne par tout : de mesme en pareil cas
Ce rongneux Las-d'aller se frottoit à mes bas ;
Et fust pour estriller ses galles et ses crottes,
De sa grace il graissa mes chausses pour mes bottes, 360
En si digne façon, que le frippier Martin,
Avec sa malle-tache, y perdroit son latin.
Ainsi qu'en ce despit le sang m'eschauffoit l'ame,

REMARQUES.

Vers 356. *Quand sous le corcelet.....*] Le corselet figurément est pris pour le ventre, comme
l'armet ou le casque pour la tête, le contenant pour
le contenu. La boue, dans laquelle les pourceaux
ont coutume de se vautrer, fait sur eux une espèce de corselet ou de cuirasse.

Vers 358. *Ce rongneux Las-d'aller.....*] Las-
d'aller est un substantif, terme populaire : *Ce
Las-d'aller rongneux*. Las-d'aller, dans Rabelais,
liv 1, chap. 38 et 45, est un des six pèlerins que
Gargantua mangea en salade.

Dans la *Passion à personnages*, fol. 139, Nachor
dit au valet Maucourant :

. . . . Ça haut saoul-d'aller,
Maucourant, vien bientost parler
A monseigneur.

Vers 359. *Et fust pour estriller....*] *Et voulant
étriller*, ou bien, *Et soit qu'il voulût étriller*.

Vers 361 et 362. *... ... Que le fripier Martin,
Avec sa malle-tache, y perdroit son latin.*] Les
commentateurs se sont épuisés en vaines conjectures pour interpréter la *male-tache* ou *mauvaise
tache du fripier Martin*, en corrigeant, selon leur
usage, le texte de l'auteur, pour le rendre favorable à leur interprétation. Brossette a fait maintes
recherches à ce sujet, et rapporte des vers qu'il
a lus sans les comprendre apparemment, car ils
auroient dû l'éclairer sur le sens de l'expression de
Regnier ; témoin cette strophe de la satire de Sy-
gogne contre le pourpoint d'un courtisan :

Maintefois le maistre bravache
Eust appelé la male-tache,
Pour ce vieux chiffon dégresser ;
Mais faute d'un qui luy succede,
Il n'y a point eu de remede
Que son dos l'ait voulu laisser.

et la satire sur le bas de soie d'un courtisan, par le
sieur de la Ronce :

Elles te firent mainte tache,
Où le crieur de *male-tache*
A bien perdu tout son latin.

Je trouve ces derniers vers de cette manière dans
le *Cabinet satirique :*

Elles te firent mainte tache
Où le crieur de *pierre à tache*
Eût bien perdu tout son latin.

La *male-tache du fripier Martin* me paroît être,
d'après les citations ci-dessus, le nom d'une pierre
à détacher, d'un savon à dégraisser inventé par le
fripier Martin, et analogue aux ingrédiens de
même nature que nous voyons vendre sur les places
publiques.

Le monsieur, son pédant à son aide reclame, 364
Pour soudre l'argument ; quand d'un sçavant parler
Il est qui fait la moue aux chimeres en l'air.
Le pédant, tout fumeux de vin et de doctrine,
Respond, Dieu sçait comment. Le bon Jean se mutine ;
Et sembloit que la gloire, en ce gentil assaut, 369
Fust à qui parleroit, non pas mieux, mais plus haut.
Ne croyez, en parlant, que l'un ou l'autre dorme.
Comment ! vostre argument, dist l'un, n'est pas en forme.
L'autre, tout hors du sens : mais c'est vous, malautru,
Qui faites le sçavant, et n'estes pas congru : 374
L'autre : Monsieur le sot, je vous feray bien taire :
Quoy ? comment, est-ce ainsi qu'on frape Despautere ?
Quelle incongruité ! vous mentez par les dents.
Mais vous. Ainsi ces gens à se picquer ardents,
S'en vindrent du parler, à tic tac, torche, lorgne ;
Qui, casse le museau ; qui, son rival éborgne ; 380
Qui, jette un pain, un plat, une assiette, un couteau ;
Qui, pour une rondache, empoigne un escabeau.
L'un faict plus qu'il ne peut, et l'autre plus qu'il n'ose.

REMARQUES.

Vers 364. *Le Monsieur, son pédant à son aide
reclame.*] Voyez la note sur le vers 343.

Vers 368. *.....Le bon Jean se mutine.*] L'homme
blessé de la logique, *le faiseur d'argumens.*

Vers 372. *Comment ! vostre argument, dist
l'un....*] C'est le pédant qui parle. Il faut remarquer le dialogue dans ce vers et dans les six vers
suivans.

Vers 373. *........ Mais c'est vous, malautru.*]
Nous écrivons aujourd'hui *malotru*, mal bâti ; du
latin *male structus*. La Fontaine emploie cette expression, fable de la Fille.

Vers 376. *...... Est-ce ainsi qu'on frape Despautere ?*] Le pédant reproche à l'autre qu'il *frape
Despautere*, c'est-à-dire, qu'il pèche contre les
règles de la grammaire ; comme on disoit autrefois, *donner un soufflet à Ronsard*, quand on pé-
choit contre la pureté du langage. Ménage, dans
sa *Requête des Dictionnaires :*

Si bien que les petits grimauds
Ne rencontrant point tous ces mots,
Suivant notre ordre alphabétique,
Qui retient l'orthographe antique,
Entrent aussi-tôt en courroux,
Et lors nous frappent à grands coups,
Souffletant le dictionnaire,
Aussi-bien que le Despautere.

Jean Despautère, célèbre grammairien, mourut
en 1520. Il a composé des livres de grammaire fort
usités de son temps dans les colléges.

Vers 379. *S'en vindrent du parler, à tic tac,
torche, lorgne.*] Ces mots expriment le bruit que
font plusieurs coups donnés et reçus dans une
émeute. *Torche lorgne* signifie particulièrement,
à tors et à travers. Rabelais, liv. 1, chap. 19,
fait dire à maître Janotus de Bragmardo, à la fin
de sa harangue : *Mais nac petetin, petetac, ticque,
torche lorgne.* Le même, au chapitre 29 du livre II :
En frapant torche lorgne dessus le géant. Et au
livre IV, chap. 56, où M. le Duchat fait observer
que la plupart de ces mots sont pris de la célèbre
chanson du musicien Jannequin, intitulée *la Bataille*, ou *Défaite des Suisses à la journée de
Marignan.*

Vers 380. *Qui, casse le museau, qui...*] L'un
casse le museau ; l'autre éborgne son rival, etc.

Vers 382. *.....Pour une rondache...*] Sorte de
bouclier rond.

Et, pense, en les voyant, voir la metamorphose,
Où les Centaures saouz, au bourg Atracien,　　385
Voulurent, chauds de reins, faire nopces de chien,
Et cornus du bon pere, encorner le Lapithe,
Qui leur fist à la fin enfiler la guerite,
Quand avecque des plats, des treteaux, des tisons,
Par force les chassant my-morts de ses maisons,　390
Il les fist gentiment, aprés la tragédie,
De chevaux devenir gros asnes d'Arcadie.

Nos gens en ce combat n'estoient moins inhumains,
Car chacun s'escrimoit et des pieds et des mains : 34
Et, comme eux, tous sanglants en ces doctes alarmes,
La fureur aveuglée en main leur mist des armes.
Le bon Jean crie, Au meurtre! et ce docteur, Harault!
Le monsieur dict, Tout-beau! l'on appelle Girault.
A ce nom, voyant l'homme, et sa gentille trongne,
En memoire aussi tost me tomba la Gascongne :　400
Je cours à mon manteau, je descends l'escalier,

VERS 384. *Et pense......*] Et je pense.

VERS 385. *Où les Centaures saouz, au bourg Atracien.* C'est ce bourg de la Thessalie , *Atrax* ou *Atracia*, où les Lapithes et les Centaures se battirent aux noces de Pirithoüs. Ovide a amplement décrit ce combat au douzième livre de ses *Métamorphoses.*

Un des dialogues de Lucien est intitulé *les Lapithes*, ou *le Banquet des philosophes.* Il se termine par une violente querelle que Lucien compare au combat des Lapithes. C'est l'original de Regnier.

VERS 387. *Et cornus du bon pere, encorner le Lapithe.*] Les cornes ayant passé de tout temps pour un symbole de force et de courage, Bacchus a été représenté cornu , parce que le vin donne de la force et du courage aux foibles et aux poltrons. Le *bon père*, dans ce vers, n'est autre que Bacchus. Ainsi, les Centaures *cornus du bon pere*, et les Centaures *animez par le vin*, sont la même chose. Horace apostrophant sa bouteille, ode 21 du livre III, lui dit : *Et addis cornua pauperi ;* ce qu'Ovide, lib. I *de Arte amandi*, a imité, lorsque parlant des effets du vin, il s'en explique en ces termes :

Tunc veniunt risus , tunc pauper cornua sumit.

Ibid. *...... Encorner le Lapithe.*] Pirithoüs , roi des Lapithes.

VERS 392. *De chevaux , devenir gros asnes d'Arcadie.*] Les Centaures étoient moitié hommes , moitié chevaux.

VERS 396. *La fureur aveuglée en main leur mist des armes.*]

Furor arma ministrat.

VIRGILE, Æneide, l. II.

VERS 397. *...... Harault.*] Il faut lire haro. C'étoit un cri de justice qui avoit la force de faire arrêter celui qui le prononçoit et celui sur lequel on le crioit, jusqu'à ce que justice eût été rendue. La Fontaine emploie cette expression , *clameur de haro.*

VERS 400. *En mémoire aussi tost me tomba la Gascongne.*] Ce vers de Regnier ne fait-il point allusion à l'anecdote de ce courtisan qui , en sortant des appartemens du Louvre, et allant prendre son manteau à l'endroit où il l'avoit déposé , ne le trouva plus Apprenant qu'un certain gentilhomme gascon, dont le nom se terminoit en *gnac*, venoit de sortir : *Ah !* s'écria-t-il, *s'il y a du gnac, mon manteau est perdu.*

Et laisse avec ses gens monsieur le chevalier,
Qui vouloit mettre barre entre ceste canaille.
Ainsi , sans coup ferir, je sors de la bataille ,
Sans parler de flambeau , ny sans faire autre bruit. 405
Croyez qu'il n'estoit pas : O nuict, jalouse nuict :
Car il sembloit qu'on eust aveuglé la nature ;
Et faisoit un noir brun d'aussi bonne teinture,
Que jamais on en vit sortir des Gobelins.
Argus pouvoit passer pour un des Quinze-Vingts.　410
Qui pis-est , il pleuvoit d'une telle maniere,
Que les reins , par despit, me servoient de goutiere :
Et du haut des maisons tomboit un tel dégout,
Que les chiens alterez pouvoient boire debout.
Alors me remettant sur ma philosophie,　　415
Je trouve qu'en ce monde il est sot qui se fie,
Et se laisse conduire ; et quant aux courtisans,
Qui , doucets et gentilz , font tant les suffisants,
Je trouve , les mettant en mesme patenostre,
Que le plus sot d'entr'eux est aussi sot qu'un autre. 420
Mais pource qu'estant là , je n'estois dans le grain ,
Aussi que mon manteau la nuict craint le serain :
Voyant que mon logis estoit loin , et peut estre
Qu'il pourroit en chemin changer d'air et de maistre ;

VERS 402. *...... Monsieur le chevalier.*] De la petite épée, duquel il est parlé dans le vers 284.

VERS 403. *Qui vouloit mettre barre.*] Ces vers , tirés de l'*Enfer* de Clément Marot , serviront de commentaire. Il parle des plaideurs :

　　Encor (pour vrai) mettre on n'y peut tel ordre,
　　Que toujours l'un , l'autre ne venille mordre ,
　　Dont raison veut qu'ainsi on les embarre,
　　Et qu'entre deux soit mis distance et barre,
　　Comme aux chevaux en l'estable hargneux.

VERS 406. *... .. O nuict ! jalouse nuict.*] C'est le commencement d'une chanson de Desportes , oncle de Regnier. Voici le premier couplet de cette chanson , qui a été long-temps en vogue :

　　O nuit , jalouse nuit , contre moi conjurée,
　　Qui renflames le ciel de nouvelle clairté ,
　　T'ay-je donc aujourd'huy tant de fois désirée,
　　Pour être si contraire à ma félicité ?

Furetière, dans son *Roman bourgeois*, p. 429, cite encore la même chanson au sujet d'une personne fâchée d'être interrompue par l'arrivée de la nuit : « A son geste et à son regard parut assez » son mécontentement : sans doute que dans son » ame elle dit plusieurs fois : *O nuit ! jalouse* » *nuit.* »

VERS 409. *Que jamais on en vit sortir des Gobelins.*] Les Gobelins, maison située à l'extrémité du faubourg Saint-Marcel, et bâtie par Gobelin , fameux teinturier de la ville de Reims , sous le règne de François Ier. L'hôtel des Gobelins appartient au roi, et Colbert y établit, en 1667, une manufacture royale des meubles de la couronne. Les eaux de la rivière de Bièvre , qui y passe, ont , ce qu'on prétend , une qualité particulière pour la teinture des laines.

VERS 410. *Argus pouvoit passer pour un des Quinze-Vingts.*] Pour un aveugle.

VERS 421. *...... Je n'estois dans le grain.*] Je n'étois pas à mon aise. Métaphore empruntée des animaux que l'on nourrit de grain , et à qui on en donne plus qu'il ne leur en faut.

VERS 424. *Qu'il pourroit en chemin changer d'air et de maistre.*] Sous le règne de Henri IV, et même encore sous celui de Louis XIII, les jeunes débauchés se faisoient gloire de voler des manteaux la nuit dans les rues de Paris.

Pour éviter la pluye , à l'abry de l'auvent,   425
J'allois doublant le pas , comme un qui fend le vent.
Quand bronchant lourdement en un mauvais passage ,
Le ciel me fist joüer un autre personnage :
Car heurtant une porte , en pensant m'accoter ,
Ainsi qu'elle obeyt, je vins à culbuter ;   430
Et s'ouvraut à mon heurt, je tombay sur le ventre.
On demande que c'est : je me releve , j'entre ;
Et voyant que le chien n'aboyoit point la nuict ,
Que les verroux graissez ne faisoient aucun bruit,
Qu'on me rioit au nez, et qu'une chambriere   435
Vouloit monstrer ensemble et cacher la lumiere :
Je suis, je le voy bien.... Je parle. L'on respond :
Où, sans fleurs du bien-dire, ou d'autre art plus profond,
Nous tombasmes d'accord. Le monde je contemple ,
Et me trouve en un lieu de fort mauvais exemple.   440
Toutesfois il falloit , en ce plaisant mal-heur ,
Mettre , pour me sauver , en danger mon honneur.
Puis donc que je suis là , et qu'il est pres d'une heure,
N'esperant pour ce jour de fortune meilleure ,
Je vous laisse en repos , jusques à quelques jours ,   445
Que , sans parler Phœbus , je feray le discours
De mon giste , où pensant reposer à mon aise ,
Je tombé par mal-heur de la poisle en la braise.

REMARQUES.

VERS 431. *Et s'ouvrant à mon heurt.*] Choc.
De *heurter.*

VERS 434. *Que les verroux graissez ne faisoient aucun bruit.*]

Cardine nunc tacito vertere posse fores.
            TIBULLE, liv. 1 , élég. 7, v. 12.

Horace , liv. 1, ode 25 , dit au contraire que la
porte d'une vieille coquette , qui s'ouvroit autrefois si facilement , demeure à présent toujours
fermée :

. . . .*Amatque*
            Janua limen,
Quæ prius multum faciles movebat
Cardines.

VERS 437. *Je suis, je le voy bien...*] Le vers 440
sert d'explication à celui-ci , dont le sens est suspendu , ce que j'ai marqué par des points. Dans
l'édition de 1642 et dans les suivantes , on a mis :
J'y suis , je le vois bien.

VERS 438. *Où , sans fleurs du bien-dire...*] Les
éditeurs ne comprenant pas cette façon de parler,
l'ont changée pour la plupart , ainsi que Brossette
et Lenglet-Dufresnoy , en mettant *ou sans fleurs
de bien dire,* correction qui , ce me semble , n'é-
claircit pas beaucoup le texte ; aussi se sont-ils dis-
pensés de tout commentaire. Il existe un petit livre
imprimé à Paris, en 1598, chez Math. Guillemot,
ayant pour titre : *les Fleurs du bien dire , recueillies ès cabinets des plus rares esprits de ce
temps , pour exprimer les passions amoureuses ,
avec un amas des plus beaux traits dont on use
en amour ; rédigez en forme de lieux communs ,
pour s'en servir à propos.* Il me semble hors de
doute que Regnier a voulu faire allusion à cet ouvrage , sans le secours duquel il est facile de se
faire recevoir dans un lieu où , comme dit La Fontaine :

En beaux louis se content les fleurettes.

VERS 448. *Je tombé........*] 1645 , *je tombay* ;
1626 , 1655 , 1667 , *je tombe.*

SATYRE XI.[1]

SUITTE.

VOYEZ que c'est du monde , et des choses humaines!
Toujours à nouveaux maux naissent nouvelles peines ;
Et ne m'ont les destins , à mon dam trop constans,
Jamais , après la pluye , envoyé le beau temps.
Estant né pour souffrir , ce qui me reconforte ,   5
C'est que , sans murmurer , la douleur je supporte ;
Et tire ce bon-heur du mal-heur où je suis ,
Que je fais , en riant, bon visage aux ennuis ;
Que le ciel affrontant , je nazarde la lune ,
Et voy , sans me troubler , l'une et l'autre fortune.   10
Pour lors bien m'en vallut : car contre ces assauts,
Qui font , lors que j'y pense, encor que je tressauts :
Pétrarque , et son remède , y perdant sa rondache ,
En eust, de marisson , ploré comme une vache.
Outre que de l'object la puissance s'esmeut ,   15
Moy qui n'ay pas le nez d'estre Jean qui ne peut ,

REMARQUES.

(1) C'est principalement au sujet de cette satire
que Boileau avoit reproché à Regnier d'avoir prosti-
tué les muses :

Heureux si , moins hardi dans ses vers pleins de sel ,
Il n'avoit point traîné les muses au b......,
Et si du son hardi de ses rimes cyniques,
Il n'alarmoit souvent les oreilles pudiques.

Mais on sait que Boileau , pour ne point commettre la même faute qu'il reprochoit à Regnier, changea les deux premiers vers de cette manière , tels
qu'ils sont dans le second chant de son *Art poétique* :

Heureux si ses discours , craints du chaste lecteur,
Ne se sentoient des lieux où fréquentoit l'auteur.

(Voyez les remarques sur ces vers de Boileau.)
Sans vouloir justifier Regnier sur le choix du
sujet de cette pièce , qui est extrêmement condam-
nable , on peut dire que le vice y est peint avec
des couleurs bien capables d'en donner de l'horreur.
Cette satire ne parut point dans l'édition de
1608 , et fut imprimée dans celle de 1612.

VERS 2. *Tousjours à nouveaux maux naissent
nouvelles peines.*] Le vers 203 de cette satire est
semblable à celui :

Expectant curæque , catenatique labores.
            MARTIAL, liv. 1 , ép. 16.

. . . . *Finis alterius mali,*
Gradus est futuri.
                  SÉNÈQUE.

On dit bien vray : la mauvaise fortune
Ne vient jamais qu'elle n'en apporte une ,
Ou deux , ou trois , avecques elle , sire.
            MAROT, *épître à François 1er.*

VERS 8. *Que je fais , en riant, bon visage aux
ennuis.*]

Pars major lacrymas ridet, et intus habet.
            MARTIAL.

VERS 13. *Pétrarque, et son remède...*] Pétrarque
a fait un traité de *Remediis bonæ et malæ fortunæ.*

VERS 14. *En eust , de marisson.....*] Vieux mot
employé par Clément Marot , dans sa première ballade , pour *tristesse , chagrin.*

VERS 16. ...... *D'estre Jean qui ne peut.*] *Jean
qui ne peut ,* terme du jeu de trictrac, détourné
à un autre sens.

Il n'est mal dont le sens la nature resveille,
Qui ribaut ne me prist ailleurs que par l'oreille.
Entré doncq' que je fus en ce logis d'honneur,
Pour faire que d'abord on me traitte en seigneur, 20
Et me rendre en amour d'autant plus agréable ;
La bourse desliant, je mis piéce sur table ;
Et guarissant leur mal du premier appareil,
Je fis dans un escu reluire le soleil.
De nuict dessus leur front la joye estincelante, 25
Monstroit en son midy que l'âme estoit contente.
Deslors, pour me servir, chacun se tenoit prest,
Et murmuroient tout bas : l'honneste homme que c'est!
Toutes, à qui mieux mieux, s'efforçoient de me plaire.
L'on allume le feu, dont j'avois bien affaire. 30
Je m'aproche, me sieds, et m'aidant au besoing,
Ja tout apprivoisé je mangeois sur le poing.
Quand au flambet du feu, trois vieilles rechignées
Viurent à pas contez, comme des airigaées :
Chacune sur le cul au foyer s'accropit, 35
Et sembloient, se plaignant, marmoter par despit.
L'une, comme un fantosme, affreusement hardie,
Sembloit faire l'entrée en quelque tragédie;
L'autre, une Egyptienne, en qui les rides font
Contre-escarpes, rampards, et fosses sur le front ; 40
L'autre, qui de soy-mesme estoit diminutive,
Ressembloit, transparente, une lanterne vive,

Dont quelque paticier amuse les enfans,
Où des oysons bridez, gueuuches, élefans, 45
Chiens, chats, liévres, renards, et mainte estrange beste,
Courent l'une apres l'autre : ainsi dedans sa teste
Voyoit-on clairement au travers de ses os,
Ce dont sa fantaisie animoit ses propos :
Le regret du passé, du présent la misere, 50
La peur de l'advenir, et tout ce qu'elle espere
Des biens que l'hypocondre en ses vapeurs promet,
Quand l'humeur, ou le vin, luy barboüillent l'armet.
L'une se plaint des reins, et l'autre d'un côtaire ;
L'autre du mal des dents : et comme, en grand mystere, 55
Avec trois brins de sauge, une figue d'antan,
Un va-t'en si tu peux ; un si tu peux va-t'en,
Escrit en peau d'oignon, entouroit sa machoire :
Et toutes, pour garir, se reforçoient de boire.
Or j'ignore en quel champ d'honneur de vertu, 60
Ou dessous quels drapeaux elles ont combatu ;
Si c'estoit mal de suinct, ou de fiévre-quartaine ;
Mais je sçay bien qu'il n'est soldat ni capitaine,
Soit de gens de cheval, ou soit de gens de pié,
Qui dans la charité soit plus estropié.
Bien que maistre Denis, sçavant en la sculture, 65
Fist il, avec son art, quinaude la nature ;

Vers 17. *Il n'est mal dont le sens la nature resveille.*] Brossette en cet endroit corrompt le texte de Regnier, en substituant le mot *main* à *mal*, et lui donne ainsi un sens forcé et très-obscène, tout en avouant qu'il est certaines choses qu'un commentateur doit ignorer. J'avoue, moi, que sa version ne me semble pas plus intelligible que le passage de Regnier. Il me semble qu'on peut l'éclaircir en tournant en prose sa phrase de cette manière : *Il n'est désir d'amour dont les sens excitent la nature, qui, libertin que je suis, ne me prît*, etc. ; le reste est trop clair. Quoi qu'il en soit, un auteur a toujours tort de donner lieu à tant d'interprétations.

Vers 24. *Je fis dans un escu reluire le soleil.*] Du temps de Regnier il y avoit des écus d'or qu'on appeloit *écus au soleil*, parce qu'ils avoient un soleil à huit rais.

Vers 32. *Ja tout apprivoisé je mangeois sur le poing.*] Quand les oiseaux de fauconnerie mangent volontiers sur le poing, c'est une marque qu'ils sont entièrement assurés ou affaités, c'est-à-dire, apprivoisés. Pendant un temps ç'a été la mode en France, parmi les gens du bel air, qui vouloient passer pour galans, *de porter tout le jour sur le poing un eprevier sans propos* (LOYS GUYON, *diverses Leçons*, liv. II, chap. 5) ; et ce temps étoit celui de la jeunesse de Regnier.

Vers 34. *...... Comme des airignées.*] On lit ainsi dans l'édition de 1613 ; il y a *érignées* dans celle de 1612, et *araignées* dans la plupart des autres.

Vers 42. *Ressembloit, transparente, une lanterne vive.*] Ces sortes de lanternes étoient circulaires, en toile ou papier huilé. Entre la toile et la lumière, placée au milieu, des figures grotesques, en carton découpé, étoient fixées à un cercle mouvant, auquel on donnoit une impulsion qui le faisoit tourner. Les figures qu'il supportoit se dessinoient en ombres, en se promenant aux yeux des spectateurs. Avant l'établissement de la comédie en France, ces sortes de lanternes faisoient un des ornemens du théâtre dans ces temps grossiers où

l'on jouoit les mystères, c'est-à-dire, les histoires de l'Ancien et du Nouveau Testament. Les pâtissiers s'emparèrent ensuite des lanternes vivantes, qu'ils exposoient dans leurs boutiques pour attirer les passans. On en voyoit encore, à la fin du siècle dernier, élevées comme des espèces de fanaux au-dessus des optiques ambulans.

Vers 52. *...... Lui barboüillent l'armet.*] Pour la tête. L'armet étoit une arme défensive de cette partie du corps.

Vers 53. *...... Et l'autre d'un côtaire*] On écrit cautère.

Vers 55. *........ Une figue d'antan.*] Vieille figue de l'année passée ; *ante annum*. Villon dit : *Mais où sont les neiges d'antan ?* Ballade *des Dames du temps jadis.*

Vers 56. *Un va-t'en si tu peux ; un si tu peux va-t'en.*] Monosyllabes. Rien de plus crédule ou superstitieux que les gens sans morale ou sans religion, tels que sont ces misérables qui ont foi, pour la plupart, à ces sortes de formules.

Vers 61. *Si c'estoit mal de sainct......*] Il y a plusieurs maladies auxquelles le peuple a donné le nom de quelque saint, comme *le mal de saint Jean*, qui est l'épilepsie ; *le mal de saint Hubert*, qui est la rage ; *le mal de saint Mein*, qui est la gale, etc.

Vers 64. *Qui dans la Charité soit plus estropié.*] La Charité est un des hôpitaux de Paris.

Vers 65. *Bien que maistre Denis, sçavant en la sculture.*] Il n'y a pas d'apparence que Regnier ait voulu parler d'un ancien sculpteur grec appelé Denys, *Dionysius*, duquel, au rapport de Pline, livre XXXVI, chap. 10, on voyoit à Rome plusieurs ouvrages excellens. *Dionysius et Polycles, Timarchidis filii.*
Quelque temps avant Regnier il y avoit en France deux sculpteurs célèbres, Jean Goujeon et Germain Pilon, dont les ouvrages sont admirés encore aujourd'hui.

Vers 66. *Fist il, avec son art, quinaude la nature.*] Faire quelqu'un *quinaud*, c'est-à-dire camus, c'est s'en moquer, l'attraper.

Ou comme Michel l'Ange, eust-il le diable au corps,
Si ne pourroit-il faire, avec tous ses efforts,
De ces trois corps tronquez une figure entière,
Manquant à cet effect, non l'art, mais la matiere. 70
En tout elles n'avoient seulement que deux yeux,
Encore bien flétris, rouges et chassieux;
Que la moitié d'un nez, que quatre dents en bouche,
Qui durant qu'il fait vent, branlent sans qu'on les touche.
Pour le reste, il estoit comme il plaisoit à Dieu, 75
En elles la santé n'avoit ny feu ny lieu :
Et chacune, à par-soy, représentoit l'idole,
Des fievres, de la peste, et de l'ordre verolle.
A ce piteux spectacle, il faut dire le vray,
J'eus une telle horreur, que tant que je vivray, 80
Je croiray qu'il n'est rien au monde qui garisse
Un homme vicieux, comme il plaisoit à Dieu.
Toute chose depuis me fut à contre-cœur;
Bien que d'un cabinet sortist un petit cœur,
Avec son chapperon, sa mine de poupée, 85
Disant: j'ay si grand peur de ces hommes d'espée,
Que si je n'eusse veu qu'estiez un financier,
Je me fusse plustost laissé crucifier,
Que de mettre le nez où je n'ay rien affaire.
Jean mon mary, monsieur, il est apoticaire. 90
Sur tout, vive l'amour; et bran pour les sergens.
Ardez, voire, c'est-mon : je me cognois en gens.
Vous estes, je voy bien, grand abbateur de quilles;
Mais au reste, honneste homme, et payez bien les filles.
Cognoissez-vous?.... mais non, je n'ose le nommer. 95
Ma foy, c'est un brave homme, et bien digne d'aymer.

REMARQUES.

VERS 67. *Ou comme Michel l'Ange.*] *Michel l'Ange*, comme l'auteur l'a écrit, fait une équivoque ; car il parle ici, non pas d'un ange, mais du fameux Michel-Ange Buonarota, excellent peintre, sculpteur et architecte. On prononce *Mikel-Ange.* Il mourut à Rome en 1564, dans sa quatre-vingt-neuvième année.

Regnier cite ici Michel-Ange, parce que ce grand artiste, la plus vaste imagination qu'il y ait eu dans la peinture, avoit excellé dans ces figures terribles et désordonnées qu'il a si vivement représentées dans son *Jugement dernier* de la chapelle Sixtine, au Vatican.

VERS 81. *Je croiray qu'il n'est rien au monde qui garisse.*] Cette maxime est très-sensée. Dans un des dialogues de Lucien, intitulé *l'Asne de Lucien*, M. d'Ablancourt, son traducteur, a cité ainsi ces deux vers :

. . . . Qu'il n'est rien qui punisse
Un homme vicieux comme son propre vice.

VERS 85. *Avec son chapperon.......*] Sorte de coiffure usitée en ce temps-là.
Marot dit d'une de ses maîtresses :

Elle vous avoit puis après.....
Le chapperon fait en poupée.

VERS 92. *Ardez, voire, c'est-mon.....*] Sortes de dictons, ou manières de parler populaires, qui se retrouvent jusque dans Molière. Quelques-unes se sont conservées en province.

VERS 93. *...... Grand abbateur de quilles.*]

Garçon carré, garçon couru des filles,
Bon compagnon et beau joueur de quilles.
LA FONTAINE, conte *des Lunettes.*

Clément Marot, dans son épître à François 1er, sur un valet qui l'avoit volé :

Prisé, loué, fort estimé des filles,
Par les bordeaux, et beau joueur de quilles.

Il sent tousjours si bon. Mais quoy! vous l'iriez dire.
Cependant, de despit, il semble qu'on me tire
Par la queuë un matou, qui m'escrit sur les reins,
Des griffes et des dents mille alibis forains : 100
Comme un singe fasché j'en dy ma patenostre ;
De rage je maugrée et le mien et le vostre,
Et le noble vilain qui m'avoit attrapé.
Mais, monsieur, me dist-elle, aurez-vous point soupé?
Je vous pry', notez l'heure; et bien, que vous en semble? 105
Estes-vous pas d'avis que nous couchions ensemble?
Moy, crotté jusqu'au cul, et moüillé jusqu'à l'os,
Qui n'avois dans le lict besoin que de repos :
Je faillis à me pendre, oyant que ceste lice
Effrontément ainsi me présentoit la lice. 110
On parle de dormir, j'y consens à regret.
La dame du logis me meine au lieu secret.
Allant, on m'entretient de Jeanne et de Macette ;
Par le vray Dieu, que Jeanne estoit et claire et nette,
Claire comme un bassin, nette comme un denier. 115
Au reste, fors monsieur, que j'estois le premier.
Pour elle, qu'elle estoit niepce de dame Avoye;
Qu'elle feroit pour moy de la fauce monnoye ;
Qu'elle estoit fermé sa porte à tout autre qu'à moy;
Et qu'elle m'aymoit plus mille fois que le roy. 120
Estourdy de cacquet, je feignois de la croire.
Nous montons, et montans, d'un *c'est-mon*, et d'un *voire*,
Doucement en riant j'apointois noz procez.
La montée estoit torte, et de fascheux accez; 124
Tout branloit dessous nous, jusqu'au dernier estage.
D'eschelle en eschelon, comme un linot en cage,
Il falloit sauteller, et des pieds s'approcher,
Ainsi comme une chévre en grimpant un rocher.
Apres cent saubre-sauts nous vinsmes en la chambre,
Qui n'avoit pas le goust de musc, civette, ou d'ambre.
La porte en estoit basse, et sembloit un guichet, 131
Qui n'avoit pour serrure autre engin qu'un crochet.

REMARQUES.

VERS 100. *...... Mille alibis forains.*] Ce sont, au propre, de mauvaises raisons, de vaines défaites. Rabelais l'emploie dans ce sens, liv. II, chap. 21. Ce mot ici ne peut signifier autre chose que des caractères ou des lignes qui n'ont ni sens ni figures déterminés.

VERS 103. *Et le noble vilain.....*] De la satire précédente.

VERS 105. *Je vous pry', notez l'heure....*] Une heure après minuit, selon le vers 443 de la satire précédente. Édition de 1642 : *Je vous pri' notez l'heure.*

VERS 109. *....... Oyant que ceste lice.*] La lice est une chienne de chasse. La Fontaine a employé ce mot. Il veut dire ici une femme sans pudeur.

VERS 122. *....... D'un c'est-mon, et d'un voire.*] Voyez la note sur le vers 92 de la présente satire.

VERS 123. *....... J'apointois noz procez.*] Pour, je terminois, je vidois nos procès. *Apointer*, pour terminer, se trouve souvent dans nos vieux auteurs. *Appointer* est aujourd'hui un terme de barreau qui a une autre signification.

VERS 127. *... ... Et des pieds s'approcher.*] Ne seroit-ce point *s'accrocher*, au lieu de *s'approcher* ? le sens paroîtroit l'indiquer ; mais aucune édition ne porte cette correction, que je n'ai pas cru devoir me permettre.

VERS 132. *Qui n'avoit pour serrure autre engin qu'un crochet.*] *Engin*, vieux mot françois hors d'usage, qui signifie *machine*, *instrument*, d'où l'on a fait *ingénieur*, qui s'est conservé.

Six douves de poinçon servoient d'aix et de barre,
Qui bâillant grimassoient d'une façon bizarre ;
Et pour se reprouver de mauvais entretien,   135
Chacune par grandeur se tenoit sur le sien ;
Et loin l'une de l'autre, en leur mine altérée,
Monstroient leur saincte vie estroite et retirée.

Or, comme il plut au ciel, en trois doubles plié,
Entrant je me heurté la caboche et le pié,   140
Dont je tombe en arriere, estourdi de ma cheute,
Et du haut jusqu'au bas je fis la cullebutte :
De la teste et du cul contant chaque degré.
Puis que Dieu le voulut, je prins le tout à gré.
Aussi qu'au mesme temps voyant choir ceste dame,   145
Par je ne sçay quel trou je luy vis jusqu'à l'ame,
Qui fist, en ce beau sault, m'esclatant comme un fou,
Que je prins grand plaisir à me rompre le cou.
Au bruit Macette vint : la chandelle on apporte ;
Car la nostre en tombant de frayeur estoit morte.   150
Dieu sçait comme on la veid et derriere et devant,
Le nez sur les carreaux, et le fessier au vent ;
De quelle charité l'on soulageä sa peine.
Cependant de son long, sans poulx, et sans haleine,
Le museau vermolu, le nez escarbouillé,   155
Le visage de poudre et de sang tout soüillé,
Sa teste descouverte, où l'on ne sçait que tondre,
Et lors qu'on luy parloit, qui ne pouvoit respondre ;
Sans collet, sans beguin, et sans autre affiquet,
Ses mules d'un costé, de l'autre son tocquet.   160
En ce plaisant mal-heur, je ne sçaurois vous dire
S'il en falloit pleurer, on s'il en falloit rire.
Apres ceste accident, trop long pour dire tout,
A deux bras on la prend, et la met-on debout.
Elle reprend courage, elle parle, elle crie,   165
Et changeant, en un rien, sa douleur en furie,
Dict à Jeanne, en mettant la main sur le roignon :
C'est, malheureuse, toy, qui me porte guignon.
A d'autres beaux discours la collere la porte.
Tant que Macette peut, elle la reconforte.   170
Cependant je la laisse ; et, la chandelle en main,
Regrimpant l'escalier, je suy mon vieux dessein.
J'entre dans ce beau lieu, plus digne de remarque
Que le riche palais d'un superbe monarque.
Estant là, je furette aux recoins plus cachez,   175
Où le bon Dieu voulut que, pour mes vieux pechez,
Je sceusse le despit dont l'ame est tourmentée,
Lors que, trop curieuse, on trop endemenée,
Rodant de tous costez, et tournant haut et bas,
Elle nous fait trouver ce qu'on ne cherche pas.   180

REMARQUES.

VERS 133. *Six douves de poinçon......*] Tonneau, mot encore en usage dans quelques provinces.

VERS 136. *...... Se tenoit sur le sien.*] Sur le
quant à soi, seul, sans approcher ses voisins.

VERS 140. *..... La caboche et le pié.*] *Caboche*,
terme populaire, la tête ; peut-être de *caput.*

VERS 149. *Au bruit Macette vint....*] Nom probablement commun alors à toutes les maîtresses
de ces sortes de lieux.

VERS 159 et 160. *.......... Sans autre affiquet.*
.... De l'autre son tocquet.] *Affiquet*, parure ,
ajustement. Le tocquet étoit la coiffure des femmes
du commun.

VERS 178. *..... Trop endemenée.*] Trop inquiète, agitée. (Villon, dans sa troisième ballade, emploie ce
terme dans ce même sens.) Ce mot n'est plus d'u-
sage. Nous avons conservé *se démener* pour *se tourmenter, s'agiter.*

Or, en premier item, sous mes pieds je rencontre
Un chaudron ébresché, la bourse d'une montre,
Quatre boëtes d'unguents, une d'alun bruslé,
Deux gants desparïez, un manchon tout pelé ;
Trois fiolles d'eau bleuë, autrement d'eau seconde, 185
La petite seringue, une esponge, une sonde,
Du blanc, un peu de rouge, un chifon de rabat,
Un balet, pour brusler en allant au sabat ;
Une vieille lanterne, un tabouret de paille,
Qui s'estoit sur trois pieds sauvé de la bataille ; 190
Un barril défoncé, deux bouteilles sur-cu,
Qui disoient, sans goulet, nous avons trop vescu ;
Un petit sac, tout plein de poudre de mercure,
Un vieux chapperon gras de mauvaise teinture ;
Et dedans un coffret qui s'ouvre avecq' enhan,   195
Je trouve des tisons du feu de la sainct Jean,
Du sel, du pain benit, de la feugere, un cierge,
Trois dents de mort, pliez en du parchemin vierge ;
Une chauve-souris, la carcasse d'un geay,
De la graisse de loup, et du beurre de may.   200
Sur ce point, Jeanne arrive, et faisant la doucette :
Qui vit ceans, ma foy, n'a pas besongne faite,
Toujours à nouveau mal nous vient nouveau soucy ;
Je ne sçay, quant à moy, quel logis c'est icy :
Il n'est, par le vray Dieu, jour ouvrier ny feste, 205
Que ces carongnes-là ne me rompent la teste.
Bien, bien, je m'en iray, si tost qu'il sera jour.
On trouve dans Paris d'autres maisons d'amour.
Je suis là, cependant, comme un que l'on nazarde.
Je demande que c'est ? hé ! n'y prenez pas garde,   210
Ce me respondit-elle ; on n'auroit jamais fait.
Mais bran, bran, j'ay laissé là-bas mon attifet.
Toujours apres soupper ceste vilaine crie.
Monsieur, n'est-il pas temps ? couchons nous je vous prie.
Cependant elle met sur la table les dras,   215
Qu'en bouchons tortillez elle avoit sous les bras.
Elle approche du lict, fait d'une estrange sorte :
Sur deux treteaux boiteux se couchoit une porte,
Où le lict reposoit, aussi noir qu'un souillon.
Un garde-robe gras servoit de pavillon ;   220

REMARQUES.

VERS 181. *Or, en premier item.*] *Item* , terme
de pratique conservé du latin , et qui signifie *de
même.* Par ce mot commencent tous les articles
d'un inventaire notarié.

VERS 195. *...... Qui s'ouvre avecq' enhan.*] Enhan,
ou plutôt *ahan* , terme qui exprime , par onoma-
topée , un effort accompagné de bruit.

VERS 209. *Je suis là , cependant, comme un que
l'on nazarde.*] Nazarder est , au propre, donner
des chiquenaudes sur le nez. C'est dans ce sens que
Clément Marot dit à Sagon :

> Ça ce nez, que je le nazarde,
> Pour t'apprendre avec deux doigts
> A porter honneur où tu dois.

Au figuré, il ne veut dire que se moquer, maltraiter
par raillerie.

VERS 212. *..... J'ay laissé là-bas mon attifet*]
C'étoit une parure de tête des femmes de ce temps.
d'où vient *attifer*, parer. Peut-être ici est-il employé figurément pour dire : *J'ai laissé là-bas ce
qui m'embarrasse la tête* , me tracasse.

VERS 220. *Un garde-robe.....*] Ce mot est ici
masculin. C'étoit une espèce d'enveloppe ou de
rideau de toile que l'on étendoit sur les vêtemens
pour les conserver. Cette toile, qui étoit grasse à
force d'avoir servi, servoit de pavillon, c'est-à-dire,
de garniture au lit.

De couverte un rideau, qui fuyant (vert et jaune)
Les deux extremitez, estoit trop court d'une aune.
  Ayant considéré le tout de point en point,
Je fis vœu ceste nuict de ne me coucher point,   224
Et de dormir sur pieds comme un coq sur la perche.
Mais Jeanne tont en rut, s'approche et me recherche
D'amour, ou d'amitié, duquel qu'il vous plaira,
Et moy : maudit soit-il, m'amour, qui le fera.
Polyenne pour lors me vint en la pensée,
Qui sceut que vaut la femme en amour offensée,   230
Lors que, par impuissance, ou par mespris, la nuict,
On fausse compagnie, ou qu'on manque au desduict.
C'est pourquoy j'eus grand peur qu'on me troussast en
  malle,
Qu'on me fouëtast, pour voir si j'avois point la galle,
Qu'on me crachast au nez, qu'en perche on me le mist,
Et que l'on me berçast si fort qu'on m'endormist ;   236
Ou me baillant du Jean, Jeanne vous remercie,
Qu'on me tabourinast le cul d'une vessie.
Cela fut bien à craindre, et si je l'evité,
Ce fut plus par bon-heur que par dextérité.   240
Jeanne, non moins que Circe, entre ses dents murmure,
Sinon tant de vengeance, au moins autant d'injure.
  Or pour flater enfin son mal-heur et le mien,
Je dis : quand je fais mal, c'est quand je paye bien ;
Et faisant réverence à ma bonne fortune,   245
En la remerciant, je le conté pour une.
Jeanne, rongeant son frein, de mine s'apaisa,
Et prenant mon argent, en riant me baisa :
Non, pour ce que j'en dis, je n'en parle pas, voire,   249
Mon maistre, pensez-vous ? j'entends bien le grimoire ;
Vous estes honneste homme, et sçavez l'entre-gent.
Mais, monsieur, croyez-vous que ce soit pour l'argent ?
J'en fais autant d'estat comme de chenevottes.
Non, ma foy, j'ay encore un demy-ceint, deux cottes,
Une robe de serge, un chapperon, deux bas,   255
Trois chemises de lin, six mouchoirs, deux rabats ;
Et ma chambre garnie auprès de Sainct Eustache.
Pourtant, je ne veux pas que mon mary le sçache.
Disant cecy, toujours son lict elle brassoit,
Et les linceuls trop cours par les pieds tirassoit,   260
Et fist à la fin tant, par sa façon adroite,
Qu'elle les fist venir à moitié de la coite.
Dieu sçait quels lacs d'amour, quels chiffres, quelles fleurs,

REMARQUES.

VERS 229. *Polyenne pour lors me vint en la
pensée.*] L'aventure de Polyænos et de Circé est
décrite dans Pétrone.

VERS 230. *Qui sceut que vaut la femme en amour
offensée.*]

Notumque furens quid femina possit.
  VIRGIL., Æneid. lib. v, v. 6.

Quid sinat inausum feminæ præceps furor ?
  SÉNÈQUE, dans son *Hippolyte*,
    à la fin de l'acte II.

VERS 233. .... *Qu'on me troussast en malle.*]
Oudin, dans ses *Curiosités françoises*, et le *Dictionnaire comique* de Leroux, prétendent que cette
expression signifie, emporter avec mauvais traite-
mens, enlever de force.

VERS 237. .... *Jean, Jeanne vous remercie.*]
Allusion à quelque chanson ou à quelque jeu populaire qui me sont inconnus.

VERS 262. ...... *A moitié de la coite.*] On écrit
aujourd'hui *coutte*. C'est le nom que l'on donne
encore à un lit de plume dans plusieurs de nos provinces. Du mot latin *culcita*.

De quels compartiments, et combien de couleurs,   264
Relevoient leur maintien, et leur blancheur naïfve,
Blanchie en un sivé, non dans une lescive.
  Comme son lict est faict, que ne vous couchez-vous?
Monsieur, n'est-il pas temps? et moy de filer dous.
Sur ce point elle vient, me prend et me détache,
Et le pourpoint du dos par force elle m'arrache,   270
Comme si nostre jeu fust ar roy despouïllé.
J'y resiste pourtant, et d'esprit embrouïllé,
Comme par compliment je tranchois de l'honneste,
N'y pouvant rien gaigner, je me gratte la teste.
A la fin je pris cœur, résolu d'endurer   275
Ce qui pouvoit venir, sans me desesperer.
Qui fait une follie, il la doit faire entiere,
Je détache un soulier, je m'oste une jartiere :
Froidement toutesfois ; et semble en ce coucher
Un enfant qu'un pedant contraint se détacher,   280
Que la peur tout ensemble esperonne et retarde :
A chacune esguillette il se fasche, et regarde,
Les yeux couvers de pleurs, le visage d'ennuy,
Si la grace du ciel ne descend point sur luy.
  L'on heurte sur ce point, Catherine on appelle.   285
Jeanne, pour ne respondre, esteignit la chandelle,
Personne ne dit mot. L'on refrappe plus fort,
Et faisoit-on du bruit pour réveiller un mort.
A chaque coup de pied toute la maison tremble,
Et semble que le feste à la cave s'assemble.   290
Bagasse, ouvriras-tu? C'est cestuy-cy, c'est-mon.
Jeanne, ce temps-pendant, me faisoit un sermon.
Que diable aussi, pourquoy? que voulez-vous qu'on fasse?
Que ne vous couchiez-vous? Ces gens, de la menace
Venant à la priere, essayoient tout moyen.   295
Ore ilz parlent soldat, et ores citoyen.
Ils contre-font le guet, et de voix magistrale :
Ouvrez, de par le roy. Au diable un qui devale !
Un chacun, sans parler, se tient clos et couvert.   299
  Or, comme à coups de pieds l'huis s'estoit presque ouvert,
Tout de bon le guet vint. La quenaille fait Gille.
Et moy, qui jusques là demeurois immobile,
Attendant estonné le succez de l'assaut,
Ce pensé-je, il est temps que je gaigne le haut.

REMARQUES.

VERS 265 et 266. .... *Et leur blancheur naïfve,
Blanchie en un sivé.*] La *blancheur blanchie* est
une battologie, ou répétition vicieuse. L'auteur
avoit sans doute écrit *blanchis* dans le vers 266,
faisant rapporter ce participe à *linceuls*, ou draps.
L'eau de *sivé* est probablement une eau de marais
ou d'égout. Je n'ai retrouvé ce terme que dans
Villon, qui l'écrit *cive*, en lui donnant le même
sens que Regnier :

  Dont l'un est noir, l'autre plus verd que cive,
  Où nourrices essangent leurs drappeaulx.
    Ballade XII du Grand Testament.

VERS 282. *A chacune esguillette......*] Le haut-
de-chausses tenoit au pourpoint par des lacets nommés aiguillettes, que l'on nouoit ensemble. Le cos-
tume de l'Avare, conservé au théâtre dans cette
pièce de Molière, peut donner une idée de cet
ajustement.

VERS 290. *Et semble que le feste à la cave s'assemble.*] Le *faîte*, le haut de la maison : *fastigium.*

VERS 298. ...*Au diable un qui devale.*] Au diable
si pas un ne descend.

VERS 301. ..... *La quenaille fait Gille.*] Édition
de 1642 et suivantes, *la canaille*, de même que
dans le vers 322. (Voyez la note sur le vers 195
de la satire X.)

Et troussant mon pacquet, de sauver ma personne. 305
Je me veux r'habiller, je cherche, je tastonne,
Plus estourdy de peur que n'est un hanneton.
Mais quoy ? plus on se haste et moins avance t'on.
Tout, comme par despit, se trouvoit sous ma pate.
Au lieu de mon chappeau je prens une savate ; 310
Pour mon pourpoint ses bas, pour mes bas son collet ;
Pour mes gands ses souliers, pour les miens un ballet.
Il sembloit que le diable eust fait ce tripotage.
Or Jeanne me disoit, pour me donner courage,
Si mon compere Pierre est de garde aujourd'huy, 315
Non, ne vous faschez point, vous n'aurez point d'ennuy.
Cependant, sans délay, messieurs frapent en maistre.
On crie : patience ; on ouvre la fenestre.
Or, sans plus m'amuser apres le contenu,
Je descends doucement, pied chaussé, l'autre nu ; 320
Et me tapis d'aguet derriere une muraille.
On ouvre, et brusquement entra cette quenaille,
En humeur de nous faire un assez mauvais tour.
Et moy, qui ne leur dis ny bon soir, ny bon jour,
Les voyant tous passez, je me sentis alaigre, 325
Lors, dispos du talon, je vais comme un chat maigre,
J'enfile la venelle ; et tout léger d'effroy,
Je cours un fort long temps sans voir derriere moy ;
Jusqu'à tant que, trouvant du mortier, de la terre,
Du bois, des estançons, maints platras, mainte pierre,
Je me sentis plustost au mortier embourbé, 331
Que je m'aperceus que je fusse tombé.
On ne peut esviter ce que le ciel ordonne.
Mon ame cependant de colere frissonne ;
Et prenant, s'elle eust peu, le destin à party, 335
De despit, à son nez, elle l'eust démenty ;
Et m'asseure qu'il eust réparé mon dommage.
Comme je fus sus pieds, enduit comme une image,
J'entendis qu'on parloit ; et marchant à grands pas,
Qu'on disoit : bastons-nous, je l'ai laissé fort bas. 340
Je m'aproche, je voy, desireux de cognoistre ;
Au lieu d'un médecin, il luy faudroit un prestre,
Dict l'autre, puis qu'il est si proche de sa fin.
Comment, dict le valet, estes vous medecin ?
Monsieur, pardonnez moy, le curé je demande. 345
Il s'en court, et disant, à Dieu me recommande,
Il laisse là monsieur, fasché d'estre deceu.
Or comme, allant tousjours, de prés je l'apperceu,
Je cogneu que c'estoit notre amy ; je l'aproche,
Il me regarde au nez, et riant me reproche : 350
Sans flambeau, l'heure indeuë ! et de près me voyant,
Fangeux comme un pourceau, le visage effroyant,
Le manteau sous le bras, la façon assoupie :
Estes-vous travaillé de la licantropie ?

REMARQUES.

Vers 324. *Et moy, qui ne leur dis ny bon soir,*
ny bon jour.] Monosyllabes.

Vers 346. *......Et disant, à Dieu me recom-*
mande.] Il faut lire, *à Dieu vous recommande*,
puisque ce valet parle au médecin.

Vers 354. *Estes-vous travaillé de la licantro-*
pie ?] Expression convenable à un médecin. La
lycanthropie est une maladie, ou fureur, qui fait
croire à ceux qui en sont atteints qu'ils sont trans-
formés en loups. Ils sortent de leurs maisons, et
courent les rues et les champs en heurlant et en
se jetant, comme des furieux, sur ceux qu'ils ren-

Dist-il en me prenant pour me taster le pous. 355
Et vous, di-je, monsieur, quelle fiévre avez vous ?
Vous qui tranchez du sage, ainsi parmi la ruë !
Faites vous sus un pied toute la nuict la gruë ?
Il voulut me conter comme on l'avoit pipé,
Qu'un valet, du sommeil, ou de vin occupé, 360
Sous couleur d'aller voir une femme malade,
L'avoit galentement payé d'une cassade.
Il nous faisoit bon voir tous deux bien estonnez,
Avant jour par la ruë, avecq' un pied de nez ;
Luy, pour s'estre levé, esperant deux pistoles, 365
Et moy, tout las d'avoir receu tant de bricolles.
Il se met en discours, je le laisse en riant ;
Aussi que je voyois aux rives d'Oriant,
Que l'aurore s'ornant de saffran et de roses,
Se faisant voir à tous, faisoit voir toutes choses : 370
Ne voulant, pour mourir, qu'une telle beauté
Me vist, en se levant, si sale et si croté,
Elle qui ne m'a veu qu'en mes habits de feste.
Je cours à mon logis, je heurte, je tempeste,
Et croyez à frapper que je n'estois perclus. 375
On m'ouvre, et mon valet ne me recognoist plus.
Monsieur n'est pas ici ; que diable ! à si bonne heure !
Vous frappez comme un sourd. Quelque temps je demeure.
Je le vois, il me voit, et demande, estonné,
Si le moine bouru m'avoit point promené. 380
Dieu ! comme estes vous fait ? Il va : moy de le suivre ;
Et me parle en riant, comme si je fusse yvre :
Il m'allume du feu, dans mon lict je me mets,
Avec vœu, si je puis, de n'y tomber jamais,
Ayant à mes despens appris ceste sentence : 385
Qui gay fait une erreur, la boit à repentance ;
Et quand on se frotte avecq' les courtisans,
Les branles de sortie en sont fort desplaisans.
Plus on penetre en eux, plus on seut le remeugle.
Et qui, troublé d'ardeur, entre au bordel aveugle, 390
Quand il en sort il a plus d'yeux, et plus aigus,
Que Lyncé l'Argonaute ou le jaloux Argus.

REMARQUES.

contrent : c'est pourquoi le peuple les appelle *loups*
garoux.

Vers 380. *Si le moine bouru.....*] Fantôme qu'on
fait craindre au peuple, lequel s'imagine que c'est
une âme en peine qui court les rues pendant les
avents de Noël, et qui maltraite les passans. Fu-
RETIÈRE.

Vers 389. *....... Plus on sent le remeugle.*] L'auteur avoit écrit *remeugle*, pour rimer avec *aveu-*
gle, quoiqu'on dise *rémugle*, comme on lit dans
l'édition de 1613, et dans toutes celles qui sont
venues après. *Rémugle*, odeur de renfermé.

Vers 391. *Quand il en sort, il a.....*] La césure
auroit été plus régulière si l'auteur avoit mis : *Il a,*
quand il en sort.

Vers 392. *Que Lyncé l'Argonaute, ou le ja-*
loux Argus.] Suivant l'histoire fabuleuse, Argus
avoit cent yeux ; et Lyncée avoit la vue si perçante,
qu'il voyoit à travers une muraille. (Voyez Érasme,
Adag. LV, chil. 2.) Lyncée fut un des Argonautes,
c'est-à-dire, des héros qui allèrent avec Jason à la
conquête de la toison d'or. Regnier a dit *Lyncé* pour
Lyncée, comme Ronsard et d'autres ont dit *Orphé*,
Proté, *Thésé* pour *Orphée*, *Protee*, *Thésée*.

A MONSIEUR FRÉMINET.

SATYRE XII.(1)

On dit que le grand peintre ayant fait un ouvrage,
Des jugemens d'autruy tiroit cest avantage,
Que selon qu'il jugeoit qu'ils estoient vrais ou faux,
Docile à son profit, réformoit ses défauts.
Or c'estoit du bon temps que la hayne et l'envie,   5
Par crimes supposez n'attentoient à la vie ;
Que le vray du propos estoit cousin germain,
Et qu'un chacun parloit le cœur dedans la main.
  Mais que serviroit-il maintenant de prétendre
S'amender par ceux-là qui nous viennent reprendre,   10
Si selon l'interest tout le monde discourt,
Et si la vérité n'est plus femme de court ;
S'il n'est bon courtisan, tant frisé peut il estre,
S'il a bon apetit, qu'il ne jure à son maistre,
Dés la pointe du jour, qu'il est midy sonné,   15
Et qu'au logis du roy tout le monde a disné ?
Estrange effronterie en si peu d'importance !
Mais de ce costé-là je leur donrois quittance,
S'ils vouloient s'obliger d'espargner leurs amis,
Où, par raison d'estat, il leur est bien permis.   20
  Cecy pourroit suffire à refroidir une ame
Qui n'ose rien tenter pour la crainte du blasme ;
A qui la peur de perdre enterre le talent :
Non pas moy, qui me ry d'un esprit nonchalent,
Qui, pour ne faillir point, retarde de bien faire.   25

REMARQUES.

(1) Dans cette satire, qui étoit la dixième et dernière de l'édition faite en 1608, Regnier fait son apologie. Comme il convient d'avoir censuré les vices des hommes, il veut bien que les hommes censurent aussi les siens.

Martin Fréminet, né à Paris en 1567, étoit peintre ordinaire du roi Henri IV, pour lequel il commença à peindre la chapelle de Fontainebleau, et il la continua sous Louis XIII. Ces deux rois lui donnèrent successivement des marques de leur estime, et Louis XIII l'honora de l'ordre de Saint-Michel. Il mourut en 1619, laissant un fils de même nom, Martin Fréminet, qui étoit aussi un peintre habile.

VERS 1. *On dit que le grand peintre....*] Apelle. Regnier, adressant cette satire à un peintre, débute par un exemple tiré de l'histoire d'un peintre, et du peintre le plus fameux de l'antiquité.

VERS 7. *Que le vray du propos estoit cousin germain.*] Que la vérité étoit d'accord avec les paroles.

VERS 18. ......*Je leur donrois quittance.*] Du temps de notre poëte, et long-temps auparavant, le bel usage étoit pour *donrois*, *lairrois*, au lieu de *donnerois*, *laisserois*, etc., comme on le voit écrit en plusieurs endroits de l'*Amadis de Gaule*, de Des Essars, l'écrivain le plus poli de son temps ; dans Marot et dans Rabelais. Ronsard, dans son *Abrégé de l'Art poétique*, chapitre de l'*H*, regarde ces abréviations comme des licences permises. *Tu accourciras aussi (je dis, autant que tu y seras contraint) les verbes trop longs, comme donra* pour *donnera*, *sautra* pour *sautera*, etc. Vaugelas et l'Académie ont condamné ces licences.

VERS 20. *Où, par raison d'estat, il leur est bien permis.*] Ils peuvent épargner leurs amis dans les choses où l'état n'est point intéressé.

C'est pourquoi maintenant je m'expose au vulgaire,
Et me donne pour butte aux jugemens divers.
Qu'un chacun taille, rongne et glose sur mes vers ;
Qu'un resveur insolent d'ignorance m'acuse,
Que je ne suis pas net, que trop simple est ma muse,   30
Que j'ai l'humeur bizarre, inesgal le cerveau,
Et, s'il luy plaist encor', qu'il me relie en veau.
  Avant qu'aller si viste, au moins je le suplie
Sçavoir que le bon vin ne peut estre sans lie ;
Qu'il n'est rien de parfait en ce monde aujourd'huy ;   35
Qu'homme, je suis suject à faillir comme luy ;
Et qu'au surplus, pour moy, qu'il se face paroistre
Aussi vray que pour luy je m'efforce de l'estre.
  Mais sçais-tu, Fréminet, ceux qui me blasmeront?
Ceux qui dedans mes vers leurs vices trouveront ;   40
A qui l'ambition la nuict tire l'oreille,
De qui l'esprit avare en repos ne sommeille,
Tousjours s'alembiquant apres nouveaux partis,
Qui pour Dieu, ny pour loy, n'ont que leurs appetis ;
Qui rodent toute nuict, troublez de jalousie,   45
A qui l'amour lascif regle la fantaisie,
Qui préferent, vilains, le profit à l'honneur,
Qui par fraude ont ravy les terres du mineur.
  Telles sortes de gens vont apres les poëtes,
Comme apres les hiboux vont criant les chuettes.   50
Leurs femmes vous diront : Fuyez ce mesdisant,
Fâcheuse est son humeur, son parler est cuisant.
Quoy, monsieur, n'est-ce pas cest homme à la satyre,
Qui perdroit son amy plustost qu'un mot pour rire?

REMARQUES.

VERS 28. *Qu'un chacun taille, rongne....*] Édition de 1608, *roigne*.

VERS 49. *Telles sortes de gens vont apres les poëtes.*] Voici le seul vers où Regnier ait fait ce dernier mot de trois syllabes ; partout ailleurs il ne le fait que de deux.

VERS 50. *Comme apres les hiboux vont criant les chuettes.*] Si par *chouette* on vouloit signifier un oiseau de nuit, le sens de ce vers seroit faux ; car ce ne sont pas les chouettes qui vont criant après les hiboux, mais ce sont les autres oiseaux qui crient après les hiboux et les chouettes. Nos anciens dictionnaires françois m'apprennent que, du temps de Regnier, *chouette* ou *chuette* signifioit une espèce de corneille, le petit choucas, qui, pour user des termes de Belon, est *la plus petite espèce du genre corbin*. En latin *monedula*, parce que cet oiseau aime extrêmement à cacher l'or et l'argent, d'où est venu le proverbe : *larron comme une chouette*. Marot dit, dans son épître à celui qui avoit calomnié son épître sur le vol de son valet :

  Quel qu'il soit il n'est point poëte,
  Mais fils aîné d'une chouette,
  Ou aussi larron pour le moins.

Il faut donc conserver le vers de Regnier tel qu'il est dans la première édition, de 1608 :

  Comme après les hiboux vont criant les chouettes;

ou mettre *chuettes*, comme on lit dans les éditions de 1612 et 1613, faites pendant la vie de l'auteur, et non remplacer ce mot par celui de *fauvettes*, ainsi que La Monnoie le propose.

VERS 54. *Qui perdroit son amy plustost qu'un mot pour rire.*]

  Omnes hi metuunt versus, odère poetas.
  Fœnum habet in cornu : longè fuge : dummodò risum
  Excutiat sibi, non hic cuiquam parcet amico.
                          HORACE, liv. I, sat. 4.

Il emporte la piece ; et c'est là , de par-Dieu ,
(Ayant peur que ce soit celle-là du milieu)
Où le soulier les blesse ; autrement je n'estime
Qu'aucune eust volonté de m'accuser de crime.

Car pour elles, depuis qu'elles viennent au point,
Elles ne voudroient pas que l'on ne le sceust point. 60
Un grand contentement mal-aisément se celle.
Puis c'est des amoureux la regle universelle,
De déferer si fort à leur affection ,
Qu'ils estiment bonneur leur folle passion.

Et quant est de l'honneur de leurs maris, je pense 65
Qu'aucune à bon escient n'en prendroit la deffence,
Sçachant bien qu'on n'est pas tenu , par charité,
De leur donner un bien qu'elles leur ont osté.

Voila le grand-mercy que j'auray de mes peines.
C'est le cours du marché des affaires humaines ,   70
Qu'encores qu'un chacun vaille icy bas son pris ,
Le plus cher toutesfois est souvent à mespris.

Or , amy , ce n'est point une humeur de médire
Qui m'ait fait rechercher ceste façon d'écrire :
Mais mon pere m'apprit que , des enseignements ,   75
Les humains aprentifs formoient leurs jugements ;
Que l'exemple d'autruy doibt rendre l'homme sage :
Et guettant à propos les fautes au passage ,
Me disoit : considere où cest homme est réduict
Par son ambition. Cest autre toute nuict   80
Boit avec des putains , engage son domaine.

REMARQUES.

Lædere nunquam velimus , longèque absit propo-
situm illud : potiùs amicum quàm dictum perdidi.
QUINTIL. , lib. VI , cap. 3.

Mais c'est un jeune fou qui se croit tout permis ,
Et qui , pour un bon mot , va perdre vingt amis.
BOILEAU , sat. IX , v. 121.

VERS 56. *Ayant peur que ce soit.....*] On n'ose
presque pas indiquer ici le huitain qui est au liv. III
de Rabelais , chap. 8.

VERS 61. *Un grand contentement mal-aisément se*
celle.]

L'allégresse du cœur s'augmente à se répandre.
MOLIÈRE , *École des Femmes.*

VERS 64. *Qu'ils estiment honneur leur folle*
passion.] C'est ainsi qu'il faut lire suivant l'édition
de 1608 , et non pas *qu'ils estiment l'honneur* ,
comme dans les éditions de 1612 et 1613, et dans
la plupart des anciennes.

VERS 65. *Et quant est de l'honneur de leurs*
maris.......] Marot , épître au roi , pour avoir été
dérobé :

Quand tout est dit , aussi mauvaise bague ,
(Ou peu s'en faut) que femme de Paris
Saulve l'honneur d'elles et leurs maris.

VERS 74. *Qui m'ait fait rechercher........*] On
mettroit aujourd'hui , *qui m'a fait rechercher.*

VERS 75. *Mais mon pere m'apprit....*]

. . . . . *Insuevit pater optimus hoc me ,*
Ut fugerem , exemplis vitiorum quæque notando.
Cùm me hortaretur , parcè , frugaliter , atque
Viverem uti contentus eo quod mi ipse parâsset.
HORACE , liv. 1 , sat. 4.

VERS 79. *Me disoit : considere.....*]

Nonne vides , Albî ut malè vivat filius ? utque
Barrus inops ? magnum documentum, ne patriam rem
Perdere quis velit. A turpi meretriciis amore
Cùm deterreret , Sectani dissimilis sis.
Idem.

L'autre sans travailler , tout le jour se promeine. 55
Pierre le bon enfant aux dez a tout perdu.
Ces jours le bien de Jean par decret fut vendu.   84
Claude ayme sa voisine, et tout son bien luy donne.
Ainsi me mettant l'œil sur chacune personne,
Qui valloit quelque chose , ou qui ne valloit rien ,
M'apprenoit doucement, et le mal et le bien;
Affin que fuyant l'un , l'autre je recherchasse ;
Et qu'aux despens d'autruy sage je m'enseignasse.   90

Sçais-tu si ces propos me sceurent esmouvoir ,
Et contenir mon ame en un juste devoir !
S'ils me firent penser à ce que l'on doit suivre ,
Pour bien et justement en ce bas monde vivre !

Ainsi que d'un voisin le trespas survenu ,   95
Fait résoudre un malade en son lict détenu
A prendre malgré luy tout ce qu'on luy ordonne ,
Qui , pour ne mourir point , de crainte se pardonne.
De mesme les esprits debonnaires et doux,
Se façonnent prudens , par l'exemple des foux ;   100
Et le blasme d'autruy leur fait ces bons offices ,
Qu'il leur aprend que c'est de vertus et de vices.

Or , quoy que j'aye fait , si m'en sont-ils restez,
Qui me pourroient par l'âge à la fin estre ostez,
Ou bien de mes amis avec la remonstrance ,   105
Ou de mon bon démon suivant l'intelligence.

Car, quoy qu'on puisse faire, estant homme, on ne peut,
Ny vivre comme on doit , ny vivre comme on veut.
En la terre icy bas il n'habite point d'anges :
Or les moins vicieux meritent des loüanges ,   110
Qui , sans prendre l'autruy , vivent en bon chestien ,
Et sont ceux qu'on peut dire et saincts et gens de bien.

Quand je suis à par moy , souvent je m'estodie,

REMARQUES.

VERS 86. *Ainsi me mettant l'œil.....*]

. . . . *Sic me*
Formabat puerum dictis ; et , sive jubebat
Ut facerem quid , habes auctorem quo facias hoc ,
Unum ex judicibus selectis objiciebat :
Sive vetabat ; an hoc inhonestum et inutile factu
Necne sit addubites , flagret rumore malo cùm
H.c atque ille ?
Idem.

VERS 95. *Ainsi que d'un voisin le trespas...*]

. . . . . . *Avidos vicinum funus ut ægros*
Examinat , mortisque metu sibi parcere cogit.
Idem.

VERS 98. *Qui , pour ne mourir point , de crainte*
se pardonne.] Ce vers ne rend pas bien le sens de
celui d'Horace :

Mortisque metu sibi parcere cogit ;

c'est-à-dire , *l'oblige à se mén ager , afin de ne pas*
mourir.

VERS 99. *De mesme les esprits....*]

Sic teneros animos aliena opprobria sæpe
Absterrent vitiis. Ex hoc ego sanus ab illis
Perniciem quæcumque ferunt ; mediocribus , et queis
Ignoscas , vitiis teneor ; fortassis et istinc
Largiter abstulerit longâ ætas , liber amicus ,
Consilium proprium.
Idem.

VERS 103. *......Si m'en sont-ils restez.*] *Si m'en*
est-il resté (des vices) *qui me pourroient* , etc.

VERS 112. *Et sont ceux qu'on peut dire et saincts*
et gens de bien.] Monosyllabes , à cause de l'élision
qui se fait dans ce mot *dire.*

VERS 113. *Quand je suis à par moy......*] En
mon particulier, à *part moy ;* c'est ainsi qu'il faut
écrire : cette correction a été faite dans les éditions

(Tant que faire se peut) apres la maladie
Dont chacun est blessé : je pense à mon devoir ,   115
J'ouvre les yeux de l'ame , et m'efforce de voir
Au travers d'un chacun ; de l'esprit je m'escrime ,
Puis dessus le papier mes caprices je rime ,
Dedans une satyre , où , d'un œil doux-amer ,
Tout le monde s'y voit , et ne s'y sent nommer.   120
  Voyla l'un des pechez où mon ame est encline.
On dit que pardonner est une œuvre divine.
Celuy m'obligera qui voudra m'excuser ;
A son goust toutesfois chacun en peut user.
Quant à ceux du mestier , ils ont dequoy s'ébatre :   125
Sans aller sur le pré , nous nous pouvons combatre ,
Nous monstrant seulement de la plume ennemis.
En ce cas là , du roy les duëls sont permis :
Et faudra que bien forte ils facent la partie ,
Si les plus fins d'entr'eux s'en vont sans repartie.   130
  Mais c'est un satyrique , il le faut laisser là.
Pour moy j'en suis d'avis , et cognois à cela
Qu'ils ont un bon esprit. Corsaires à corsaires ,
L'un l'autre s'attaquant , ne font pas leurs affaires.

MACETTE.

SATYRE XIII.(1)

La fameuse Macette , à la cour si connuë ,
Qui s'est aux lieux d'honneur en crédit maintenuë ,

REMARQUES.

qui ont paru depuis 1642. (Voyez le vers 42 de la satire XIII.)

. . . . . Neque enim cùm lectulus , aut me
Porticus excepit , deìum mihi : rectius hoc est;
Hoc faciens , vivam meliùs : sic dulcis amicis
Occurram : hoc quidam non belle : numquid ego illi
Imprudens olim faciam simile ? Hæc ego mecum
Compressis agito labris : Ubi quid datur oti ,
Illudo chartis. Hoc est mediocribus illis
Ex vitiis unum.
                    Idem.

Ibid. . . . . *Souvent je m'estudie. . . . . . . après la maladie.*] Expression vicieuse et barbare , pour dire , *j'étudie la maladie.*

VERS 133 et 134. . . . . . . *Corsaires à corsaires , L'un l'autre s'attaquent, ne font pas leurs affaires.*] C'est un proverbe espagnol : *De cosario a cosario no se llevan que los barriles* : De corsaire à corsaire il n'y a que des barils d'eau à prendre :

Qu'eût-il fait ? c'eût été lion contre lion ;
Et le proverbe dit : Corsaires à corsaires ,
L'un l'autre s'attaquant, ne font pas leurs affaires.
        LA FONTAINE , liv. IV, fable 12.

Apprenez un mot de Regnier ,
Notre célèbre devancier :
Corsaires attaquant corsaires ,
Ne font pas , dit-il , leurs affaires.
        BOILEAU , épigr. XXVII.

(1) Dans cette satire sont décrits les discours pernicieux que Macette , vieille hypocrite , tint à la maîtresse de Regnier pour la séduire. Ovide a fait une satire sur le même sujet ; c'est la huitième du livre I de ses *Amours* , et notre auteur en a imité quelques vers. Properce en a fait aussi une , qui est la cinquième du livre IV.
De toutes les satires de Regnier , celle-ci est la mieux versifiée, celle dont les vers sont les plus soutenus , les plus nombreux , enfin les plus naturels et les plus beaux ; d'ailleurs , elle est purgée

Et qui depuis dix ans , jusqu'en ses derniers jours ,
A soustenu le prix en l'escrime d'amours :
Lasse en fin de servir au peuple de quintaine ,   5
N'estant passe-volant , soldat , ny capitaine ,
Depuis les plus chetifs jusques aux plus fendans ,
Qu'elle n'ait desconfit et mis dessus les dents ;
Lasse , di-je , et non soule , en fin s'est retirée ,
Et n'a plus autre objet que la voute etherée.   10
Elle qui n'eust , avant que plorer son délit ,
Autre ciel pour objet que le ciel de son lict ;
A changé de courage , et confitte en destresse ,
Imite avec ses pleurs la saincte pécheresse ,
Donnant des sainctes loix à son affection ;   15
Elle a mis son amour à la devotion.
Sans art elle s'habille , et simple en contenance ,
Son teint mortifié presche la continence.
Clergesse elle fait jà la leçon aux prescheurs :
Elle lit sainct Bernard', la Guide des Pécheurs ,   20
Les Meditations de la mere Therese,
Sçait que c'est qu'hypostase , avecque synderese ;

REMARQUES.

de ces expressions populaires dont Regnier sembloit faire ses délices. En un mot , si l'on juge de cette pièce indépendamment de son sujet , qui n'est ni fort noble , ni fort édifiant, elle doit passer pour la plus belle satire de Regnier ; aussi , quand elle parut, elle fut reçue avec des applaudissements qui alloient à l'admiration , et peut-être eût-elle été capable toute seule de donner à Regnier la grande réputation qu'il conserve encore aujourd'hui parmi nous , et qu'il portera sans doute à la postérité.

VERS 3. *Et qui depuis dix ans . . .*] Depuis l'âge de dix ans.

VERS 4. *. . . . . En l'escrime d'amours.*] Édition de 1645 , *aux escrimes.*

VERS 5. *Lasse enfin de servir au peuple de quintaine.*] Voyez la note sur le vers 224 de la satire V.

VERS 9. *Lasse , di-je , et non soule. . . . .*]

Et lassata viris , sed non satiata recessit.
        JUVENAL , sat. VI.

VERS 13. *A changé de courage. . . . . . .*] Cœur , conduite , amour , dans nos vieux auteurs ; aujourd'hui ce mot a une autre signification.

VERS 14. . . . . . *La saincte pécheresse.*] La Madeleine.

VERS 15. *Donnant des sainctes loix. . . . . .*] On n'a commencé à mettre *de saintes loix* que dans l'édition de 1642.

VERS 19. *Clergesse elle fait jà la leçon aux prescheurs.*] *Clergesse.* Oudin explique fort bien ce mot en espagnol par *muger docta* , et en italien par *donna saccente , ò dotta* , femme savante. Selon Borel , on dit *clergeresse* pour *savante* , comme on a dit *clerc* pour *savant* , parce qu'il n'y avoit autrefois que les gens d'église qui étudiassent. (Voyez la note sur le dernier vers de la satire III.) *Prescheurs* pour *prédicateurs.* Villon emploie la même expression.

VERS 20. . . . . . . *La Guide des pécheurs.*] Titre d'un ouvrage de Louis de Grenade , dominicain espagnol.

VERS 21. . . . . . . *La mere Therese.*] Sainte Thérèse , fondatrice de l'ordre des carmélites , n'étoit pas encore canonisée : elle ne le fut qu'en 1622.

VERS 22. *Sçait que c'est qu'hypostase avecque synderese.*] *Hypostase* , terme de théologie ; *syndérèse* , terme de dévotion.

Jour et nuict elle va de convent en convent ,
Visite les saincts lieux , se confesse souvent ;
A des cas réservez grandes intelligences ;   25
Sçait du nom de Jésus toutes les indulgences ;
Que valent chapelets , grains benits enfilez ,
Et l'ordre du cordon des peres Récollez.
Loin du monde elle fait sa demeure et son giste :
Son œil tout pénitent ne pleure qu'eau beniste.   30
En fin c'est un exemple , en ce siecle tortu ,
D'amour , de charité , d'honneur et de vertu.
Pour béate par tout le peuple la renomme ,
Et la gazette mesme a-des-ja dit à Rome ,
La voyant aymer Dieu , et la chair maistriser ,   35
Qu'on n'attend que sa mort pour la canoniser.
Moy mesme , qui ne croy de léger aux merveilles ,
Qui reproche souvent mes yeux et mes oreilles ,
La voyant si changée en un temps si subit ,
Je creu qu'elle l'estoit d'ame comme d'habit ;   40
Que Dieu la retiroit d'une faute si grande ;
Et disois à par moy : mal vit qui ne s'amende.
Ja des-ja tout desvot , contrit et pénitent ,
J'estois , à son exemple , esmeu d'en faire autant :
Quand , par arrest du ciel qui hait l'hypocrisie ,   45
Au logis d'une fille , où j'ay ma fantasie ,
Ceste vieille chouette , à pas lents et posez ,
La parole modeste , et les yeux composez ,
Entra par reverence , et resserrant la bouche ,
Timide en son respect , sembloit sainte Nitouche ,   50
D'un Ave Maria luy donnant le bon-jour ,
Et de propos communs , bien esloignez d'amour ,
Entretenoit la belle en qui j'ay la pensée
D'un doux imaginer si doucement blessée ,   54

Qu'aymans et bien aymez , en nos doux passe-temps ,
Nous rendons en amour jaloux les plus contens.
Enfin , comme en caquet ce vieux sexe fourmille ,
De propos en propos , et de fil en esguille ,
Se laissant emporter au flus de ses discours ,
Je pense qu'il falloit que le mal eust son cours.   60
Feignant de m'en aller , d'aguet je me recule ,
Pour voir à quelle fin tendoit son préambule :
Moy , qui voyant son port si plein de saincteté ,
Pour mourir , d'aucun mal ne me feusse doubté.
Enfin me tapissant au recoin d'une porte ,   65
J'entendy son propos , qui fut de cette sorte.
Ma fille , Dieu vous garde et vous veuille benir ;
Si je vous veux du mal , qu'il me puisse advenir ;
Qu'eussiez vous tout le bien dont le ciel vous est chiche ;
L'ayant je n'en seroy plus pauvre ny plus riche :   70
Car n'estant plus du monde au bien je ne pretens ,
Ou bien si j'en desire , en l'autre je l'attens ,
D'autre chose icy bas , le bon Dieu je ne prie :,
A propos , sçavez vous ? on dit qu'on vous marie.
Je sçay bien vostre cas : un homme grand , adroit ,   75
Riche , et Dieu sçait s'il a tout ce qu'il vous faudroit.
Il vous ayme si fort ! aussi pourquoy , ma fille ,
Ne vous aimeroit il ? vous estes si gentille ,
Si mignonne et si belle , et d'un regard si doux ,
Que la beauté plus grande est laide aupres de vous.   80
Mais tout ne respond pas au traict de ce visage
Plus vermeil qu'une rose et plus beau qu'un rivage.
Vous devriez , estant belle , avoir de beaux habits ,
Esclater de satin , de perles , de rubis.   84
Le grand regret que j'ay ! non pas , à Dieu ne plaise ,
Que j'en ay' de vous voir belle et bien à votre aise :
Mais pour moy je voudroy que vous eussiez au moins
Ce qui peut en amour satisfaire à vos soins ;
Que cecy fust de soye et non pas d'estamine.
Ma foy les beaux habits servent bien à la mine.   90
On a beau s'agencer et faire les doux yeux ,

REMARQUES.

VERS 23. .... De convent en convent.] Cette
ancienne manière d'écrire conservoit son analogie
latine de conventus.

VERS 26. Sçait du nom de Jesus toutes les indulgences.] Cette dévotion avoit alors toute la fer-
veur de la nouveauté.

VERS 37. ...... De léger.....] Légèrement.

VERS 38. Qui reproche......] Récuse.

VERS 42. Et disois à par moy. ....] Voyez la
note sur le vers 113 de la satire précédente.

VERS 43. Ja des-ja........] Je ne connois point
d'autre exemple de cette battologie.

VERS 46. Au logis d'une fille , où j'ay ma fantasie.] Après ce vers , dans la première édition de
cette satire , 1612 , il y avoit trois que l'auteur
retrancha dans l'édition de 1613 ; les voici :

N'ayant pas tout-à-fait mis fin à ses vieux tours ,
La vieille me rendit tesmoin de ses discours.
Tapis dans un recoin , et couvert d'une porte ,
J'entendis son propos , etc.

Dans l'édition de 1613 , Regnier remplaça ces trois
vers par dix-neuf autres qui lui parurent nécessaires pour donner une juste étendue et plus de
vraisemblance à sa narration. Ils commencent par
celui-ci :

Ceste vieille chouette , etc. ,

et finissent au vers 65 :

Enfin , me tapissant au recoin d'une porte ,
J'entendis , etc.

Fantaisie , pour inclination , se trouve aussi dans
Clément Marot.

VERS 47. Ceste vieille chouette........] Voyez la
note sur le vers 50 de la satire XII.

VERS 54. D'un doux imaginer.....] Ces infinitifs

REMARQUES.

rendus substantifs étoient anciennement aussi communs qu'ils sont rares aujourd'hui dans notre langue. Je ne pense pas qu'elle ait gagné à les abandonner.

VERS 64. Pour mourir....] Sorte d'affirmation ,
de serment. On dit encore aujourd'hui : Que je
meure si cela n'est pas.

VERS 65. Enfin me tapissant.....] du verbe tapir.

Fors me sermoni testem dedit. Illa monebat
Talia. Me duplices occuluere fores.
            OVIDE, Amorum , liv. 1 , élég. 8 , v. 81.

VERS 67. Ma fille , Dieu vous garde....] Molière,
École des femmes , acte II , scène 5 , a imité le
discours d'Aguès qui parle :

..... Le lendemain , étant sur notre porte ,
Une vieille m'aborde , en parlant de la sorte :
Mon enfant , le bon Dieu , etc.

VERS 69. Qu'eussiez vous tout le bien...]

Tam felix esses , quàm formosissima , vellem.
Non ego , te factâ divite , pauper ero.
                OVIDE, ibidem , v. 27.

VERS 74. A propos , sçavez vous ?.....]

Scis , hera , te , mea lux , juveni placuisse beato ·
Hæsit , et in vultu constitit usque tuo.
Et cur non placeas ? nulli tua forma secunda est.
Me miseram ! dignus corpore cultus abest.
                Idem , v. 23.

VERS 86. Que j'en ay' de vous voir.....] Abréviation alors usitée en poésie.

Quand on est bien parée, on en est tousjours mieux :
Mais, sans avoir du bien, que sert la renommée ?
C'est une vanité confusément semée
Dans l'esprit des humains, un mal d'opinion, 95
Un faux germe avorté dans nostre affection.
Ces vieux contes d'honneur dont on repaist les dames,
Ne sont que des appas pour les débiles ames,
Qui, sans chois de raison, ont le cerveau perclus. 99
L'honneur est un vieux suinct que l'on ne chomme plus.
Il ne sert plus de rien, sinon d'un peu d'excuse,
Et de sot entretien pour ceux là qu'on amuse,
Ou d'honneste refus quand on ne veut aymer.
Il est bon en discours pour se faire estimer :
Mais au fonds, c'est abus sans excepter personne. 105
La sage le sçait vendre où la sotte le donne.
Ma fille, c'est par là qu'il vous en faut avoir.
Nos biens, comme nos maux, sont en nostre pouvoir.
Fille qui sçait son monde a saison oportune.
Chacun est artisan de sa bonne fortune. 110
Le mal-heur, par conduite, au bon-heur cedera.
Aydez-vous seulement, et Dieu vous aydera.
Combien, pour avoir mis leur honneur en sequestre,
Ont elles en velours eschangé leur limestre,

Et dans les plus hauts rangs eslevé leurs maris ? 115
Ma fille, c'est ainsi que l'on vit à Paris ;
Et la vefve, aussi bien comme la mariée,
Celle est chaste, sans plus, qui n'en est point priée.
Toutes, au fait d'amour, se chaussent en un poinct ;
Et Jeanne que tu vois, dont on ne parle point, 120
Qui fait si doucement la simple et la discrete,
Elle n'est pas plus sage, ains elle est plus secrete.
Elle a plus de respect, non moins de passion,
Et cache ses amours sous sa discretion.
Moy mesme, croiriez vous, pour estre plus âgée, 125
Que ma part, comme on dit, en fust desja mangée?
Non ma foy, je me sents et dedans et dehors,
Et mon bas peut encor user deux ou trois corps.
Mais chasque âge a son temps. Selon le drap la robe.
Ce qu'un temps on a trop, en l'autre on le desrobe.
Estant jeune, j'ay sceu bien user des plaisirs : 131

REMARQUES.

VERS 101. ....Si non d'un peu d'excuse.] Edition de 1613 et quelques autres, si non qu'un peu d'escuse.

VERS 106. La sage le sçait vendre....] Lenglet Dufresnoy propose pour correction :

La sage se sait vendre où la sotte se donne.

Il n'a pas fait attention que le se rapporte à honneur, et que l'on peut bien dire vendre son honneur. D'ailleurs, je me conforme au texte de toutes les éditions de Regnier, qui s'accordent sur ce passage.

VERS 108. Nos biens, comme nos maux, sont en nostre pouvoir.] Les quatorze vers suivans manquent dans l'édition de 1613, faite pendant la vie de l'auteur, et dans celle de 1626.

VERS 110. Chacun est artisan de sa bonne fortune.] Ce mot sentencieux si célèbre a pour son auteur Appius Cœcus, qui avoit dit dans un poëme :

Fabrum esse suœ quemque fortunœ.

SALUST., in Orat. 1 ad Cœsarem.

Tite-Live a fait illusion à cette maxime, lib. XXXIX, lorsque, parlant de Caton, il dit : In hoc viro tanta vis animi, ingenii fuit, ut quocumque loco natus esset, fortunam sibi ipse facturus videretur. Plaute, in Trinummo : Nam sapiens quidem Pol ipse fingit fortunam sibi.

VERS 114. Ont elles en velours eschangé leur limestre.] Dans la première édition de cette satire, il y avoit :

Ont elles aux atours eschangé le limestre.

Oudin, dans son Dictionnaire espagnol, au mot Limista, a dit, fin drap du limestre. Et dans le Dictionnaire de Duez, limestre est expliqué par specie di rascia, ò panno. Ménage, Dictionnaire étymologique, nous apprend que ce sont serges drapées, croisées qui se font à Rouen, et à Darnetal, proche de Rouen, et qui se faisoient aussi autrefois en Espagne. Elles se font de fine laine d'Espagne. « On dit, ajoute-t-il, que les serges » de Limestre ont été ainsi appelées du nom de » celui qui en a fait le premier, ce qui est dit » sans preuve. » Rabelais, livre IV, chapitre 6, fait dire à Dindenaud ; « De la toison de ces mou- » tons seront faits les fins draps de Rouen ; les » louschets des balles de Limestre, auprès d'elles

» ne sont que bourre. » Et au livre II, chap. 12 : « Mais maintenant le monde est tout détravé de » louchetz des balles de Lucestre. « Sur quoi l'exact commentateur de Rabelais rapporte la conjecture de Ménage sur Limestre, et ajoute que peut-être ce mot Limestre, comme parle Dindenaud, liv. IV, chap. 6, est une corruption de Lucestre, ceux de sa sorte étant sujets à en commettre de semblables. Et comme le comté de Leicester, en Angleterre, fournit d'excellentes laines, et qu'il se peut qu'à Rouen ou employoit à ces serges, du temps de Rabelais, je m'imagine, dit-il, que Leicestre, et par corruption Lucestre, pourroit bien être le vrai nom de ces serges.

VERS 117. Et la vefve, aussi bien....] Éditions de 1616, 1617 et 1645 : Et aussi bien la vefve, comme, etc.

VERS 118. Celle est chaste, sans plus, qui n'en est point priée.]

Ludite, formosœ : casta est quam nemo rogavit.
OVIDE, ibidem, v. 43.

VERS 119. Toutes, au fait d'amour...] Éditions de 1642, 1652, 1655, 1667 : Toutes, en fait d'amour.

VERS 120. Et Jeanne que tu vois....] Dans les mêmes éditions on lit ; Jeanne, que vous voyez, et cette leçon est meilleure ; car Macette ne tutoie point ailleurs la personne à qui elle parle.

VERS 122. Elle n'est pas plus sage....] Édition de 1612 : Elle n'est pas plus chaste.... Ains pour mais est aboli depuis long-temps.

VERS 125. Moy mesme.....] Tout ce passage est imité du Roman de la Rose, vers 13,136 et suivans, édition de Meun :

Par diex ! si me plest-il encores
Quant je m'i suis bien porpensée,
Moult me delete en ma pensée,
Et me resbaudissent li membre,
Quant de mon bon tems me remembre,
Et de la jolivete vie,
Dont mes cueurs a si grant envie.
Tout me rajuvenist li cors
Quant g'i pense et quant ge l'recors ;
Tous les biens du monde me fait
Quant me suvient de tout le fait,
Qu'au moins aige ma joie eue,
Combien qu'il m'aient déceue.
June dame n'est point oiseuse
Quant el maine vie joyeuse ;
Meismement cele qui pense
D'aquerre à faire sa despense.

VERS 131. Estant jeune, j'ay sceu bien user des

Ores j'ay d'autres soins en semblables desirs.
Je veux passer mon temps et couvrir le mystere.
On trouve bien la cour dedans un monastere ;
Et après maint essay en fin j'ay reconnu   135
Qu'un homme comme un autre est un moine tout nu.
Puis , outre le sainct vœu qui sert de couverture ,
Ils sont trop obligez au secret de nature ,
Et sçavent plus discrets apporter en aymant ,
Avecque moins d'esclat, plus de contentement.   140
C'est pourquoy desguisant les boüillons de mon ame ,
D'un long habit de cendre enveloppant ma flame,
Je cache mon dessein aux plaisirs adonné.
Le peché que l'on cache est demi pardonné.
La faute seulement ne gist en la deffence.   145
Le scandale , l'opprobre, est cause de l'offence.
Pourveu qu'on ne le sçache , il n'importe comment.
Qui peut dire que non , ne pèche nullement.
Puis , la bonté du ciel nos offences surpasse.
Pourveu qu'on se confesse, on a tousjours sa grace. 150
Il donne quelque chose à nostre passion ;
Et qui jeune n'a pas grande devotion ,
Il faut que, pour le monde, à la feindre il s'exerce.
« C'est entre les devots un estrange commerce ,
« Un trafic par lequel , au joly temps qui court , 155
» Toute affaire fascheuse est facile à la cour : »
Je sçay bien que vostre âge encore jeune et tendre ,
Ne peut, ainsi que moy, ces mysteres comprendre :
Mais vous devriez, ma fille, en l'âge où je vous voy ,
Estre riche , contente , avoir fort bien dequoy ; 160
Et pompeuse en habits , fine , accorte et rusée ,
Reluire de joyaux , ainsi qu'une espousée.
Il faut faire vertu de la nécessité.
Qui sçait vivre icy bas n'a jamais pauvreté.
Puis qu'elle vous deffend des dorures l'usage ,   165
Il faut que les brillants soient en vostre visage ;
Que vostre bonne grace en acquiere pour vous.
« Se voir du bien, ma fille , il n'est rien de si doux.
» S'enrichir de bonne heure est une grand' sagesse.
» Tout chemin d'acquerir se ferme à la vieillesse , 170
» A qui ne reste rien , avec la pauvreté ,
« Que regret espineux d'avoir jadis esté.
Où , lors qu'on a du bien, il n'est si décrepite ,
Qui ne trouve (en donnant) couvercle à sa marmite.
Non , non, faites l'amour , et vendez aux amans   175
Vos accueils, vos baisers , et vos embrassemens.
C'est gloire , et non pas honte , en ceste douce peine ,
Des acquests de son lict accroistre son domaine.
Vendez ces doux regards , ces attraicts, ces appas :
Vous mesme vendez vous, mais ne vous livrez pas. 180

REMARQUES.

plaisirs.] Properce , liv. IV, élégie 5 , fait dire à
une Macette de son temps :

Dum vernat sanguis, dum rugis integer annus,
Utere , ne quis eat liber amore dies.

VERS 132. Ores , pour maintenant , n'est plus
d'usage.

VERS 134. On trouve bien la cour.....] On trouve
qu'il vous fait la cour.

VERS 145. La faute seulement ne gist en la
deffence.] Il y a ne gist qu'en la deffence dans
l'édition de 1642 , et dans toutes celles qui l'ont
suivie.

VERS 146. Le scandale , l'opprobre.....] Première édition : Le scandale et l'opprobre.

VERS 169. Est encore imité d'un passage du
Roman de la Rose , qui suit celui que j'ai cité plus
haut.

Conservez vous l'esprit , gardez vostre franchise ;
Prenez tout , s'il se peut , ne soyez jamais prise.
Celle qui par amour s'engage en ces mal-heurs ,
Pour un petit plaisir a cent mille douleurs.   184
Puis , un homme au desduit ne vous peut satisfaire ;
Et quand , plus vigoureux, il le pourroit bien faire ,
Il faut tondre sur tout , et changer à l'instant.
L'envie en est bien moindre , et le gain plus contant.
Sur tout soyez de vous la maistresse et la dame.
Faites , s'il est possible , un miroir de vostre ame, 190
Qui reçoit tous objects , et tout contant les pert :
Fuyez ce qui vous nuit, aymez ce qui vous sert.
Faites profit de tout , et mesmes de vos pertes ;
A prendre sagement ayez les mains ouvertes ,
Ne faites , s'il se peut , jamais présent ny don , 195
Si ce n'est d'un chabot pour avoir un gardon.
Par fois on peut donner pour les galands attraire.
A ces petits présents je ne suis pas contraire :
Pourveu que ce ne soit que pour les amorcer.
Les fines , en donnant, se doivent efforcer   200
A faire que l'esprit et que la gentillesse
Face estimer les dons , et non pas la richesse.
Pour vous , estimez plus qui plus vous donnera.
Vous gouvernant ainsi , Dieu vous assistera.
Au reste , n'espargnez ny Gaultier ny Garguille.   205
Qui se trouvera pris, je vous pri' qu'on l'estrille.
Il n'est que d'en avoir : le bien est tousjours bien ,
Et ne vous doit chaloir ny de qui , ny combien.
Prenez à toutes mains , ma fille , et vous souvienne ,
Que le gain a bon goust , de quelque endroit qu'il vienne.
Estimez vos amans selon le revenu :   211
Qui donnera le plus qu'il soit le mieux venu.

REMARQUES.

VERS 188. ...... Et le gain plus contant.] Lisez
comptant.

VERS 196. Si ce n'est qu'un chabot......] Petit
poisson d'eau douce à grosse tête plate , fort peu
estimé ; le gardon est , au contraire , recherché des
gourmets.

VERS 205. .... N'espargnez ny Gaultier , ny
Garguille.] N'épargnez ni les uns ni les autres.
Gaultier et Garguille étoient deux bouffons qui
jouoient dans les farces avant que le théâtre françois se fût perfectionné. Leurs noms ont passé en
proverbe , pour signifier des personnes méprisables
et sans distinction. L'auteur du Moyen de parvenir
a dit au même sens : Venez, mes amis , mais ne
m'amenez ni Gaultier ni Guillaume. Mais cette
façon de parler est encore plus ancienne ; car on
trouve Gaultier et Garguille dans le premier des
contes imprimés sous le nom de Bonaventure des
Periers , dont la permission d'imprimer est de
l'an 1557 : Riez seulement, dit-il , et ne vous chaille
si ce fut Gaultier , ou si ce fut Garguille.

VERS 208. Et ne vous doit chaloir......] Vieux
mot , inquiéter , embarrasser.

VERS 210. Que le gain a bon goust , de quelque
endroit qu'il vienne.] C'est un mot de Vespasien.

. . . . . Lucri bonus est odor ex re
Quâlibet.
            JUVEN. , sat. XIV, v. 204.

Les commentateurs de Juvénal font remonter ce
mot jusqu'à Ennius , et même jusqu'à Euripide.

Dieu d'amour peut beaucoup, mais monnoie est plus forte;
L'argent est toujours bon , de quelque part qu'il sorte.
              Espadon satirique, sat. 1, p. 21.

Laissez la mine à part, prenez garde à la somme.
Riche vilain vaut mieux que pauvre gentil-homme.
Je ne juge, pour moy, les gens sur ce qu'ils sont, 215
Mais selon le profit et le bien qu'ils me font.
Quand l'argent est meslé l'on ne peut reconnoistre
Celuy du serviteur d'avec celuy du maistre.
L'argent d'un cordon-bleu n'est pas d'autre façon
Que celuy d'un fripier ou d'un aide à maçon. 220
Que le plus et le moins y mette différence,
Et tienne seulement la partie en souffrance,
Que vous restablirez du jour au lendemain ;
Et tousjours retenez le bon bout à la main,
De crainte que le temps ne destruise l'affaire. 225
Il faut suivre de près le bien que l'on diffère,
Et ne le différer qu'entant que l'on le peut,
Ou se puisse aisément restablir quand on veut.
Tous ces beaux suffisans, dont la cour est semée,
Ne sont que triacleurs et vendeurs de fumée. 230
Ils sont beaux, bien peignez, belle barbe au menton :
Mais quand il faut payer, au diantre le teston ;
Et faisant des mourans, et de l'ame saisie,
Il croyent qu'on leur doit pour rien la courtoisie. 234
Mais c'est pour leur beau nez. Le puits n'est pas commun :
Si j'en avois un cent, ils n'en auroient pas un.

Et ce poëte croté, avec sa mine austere,
Vous diriez à le voir que c'est un secretaire.
Il va mélancholique et les yeux abaissez,
Comme un sire qui plaint ses parens trespassez. 240
Mais Dieu sçait, c'est un homme aussi bien que les autres.
Jamais on ne luy voit aux mains des patenostres ;
Il hante en mauvais lieux : gardez vous de cela ;
Non, si j'estoy de vous, je le planteroy là.

REMARQUES.

VERS 213. *Laissez la mine à part, prenez garde à la somme.*]

Aurum spectato, non quæ manus afferat aurum.
Versibus auditis, quid nisi verba feres ?
Qui versus, Coæ dederit nec munera vestis,
Ipsius tibi sit surda sine arte lyra.
  PROPERCE, liv. IV, élég. 5.

L'on n'y regarde plus ; soit sot ou gentilhomme,
Massette de Regnier, on prend garde à la somme.
  Espadon satirique, sat. 1, p. 15.

VERS 227 et 228. *Et ne le différer qu'entant que l'on le peut, On se puisse aisément restablir quand on veut.*] Le sens en est embarrassé dans la diction ; c'est pourquoi l'édition de 1642 a ainsi corrigé ces deux vers :

Et ne le differer qu'entant que l'on le peut
Aisément restablir aussi tost qu'on le veut.

Ce changement a été adopté par toutes les éditions suivantes, excepté celle de 1645, qui a gâté le sens, en mettant :

Et ne le differant qu'entant que l'on le peut,
On se puisse aisément restablir quand on veut.

VERS 233. *Et faisant des mourants.....*] J'ai mis *mourants* au lieu de *mouvans*, qui étoit dans toutes les éditions, et qui ne signifioit rien. Cette correction est de Brossette.

VERS 237. *Et ce poëte croté.....*] C'est Regnier lui-même.

Ecce, quid iste tuus, præter nova carmina vates
Donat ? amatoris millia multa leges.
  OVIDE, *Amorum*, liv. I, élég. 8, v. 57.

Et bien, il parle livre, il a le mot pour rire : 245
Mais au reste, apres tout, c'est un homme à satyre.
Vous croiriez à le voir qu'il vous deust adorer.
Gardez, il ne faut rien pour vous des-honorer.
Ces hommes mesdisans ont le feu sous la lèvre,
Ils sont matelineurs, prompts à prendre la chèvre, 250
Et tournent leurs humeurs en bizarres façons ;
Puis ils ne donnent rien, si ce n'est des chansons.
Mais, non, ma fille, non : qui veut vivre à son aise,
Il ne faut simplement un amy qui vous plaise,
Mais qui puisse au plaisir joindre l'utilité. 255
En amours, autrement, c'est imbécilité.
Qui le fait à crédit n'a pas grande resource :
On y fait des amis, mais peu d'argent en bourse.
Prenez moy ces abbez, ces fils de financiers,
Dont, depuis cinquante ans, les peres usuriers, 260
Volans à toutes mains, ont mis en leur famille
Plus d'argent que le roy n'en a dans la Bastille.

REMARQUES.

VERS 245. *Et bien, il parle livre.....*] Il parle de livres, il parle savamment. Éditions de 1616 et 1617 : *Et bien, il parle libre ;* mauvaise leçon, qui a sans doute inspiré à celui qui a donné l'édition de 1642 de mettre : *Il parle librement ;* et cette prétendue correction a été suivie dans toutes les éditions qui sont venues depuis. (Voyez la note sur le vers 117 de la satire VII.)

VERS 247. *.......Qu'il vous deust adorer.*] Dans l'édition de 1642 on lit : *Qu'il vous veut adorer ;* mais ce changement affoiblit l'expression.

VERS 250. *Ils sont matelineurs.....*] On prononçoit, et même on écrivoit *matelineus*, mot formé de *Matelin*, qui par corruption de *Maturin*, saint auquel, par allusion à *matto*, l'on a coutume de vouer les fous.

VERS 251. *... ... ... En bizarres façons.*] Édition de 1612, *bizarres.*

VERS 257. *........N'a pas grande resource.*] On n'a commencé à mettre *ressource* que dans l'édition de 1642.

VERS 260. *Dont, depuis cinquante ans...*] Ce ne fut que sous le règne de Henri II que Catherine de Médicis attira à la cour des banquiers italiens qui administrèrent les finances.

VERS 262. *Plus d'argent que le roy n'en a dans la Bastille.*] Un auteur contemporain de Regnier nous apprend que le trésor des rois de France a été gardé tantôt au Temple, puis au Louvre, après dans une tour près de la chambre du trésor, en la cour du Palais, et à présent (1611) il est gardé, dit-il, dans la Bastille Saint-Antoine. MIRAUMONT, *Mémoire sur les cours et justices étant dans l'enclos du Palais*, chapitre des *Trésoriers de France*, page 508. Henri IV avoit sept millions d'or dans la Bastille en 1604. *Mémoires de Sully*, partie II, chap. 39. Et en 1610, qui est l'année en laquelle ce grand roi mourut, il avoit, disent les *Mémoires de Sully*, « Quinze millions huit cent soixante et » dix mille livres d'argent comptant dans les cham- » bres voûtées, coffres et caques, étant en la Bas- » tille, outre dix millions qu'on en avoit tirés pour » bailler au trésorier de l'épargne. » Partie IV, chap. 51, p. m. 574.

Un rare écrivain comme toi
Devroit enrichir sa famille
D'autant d'argent que le feu roi
En avoit mis dans la Bastille.
  MAYNARD, épigramme à Malherbe.

h

C'est là que vostre main peut faire de beaux coups.
Je sçay de ces gens là qui languissent pour vous :
Car estant ainsi jeune, en vos beautez parfaites , 265
Vous ne pouvez sçavoir tous les coups que vous faites ;
Et les traits de vos yeux haut et bas eslancez ,
Belle , ne voyent pas tous ceux que vous blessez.
Tel s'en vient plaindre à moy qui n'ose le vous dire :
Et tel vous rit de jour , qui toute nuict souspire , 270
Et se plaint de son mal , d'autant plus véhément,
Que vos yeux sans dessein le font innocemment.
En amour l'innocence est un sçavant mistere,
Pourveu que ce ne soit une innocence austere ,
Mais qui sçache par art , donnant vie et trespas , 275
Feindre avecques douceur qu'elle ne le sçait pas.
Il faut aider ainsi la beauté naturelle.
L'innocence autrement est vertu criminelle :
Avec elle il nous faut et blesser et garir ,
Et parmy les plaisirs faire vivre et mourir. 280
Formez vous des desseins dignes de vos merites.
Toutes basses amours sont pour vous trop petites.
Ayez dessein aux dieux : pour de moindres beautez ,
Ils ont laissé jadis les cieux des-habitez. 284
 Durant tous ces discours , Dieu sçait l'impatience !
Mais comme elle a tousjours l'œil à la defiance,
Tournant deçà delà , vers la porte où j'estois ,
Elle vist en sursaut comme je l'escoutois.
Elle trousse bagage , et faisant la gentille :
Je vous verray demain ; à Dieu , bon soir , ma fille. 290
 Ha vieille , dy-je lors , qu'en mon cœur je maudis ,
Est-ce là le chemin pour gaigner paradis ?
Dieu te doint pour guerdon de tes œuvres si sainctes ,
Que soient avant ta mort tes prunelles esteintes ,
Ta maison descouverte , et sans feu tout l'hyver , 295
Avecque tes voisins jour et nuict estriver ;
Et trainer , sans confort , triste et desesperée ,
Une pauvre vieillesse , et tousjours alterée.

REMARQUES.

Vers 276. *Feindre avecques douceur qu'elle ne le scait pas.*]

Erubuit, decet alba quidem pudor ora : sed iste,
Si simules , prodest; verus obesse solet.
    Ovide , *ibidem* , v. 35.

Vers 293. .... *Guerdon.*] Récompense. Mot souvent employé par nos vieux auteurs.

Vers 296. .... *Jour et nuict estriver.*] On prononce *étriver* , disputer , être en querelle , en procès. L'adjectif *tribax* , dont Sidonius a fait le superlatif *trebacissimus* pour *tribacissimus* , très-rusé chicaneur, suppose le verbe latin barbare *tribare* , d'où se dérive *étriver.*

Vers 297. .... *Sans confort......*] Consolation , soutien, soulagement.

Vers 298. *Une pauvre vieillesse , et tousjours altérée.*] L'ivrognerie est un vice qu'on reproche ordinairement aux vieilles qu'on veut injurier. Ovide termine ainsi son élégie contre la vieille Dypsas :

Vox erat in cursu , cùm me mea prodidit umbra :
 At nostræ vix se continuere manus ,
Quin albam raramque comam , lacrymosaque vino
 Lumina , rugosas distraherenque genas.
Di tibi dent nudosque lares, inopemque senectam ,
 Et longas hyemes , perpetuamque sitim.

Vieille , qui n'as onc ploré tes péchez ,
De tes yeux noirs de vin trop empeschez.
    Rabelais , épître à la vieille.

SATYRE XIV(1).

J'ay pris , cent et cent fois la lanterne en la main ,
Cherchant en plein midy , parmy le genre humain ,
Un homme qui fût homme et de fait et de mine ,
Et qui pût des vertus passer par l'étamine.
Il n'est coin et recoin que je n'aye tenté , 5
Depuis que la nature icy bas m'a planté :
Mais tant plus je me lime , et plus je me rabote ,
Je croy qu'à mon avis tout le monde radote ,
Qu'il a la tête vuide et sens dessus dessous , 9
Ou qu'il faut qu'au rebours je sois l'un des plus fous ;
C'est de notre folie un plaisant stratagesme ,
Se flattant , de juger les autres par soy-mesme.
 Ceux qui pour voyager s'embarquent dessus l'eau ,
Voyent aller la terre , et non pas leur vaisseau :
Peut-être ainsi trompé que faussement je juge ; 15
Toutefois , si les fous ont leur sens pour refuge ,
Je ne suis pas tenu de croire aux yeux d'autrui :
Puis j'en sçay pour le moins autant ou plus que lui.
 Voila fort bien parlé , si l'on me vouloit croire.
Sotte presomption , vous m'enyvrez sans boire ! 20
Mais aprés , en cerchant , avoir autant couru ,
Qu'aux avents de Noël fait le moine Bourru ,
Pour retrouver un homme envers qui la satyre ,
Sans flater , ne trouvast que mordre et que redire ,
Qui sçust d'un choix prudent toute chose éplucher , 25
Ma foy , si ce n'est vous , je n'en veux plus chercher.
Or ce n'est point pour être élevé de fortune :
Aux sages , comme aux fous , c'est chose assez commune ;
Elle avance un chacun sans raison et sans choix :
Les fous sont aux échets les plus proches des rois. 30
 Aussi mon jugement sur cela ne se fonde ,
Au compas des grandeurs je ne juge le monde ;
L'éclat de ces clinquans ne m'éblouït les yeux.
Pour être dans le ciel je n'estime les dieux ,
Mais pour s'y maintenir , et gouverner de sorte 35
Que ce tout en devoir reglément se comporte ,
Et que leur providence également conduit
Tout ce que le soleil en la terre produit.
Des hommes tout ainsi je ne puis reconnoître 39
Les grands , mais bien ceux-là qui meritent de l'être ,
Et de qui le merite, indomptable en vertu,
Force les accidens et n'est point abbattu.

REMARQUES.

(1) Cette satire parut pour la première fois dans l'édition de 1613 , avec les trois satires suivantes. Le dessein de l'auteur est de faire voir dans celle-ci que tous les hommes sont fous , et qu'en agissant contre la raison , ils ne laissent pas d'agir suivant leur raison. De là , par l'argument des contraires , il prend occasion de louer un grand ministre d'état , qu'il ne nomme point , quoiqu'il lui adresse directement son discours. C'étoit apparemment le duc de Sully, Maximilien de Béthune.

Vers 1. *J'ay pris cent et cent fois la lanterne en la main.*] C'est ce que faisoit Diogène, fameux philosophe d'Athènes.

Vers 22. *Qu'aux avents de Noël fait le moine Bourru.*] Voyez la note sur le vers 380 de la satire XI.

Vers 30. *Les fous sont aux échets les plus proches des rois.*] Ce vers est cité dans le *Mena-giana* de la Monnoye , tome III , page 183 , où l'on fait dire à Ménage : « *Poëta regius* , en bon françois, signifie *le fou du roi.* » De la Monnoye ajoute : « A ce compte, Faustus Andrelinus , qui prenoit tout ensemble la qualité de *poeta regius* et de *regineus*, étoit le fou du roi et de la reine. »

Non plus que de farceurs, je n'en puis faire conte ;
Ainsi que l'un descend, on voit que l'autre monte,
Selon ou plus ou moins que dure le roollet,   45
Et l'habit fait sans plus le maître ou le vallet.
De mesme est de ces gens dont la grandeur se joüe :
Aujourd'huy gros, enflez, sur le haut de la roüe,
Ils font un personnage, et demain renversez :
Chacun les met au rang des péchez effacez.   50
La faveur est libre, à traitter indocile,
Sans arrêt, inconstante, et d'humeur difficile ;
Avec discretion il la faut caresser ;
L'un la perd bien souvent pour la trop embrasser,
Ou pour s'y fier trop, l'autre par insolence,   55
Ou pour avoir trop peu ou trop de violence,
Ou pour se la promettre, ou se la dénier :
Enfin c'est un caprice étrange à manier.
Son amour est fragile et se rompt comme un verre,
Et fait aux plus matois donner du nez en terre.   60
Pour moi, je n'ai point veu, parmy tant d'avancez,
Soit de ces tems ici, soit des siécles passez,
Homme que la fortune ait tasché d'introduire,
Qui durant le bon vent ait sçû se bien conduire.
Or d'être cinquante ans aux honneurs eslevé,   65
Des grands et des petits dignement aprouvé,
Et de sa vertu propre aux malheurs faire obstacle :
Je n'ay point veu de sots avoir fait ce miracle.
Aussy, pour discerner le bien d'avec le mal,
Voir tout, connoître tout, d'un œil toûjours égal :   70
Manier dextrement les desseins de nos princes,
Répondre à tant de gens de diverses provinces :
Estre des étrangers pour oracle tenu,
Prévoir tout accident avant qu'être avenu ;
Détourner par prudence une mauvaise affaire :   75
Ce n'est pas chose aisée, ou trop facile à faire.
Voila comme on conserve avecque jugement

Ce qu'un autre dissipe et perd imprudement.
Quand on se brûle au feu que soi-même on attise,
Ce n'est point accident, mais c'est une sottise.   80
Nous sommes du bonheur de nous-même artisans,
Et fabriquons nos jours ou fascheux ou plaisans.
La fortune est à nous, et n'est mauvaise ou bonne
Que selon qu'on la forme ou bien qu'on se la donne.
A ce point le malheur, ami, comme ennemi,   85
Trouvant au bord d'un puits un enfant endormi,
En risque d'y tomber, à son aide s'avance
Eu lui parlant ainsi, le réveille et le tance :
Sus, badin, levez-vous ; si vous tombiez dedans,
De douleur vos parens, comme vous imprudens,   90
Croyans en leur esprit que de tout je dispose,
Diroient en me blâmant que j'en serois la cause.
Ainsi nous séduisant d'une fausse couleur,
Souvent nous imputons nos fautes au malheur,
Qui n'en peut mais. Mais quoi ! l'on le prend à partie,   95
Et chacun de son tort cherche la garentie ;
Et nous pensons bien fins, soit véritable, ou faux,
Quand nous pouvons couvrir d'excuses nos défauts :
Mais ainsi qu'aux petits, aux plus grands personnages
Sondez tout jusqu'au fond : les fous ne sont pas sages.
Or c'est un grand chemin jadis assez frayé,   101
Qui des rimeurs françois ne fut onc essayé :
Suivant les pas d'Horace, entrant en la carriere,
Je trouve des humeurs de diverse maniere,
Qui me pourroient donner sujet de me moquer :   105
Mais qu'est-il de besoin de les aller choquer ?
Chacun, ainsi que moi, sa raison fortifie,
Et se forme à son goût une philosophie ;
Ils ont droit en leur cause, et de la contester
Je ne suis chicaneur, et n'ayme à disputer.   110
Gallet a sa raison, et qui croira son dire,

REMARQUES.

Vers 45. ...... *Le roollet.*] On dit aujourd'hui
le rôle d'un comédien.

Vers 53. *Avec discretion il la faut caresser.*]
Martial a dit :

   Fortunam revereter habe.

Vers 59. *Son amour est fragile, et se rompt
comme un verre.*]

   Fortuna vitrea est : tum cum splendet, frangitur.
                     Publius Mimus.

   Mais leur gloire tombe par terre ;
   Et comme elle a l'éclat du verre,
   Elle en a la fragilité.
        Godeau, ode à Louis XIII.

Ces vers ont été pillés par Corneille dans ses
stances de *Polyeucte.*

Vers 63. *Homme que la fortune.....*] Il auroit
été plus régulier de dire : *Pour moi, je n'ai point
vu d'homme,* etc.

Vers 65. *Or d'être cinquante ans aux honneurs
eslevé.*] Ceci ne peut guère convenir qu'au duc
de Sully, lequel, étant né en 1559, s'étoit attaché dès sa jeunesse à Henri de Bourbon, alors
roi de Navarre, et ensuite roi de France, qui
l'honora de sa confiance la plus intime, et le com-
bla de biens et d'honneurs.

Vers 69. *Aussy, pour discerner et le bien et le
mal.*] Dans l'édition de 1642 et dans les éditions
suivantes, on a mis, *le bien d'avec le mal.*

Vers 77. .. .... *Avec le jugement.*] L'édition de
1642 et les suivantes, *avecque jugement.*

REMARQUES.

Vers 85. *A ce point, le mal-heur, amy comme
ennemy.*] On n'a jamais dit que le *malheur* fût
ami ; il a toujours signifié la mauvaise fortune.
L'auteur pouvoit mettre, *l'heur*, *le destin*, *la
fortune*, qui se prennent ou en bonne ou en mauvaise part, suivant les épithètes qui les détermi-
nent. La Fontaine s'est emparé de ce sujet dans la
fable intitulée *la Fortune et le jeune Enfant.*

Vers 101 et 102. *Or c'est un grand chemin....
Qui des rimeurs françois ne fut onc essayé.*] Le
discours préliminaire de cette édition donne un
démenti formel à cette assertion de Regnier ; et
ce sont probablement ces vers qui ont fait avancer
à plusieurs de nos biographes que Regnier étoit
notre plus ancien satirique. Cependant on pourroit
au moins conclure de ces deux vers, que les poëtes
satiriques qui l'ont précédé étoient fort peu connus
de son temps.

Vers 109. *Ils ont droit en leur cause..]* Éditions de 1642, 1652 et 1667 : *Ils ont droit de leur
cause.*

Vers 111. *Gallet a sa raison.....*] Gallet, fameux joueur de dés, vivoit du temps de Regnier.
Sur la foi de la tradition, et de Ménage dans ses
Origines, les commentateurs de Boileau ont dit
que Gallet fit bâtir l'hôtel de Sully, et qu'il le
perdit au jeu. C'est le duc de Sully, surintendant
des finances sous Henri IV, qui avoit fait bâtir
l'hôtel qui porte son nom. Il est vrai que Gallet
avoit une maison tout auprès, dans laquelle étoit
un cabaret qu'on appeloit aussi l'hôtel de Sully,
et Gallet la vendit pour payer ses créanciers. C'est
ce qui a causé l'erreur que je signale, et dans
laquelle je suis tombé moi-même. On trouve encore le nom de Gallet dans les vers d'un ballet

Le hazard pour le moins luy promet un empire ;
Toutesfois , au contraire , étant leger et net,
N'ayant que l'esperance et trois dez au cornet,
Comme sur un bon fond de rente et de receptes ,　115
Dessus sept ou quatorze il assigne ses dettes ,
Et trouve sur cela qui lui fournit dequoy.
Ils ont une raison qui n'est raison pour moy ,
Que je ne puis comprendre , et qui bien l'examine :
Est-ce vice ou vertu qui leur fureur domine ?　120
L'un alléché d'espoir de gagner vingt pour cent ,
Ferme l'œil à sa perte , et librement consent
Que l'autre le dépoüille èt ses meubles engage ;
Même , s'il est besoin , baille son heritage.
Or le plus sot d'entr'eux, je m'en raporte à luy , 125

REMARQUES.

intitulé *le Sérieux et le Grotesque* , dansé par
Louis XIII en 1627. C'est dans un récit *pour les
Falotiers de Rouen.*

> Là , ceux qui prêtent le collet
> Aux chances que livre Gallet ,
> Après quelques faveurs, souffrent mille disgraces ;
> Et ne rencontrent volontiers
> Que l'hôpital , dont les portiers
> Ce sont les digolis , les taupes et les Maces.

VERS 115. .... *De rente , ou de receptes.*] Édition de 1642 et suivantes , *et de receptes.*

VERS 116. *Dessus sept ou quatorze il assigne
ses dettes.*] Au jeu de la chance , ou des trois dés ,
les chances les plus difficiles à amener , ou qui
viennent plus rarement , sont celles de *sept* et de
quatorze ; et quand le joueur emprunte de l'argent pour jouer , *il assigne la dette* à en payer une
certaine partie toutes les fois qu'il lui viendra *sept*
ou *quatorze.* Boileau a désigné ce jeu satire IV,
vers 75 :

> Attendant son destin d'un quatorze ou d'un sept ,
> Voit sa vie ou sa mort sortir de son cornet.

Regnier fait ici la peinture de deux fous : d'un
joueur , qui croit s'enrichir au jeu ; et d'un usurier , qui lui prête volontiers de grosses sommes
pour jouet , parce qu'il en tire vingt pour cent
d'intérêt. La raison du joueur consiste dans l'espérance de gagner ; la raison de l'usurier , dans le
profit immense qu'il tire de son argent.

VERS 117. *Et trouve sur cela qui lui fournit
dequoy.*] C'est-à-dire, *et trouve sur cela* (un usurier)
qui lui fournit de quoy (vivre). Le poëte condamne
et la raison du joueur , et la raison de l'usurier.
Ils ont une raison qui n'est raison pour lui. Il ne
peut comprendre leur conduite ; mais, quoiqu'il la
traite de fureur , il ne sait néanmoins si , à cause
de la bonne foi réciproque qu'il y reconnoît , il la
doit appeler vice ou vertu.

VERS 118. *Ils ont une raison qui n'est raison
pour moy.*]

> Ainsi votre raison n'est pas raison pour moi.
> CORNEILLE , *le Cid* , act II , sc. 6.

VERS 121. *L'un alléché d'espoir....*] Un usurier.

VERS 123. .... *Et ses meubles engage.*] C'est
l'usurier qui engage ses meubles , et même ses
fonds , pour trouver l'argent qu'il prête au joueur.

VERS 125. *Or le plus sot d'entr'eux....*] C'est
encore l'usurier , parce qu'il perd véritablement
son bien , au lieu que le joueur ne perd que celui
d'autrui.

> *Insanit veteres statuas Damasippus emendo.*
> *Integer est animi Damasippi creditor ? esto.*
> *Accipe quod nunquam reddas mihi , si tibi dicam :*
> *Tunc insanus eris, si acceperis ?*
> HORACE , liv. II , sat. 3 , vers 64.

Pour l'un il perd son bien , l'autre celuy d'autruy.
Pourtant c'est un traffic qui suit toûjours sa route,
Où , bien moins qu'à la place , on a fait banqueroute ;
Et qui dans le brelan se maintient bravement ,
N'en déplaise aux arrêts de nostre parlement.　130
　Pensez-vous , sans avoir ses raisons toutes prêtes,
Que le sieur de Provins persiste en ses requêtes,
Et qu'il ait , sans espoir d'être mieux à la court ,
A son long balandran changé son manteau court :
Bien que , depuis vingt ans , sa grimace importune 135
Ait à sa défaveur obstiné la fortune ?
Il n'est pas le Cousin , qui n'ait quelque raison.
De peur de réparer , il laisse sa maison :
Que son lit se défonce , il dort dessus la dure ;　139
Et n'a , crainte du chaud , que l'air pour couverture ;
Ne se pouvant munir encontre tant de maux ,
Dont l'air intemperé fait guerre aux animaux ,
Comme le chaud , le froid , les frimas et la pluye ,
Mille autres accidens , bourreaux de nôtre vie ,

REMARQUES.

VERS 128. *Où , bien moins qu'à la place , on
a fait banqueroute.*] Ce commerce , d'usurier à
joueur , ne laisse pas de subsister, entre les parties ,
plus inviolablement que celui qui se se fait à la
place entre marchands. On a vu bien des joueurs
se ruiner , mais on en voit peu qui fassent banqueroute pour les dettes du jeu ; ce sont même ,
entre joueurs, *dettes d'honneur*, et privilégiées sur
toutes les autres.

VERS 129. *Et qui dans le brelan......*] On lit
brelan dans la première édition de cette satire ,
1613 , et c'est ainsi qu'il est dans Nicot , imprimé
en 1606. Les éditions de 1616 et 1617 portent
barlan , mot que je n'ai point vu ailleurs. Il y a
berlan dans toutes les éditions suivantes ; mais
l'on ne dit plus que *brelan* , qui s'entend ici de
ces académies où l'on s'assemble pour jouer aux
cartes et aux dés.

VERS 130. *N'en déplaise aux arrests de nostre
parlement.*] Peu de temps avant que Regnier pu-
bliât cette satire , le roi Louis XIII avoit donné
deux déclarations portant défenses de tenir brelans :
l'une du 30 mai 1611 , vérifiée au parlement le
23 juin suivant , et l'autre du 20 décembre 1612 ,
aussi vérifiée le 24 janvier 1613. Le 13 juin 1614,
le parlement rendit encore un arrêt solennel pour
réitérer les défenses de tenir des brelans et académies.

VERS 134. *A son long balandran changé son
manteau court.*] Le sieur de Provins , pour se donner l'air d'un homme d'épée , avoit changé son
manteau court en un long balandran, tel que les
gens de guerre en portoient ; car le balandran
étoit une espèce de manteau ou de surtout. Boileau,
en citant cet endroit dans son discours sur la satire,
a pris le sens de Regnier à rebours.

VERS 137. *Il n'est pas le Cousin....*] Autre fou
ainsi nommé , parce que , parlant d'Henri IV, il
disoit , *le roi mon cousin ;* en quoi il ressembloit
à Triboulet , qui cousinoit François Ier. , comme
on voit page 212 du *Recueil des plaisantes Nouvelles* , imprimé à Lyon , l'an 1555.

VERS 144. *Mille autres accidens......*] Toutes les
éditions portent : *Et mil autres accidens ;* mais ce
demi-vers a une syllabe de trop : c'est pourquoi ,
dans l'édition de 1642 et dans les trois suivantes ,
on a mis : *Et mille autres accidens* , pour couser-
ver la mesure du vers aux dépens des règles de
la grammaire. La syllabe *et* étant ici de trop , il
est visible qu'il faut lire : *Mille autres accidens* ,
ou plutôt *mil* , comme l'auteur l'avoit écrit.

Luy, selon sa raison, sous eux il s'est soûmis, 145
Et, forçant la nature, il les a pour amis.
Il n'est point enrumé pour dormir sur la terre ;
Son poulmon enflamé ne tousse le caterre ;
Il ne craint ny les dents ny les défluxions,
Et son corps a, tout sain, libres ses fonctions. 150
En tout indifferent, tout est à son usage.
On dira qu'il est fou, je croi qu'il n'est pas sage.
Que Diogene aussi fust un fou de tout point,
C'est ce que le Cousin comme moy ne croit point.
Ainsi cette raison est une étrange bête, 155
On l'a bonne, selon qu'on a bonne la tête,
Qu'on imagine bien du sens comme de l'œil,
Pour grain ne prenant paille, ou Paris pour Corbeil.

Or suivant ma raison et mon intelligence,
Mettant tout en avant, et soin et diligence, 160
Et criblant mes raisons pour en faire un bon chois,
Vous êtes, à mon gré, l'homme que je cherchois.
Afin donc qu'en discours le temps je ne consomme,
Ou vous êtes le mien, ou je ne veux point d'homme.
Qu'un chacun en ait un ainsy qu'il luy plaira, 165
Rozette, nous verrons qui s'en repentira.
Un chacun en son sens selon son choix abonde.
Or m'ayant mis en goût des hommes et du monde,
Réduisant brusquement le tout en son entier,
Encor faut-il finir par un tour du métier. 170

On dit que Jupiter, roy des dieux, et des hommes,
Se promenant un jour en la terre où nous sommes,
Receut en amitié deux hommes apparens,
Tous deux d'âge pareils, mais de mœurs differens.
L'un avoit nom Minos, l'autre avoit nom Tantale : 175
Il les éleve au ciel, et d'abord leur étale,
Parmy les bons propos, les graces et les ris,
Tout ce que la faveur départ aux favoris :
Ils mangeoient à sa table, avaloient l'ambrosie.

REMARQUES.

VERS 166. *Rozette, nous verrons qui s'en repentira.*] Voyez la note sur le vers 75 de la huitième satire.

VERS 170. *Encor faut il finir par un tour du métier.*] Par un trait de satire. Cela fait comprendre que la fable allégorique qui suit, de Minos et de Tantale, indiquoit deux personnes de la cour, dont celle qui est déguisée sous le nom de Minos étoit sans doute le sage ministre à qui Regnier adresse cette satire.

VERS 174. ...... *Mais de mœurs differens.*] 1645, *d'humeurs differentes.*

VERS 175. *L'un avoit nom Minos, l'autre avoit nom Tantale.*] Minos, fils de Jupiter et d'Europe, donna des lois aux peuples de Crète, dont il étoit roi, et les gouverna avec tant d'équité, qu'on a feint qu'il avoit été établi juge des enfers.

Tantale, autre fils de Jupiter et roi de Phrygie, qui fut chassé du ciel pour avoir révélé aux hommes les secrets des dieux. Dans les enfers il souffre une faim et une soif continuelles, au milieu des eaux et des mets les plus exquis.

VERS 179. *Ils mangeoient à sa table, avaloient l'ambrosie.*] Mets exquis, qui, selon les anciens, étoit la nourriture de leurs dieux. Regnier semble ici prendre l'ambrosie pour une liqueur. Athénée produit deux passages, l'un de Sapho, l'autre d'Anaxandride, par où il paroît que l'ambroisie est prise pour la boisson des dieux. Alcman est cité au même endroit touchant le nectar pris pour leur viande ; d'où il s'ensuivroit que l'ambroisie seroit leur breuvage. Aussi Muret, sur le dixième sonnet du livre I des *Amours de Ronsard*, dit que le

Et des plaisirs du ciel soûloient leur fantaisie, 180
Ils étoient comme chefs de son conseil privé ;
Et rien n'étoit bien fait qu'ils n'eussent approuvé.
Minos eut bon esprit, prudent, accort et sage,
Et sçut jusqu'à la fin jouer son personnage :
L'autre fut un langard, révélant les secrets 185
Du ciel et de son maître aux hommes indiscrets.
L'un, avecque prudence, au ciel s'impatronise ;
Et l'autre en fut chassé comme un peteux d'église.

SATYRE XV(1).

Ouy, j'escry rarement, et me plais de le faire,
Non pas que la paresse en moy soit ordinaire,
Mais si-tôt que je prens la plume à ce dessein,
Je croy prendre en galére une rame en la main ;
Je sens au second vers que la muse me dicte, 5
Que contre sa fureur ma raison se dépite.
Or si par fois j'escry, suivant mon ascendant,
Je vous jure, encor est-ce à mon corps défendant.
L'astre qui de naissance à la muse me lie,

REMARQUES.

nectar et l'ambroisie se prennent l'un pour l'autre par les poëtes. Cependant Homère a distingué fort nettement l'ambroisie du nectar, *Odyssée*, liv. v, vers 92.

VERS 183. *Minos eut bon esprit, prudent, accort et sage.*] Pour confirmer le parallèle de Minos et du duc de Sully, on peut mettre ici ce que dit Moréri, que ce seigneur mourut *avec l'éloge d'avoir été bon gentilhomme, sage, discret, et très-exact à tenir ce qu'il avoit promis ;* éloge qui lui avoit été donné par Henri IV, dans une lettre que ce roi lui écrivit de sa main le 10 avril 1603. *Mémoires de Sully*, part. II, chap. 15, p. 243.

VERS 185. *L'autre fut un langard, révélant les secrets.*] Langard, bavard, grand parleur. Expression employée par Clément Marot. (Voyez la note sur le vers 175)

Quærit aquas in aquis, et poma fugacia captat
Tantalus : hoc illi garrula lingua dedit.
OVIDE.

Sic aret mediis taciti vulgator in undis.
Idem, liv. III des *Amours*, élég. 7.

VERS 188. *Et l'autre en fut chassé comme un peteux d'église.*]

Si, dis-je, cette dame Élise,
Comme de vrais peteurs d'église,
Les eût chassés de son état.
SCARRON, *Virgile travesti*, liv I.

(1) L'auteur se plaint de la verve poétique qui le contraint à faire des vers, malgré lui, toutes les fois qu'elle s'empare de son esprit ; mais il ajoute que son humeur libre, et incapable du moindre déguisement, l'oblige aussi à dire la vérité avec franchise, à rendre justice au mérite, à blâmer le vice et à louer la vertu.

VERS 1. *Ouy, j'escry rarement......*]

Sic rarò scribis, ut toto non quater anno
Membranam poscas.
HORACE, liv. II, sat. 3.

VERS 6. *Que contre sa fureur ma raison se dépite.*] Dans toutes les éditions qui ont précédé celle de 1642, on lisoit : *Et contre*, etc. Les poëtes un peu exacts n'approuveront pas cette rime, *dicte, dépite* ; peut-être étoit-elle d'usage alors.

Me fait rompre la tête après cette folie ,   10
Que je reconnois bien : mais pourtant, malgré moi ,
Il faut que mon humeur fasse joug à sa loy;
Que je demande en moi ce que je me dénie,
De mon ame et du ciel, étrange tyrannie!
Et qui pis est , ce mal , qui m'afflige au mourir ,   15
S'obstine aux récipez, et ne se veut guerir ;
Plus on drogue ce mal , et tant plus il s'empire ,
Il n'est point d'ellebore assez en Anticyre ;
Revesche à mes raisons, il se rend plus mutin ;
Et ma philosophie y perd tout son latin.   20
Or pour être incurable, il n'est pas nécessaire ,
Patient en mon mal, que je m'y doive plaire ;
Au contraire, il m'en fasche , et m'en déplaît si fort ,
Que durant mon accez je voudrois être mort :   24
Car lors qu'on me regarde, et qu'on me juge un poëte ,
Et qui par conséquent a la tête mal-faite ,
Confus en mon esprit , je suis plus désolé ,
Que si j'étois maraut , ou ladre , ou verolé.
    Encor si le transport dont mon ame est saisie
Avoit quelque respect durant ma frénésie ,   30
Qu'il se reglât selon les lieux moins importans ,
On qu'il fist choix des jours , des hommes, ou du temps ,
Et que lors que l'hyver me renferme en la chambre ,
Aux jours les plus glacez de l'engourdy novembre,
Apollon m'obsedât, j'aurois en mon malheur   35
Quelque contentement à flater ma douleur.
    Mais aux jours les plus beaux de la saison nouvelle ,
Que Zephyre en ses rets surprend Flore la belle ;
Que dans l'air les oyseaux , les poissons en la mer ,
Se plaignent doucement du mal qui vient d'aimer :   40
Ou bien lors que Cerés de sourment se couronne ,
Ou que Bacchus soupire amoureux de Pomone ;
On lors que le saffran , la dernière des fleurs ,
Dore le scorpion de ses belles couleurs ;

REMARQUES.

Vers 16. *S'obstine aux récipez........*] Aux re-
mèdes , aux ordonnances des médecins, qui commencent ordinairement par le mot latin *recipe*
(prenez) , ou seulement *R* par abréviation. Clément Marot , en donnant un remède contre la
peste , dit :

> *Recipe ; assis sur un banc,*
> *De Méance le bon jambon ,*
> *Avec la pinte de vin blanc ,*
> *Ou de clairet , mais qu'il soit bon.*

Vers 18. *Il n'est point d'ellebore assez en Anticyre.*] Les premières éditions portent *elebore ,
Anticire* , mauvaise orthographe. L'ellébore est une
plante dont les anciens médecins se servoient pour
purger le cerveau et pour guérir de la folie. Cette
plante croissoit particulièrement dans l'île d'Anticyre : c'est pourquoi on y envoyoit les fous : *Na-
viget Anticyram*, dit Horace, satire 3, livre II ;
et dans la même satire :

> *Danda est ellebori multò pars maxima avaris :
> Nescio an Anticyram ratio illis destinet omnem.*

Vers 40. .... *Du mal qui vient d'aimer.*] Mer,
aimer : cette rime est appelée *normande* , parce
que les Normands , aussi-bien que les Gascons ,
prononcent les finales des infinitifs en *er*, comme
si on les écrivoit *air* : *Mal d'aimer* , pour *mal
d'amour.*

Vers 41. *Ou bien que Cerés de sourment.....*]
On disoit autrefois *fourment* , et ce n'est que depuis l'édition de 1642 qu'on met *froment.*

Vers 43 et 44. *Ou lorsque le saffran . la derniere des fleurs , Dore le scorpion. ..*] Le saffran ne

C'est alors que la verve insolemment m'outrage ,   45
Que la raison forcée obeït à la rage ,
Et que , sans nul respect des hommes ou du lieu ,
Il faut que j'obeïsse aux fureurs de ce dieu :
Comme en ces derniers jours les plus beaux de l'année ,
Que Cybele est par-tout de fruits environnée ,   50
Que le paysant recüeille , emplissant à milliers ,
Greniers , granges , chartis , et caves et celiers ;
Et que Junon , riant d'une douce influence,
Rend son œil favorable aux champs qu'on ensemence ;
Que je me résoudois , loin du bruit de Paris ,   55
Et du soin de la cour ou de ses favoris ,
M'égayer au repos que la campagne donne ;
D'un bon mot faire rire , en si belle saison ,   59
Vous , vos chiens , et vos chats , et toute la maison ,
Et là , dedans ces champs que la riviere d'Oise,
Sur des arenes d'or en ses bords se dégoise ,
(Séjour jadis si doux à ce roy qui deux fois

REMARQUES.

fleurit qu'au mois d'octobre, pendant lequel le soleil
entre dans le signe du scorpion.

Vers 46. *Que la raison forcée obeït à la rage.*]
Ou fureur poétique.

Vers 48. *Il faut que j'obeïsse aux fureurs de
ce dieu.*] D'Apollon. Avant l'édition de 1642 , il y
avoit , *qu'il faut.*

Vers 50. *Que Cybele....*] La terre.

Vers 52. *Greniers , granges , chartis.....*] C'est
le lieu où l'on met à couvert les charrettes. Nicot
et Monet écrivent *chareti.*

Vers 53. *Et que Junon....*] La déesse de l'air.

Vers 55. *Que je me résoudois....*] Édition de
1626, *resoudrois* ; édition de 1652 et suivantes ,
resolvois.

Vers 59. *D'un bon mot faire rire......*] Regnier
étoit fertile en bons mots et en reparties vives et
plaisantes. On en voit une preuve naïve, quoique
grossière , dans ce sixain gravé sous le portrait de
Gros Guillaume, acteur de le Comédie Italienne
du temps de Regnier :

> Tel est dans l'hôtel de Bourgoigne
> Gros Guillaume avec sa troigne ,
> Enfariné comme un meusnier.
> Son minois et sa rhétorique
> Valent les bons mots de Reignier
> Contre l'humeur mélancolique.

Vers 60. *Vous , vos chiens......*] Ces paroles s'a-
dressent à un ami de Regnier , chez qui il étoit
à Royaumont , dont il est parlé dans le vers 73 ,
et cet ami étoit vraisemblablement l'abbé même
de Royaumont , Philippe Hurault de Chiverny ,
évêque de Chartres, lieu de la naissance de Regnier.
Cette conjecture est préparée par les vers précédens , où Regnier dit qu'étant allé à la campagne
pour y jouir du repos et de la liberté, il ne vouloit
entendre parler ni de curé , ni de doyen , ni de
chantre , ni de Sorbonne , sujets ordinaires de con-
versations qui n'étoient point de son goût , et dont
il avoit la tête rompue chez ce prélat.

Vers 61. *Et là , dedans ces champs que la riviere d'Oise.*] Où la rivière d'Oise ; cette expression seroit plus régulière.

Vers 62. *Sur des arenes d'or en ses bords.....*]
En ses bras , dans les éditions de 1616 et 1617.

Vers 63. *Séjour jadis si doux à ce roy......*]
Saint Louis alla deux fois dans la Terre-Sainte pour

Donna Sidon en proye à ses peuples françois)
Faire maint soubre-saut, libre de corps et d'ame ,   65
Et froid aux appétis d'une amoureuse flamme ,
Estre vuide d'amour comme d'ambition ,
Des galands de ce temps horrible passion.
Mais à d'autres revers ma fortune est tournée.
Dés le jour que Phœbus nous montre la journée ,   70
Comme un hibou qui fuit la lumiere et le jour ,
Je me leve , et m'en vay dans le plus creux séjour
Que Royaumont recelle en ses forêts secrettes ,
Des renards et des loups les ombreuses retraites ;
Et là , malgré mes dents , rongeant et ravassant ,   75
Polissant les nouveaux , les vieux rapetassant ,
Je fay des vers , qu'encor qu'Apollon les avoüe ,
Dedans la cour , peut-être , on leur fera la moüe ;
Ou s'ils sont , à leur gré , bien faits et bien polis ,
J'aurai pour récompense : Il sont vrayment jolis.   80
Mais moi , qui ne me regle aux jugemens des hommes,
Qui dedans et dehors connois ce que nous sommes ,
Comme , le plus souvent , ceux qui sçavent le moins
Sont temerairement et juges , et témoins ,   84
Pour blâme , ou pour loüange , ou pour froide parole,
Je ne fay de leger banqueroute à l'école
Du bon homme Empédocle , où son discours m'apprend
Qu'en ce monde il n'est rien d'admirable et de grand ,
Que l'esprit dédaignant une chose bien grande ,
Et qui , roy de soy-même , à soy-même commande.   90
Pour ceux qui n'ont l'esprit si fort , ny si trempé ,

REMARQUES.

y faire la guerre aux Sarrasins. Sidon , aujourd'hui
Seide , ville de Phénicie.

VERS 73. *Que Royaumont recelle en ses forêts
secrettes.*] Abbaye de bernardins près de la rivière
d'Oise , à huit lieues de Paris. Elle avoit été fondée
vers l'an 1230 , par saint Louis , qui travailla lui-
même , à ce qu'on dit , au bâtiment de l'église. Il
fit de grands biens à cette abbaye , dans laquelle il
se retiroit souvent pour s'y donner tout entier aux
œuvres de piété. Il y servoit les malades , mangeoit
au réfectoire avec les religieux , et couchoit dans
une chambre du dortoir. On y voyoit la chapelle
où ce saint roi faisoit ses prières , et le lieu où il
prenoit la discipline dans la sacristie. C'est dans
cette même église que Regnier a été enterré. Il
mourut à Rouen ; mais son corps , ayant été mis
dans un cercueil de plomb , fut porté à Royaumont,
comme il l'avoit ordonné.

VERS 75. ..... *Rongeant et ravassant.*] Dans l'é-
dition de 1642 et suivantes , on lit *révassant* , mot
qui a succédé à *ravassant* , de *ravasser* , qu'on employoit du temps de Regnier et de Rabelais , qui
s'en est servi très-fréquemment. *Pantagruel soy
retirant* , dit-il , liv. III , chap. 36 , *aperceut par
la gallerie Panurge , en maintien d'un resveur
ravassant* , etc.

    Tant plus songeards , en resvant ravassez.
        Bonaventure DES PERRIERS , dans un sonnet
        qui est à la fin de ses *Nouvelles Récréations.*

VERS 87. *Du bon homme Empédocle....*] Ancien
philosophe et poëte , comme étoient ces anciens
sages , qui mettoient en vers les maximes de leur
philosophie , pour les imprimer dans la mémoire
plus facilement.

VERS 90. *Et qui , roy de soy-mesme , à soy-
mesme commande.*] Cette sentence est attribuée
aussi à Platon.

VERS 91. *Pour ceux qui n'ont l'esprit....... si
trempé.*] On appelle *trempé* , l'acier rougi au feu

Afin de n'être point de soy-même trompé ,
Chacun se doit connoître , et par un exercice ,
Cultivant sa vertu , déraciner son vice ,
Et censeur de soy-même , avec soin corriger   95
Le mal qui croît en nous , et non le négliger ;
Eveiller son esprit troublé de rêverie.
Comme donc je me plains de ma forcenerie ,
Que par art je m'efforce à regler ses accez ,
Et contre mes défauts que j'intente un procez :   100
Comme on voit , par exemple , en ces vers où j'accuse
Librement le caprice où me porte la muse ,
Qui me repaît de baye en ses foux passe-temps ,
Et , malgré moy , me fait aux vers perdre le temps ;
Ils devroient à propos tâcher d'ouvrir la bouche ,   105
Mettant leur jugement sur la pierre de touche ,
S'étudier de n'être en leurs discours tranchans ,
Par eux mêmes juger ignares , ou méchans ;
Et ne mettre , sans choix , en égale balance ,
Le vice , la vertu , le crime , l'insolence.   110
Qui me blâme aujourd'huy , demain il me loüera ,
Et peut-être aussi-tôt il se désavoüera.
La loüange est à prix , le hazard la débite
Où le vice souvent vaut mieux que le merite :
Pour moy , je ne fais cas , ny ne me puis vanter ,   115
Ny d'un mal , ny d'un bien , que l'on ne peut ôter.
Avec proportion se départ la loüange ,
Autrement c'est pour moy du baragoin étrange.
Le vray me fait dans moy reconnoître le faux ,
Au poids de la vertu je juge les défauts.   120
J'assigne l'envieux cent ans après la vie ,
Où l'on dit qu'en amour se convertit l'envie.
Le juge sans reproche est la posterité.
Le temps qui tout découvre , en fait la verité ,
Puis la montre à nos yeux ; ainsi dehors la terre   125
Il tire les tresors , et puis les y resserre.
Donc moy , qui ne m'amuse à ce qu'on dit icy ,
Je n'ay de leurs discours ny plaisir , ny soucy ;
Et ne m'émeus non plus , quand leur discours fourvoye ,
Que d'un conte d'Urgande et de Ma Mere l'Oye.   130
    Mais puisque tout le monde est aveugle en son fait ,
Et que dessous la lune il n'est rien de parfait ,
Sans plus se contrôller , quant à moy je conseille

REMARQUES.

et plongé dans l'eau pour l'endurcir. C'est de là
qu'est tirée cette expression figurée.

VERS 103. *Qui me repaît de baye....*] Qui me
repaît de vent ; parce que *bayer* , terme populaire,
signifie regarder en tenant la bouche ouverte.
On dit encore proverbialement , *bayer aux cor-
neilles.*

VERS 114. *Où le vice souvent...*] Dans l'édition
de 1642 et suivantes , on a mis : *Et le vice.*

VERS 117. *Avec proportion se départ......*] Se
doit départir.

Regnier , satire I , vers 56 , a dit , en parlant à
Henri IV :

    Toute extrême louange est pour lui trop petite.

Il semble qu'il soit revenu à des sentimens plus
modérés.

VERS 121. *J'assigne l'envieux...........*] On lit
j'assine , dans l'édition de 1613 , et dans les deux
suivantes de 1614 et 1616. On commence à voir
j'assigne dans celle de 1617.

VERS 130. *Que d'un conte d'Urgande et de Ma
Mere l'Oye.*] Urgande , fameuse magicienne dont il
est parlé dans le roman d'*Amadis.*

VERS 133. ...... *Quant à moy je conseille.*[L'é-

Qu'un chacun doucement s'excuse à la pareille.
Laissons ce qu'en rêvant ces vieux fous ont écrit ; 135
Tant de philosophie embarasse l'esprit.
Qui se contraint au monde, il ne vit qu'en torture.
Nous ne pouvons faillir suivant notre nature.
Je t'excuse, Pierrot, de même excuse moy,
Ton vice est de n'avoir ny Dieu, ny foy, ny loy. 140
Tu couvres tes plaisirs avec l'hypocrisie ;
Chupin se taisant veut couvrir sa jalousie ;
Rison accroît son bien d'usure et d'interêts ;
Selon on plus on moins, Jan donne ses arrêts,
Et comme au plus offrant, débite la Justice. 145
Ainsi, sans rien laisser, un chacun a son vice.
Le mien est d'être libre, et ne rien admirer,
Tirer le bien du mal, lors qu'il s'en peut tirer,
Sinon adoucir tout par une indifference,
Et vaincre le malheur avec la patience ; 150
Estimer peu de gens, suivre mon vercoquin,
Et mettre à même taux le noble et le coquin.

D'autre part, je ne puis voir un mal sans m'en plaindre,
Quelque part que ce soit, je ne me puis contraindre.
Voyant un chicaneur, riche d'avoir vendu 155
Son devoir à celuy qui dût être pendu ;
Un avocat instruire en l'une et l'autre cause ;
Un Lopet, qui partis dessus partis propose ;
Un medecin remplir les limbes d'avortons ;
Un banquier qui fait Rome icy pour six testons ; 160
Un prélat, enrichy d'interêt et d'usure,

REMARQUES.

dition de 1613 nous fait voir que l'auteur avoit
écrit *quand à moy*, ce qui est une faute.

VERS 142. *Chupin se taisant veut couvrir sa
jalousie.*] Dans les premières éditions il y a : *Chupin
se faisant*, qui ne signifie rien. On a mis dans
l'édition de 1642 : *Chupin, se taisant, couvre
sa jalousie* ; vers où la césure est beaucoup mieux
marquée que dans celui de notre auteur.

VERS 143. *Rison accroît son bien ....*] *Rison* est
l'anagramme de *Rosni* ; mais il n'y a pas la moindre apparence que le poëte ait voulu désigner M. de
Rosni, surintendant des finances, dont il avoit parlé
si avantageusement dans la satire VI. Dans les éditions de 1617 et 1645, il y a *Raison* au lieu de
Rison.

VERS 144. *........ Jan donne ses arrêts.*] On a
commencé à mettre *Jean* dans l'édition de 1642.

VERS 151. *..... Suivre mon vercoquin.*] Mon humeur, mon caprice. (Voyez la note sur le vers 142
de la satire IX.)

VERS 157. *Un avocat instruire en l'une et l'autre
cause.*] Ce sont les procureurs, et non pas les
avocats, qui font l'instruction des procès, et il arrive quelquefois à des procureurs trop avides d'oc-
cuper pour les deux parties ; témoin le fameux
Rolet, qui occupoit pour l'appelant et pour l'inti-
mé, suivant ce qui est rapporté dans le *Roman
Bourgeois* de Furetière.

VERS 158. *Un Lopet, qui partis dessus partis
propose.*] *Lopet* est le nom renversé de *Paulet*, qui
étoit un fameux partisan sous le règne d'Henri IV.
Charles Paulet a rendu son nom immortel par
l'édit que le roi fit publier, en 1604, pour l'hérédité des offices, moyennant le soixantième denier
de droit annuel. Ce droit fut nommé *la paulette*,
du nom de ce partisan, qui en fut l'inventeur et
le premier traitant. Selon M. de Thou, le marquis
de Rosni fut l'auteur de l'établissement de ce droit.
Hist. Thuan.. édit. de Genève, p. 1134 et 1135.

VERS 160. *Un banquier qui fait Rome....*] Qui

Plaindre son bois saisy pour n'être de mesure ;
Un Jan, abandonnant femme, filles, et sœurs,
Payer mêmes en chair jusques aux rotisseurs ;
Rosset faire le prince, et tant d'autre mystère : 165
Mon vice est, mon amy, de ne m'en pouvoir taire.

Or des vices où sont les hommes attachez,
Comme les petits maux font les petits péchez ;
Ainsi les moins mauvais sont ceux dont tu retires 169
Du bien, comme il advient le plus souvent des pires,
Au moins estimez tels ; c'est pourquoy, sans errer,
Au sage bien souvent on les peut désirer,
Comme aux prescheurs l'audace à reprendre le vice,
La folie aux enfans, aux juges l'injustice. 174
Vien doncq', et regardant ceux qui faillent le moins,
Sans aller rechercher ny preuve, ny témoins ;
Informons de nos faits, sans haine et sans envie,
Et jusqu'au fond du sac épluchons nôtre vie.

De tous ces vices là, dont ton cœur, entaché,
S'est veu par mes écrits si librement touché, 180
Tu n'en peux retirer que honte et que dommage.
En vendant la justice, au ciel tu fais outrage,
Le pauvre tu détruis, la veuve et l'orphelin,
Et ruynes chacun avecq' ton patelin.

REMARQUES.

fabrique des signatures et expéditions de la cour
de Rome.

VERS 162. *Plaindre son bois saisy pour n'être
de mesure.*] La mesure du bois qui se vend à Paris,
tant pour bâtir que pour brûler, a été réglée par
les anciennes ordonnances, particulièrement par
celle de Charles VI, du 10 septembre 1439, et par
un arrêt du parlement, du 12 octobre 1579.

VERS 163. *Un Jan....*] L'édition de 1642 et les
suivantes ont mis *Jean*.

VERS 165. *Rosset faire le prince......*] On lit
Rosset dans l'édition de 1642 et dans les suivantes.
Rosset étoit un des médecins d'Henri IV. Nous
voyons dans les *Mémoires de Sulli*, édit. de 1652,
tome II, page 153, une lettre écrite de la main
de ce roi, le 3 novembre 1598, par laquelle il
ordonne au marquis de Rosni, surintendant des
finances, de faire délivrer aux sieurs Marescot,
Martin et *Rosset*, médecins, à chacun cent écus,
pour être venus voir le roi à Monceaux pendant
sa maladie. Ce Rosset, dont parle ici Regnier,
pourroit être François du Rosset, dont nous avons
un volume d'histoires tragiques, des recueils de
poésies de divers auteurs, la première traduction
de la seconde partie de *Don Quichotte*, etc. Lenglet Dufresnoy trouve cette dernière conjecture de
Brossette peu probable. « Un poëte faire le prince !
« dit-il ; je doute que cela soit. »

VERS 168. *Comme les petits maux....*] Édition
de 1642 et suivantes : *Comme des petits maux*.

VERS 177. *Informons de nos faits.....*] Dans toutes les éditions qui ont précédé celle de 1642, on
lit *informans* ; mais c'est une faute.

VERS 180. *S'est veu par mes écrits....*] C'est ainsi
qu'il faut lire, et non pas *n'est veu*, qu'on trouve
dans toutes les éditions qui ont précédé celle de
1642.

VERS 184. *Et ruynes chacun avecq' ton patelin.*]
Avec ton *patelinage*, mot employé par Rabelais,
liv. III, chap. 33 : *Je ne ris onques tant que je
feis à ce patelinage*. C'est la farce de *Patelin* qui
a introduit ces termes dans notre langue.

Toutes ces manières de parler proverbiales ont
été introduites dans notre langue par la farce de
Patelin. On ne connoît ni l'auteur de cet ouvrage,
ni l'époque pendant laquelle il écrivoit. Il en existe

Ainsi conséquemment de tout dont je t'offence ,   185
Et dont je ne m'attens d'en faire pénitence :
Car parlant librement, je prétens t'obliger
A purger tes défauts, tes vices corriger.
Si tu le fais, enfin , en ce cas je merite,
Puisqu'en quelque façon mon vice te profite.   190

SATYRE XVI(1).

N'avoir crainte de rien , et ne rien esperer ,
Amy , c'est ce qui peut les hommes bien heurer ;
J'ayme les gens hardis, dont l'ame non commune,
Morgant les accidens , fait tête à la fortune ;
Et voyant le soleil de flamme réluisant ,   5
La nuit au manteau noir les astres conduisant ,
La lune se masquant de formes differentes ,
Faire naître les mois en ses courses errantes ,
Et les cieux se mouvoir par ressors discordans ,
Les uns chauds , temperez , et les autres ardens ;   10
Qui ne s'émouvant point, de rien n'ont l'ame attainte,
Et n'ont , en les voyant , esperance, ny crainte.
Même si , pêle mêle avec les élemens ,
Le ciel d'airain tomboit jusques aux fondemens ,
Et que tout se froissât d'une étrange tempête ,   15
Les éclats sans frayeur leur fraperoient la tête.
Combien moins les assauts de quelque passion ,
Dont le bien et le mal n'est qu'une opinion ?
Ny les honneurs perdus , ny la richesse acquise ,
N'auront sur leur esprit ny puissance, ny prise.   20

REMARQUES.

une édition , sans date, de Pierre le Caron , qui imprimoit à Paris en 1474 (*Histoire de l'imprimerie à Paris* , par De la Caille). Tous les écrivains des premières années du seizième siècle parlent avec éloge de cette vieille comédie, qui a été remise en scène par Brueys en 1706.

Vers 185. *Ainsi conséquemment de tout dont je t'offence.*] C'est-à-dire : *Il en est de même de tous les autres vices , dont le récit que je fais t'offense.*

(1) Le sujet de cette satire est expliqué dans les deux premiers vers. Elle étoit la dix-huitième dans les précédentes éditions.
Elle parut pour la première fois dans l'édition de 1652, faite par Jean et Daniel Elsevier , à Leyden.

Vers 2. ..... *C'est ce qui peut les hommes bien heurer.*] *Bien heurer,* rendre heureux.

Vers 3. *J'ayme les gens hardis.*.] Tout ce commencement est imité des deux premières strophes de cette belle ode d'Horace, qui est la troisième du livre III :

Justum et tenacem propositi virum,
Non civium ardor prava jubentium ,
Non vultus instantis tyranni ,
      Mente quatit solidâ ; neque Auster ,
Dux inquieti turbidus Adriæ ,
Nec fulminantis magna Jovis manus.
Si fractus illabatur orbis ,
      Impavidum ferient ruinæ.

Vers 11. *Qui ne s'émouvant point......*] Cette longue période forme une phrase incorrecte , en ce que le quatrième vers se rapporte à *l'ame non commune* , tandis que le onzième se rapporte aux *gens hardis*. Ces sortes de négligences échappent souvent à nos meilleurs écrivains.

Vers 20. *N'auront sur leur esprit....*] Dans toutes les éditions il y a : *N'auront sur son esprit ;*

Dy-moy, qu'est-ce qu'on doit plus cherement aymer ,
De tout ce que nous donne ou la terre ou la mer ;
Ou ces grands diamans, si brillans à la veuë ,
Dont la France se voit à mon gré trop pourveuë ;
Ou ces bonneurs cuisans, que la faveur départ ,   25
Souvent moins par raison , que non pas par hazard ;
Ou toutes ces grandeurs après qui l'on abbaye ,
Qui font qu'un président dans les procez s'égaye ?
De quel œil, trouble, ou clair, dy-moy, les doit-on voir ?
Et de quel appétit au cœur les recevoir ?   30
Je trouve , quant à moi , bien peu de difference
Entre la froide peur et la chaude esperance :
D'autant que même doute également assaut
Nôtre esprit , qui ne sçait au vrai ce qu'il lui faut.
Car étant la fortune en ses fins incertaine ,   35
L'accident non prévû nous donne de la peine.
Le bien inesperé nous saisit tellement ,
Qu'il nous gêle le sang , l'ame et le jugement,
Nous fait fremir le cœur, nous tire de nous mêmes.
Ainsi diversement saisis des deux extrêmes ,   40
Quand le succez du bien au desir n'est égal ,
Nous nous sentons troublez du bien comme du mal ;
Et trouvant même effet en un sujet contraire,
Le bien fait dedans nous ce que le mal peut faire.
Or donc, que gagne-t-on de rire ou de pleurer ?   45
Craindre confusément ; bien , ou mal esperer ?
Puisque même le bien , excédant nôtre attente ,
Nous saisissant le cœur, nous trouble, et nous tourmente ;
Et nous désobligeant nous même en ce bonheur,
La joie et le plaisir nous tient lieu de douleur.   50
Selon son rôlle , on doit joüer son personnage.
Le bon sera méchant , insensé l'homme sage,
Et le prudent sera de raison devêtu ,
S'il se montre trop chaud à suivre la vertu.   54
Combien plus celui-là , dont l'ardeur non commune
Elève ses desseins jusqu'au ciel de la lune ,
Et se privant l'esprit de ses plus doux plaisirs ,
A plus qu'il ne se doit laisse aller ses desirs?
Va donc, et d'un cœur sain voyant le Pont-au-Change,
Desire l'or brillant sous mainte pierre estrange ;   60
Ces gros lingots d'argent, qu'à grands coups de marteaux,
L'art forme en cent façons de plats et de vaisseaux ;
Et devant que le jour aux gardes se découvre ,
Va , d'un pas diligent , à l'Arcenac , au Louvre ,
Talonne un président, suy-le comme un valet ;   65
Mesme , s'il est besoin , estrille son mulet.

REMARQUES.

mais c'est une faute , car ce vers se rapporte aux *gens hardis*, dont il est parlé dans le troisième vers : ainsi il faut mettre *leur esprit* , et non pas *son esprit*. La faute est venue sans doute de ce que l'auteur, plein de l'idée du beau vers d'Horace qu'il venoit de traduire :

Impavidum ferient ruinæ ,

ne se souvenoit pas qu'il avoit commencé sa période par le pluriel, en disant *j'aime les gens hardis* , quoique Horace , son modèle , eût commencé la sienne par le singulier.

Vers 59. ...... *Voyant le Pont-au-Change.*] Un des ponts de Paris , sur lequel plusieurs boutiques d'orfèvres et de joailliers étoient établies lorsqu'il étoit couvert de maisons.

Vers 64. *Va , d'un pas diligent , à l'Arcenac , au Louvre.*] Henri IV se retiroit souvent à l'Arsenal pour y travailler avec quelques-uns de ses ministres, principalement avec le duc de Sulli.

Vers 66. *Mesme , s'il est besoin , estrille son*

i

Suy jusques au conseil les maistres des requestes ;
Ne t'enquiers curieux s'ils sont hommes ou bestes ,
Et les distingue bien : les uns ont le pouvoir
De juger finement un procez sans le voir ;　　　　70
Les autres , comme dieux , prés le soleil résident ,
Et , démons de Plutus, aux finances président ;
Car leurs seules faveurs peuvent , en moins d'un an ,
Te faire devenir Chalange , ou Montauban.
Je veux encore plus : démembrant ta province ,　　75
Je veux , de partisan que tu deviennes prince :
Tu seras des badauts en passant adoré ,
Et sera jusqu'au cuir ton carosse doré ;
Chacun en ta faveur mettra son esperance ;
Mille valets sous toy désoleront la France ;　　　80
Tes logis tapissez en magnifique arroy ,
D'éclat aveugleront ceux-là mesme du roy.
Mais si faut-il , enfin , que tout vienne à son conte ,
Et soit avec l'honneur , ou soit avec la honte ,
Il faut , perdant le jour , esprit , sens , et vigueur , 85
Mourir comme Enguerrand , ou comme Jacques Cœur ;
Et descendre là-bas , où , sans choix de personnes ,
Les écuelles de bois s'égalent aux couronnes.
　En courtisant pourquoy perdrois je tout mon temps ,

REMARQUES.

mulet.] Du temps de Regnier , la voiture ordinaire
des magistrats et des médecins étoit une mule. Il
indique ici quelque plaideur qui , pour faire sa
cour à son juge , s'étoit abaissé jusqu'à panser sa
mule. M. Tardieu , lieutenant-criminel de Paris si
fameux par son avarice , exigeoit des plaideurs qui
le venoient solliciter , qu'ils menassent sa mule à
l'abreuvoir ; car il la pansoit lui-même , ne voulant
point avoir de domestique à sa charge.

Vers 72. Et démons de Plutus....] Plutus , dieu
des richesses.

Vers 74. ...... Chalange ou Montauban.] Riches
partisans.

Vers 81. ..... En magnifique arroy.] Vieux mot
qui signifie équipage, inusité aujourd'hui , quoique
nous ayons conservé son composé désarroi, désor-
dre , désastre.

Vers 86. Mourir comme Enguerrand, ou comme
Jacques Cœur.] Ces deux favoris sont célèbres dans
notre histoire par leurs richesses et par leur dis-
grâce. Enguerrand de Marigny , surintendant des
finances sous Philippe-Auguste, fut condamné , en
1315 , à être attaché au gibet de Montfaucon , qu'il
avoit fait dresser lui-même. Jacques Cœur , aussi
principal ministre et argentier de Charles vii , fut
condamné , comme coupable de plusieurs crimes ,
par arrêt du 19 mai 1453 , et banni du royaume.
Il se retira dans l'île de Chypre , où il amassa encore
une immense fortune par ses relations commer-
ciales ; mais il ne put obtenir de rentrer dans sa
patrie.

Vers 88. Les écuelles de bois s'égalent aux couronnes.] Diogène , content de son tonneau et de son
écuelle de bois, méprisoit les richesses d'Alexandre-
le-Grand. Voyez le chapitre 30 du livre ii de Rabelais , où cet auteur feint que , dans les enfers ,
« Alexandre le Grand repetassoit de vieilles chaus-
» ses , et ainsi gagnoit sa pauvre vie. » Il ajoute
plus bas que « Diogènes se prélassoit en magnifi-
» cence avec une grand' robe de pourpre , et un
» sceptre en sa dextre , et faisoit enrager Alexandre
» le Grand quand il n'avoit bien repetassé ses
» chausses , et le payoit en grands coups de bâ-
» ton. » Il n'est pas impossible que cette plaisanterie de Rabelais ne soit l'original de la pensée de
Regnier.

Si de bien et d'honneur mes esprits sont contens ?　90
Pourquoy d'ame et de corps faut il que je me peine ,
Et qu'étant hors du sens, aussi bien que d'haleine ,
Je suive un financier , soir , matin , froid et chaud ,
Si j'ai du bien pour vivre autant comme il m'en faut ?
Qui n'a point de procez , au Palais n'a que faire.　95
Un president pour moi n'est non plus qu'un notaire.
Je fais autant d'état du long comme du court ,
Et mets en la vertu ma faveur et ma court.
　Voila le vrai chemin , franc de crainte et d'envie ,
Qui doucement nous meine à cette heureuse vie , 100
Que , parmi les rochers et les bois desertez ,
Jeusne , veille , oraison , et tant d'austeritez ,
Ces hermites jadis , ayant l'esprit pour guide ,
Chercherent si long-temps dedans la Thébaïde.
Adorant la vertu , de cœur , d'ame et de foy ,　105
Sans la chercher si loin , chacun l'a dedans soy ,
Et peut , comme il lui plaît , lui donner la teinture ,
Artisan de sa bonne ou mauvaise aventure.

EPISTRES.

DISCOURS AU ROY.

EPISTRE I[1].

Il estoit presque jour , et le ciel sousriant ,
Blanchissoit de clarté les peuples d'Orient ;
L'aurore aux cheveux d'or , au visage de roses ,
Desja , comme à demy desconvrait toutes choses ;
Et les oyseaux perchez en leur feüilleux séjour ,　5
Commençoient , s'esveillant , à se plaindre d'amour :
Quand je vis en sursaut une beste effroyable ,
Chose estrange à conter , toutesfois véritable !
Qui plus qu'une hydre affreuse à sept gueules menglant ,
Avoit les dents d'acier , l'œil horrible et sanglant ;　10
Et pressoit à pas torts une nymphe fuyante ,
Qui , réduite aux abbois , plus morte que vivante ,
Haletante de peine , en son dernier recours ,
Du grand Mars des François imploroit le secours ,
Embrassoit ses genoux , et l'appellant aux armes ,　15
N'avoit autre discours que celuy de ses larmes.
Ceste nymphe étoit d'age , et ses cheveux meslez ,

REMARQUES.

(1) Dans ce discours allégorique , l'auteur loue
Henri-le-Grand d'avoir dissipé la ligue , et étouffé
les guerres civiles qui désoloient le royaume de
France. Cette pièce parut dès la première édition ,
en 1608.

Vers 7. Quand je vis en sursaut......] Quand je
songeai que je voyois en sursaut , avec frayeur.

Ibid. .... Une beste effroyable.] La ligue.

Vers 11. ...... Une nymphe fuyante.] La France.
Malherbe avoit de l'aversion pour les fictions poétiques ; et après avoir lu cette pièce , il demanda à
Regnier en quel temps cela étoit arrivé ; disant
qu'il avoit toujours demeuré en France depuis cinquante ans , et qu'il ne s'étoit point aperçu que la
France se fût enlevée hors de sa place. Vie de Malherbe , page 14.

Malgré toute l'autorité de Malherbe , cette al-
légorie ne me semble ni obscure ni déplacée.

Vers 14. Du grand Mars des François...] Henri-
le-Grand.

Flottoient au gré du vent, sur son dos avalez.
Sa robe étoit d'azur, où cent fameuses villes
Eslevoient leurs clóchers sur des plaines fertiles ; 20
Que Neptune arrosoit de cent fleuves espars,
Qui dispersoient le vivre aux gens de toutes pars.
Les villages espais fourmilloient par la plaine,
De peuple et de bestail la campagne étoit pleine,
Qui, s'employant aux arts, mesloient diversement 25
La fertile abondance avecque l'ornement.
Tout y reluisoit d'or, et sur la broderie
Esclattoit le brillant de mainte pierrerie.

La mer aux deux costez cest ouvrage bordoit,
L'Alpe de la main gauche s'espandoit, 30
Du Rhin jusqu'en Provence ; et le mont qui partage
D'avecque l'Espagnol le françois heritage,
De Leucate à Bayonne en cornes se haussant,
Monstroit son front pointu de neiges blanchissant.

Le tout étoit formé d'une telle maniere, 35
Que l'art ingenieux excédoit la matiere.
Sa taille estoit auguste, et son chef couronné,
De cent fleurs de lis d'or estoit environné.

Ce grand prince voyant le soucy qui la greve,
Touché de pieté, la prend, et la releve ; 40
Et de feux estouffant ce funeste animal,
La délivra de peur aussi-tost que de mal ;
Et purgeant le venim dont elle estoit si pleine,
Rendit en un instant la nymphe toute saine.

Ce prince, ainsi qu'un Mars, en armes glorieux, 45
De palmes ombrageoit son chef victorieux,
Et sembloit de ses mains au combat animées,
Comme foudre jetter la peur dans les armées.
Ses exploits achevez en ses armes vivoient :
Là les champs de Poictou d'une part s'eslevoient, 50
Qui superbes sembloient s'honorer en la gloire
D'avoir premiers chanté sa premiere victoire.

Dieppe, de l'autre part, sur la mer s'allongeoit,
Où pour fort il rompoit le camp qui l'assiegeoit,
Et poussant plus avant ses trouppes espanchées, 55
Le matin en chemise il surprit les tranchées.
Là Paris délivré de l'espagnole main,

Se deschargeoit le col de son joug inhumain.
La campagne d'Ivry sur le flanc cizelée,
Favorisoit son prince au fort de la meslée ; 60
Et de tant de liguerns par sa dextre vaincus,
Au dieu de la bataille appendoit les escus.

Plus haut étoit Vendosme, et Chartres, et Pontoise,
Et l'Espagnol desfait à Fontaine-Françoise,
Où la valeur du foible emportant le plus fort, 65
Fist voir que la vertu ne craint aucun effort.

Plus bas, dessus le ventre, au naïf contrefaite,
Estoit, prés d'Amiens, la honteuse retraite
Du puissant archiduc, qui craignant son pouvoir,
Creut que c'estoit en guerre assez que de le voir. 70

Deça, delà, luitoit mainte trouppe rangée,
Mainte grande cité gémissoit assiégée,
Où, si-tôt que le fer l'eu rendoit possesseur,
Aux rebelles vaincus il usoit de douceur :
Vertu rare au vainqueur, dont le courage extreme 75
N'a gloire en la fureur qu'à se vaincre soi-mesme !

Le chesne et le laurier cest ouvrage ombrageoit,
Où le peuple devot sous ses loix se rangeoit ;
Et de vœux et d'encens, au ciel faisoit priere,
De conserver son prince en sa vigueur entiere. 80
Maint puissant ennemy, domté par sa vertu,
Languissoit dans les fers sous ses pieds abbatu,
Tout semblable à l'envie, à qui l'estrange rage
De l'heur de son voisin enfielle le courage ;
Hideuse, bazanée, et chaude de rancœur, 85

REMARQUES.

Le roi d'Espagne s'étant déclaré ouvertement pour la ligue le 8 mars 1590, Henri IV assiégea Paris au mois de mai suivant, et cette ville fut remise au pouvoir de sa majesté par le comte de Brissac, qui en étoit gouverneur, le 22 mars 1594.

VERS 59. *La campagne d'Ivry.....*] La bataille d'Ivry, près de Mantes, fut gagnée par le roi sur le duc de Mayenne, le 14 mars 1590. Dubartas a fait un cantique sur la victoire d'Ivry.

VERS 63. *Au dieu de la bataille appendoit les escus.*] Au dieu des batailles consacroit les boucliers.

VERS 64. *Et l'Espagnol desfait à Fontaine-Françoise.*] Ville de Bourgogne, près de laquelle Henri IV, avec environ deux cents chevaux, défit quinze mille hommes commandés par le duc de Mayenne et par le connétable de Castille, le 3 juin 1595. Cette victoire acheva de déconcerter la ligue : le duc de Mayenne et le duc de Nemours son frère, qui en étoient les chefs, furent contraints d'avoir recours à la clémence du roi.

VERS 68 et 69. *Estoit, prés d'Amiens, la hon-teuse retraite Du puissant archiduc.....*] La ville d'Amiens ayant été surprise par les Espagnols, Henri IV en forma le siége. L'archiduc d'Autriche parut pour la secourir avec une armée de dix-huit mille hommes de pied et de quatre mille chevaux, mais il fut vigoureusement repoussé ; les assiégés capitulèrent, et cette place revint au pouvoir du roi en 1597.

VERS 73. *Où , si-tôt que le fer l'en rendoit pos-sesseur.*] Il faut lire *l'en rendoit possesseur*, comme il y a dans la première édition, et non pas *s'en rendoit*, qui est dans toutes les autres.

VERS 77. *Le chesne et le laurier.....*] La couronne de chêne étoit décernée à celui qui avoit sauvé la vie à ses concitoyens : *Ob cives servatos.*

VERS 84. *......Enfielle le courage.*] Remplit le cœur de fiel et d'amertume.

VERS 85. *..........Et chaude de rancœur.*] De

REMARQUES.

VERS 25. *Qui s'employant aux arts, mesloient diversement.*] C'est ainsi qu'on lit dans la première édition, de 1608 ; dans celles de 1612 et 1613 il y a : *Qui s'employoient aux arts*, etc.

VERS 31. *........Et le mont qui partage.*] Les Pyrénées.

VERS 33. *De Leucate à Bayonne....*] Toutes les éditions faites pendant la vie de l'auteur portent *l'Aucate* avec une apostrophe. Leucate , village de France près de Perpignan , sur la Méditerranée.

VERS 39. *.......Le soucy qui la greve.*] Qui l'af-flige , l'inquiète ; du latin *gravare*. N'est plus d'u-sage dans ce sens. L'infinitif *grever* est encore em-ployé en jurisprudence.

VERS 52. *........ Sa premiere victoire.*] Allusion à la bataille de Coutras , gagnée par Henri IV, alors roi de Navarre, sur le duc de Joyeuse , le 20 octobre 1587.

VERS 56. *Le matin en chemise il surprit les tranchées.*] Henri IV, s'étant campé sous le canon de Dieppe avec quatre mille cinq cents hommes, empêcha la prise de cette place , et battit le duc de Mayenne, qui vouloit l'attaquer avec dix-huit mille hommes dans ses retranchemens. Ce fut un mardi matin , 20 septembre 1589 , six semaines après la mort de Henri III.

VERS 57. *Là Paris délivré de l'espagnole main.*]

Qui ronge ses poulmons, et se masche le cœur.

Apres quelque priere, en son cœur prononcée,
La nymphe, en le quittant, au ciel s'est eslancée,
Et son corps dedans l'air demeurant suspendu,
Ainsi comme un milan, sur ses aisles tendu,   90
S'arreste en une place, où, changeant de visage,
Un bruslant aiguillon luy picque le courage :
Son regard estincelle, et son cerveau tremblant,
Ainsi comme son sang, d'horreur se va troublant :
Son estomach pantois sous la chaleur frissonne,   95
Et chaude de l'ardeur qui son cœur espoinçonne,
Tandis que la faveur précipitoit son cours,
Veritable prophete elle fait ce discours :

Peuple, l'objet piteux du reste de la terre,
Indocile à la paix, et trop chaud à la guerre,   100
Qui fécond en partis, et léger en desseins,
Dedans ton propre sang soüilles tes propres mains ;
Entens ce que je dis, attentif à ma bouche,
Et qu'au plus vif du cœur ma parole te touche.

Depuis qu'irréverant envers les immortels,   105
Tu taches de mespris l'Eglise et ses autels ;
Qu'au lieu de la raison gouverne l'insolence,
Que le droit alteré n'est qu'une violence ;
Que par force le foible est foulé du puissant,
Que la ruse ravit le bien à l'innocent ;   110
Et que la vertu sainte en public mesprisée,
Sert aux jeunes de masque, aux plus vieux de risée,
(Prodige monstrueux!) et sans respect de foy,
Qu'on s'arme ingratement au mespris de son roy ;
La justice et la paix, tristes et désolées,   115
D'horreur se retirant, au ciel s'en sont volées :
Le bonheur aussi-tost à grands pas les suivit,
Et depuis, le soleil de bon œil ne te vit.

Quelque orage tousjours qui s'esleve à ta perte,
A, comme d'un broüillas ta personne couverte,   120
Qui, tousjours prest à fondre, en eschec te retient,
Et malheur sur malheur à chaque heure te vient.

On a veu tant de fois la jeunesse trompée
De tes enfans passez au tranchant de l'espée ;
Tes filles sans honneur errer de toutes parts,   125
Ta maison et tes biens saccagez des soldarts ;
Ta femme insolemment d'entre tes bras ravie ;
Et le fer tous les jours s'attacher à ta vie.

Et cependant, aveugle en tes propres effets,
Tout le mal que tu sens, c'est toy qui te le fais ;   130

vengeance. Inusité aujourd'hui. *Rancune* l'a remplacé incomplétement.

Vers 91. ...... *Où, changeant de visage.*]

. . . . *Subito non vultus, non color unus,
Non comptæ mansere comæ ; sed pectus anhelum,
Et rabie fera corda tument : majorque videri,
Nec mortale sonans, afflata est numine quando
Jam propiore dei.*
           Virgile, *Æn.*, liv. VI, v. 47, parlant
           de la sibylle.

Vers 95. *Son estomach pantois.....*] palpitant,
haletant. Hors d'usage.

Vers 111. *Et que la vertu sainte en public mesprisée.*] Regnier dit ici de la vertu ce qu'il avoit
dit de la science, satire III, vers 53 et 54 :

Si la science pauvre, affreuse et mesprisée,
Sert au peuple de fable, aux plus grands de risée.

Vers 126. ...... *Soldarts.*] A moins que la rime
ne l'exige, Regnier se sert partout ailleurs du mot
de *soldat.*

Vers 130. *Tout le mal que tu sens, c'est toy
qui te le fais.*] Vers composé de monosyllabes.

Tu t'armes à ta perte, et ton audace forge
L'estoc dont, furieux, tu te coupes la gorge.
Mais quoy ! tant de malheurs te suffisent-ils pas ?
Ton prince, comme un Dieu, te tirant du trespas,
Rendit de tes fureurs les tempestes si calmes,   135
Qu'il te fait vivre en paix à l'ombre de ses palmes.
Astrée en sa faveur demeure en tes citez,
D'hommes et de bestail les champs sont habitez :
Le paysant n'ayant peur des bannieres estranges,
Chantant coupe ses bleds, riant fait ses vendanges ;   140
Et le berger guidant son troupeau bien nourry,
Enfle sa cornemeuse en l'honneur de Henry.
Et toy seul, cependant, oubliant tant de graces,
Ton aise trahissant, de ses biens tu te lasses.

Vien, ingrat, respon-moy : quel bien esperes-tu,   145
Aprés avoir ton prince en ses murs combatu ?
Aprés avoir traby, pour de vaines chimeres,
L'honneur de tes ayeux, et la foy de tes peres ?
Aprés avoir, cruel, tout respect violé,
Et mis à l'abandon ton pays désolé ?   150
Attens-tu que l'Espagne, avec son jeune prince,
Dans son monde nouveau te donne une province,
Et qu'en ces trahisons, moins-sage devenu,
Vers toy par ton exemple il ne soit retenu ?
Et qu'ayant démenti ton amour naturelle,   155
A luy plus qu'à ton prince il t'estime fidelle ?
Peut-estre que ta race, et ton sang violent,
Issu, comme tu dis, d'Oger, ou de Roland,
Ne te veut pas permettre, encore jeune d'âge,
Qu'oysif en ta maison se rouille ton courage ;   160
Et rehaussant ton cœur, que rien ne peut ployer,
Te fait chercher un roy qui te puisse employer ;
Qui, la gloire du ciel, et l'effroy de la terre,
Soit, comme un nouveau Mars, indomptable à la guerre ;
Qui sçache, en pardonnant, les discords estouffer,   165
Par clémence aussi grand comme il est par le fer.

Cours tout le monde entier de province en province :
Ce que tu cherches loin habite en nôtre prince.

Mais quels exploits si beaux a faits ce jeune roy,
Qu'il faille pour son bien que tu fausses ta foy,   170
Trahisses ta patrie, et que d'injustes armes
Tu la combles de sang, de meurtres et de larmes ?
Si ton cœur convoiteux est si vif et si chaud,

Vers 138. *D'hommes et de bestail les champs
sont habitez.*]

*Tutus bos etenim rura perambulat,
Nutrit rura Ceres, almaque Faustitas.*
           Horace, liv. IV, ode 5.

Vers 139 et 140. *Le paysant n'ayant peur des
bannieres estranges, Chantant coupe ses bleds,
riant fait ses vendanges.*] Ces deux vers sont ainsi
parodiés dans le *Traité de la poésie pastorale* de
M. l'abbé Genet, p. 244 :

Partout le villageois entonnant tes loüanges,
Riant coupe ses bleds, chantant fait ses vendanges.

Vers 151. *Attens-tu que l'Espagne, avec son
jeune prince.*] Philippe III, qui succéda à Philippe II
son père, en 1598.

Vers 158. *Issu, comme tu dis, d'Oger ou de
Roland.*] Cette apostrophe indique probablement
quelque prince de la maison de Lorraine, peut-être
le duc de Mercœur (Philippe-Emmanuel), qui re-
fusoit de reconnoître Henri IV. Les Guises ap-
puyoient leurs prétentions à la couronne de France
sur leur prétendue descendance directe de Charlemagne, et traitoient Hugues-Capet et sa postérité
d'usurpateurs.

Cours la Flandre, où jamais la guerre ne défaut ; 174
Et plus loing, sur les flancs d'Austriche et d'Alemagne
De Turcs et de turbans enjonche la campagne ;
Puis, tout chargé de coups, de vieillesse et de biens,
Revien en ta maison mourir entre les tiens.
Tes fils se mireront en si belles despoüilles :
Les vieilles au foyer en filant leurs quenoüilles, 180
En chanteront le conte ; et brave en argumens,
Quelque autre Jean de Mun en fera des romans.

Ou si, trompant ton roy, tu cours autre fortune,
Tu trouveras, ingrat, toute chose importune.
A Naples, en Sicille, et dans ces autres lieux 185
Où l'on t'assignera, tu seras odieux ;
Et l'on te fera voir, avec ta convoitise,
Qu'après les trahisons les traistres on mesprise.
Les enfans estonnez s'enfuiront te voyant,
Et l'artisan mocqueur, aux places t'effroyant, 190
Rendant par ses brocards ton audace flétrie,
Dira : Ce traistre-icy nous vendit sa patrie,
Pour l'espoir d'un royaume en chimeres conçeu ;
Et pour tous ses desseins du vent il a reçeu.

Há ! que ces paladins vivants dans mon histoire, 195
Non comme toy touchez d'un bastarde gloire,
Te furent differens, qui, courageux par tout,
Tindrent fidellement mon enseigne debout ;
Et qui, se respandant ainsi comme un tonnerre,
Le fer dedans la main firent trembler la terre ; 200
Et tant de roys payens sous la croix desconfis,
Asservirent vaincus aux pieds du crucifix,
Dont les bras retroussez, et la teste panchée,

De fers honteusement au triomphe attachée,
Furent de leur valeur tesmoins si glorieux, 205
Que les noms de ces preux en sont escrits aux cieux !

Mais si la pieté de ton cœur divertie,
En toy, pauvre insensé, n'est du tout amortie :
Si tu n'as tout-à-fait rejetté loin de toy
L'amour, la charité, le devoir et la foy ; 210
Ouvre tes yeux sillez, et voy de quelle sorte,
D'ardeur précipité, la rage te transporte,
T'enveloppe l'esprit, t'esgarant insensé,
Et juge l'avenir par le siécle passé.

Si-tôt que cette nymphe, en son dire enflamée, 215
Pour finir son propos eut la bouche fermée ;
Plus haute eslevant dans le vague des cieux,
Ainsi comme un esclair disparut à nos yeux ;
Et se monstrant déesse en sa fuite soudaine,
La place elle laissa de parfum toute pleine, 220
Qui tombant en rosée aux lieux les plus prochains,
Reconforta le cœur et l'esprit des humains.

Henry, le cher suject de nos saintes prieres,
Que le ciel réservoit à nos peines dernieres,
Pour restablir la France au bien non limité 225
Que le destin promet à son éternité :
Aprés tant de combats, et d'heureuses victoires,
Miracles de nos temps, honneur de nos histoires,
Dans le port de la paix, grand prince, puisses-tu,
Malgré tes ennemis, exercer ta vertu ! 230
Puisse estre à ta grandeur le destin si propice,
Que ton cœur de leurs traicts rebouche la malice !
Et s'armant contre toy, puisses-tu d'autant plus,
De leurs efforts domter le flus et le reflus ;
Et comme un saint rocher oposant ton courage, 235
En escume venteuse en dissiper l'orage ;
Et brave t'eslevant par dessus les dangers,
Estre l'amour des tiens, l'effroy des étrangers !
Attendant que ton fils, instruit par ta vaillance,
Dessous tes estendars sortant de son enfance, 240
Plus fortuné que toy, mais non pas plus vaillant,
Aille les Othomans jusqu'au Caire assaillant ;
Et que, semblable à toy, foudroyant les armées,
Il cueille avecq' le fer les palmes Idumées. 244

REMARQUES.

VERS 174. *Cours la Flandre, où jamais la guerre ne défaut.*] Famianus Strada dit, au commencement de son *Histoire de la guerre de Flandre : Planè ut in alias terras peregrinari Mars, ac circumferre bellum ; hic armorum sedem fixisse videatur.* Et plus bas : *Nusquam,* dit-il, *militia aut ingeniosior, aut affluentior, aut diuturnior : planè ut aperto hic ludo accurrentes undique populos erudire Mars ad bellum videatur.*

VERS 176. *De Turcs et de turbans enjonche la campagne.*] C'est ce que fit le duc de Mercœur, qui se retira en Allemagne, et commanda contre les Turcs l'armée de l'empereur Rodolphe II.

VERS 182. *Quelque autre Jean de Mun en fera des romans.*] Jean de Meun, ainsi nommé parce qu'il étoit natif de Meun-sur-Loire, et surnommé *Clopinel,* parce qu'il étoit boiteux, a été le continuateur du *Roman de la Rose.*

VERS 185. *A Naples.....*] Regnier auroit-il été prophète ? Ravaillac étoit, dit-on, l'un de ces ligueurs réfugiés à Naples en 1608.

VERS 192. *.......Ce traistre-icy nous vendit sa patrie.*]

Vendidit hic auro patriam.
VIRGILE, *Æn.,* liv. VI, v. 621.

VERS 195. *Há ! que ces paladins.....*] J'ai conservé *paladins,* qui se trouve dans les éditions de 1608 et et 1612, préférablement à *palatins,* qu'on lit dans celle de 1613, et qui de là a passé dans toutes les suivantes. Le mot *preux,* qui est dans le vers 206, semble confirmer la leçon de *paladins,* tous termes d'ancienne chevalerie. Ce sont les seigneurs françois qui, du temps des croisades, s'armèrent pour la délivrance de la Terre-Sainte. Regnier oppose cette ligue, formée par les princes chrétiens contre les infidèles, à la ligue formée par les François contre Henri IV, leur légitime souverain.

REMARQUES.

VERS 209. *Si tu n'as tout-à-fait rejetté....*] Ce dernier mot est dans la première édition ; dans toutes les autres on a mis mal à propos *retiré.*

VERS 217. *......Dans le vague des cieux.*] Éditions de 1613 et 1645, *dans la vague.*

VERS 219 et 220. *Et se monstrant déesse en sa fuite soudaine, La place elle laissa de parfum toute pleine.*]

Ambrosiæque comæ divinum vertice odorem
Spiravere ; pedes vestis defluxit ad imos,
Et vera incessu patuit dea.
VIRGILE, *Æn.,* liv. I, v. 407.

L'édition de 1645 a changé ainsi le vers 219 :

Et de ses vestemens, tout ainsi qu'une reine.

VERS 232. *Que ton cœur de leurs traicts rebouche la malice.*] *Rebouche* pour *rebrousse* se trouve dans Clément Marot. Il a aujourd'hui une autre signification.

VERS 239. *Attendant que ton fils.....*] Le jeune dauphin, né en 1601, ensuite roi, sous le nom de Louis XIII.

VERS 244. *......Les palmes Idumées.*] L'Idumée est une province de la Palestine, fertile en palmiers.

Primus Idumæas referam tibi, Mantua, palmas.
VIRGILE, *Georg.,* liv. III, v. 12.

Puis, tout flambant de gloire, en France revenant,
Le ciel même là-haut de ses faicts s'étonnant,
Qu'il espande à tes pieds les despouilles conquises,
Et que de leurs drapeaux il pare nos églises.

  Alors rajeunissant au récit de ses faits,
Tes desirs et tes vœux, en ses œuvres parfaits,   250
Tu ressentes d'ardeur ta vieillesse eschauffée,
Voyant tout l'univers nous servir de trophée.

  Puis, n'estant plus icy chose digne de toy,
Ton fils du monde entier restant paisible roy,   254
Sous tes modelles saincts, et de paix, et de guerre,
Il régisse, puissant en justice, la terre,
Quand après un long-temps, ton esprit glorieux
Sera des mains de Dieu couronné dans les cieux.

A MONSIEUR DE FORQUEVAUS (1).

EPISTRE II (2).

Puisque le jugement nous croist par le dommage,
Il est temps, Forquevaus, que je devienne sage ;
Et que par mes travaux j'apprenne à l'avenir,
Comme, en faisant l'amour, on se doit maintenir.
Après avoir passé tant et tant de traverses,   5
Avoir porté le joug de cent beautez diverses,
Avoir, en bon soldat, combatu nuit et jour,
Je dois être routier en la guerre d'amour ;
Et comme un vieux guerrier blanchi dessous les armes,
Sçavoir me retirer des plus chaudes alarmes,   10
Détourner la fortune, et, plus fin que vaillant,
Faire perdre le coup au premier assaillant ;
Et sçavant devenu par un long exercice,
Conduire mon bonheur avec de l'artifice,
Sans courir comme un fol saisi d'aveuglement,   15
Que le caprice emporte, et non le jugement.
Car l'esprit, en amour, sert plus que la vaillance,
Et tant plus on s'efforce, et tant moins on avance.
Il n'est que d'être fin, et de soir, ou de nuit,
Surprendre, si l'on peut, l'ennemy dans le lit.   20
Du temps que ma jeunesse, à l'amour trop ardente,
Rendoit d'affection mon ame violente,
Et que de tous côtez, sans choix, ou sans raison,

REMARQUES.

(1) M. de Forquevaus n'est connu que par un recueil de satires qu'il fit imprimer en 1619, avec le titre d'*Espadon satirique*, par le sieur de Forquevaus, et qui fut réimprimé en 1623 et 1626, sous le nom du sieur Desternod.

(2) Le sujet de cette épître l'avoit fait comprendre dans les satires par tous les éditeurs de Regnier qui ont précédé Brossette (voyez le Discours préliminaire) ; mais nous avons cru devoir suivre l'ordre indiqué par ce commentateur. Il seroit aussi difficile d'excuser Regnier sur le choix de son sujet que sur la manière dont il est traité. Cet ouvrage ne peut donner qu'une fort mauvaise opinion de sa délicatesse et de ses mœurs ; et l'exemple d'Horace , satire 2 , livre 1 , ne rend pas son imitateur moins blâmable.

VERS 8. *Je dois être routier en la guerre d'amour*.] Un routier est un soldat dans notre vieux langage françois. *Route* vouloit dire *compagnie* ou *régiment*, d'où l'on a formé *déroute*, qui s'est conservé, pour exprimer un corps de troupes débandé, sans ordre. On dit encore , dans le style familier, *un vieux routier*, pour indiquer un homme expérimenté et rusé.

J'allois comme un limier après la venaison,
Souvent , de trop de cœur, j'ay perdu le courage ;   25
Et , piqué des douceurs d'un amoureux visage,
J'ai si bien combattu , serré flanc contre flanc,
Qu'il ne m'en est resté une goutte de sang.
Or sage à mes despens, j'esquive la bataille,   29
Sans entrer dans le champ j'attends que l'on m'assaille,
Et pour ne perdre point le renom que j'ai eu ,
D'un bon mot du vieux tems je couvre tout mon jeu ;
Et , sans être vaillant, je veux que l'on m'estime.
Ou si par fois encor j'entre en la vieille escrime ,
Je goûte le plaisir sans en être emporté   35
Et prens de l'exercice au prix de ma santé.
Je resigne aux plus forts ces grands coups de maîtrise.
Accablé sous le faix , je fuy toute entreprise;
Et sans plus m'amuser aux places de renom ,
Qu'on ne peut emporter qu'à force de canon ,   40
J'ayme une amour facile , et de peu de défense.
Si je voy qu'on me rit , c'est là que je m'avance,
Et ne me veux chaloir du lieu , grand , ou petit.
La viande ne plaît que selon l'appétit.
Toute amour à bon goût , pourvû qu'elle récrée ;   45
Et s'elle est moins louäble , elle est plus assurée :
Car quand le jeu déplaît, sans soupçon , ou danger
De coups , ou de poison , il est permis changer.
Aimer en trop haut lieu une dame hautaine,
C'est aimer en soucy le travail , et la peine ,   50
C'est nourrir son amour de respect, et de soin.
Je suis saoul de servir le chapeau dans le poing ;
Et fuy plus que la mort l'amour d'une grand' dame.
Toûjours, comme un forçat, il faut être à la rame ,
Naviger jour et nuit , et sans profit aucun ,   55
Porter tout seul le faix de ce plaisir commun.
Ce n'est pas , Forquevaus, cela que je demande ;
Car si je donne un coup , je veux qu'on me le rende,
Et que les combatans , à l'égal colérez,
Se donnent l'un à l'autre autant de coups fourez.   60
C'est pourquoy je recherche une jeune filette,

REMARQUES.

VERS 28. *Qu'il ne m'en est resté une goutte de sang.*] Il y a un *hiatus* dans l'hémistiche. L'auteur pouvoit aisément sauver cette négligence , en mettant : *Qu'il ne m'en est resté nulle goutte*, etc.

VERS 29. *Or sage à mes despens....*] *Or* pour *ores*, maintenant.

VERS 31. .... *Le renom que j'ai eu.*] Notre poëte fait rimer ce dernier mot *eu* avec *jeu* , qui est à la fin du vers suivant. Les deux mêmes rimes sont répétées dans les vers 83 et 84 , ce qui fait connoître qu'on prononçoit alors *j'ai eu* , et non pas *j'ai ü* , comme on le prononce aujourd'hui. On retrouve encore les mêmes rimes ci-après dans le dialogue , vers 47 et 48 , et vers 123 et 124.

VERS 41. *J'ayme une amour facile et de peu de défense.*]

Namque parabilem amo Venerem, facilemque.
HORACE , liv. 1 , sat. 2.

VERS 53. *Et fuy plus que la mort l'amour d'une grand' dame.*]

· · · · · · *Matronam nullam ego tango.*
Idem , v. 54.

· · · · · · *Quare , ne pœniteat te ,*
Desine matronas sectari.
Idem , v. 77.

VERS 61. *C'est pourquoy je recherche une jeune filette.*] Telle étoit la Quartilla de Pétrone : telle cette Alix, dont il semble que Regnier ait eu

Experte dés long-temps à courir l'éguillette ;
Qui soit vive et ardente au combat amoureux ,
Et pour un coup reçu qui vous en rende deux.
La grandeur en amour est vice insupportable ,   65
Et qui sert hautement est toûjours miserable :
Il n'est que d'être libre , et en deniers contans
Dans le marché d'amour acheter du bon temps ,
Et pour le prix commun choisir sa marchandise ;   69
Ou si l'on n'en veut prendre , au moins on en devise ,
L'on taste , l'on manie , et sans dire combien ,
On se peut retirer , l'objet n'en coûte rien.
Au savoureux trafic de cette mercerie ,
J'ai consumé les jours les plus beaux de ma vie ,
Marchand des plus rusez , et qui , le plus souvent ,   75
Payoit ses créanciers , de promesse et de vent.
Et encore , n'étoit le hazard et la perte ,
J'en voudrois pour jamais tenir boutique ouverte :
Mais le risque m'en fasche , et si fort m'en déplaît ,
Qu'au malheur que je crains , je postpose l'acquêt :   80
Si bien que , redoutant la verolle et la goutte ,
Je bannis ces plaisirs , et leur fais banqueroute ,
Et resigne aux mignons , aveuglez en ce jeu ,
Avecque les plaisirs , tous les maux que j'ai eu ,
Les boutons du printemps , et les autres fleurettes ,   85
Que l'on cueille au jardin des douces amourettes.
Le mercure et l'eau fort me sont à contre cœur ,
Je hay l'eau de gayac , et l'étouffante ardeur
Des fourneaux enfumez où l'on perd sa substance ,
Et où l'on va tirant un homme en quintessence ;   90
C'est pourquoi tout à coup je me suis retiré ,

REMARQUES.

en vue l'épitaphe , qui commence ainsi dans Clément Marot :

> Ci gît , qui est une grand' perte , etc.

VERS 62. *Experte dés long-temps à courir l'éguillette.*] « De maniere que si nature ne leur eust » arrosé le front d'ung peu de honte , vous les » voyrriez , comme forcenées , *courir l'aguillette.* » RABELAIS , livre III , chapitre 32. Les habitans de Beaucaire , en Languedoc , avoient institué une course où les prostituées du lieu , et celles qui y viendroient à la foire de la Madeleine , courroient en public la veille de cette foire ; et celle des filles qui auroit le mieux couru auroit pour récompense quelques paquets d'aiguillettes , sorte de lacets. L'auteur des remarques sur Rabelais cite Jean Michel, de Nîmes , page 39 , édition d'Amsterdam , 1700 , de son *Embarras de la foire de Beaucaire ,* qui parle de cette course comme d'un usage qui se pratiquoit encore de son temps. Pasquier , dans ses *Recherches ,* liv. VIII , chap. 36 , donne une autre origine de cette façon de parler. Il dit qu'anciennement on avoit défendu aux femmes publiques de porter *ceintures dorées ;* et qu'en même temps on voulut « qu'elles eussent quelque signal » sur elles pour les distinguer et reconnoistre d'avec » le reste des prudes femmes , qui fut de *porter* » *une esguillette sur l'épaule ;* coustume que j'ai » vû , dit-il , encore se pratiquer dedans Tholoze , » par celles qui avoient confiné leurs vies au Chastel-» Verd , qui est le bordeau de la ville. »

VERS 79. *Mais le risque m'en fasche.....*] Dans l'édition de 1642 on a commencé à mettre *le risque* en place de *la risque ,* ce mot étant devenu masculin.

VERS 80. *.....Je postpose l'acquét.*] Pour *je mets après.* Mot presque latin.

VERS 84. *......Tous les maux que j'ay eu.*] Il falloit écrire : *tous les maux que j'ai eus ,* et non pas que *j'ai eu.* (Voyez la remarque sur le vers 31.)

Voulant dorénavant demeurer assouré ;
Et comme un marinier échapé de l'orage ,
Du havre seurement contempler le naufrage.
Ou si par fois encor je me remets en mer ,   95
Et qu'un œil enchanteur me contraigne d'aimer ,
Combattant mes esprits par une douce guerre ,
Je veux en seureté naviger sur la terre :
Ayant premierement visité le vaisseau ,
S'il est bien calfeutré , ou s'il ne prend point l'eau.   100
Ce n'est pas peu de cas de faire un long voyage ,
Je tiens un homme fou qui quitte le rivage ,
Qui s'abandonne aux vents , et pour trop présumer ,
Se commet aux hazards de l'amoureuse mer.
Expert en ses travaux , pour moi je la déteste ,   105
Et la fuy tout ainsi comme je fuy la peste.
 Mais aussi , Forquevaux , comme il est malaisé
Que nôtre esprit ne soit quelquefois abusé
Des appas enchanteurs de cet enfant volage ,
Il faut un peu baisser le cou sous le servage ,   110
Et donner quelque place aux plaisirs savoureux ;
Car c'est honte de vivre , et de n'être amoureux.
Mais il faut , en aimant , s'aider de la finesse ,
Et sçavoir rechercher une simple maîtresse ,
Qui , sans vous asservir , vous laisse en liberté ,   115
Et joigne le plaisir avec la seureté ;
Qui ne sçache pas ce que c'est d'être courtisée ,
Qui n'ait de mainte amour la poitrine embrasée ,
Qui soit douce et nicette , et qui ne sçache pas ,
Apprentive au métier , que valent les appas ;   120
Que son œil et son cœur parlent de même sorte ,
Qu'aucune affection hors de soi ne l'emporte ;
Bref , qui soit toute à nous , tant que la passion
Entretiendra son nœud en cette affection.
Si par fois son esprit , ou le nôtre se lasse ,   125
Pour moi , je suis d'avis que l'on change de place ,
Qu'on se range autre part , et sans regret aucun
D'absence , ou de mépris , que l'on aime un chacun :
Car il ne faut jurer aux beautez d'une dame ,   129
Ains changer , par le temps , et d'amour et de flame.
C'est le change qui rend l'homme plus vigoureux ,
Et qui jusqu'au tombeau le fait être amoureux.
Nature se maintient pour être variable ,
Et pour changer souvent son état est durable :
Aussi l'affection dure éternellement :   135
Pourvû , sans se lasser , qu'on change à tout moment.
De la fin d'une amour l'autre naît plus parfaite ,
Comme on voit un grand feu naître d'une bluette.

EPISTRE III.(1)

Perclus d'une jambe , et des bras ,
Tout de mon long entre deux dras ,
Il ne me reste que la langue
Pour vous faire cette harangue.

REMARQUES.

VERS 112. *Car c'est honte de vivre et de n'être amoureux.*]

Miserarum est , neque amori dare ludum.
HORACE, liv. III , ode 12.

VERS 129. *Car il ne faut jurer aux beautez d'une dame.*] Cette expression est imitée du latin :

. . . . . . Jurare in verba magistri.
HORACE.

(1) Cette épître , en vers de huit syllabes , étoit la satire XIX dans les éditions qui ont précédé celle-ci. Le poëte y décrit les divers caprices et les idées

Vous sçavez que j'ay pension,   5
Et que l'on a prétention,
Soit par sottise, ou par malice,
Embarrassant le benéfice,
Me rendre, en me torchant le bec,
Le ventre creux comme un rebec.   10
On m'en baille en discours de belles,
Mais de l'argent, point de nouvelles;
Encore, au lieu de payement,
On parle d'un retranchement,
Me faisant au nez grise mine :   15
Que l'abbaye est en ruyne,
Et ne vaut pas, beaucoup s'en faut,
Les deux mille francs qu'il me faut;
Si bien que je juge, à son dire,
Malgré le feu roy nostre sire,   20
Qu'il désireroit volontiers
Laschement me réduire au tiers.
Je laisse à part ce fascheux conte :
Au printemps que la bile monte
Par les veines dans le cerveau,   25
Et que l'on sent au renouveau,
Son esprit fécond en sornettes,
Il fait mauvais se prendre aux poëtes.
Toutesfois, je suis de ces gens
De toutes choses négligens,   30
Qui vivant au jour la journée,
Ne controllent leur destinée,
Oubliant, pour se mettre en paix,
Les injures et les bien-faits;
Et s'arment de philosophie.   35
Il est pourtant fou qui s'y fie;
Car la dame Indignation
Est une forte passion.

Estant donc en mon lit malade,
Les yeux creux, et la bouche fade,   40
Le teint jaune comme un épy,
Et non pas l'esprit assoupy,
Qui dans ses caprices s'égaye,
Et souvent se donne la baye,
Se feignant, pour passer le temps,   45
Avoir cent mille écus contans,
Avec cela large campagne :
Je fais des châteaux en Espagne;
J'entreprens partis sur partis.
Toutesfois, je vous avertis,   50
Pour le sel, que je m'en déporte,
Que je n'en suis en nulle sorte,
Non plus que du droit annuël :

REMARQUES.

extravagantes qui lui passoient par l'esprit pendant une maladie qui le retenoit au lit : *velut ægri somnia.* Cette épître tient un peu du caractère de celle du *coq-à-l'âne,* de Clément Marot. A Lyon, Jamet.

Vers 5. *Vous sçavez que j'ay pension.*] Le roi lui avoit accordé une pension de deux mille livres sur l'abbaye des Vaux-de-Cernay.

Vers 10. *Le ventre creux comme un rebec.*] Rebec, violon.

Vers 44. *Et souvent se donne la baye.*] *Donner la baye,* en terme populaire, signifie, donner le change, attraper.

Vers 51. *Pour le sel, que je m'en déporte.*] La ferme des gabelles.

Vers 53. *Non plus que du droit annüel.*] Le droit annuel est la finance que les officiers paient pour jouir de l'hérédité de leurs offices; et quand ils

Je n'aime point le casuël.
J'ay bien un avis d'autre étoffe,   55
Dont du Luat le philosophe
Désigne rendre au consulat,
Le nez fait comme un cervelat;
Si le conseil ne s'y oppose,

REMARQUES.

ont négligé de payer ce droit pendant leur vie, l'office tombe aux parties casuelles, et il appartient au roi, à l'exclusion de leurs héritiers.

Vers 55 et 56. *J'ay bien un avis d'autre étoffe, Dont du Luat le philosophe.*] Ange Cappel, fils de Jacques Cappel, avocat-général sous les rois François Ier., Henri II, etc. Cet Ange Cappel, sieur Du Luat, secrétaire du roi, étoit connu, dès l'an 1578, par sa traduction françoise du traité de Sénèque, *de Clementiâ.* Il traduisit divers autres ouvrages de Sénèque, et entre autres son *Traité de la Colère,* en 1585, ce qui acquit au traducteur le titre de philosophe, et servit en même temps à le distinguer de son frère le médecin, nommé Guillaume Cappel. Du Luat étoit attaché à M. de Rosny, ensuite duc de Sully, comme on le voit dans deux lettres écrites par Henri IV à M. de Rosny, le 17 mars 1594, où il paroît que le sieur Le Luat avoit été employé à porter des lettres de la part de ce ministre à sa majesté. *Mémoires de Sully,* tome I, chap. 46, p. 385, édition de 1652. Dans une autre lettre écrite de la main du roi au même ministre, le 12 septembre 1598, on lit : « J'ay été averti que ceux qui vous veulent mal » font courre un bruit que vous faites composer » par Le Luat un livre par lequel on me conseille » que, pour mettre tel ordre en mon royaume, et » en mes affaires et finances, qu'il seroit besoin » qu'il faut que je chasse M. le connétable, M. le » chancelier, et ceux qui les ont ci-devant ma-» niées;..... ce que je vous ay bien voulu mander, » et vous prier de m'écrire ce qui en est, vous » en enquerant bien particulierement du dit Le » Luat, etc. »

Dans les OEuvres de Nicolas Rapin, ami de Regnier, imprimées en 1610, in-4°., à Paris, on lit, page 83, deux épigrammes latines en vers rétrogrades contre Ange Cappel, sieur Du Luat. La première de ces épigrammes fait comprendre que Du Luat s'étoit ingéré de donner un avis à la cour pour taxer les gens de robe, et qu'il s'étoit même enrichi dans le traité qu'il en avoit fait, ce qui sert d'explication à cet endroit de Regnier :

> J'ai bien un avis d'autre étoffe,
> Dont Du Luat le philosophe
> Designe rendre au consulat
> Le nez fait comme un cervelat, etc.

Voici l'épigramme de Rapin :

> *Auspiciis facis hoc dextris nec numine lævo,*
>   *Angele, mirandas fers modò divitias.*
> *Judicio bona mens recto nec gratia lucri*
>   *Sordida compellit te dare consilium.*
> *Litigiis fora sic purgas, nec crescere fiscum*
>   *Sanguine vis, tractas dum male pragmaticos*
> *Lex nova nec nova res stabit, nec sæcula parvi*
>   *Postera te facient patriâ in historiâ.*

Ces vers, lus en rétrogradant, donnent un sens tout contraire.

Vers 57 et 58. *Designe rendre au consulat Le nez fait comme un cervelat.*] Comme vraisemblablement le prevôt des marchands et les échevins étoient compris dans la taxe dont on vient de parler, ils demandoient d'en être déchargés; mais Du Luat prétendoit faire avoir un pied de nez au consulat.

Vous verrez une belle chose.
Mais laissant là tous ces projets ,
Je ne manque d'autres sujets ,
Pour entretenir mon caprice
En un fantastique exercice ;
Je discours des neiges d'antan ,   65
Je prends au nid le vent d'autan ,
Je pete contre le tonnerre ,
Aux papillons je fais la guerre ,
Je compose almanachs nouveaux ,
De rien je fais brides à veaux ;   70
A la Saint-Jean je tends aux grües ,
Je plante des pois par les rües ,
D'un bâton je fais un cheval ,
Je voy courir la Seine à val ,
Et beaucoup de choses, beau sire ,   75
Que je ne veux , et n'ose dire.
Après cela , je peinds en l'air ,
J'apprens aux ânes à voler ,
Du bordel je fais la chronique ,
Aux chiens j'apprens la rhetorique ;   80
Car , enfin , ou Plutarque ment ,
Ou bien ils ont du jugement.
Ce n'est pas tout , je dis sornettes ,
Je dégoise des chansonnettes ,
Et vous dis , qu'avec grand effort ,   85
La nature pâtit tres-fort :
Je suis si plein que je regorge.
Si une fois je rens ma gorge ,
Eclattant ainsi qu'un petard ,
On dira : Le diable y ait part.   90
Voila comme le temps je passe.
Si je suis las , je me délasse ,
J'écris , je lis , je mange et boy ,
Plus heureux cent fois que le roy
(Je ne dis pas le roy de France) ,   95
Si je n'étois court de finance.
Or , pour finir , voila comment
Je m'entretiens bisarrement.
Et prenez-moy les plus extrêmes
En sagesse , ils vivent de mêmes ,   100
N'étant l'humain entendement
Qu'une grotesque seulement.
Vuidant les bouteilles cassées ,
Je m'embarrasse en mes pensées ;
Et quand j'y sais bien embrouillé ,   105
Je me couvre d'un sac moüillé.
Faute de papier , bona sere ,
Qui a de l'argent , si le serre.
Vôtre serviteur à jamais ,
Maître Janin du Pont-Alais.   110

REMARQUES.

VERS 65. *Je discours des neiges d'antan.*] Des
vieilles neiges : *ante annum.*

VERS 66. ....*Le vent d'autan.*] Le vent du
midi.

VERS 70. *De rien je fais brides à veaux.*] Les
veaux ne portent point de brides. Ce sont par conséquent des choses inutiles , sans but.

VERS 81. *Car enfin , ou Plutarque ment.*] Voyez
Plutarque , traité 39, intitulé : *Que les bêtes brutes
usent de la raison* ; et dans celui-ci : *Quels animaux sont les plus avisés ?*

VERS 107. ...... *Bona sere.*] Pour *buona sera* ,
en italien : bon soir , adieu.

VERS 110. *Maistre Janin du Pont-Alais.*] Regnier
s'est appliqué ce nom , comme d'un homme qui a
été le Momus de son temps. Du Verdier, p. 749

ELEGIE I(1).

NON, non, j'ai trop de cœur pour lâchement me rendre.
L'Amour n'est qu'un enfant dont l'on se peut défendre ;
Et l'homme qui fléchit sous sa jeune valeur ,   70
Rend , par ses lâchetez , coupable son malheur.
Il se défait soi-même , et soi-même s'outrage ,   5
Et doit son infortune à son peu de courage.
Or moi , pour tout l'éfort qu'il fasse à me dompter ,

REMARQUES.

de sa *Bibliothéque* , en parle ainsi : « Jean du
» Pont-Alais , chef et maistre des joueurs de mo-
» ralitez et farces à Paris , a composé plusieurs
» jeux , mystères , moralitez , sotyses et farces ,
» qu'il a fait réciter publiquement sur eschafaut
» en ladite ville , aucunes desquelles ont été im-
» primées , et les autres non. On dit que par son
» testament il ordonna son corps estre enseveli en
» une cloaque en laquelle s'égoutte l'eau de la
» marée des halles de la ville de Paris , assez près
» de l'église Saint-Eustace , là où il fut mis après
» son décès, suivant sa disposition et derniere vo-
» lonté. Le trou qu'il y a pour recevoir ces im-
» mondices est couvert d'une pierre en façon de
» tombe , et est ce lieu appellé , du nom du testa-
» teur , le *Pont-Alais.* J'ay ouï dire , continue
» Du Verdier , que la repentance qu'il eut , sur
» la fin de ses jours , d'avoir donné l'invention
» d'imposer un denier tournois sur châcun manne-
» quin de marée arrivant aux halles , de tant que
» cela venoit à la foule du peuple , l'occasionna de
» vouloir estre ainsi enterré en tel puant lieu ,
» comme s'estimant indigne d'avoir une plus hon-
» nête sépulture. »

Cette pierre , en forme de tombe ou de pont ,
a été enlevée en 1719.

Voici la note que M. de la Monnoye a faite sur
cet article dans son excellent travail sur les Bibliothéques de Du Verdier et de la Croix du Maine :
« Quoique la vieille tradition , raportée ici tou-
» chant maître Jean du Pont-Alais , ait tout l'air
» d'un conte , elle n'a pas laissé d'être très-sérieu-
» sement répétée dans les descriptions qu'à diverses
» fois on nous a données de Paris. Maître Jean
» du Pont-Alais , dans les premieres années du
» règne de François 1er., gagnoit sa vie à divertir
» le peuple par les représentations dont parle ici
» Du Verdier. On peut voir ce qu'en dit Marot ,
» épître 1 du *Coq-à-l'asne* ; Bèze , dans son *Pas-
» savant* , page 19 ; et plus au long l'auteur des
» *Contes* imprimés sous le nom de Bonaventure
» des Periers , conte 30. »

(1) C'est Henri IV qui parle dans cette pièce.
Regnier prête ici sa plume à ce prince pour flatter
une nouvelle passion dont il étoit épris ; et il exprime sa tendresse avec autant de respect que de
vivacité.

Les imprimeurs avoient placé mal à propos cette
élégie au rang des satires , où elle étoit la dix-
septième dans les précédentes éditions.

VERS 7. *Or moy , pour tout l'éfort qu'il fasse à
me dompter.*] Il auroit été plus régulier de dire :

Or moy, pour quelque effort qu'il fasse à me dompter ;

ou :

Or moy, pour tout l'effort qu'il fait , etc.

Rebelle à sa grandeur, je le veux effronter ;
Et bien qu'avec les dieux on ne doive débattre ;
Comme un nouveau Titan si le veux-je combattre. 10
Avec le désespoir je me veux asseurer.
C'est salut aux vaincus, de ne rien esperer.

Mais hélas! c'en est fait, quand les places sont prises,
Il n'est plus temps d'avoir recours aux entreprises ;
Et les nouveaux desseins d'un salut prétendu, 15
Ne servent plus de rien lors que tout est perdu.
Ma raison est captive, en triomphe menée,
Mon ame, déconfite, au pillage est donnée,
Tous mes sens m'ont laissé seul et mal-averti,
Et chacun s'est rangé du contraire parti; 20
Et ne me reste plus de la fureur des armes,
Que des cris, des sanglots, des soûpirs et des larmes,
Dont je suis si troublé, qu'encor ne sçai-je pas,
Où, pour trouver secours, je tournerai mes pas :
Aussi pour mon salut que doy-je plus attendre, 25
Et quel sage conseil en mon mal puis-je prendre,
S'il n'est rien ici bas de doux et de clement,
Qui ne tourne visage à mon contentement?
S'il n'est astre éclairant en la nuit solitaire,
Ennemi de mon bien, qui ne me soit contraire, 30
Qui ne ferme l'oreille à mes cris furieux?
Il n'est pour moi là haut ny clemence, ny dieux.
Au ciel, comme en la terre, il ne faut que j'attende
Ny pitié, ny faveur, au mal qui me commande ;
Car encor que la dame en qui seule je vy, 35
M'ait avecque douceur sous ses loix asservy ;
Que je ne puisse croire, en voyant son visage,
Que le ciel l'ait formé si beau pour mon dommage,
Ny moins qu'il soit possible en si grande beauté,
Qu'avecque la douceur loge la cruauté; 40
Pourtant toute esperance en mon esprit chancelle :
Il suffit, pour mon mal, que je la trouve belle.
Amour, qui pour objet n'a que mes déplaisirs,
Rend tout ce que j'adore ingrat à mes desirs.
Toute chose en aimant est pour moi difficile, 45

REMARQUES.

VERS 8. .... *Je le veux effronter.*] On dit *af-
fronter*, comme on l'a mis dans l'édition de 1642
et dans les suivantes. Il y a *effronter* dans toutes
les anciennes éditions.

VERS 12. *C'est salut aux vaincus de ne rien
esperer.*]

Una salus victis, nullam sperare salutem.

VIRGILE, *Æn.*, liv. II, v. 354.

Vers qui a été souvent imité ou traduit.

Rabelais l'a ainsi traduit : *Et n'y a meilleur remède de salut à gens estonnis et recrus, que de
n'espérer salut aucun.* LIV. I, chap. 43.

Malherbe, dans une chanson :

Le seul remède en ma disgrace,
C'est qu'il n'en faut point espérer.

Racan, dans ses *Bergeries :*

Le salut des vaincus est de n'en point attendre.

Racine, dans *Bajazet,* act. I, sc. 3 :

Mon unique espérance est de n'en point avoir.

VERS 21. *Et ne me reste plus.......*] Il vaudroit
mieux dire : *Il ne me reste plus.*

VERS 40. *Qu'avecque la douceur loge la cruauté.*]
C'est à peu près la pensée que Clément Marot avoit
exprimée dans sa trente-neuvième chanson :

O cruauté logée en grand' beauté,
O grand' beauté logée en cruauté.

Et comme mes soupirs ma peine est infertile.
D'autre part, sçachant bien qu'on n'y doit aspirer,
Aux cris j'ouvre la bouche, et n'ose soûpirer ;
Et ma peine étouffée avecque le silence,
Estant plus retenuë, a plus de violence. 50
Trop heureux si j'avois en ce cruel tourment,
Moins de discretion, et moins de sentiment,
Ou, sans me relâcher à l'éfort du martire,
Que mes yeux, ou ma mort, mon amour pussent dire!
Mais ce cruel enfant, insolent devenu, 55
Ne peut être à mon mal plus long-temps retenu,
Il me contraint aux pleurs, et par force m'arrache
Les cris qu'au fond du cœur la réverence cache.

Puis donc que mon respect peut moins que sa douleur,
Je lasche mon discours à l'éfort du malheur ; 60
Et, poussé des ennuis dont mon ame est atteinte,
Par force je vous fais cette piteuse plainte,
Qu'encore ne rendrois-je en ces derniers éforts,
Si mon dernier soûpir ne la jettoit dehors. 64
Ce n'est pas, toutefois, que pour m'écouter plaindre,
Je tâche par ces vers à pitié vous contraindre,
Ou rendre par mes pleurs vôtre œil moins rigoureux :
La plainte est inutile à l'homme malheureux.
Mais puis qu'il plaît au ciel par vos yeux que je meure,
Vous direz que, mourant, je meurs à la bonne heure, 70
Et que d'aucun regret mon trépas n'est suivy,
Sinon de n'être mort le jour que je vous vy
Si divine, et si belle, et d'attraits si pourvuë.
Ouï, je devois mourir des traits de vôtre vuë,
Avec mes tristes jours mes miseres finir, 75
Et par feu, comme Hercule, immortel devenir.
J'eusse, brûlant là-haut en des flammes si claires,
Rendu de vos regards tous les dieux tributaires,
Qui servant, comme moi, de trophée à vos yeux,
Pour vous aimer en terre eussent quitté les cieux. 80
Eternisant par tout cette haute victoire,
J'eusse engravé là-haut leur honte et vôtre gloire ;
Et comme, en vous servant, aux pieds de vos autels,
Ils voudroient pour mourir, n'être pas immortels,
Heureusement ainsi j'eusse pû rendre l'ame, 85
Après si bel effet d'une si belle flâme.
Aussi bien tout le temps que j'ay vécu depuis,
Mon cœur, gêné d'amour, n'a vécu qu'aux ennuis.
Depuis, de jour en jour s'est mon ame enflamée,
Qui n'est plus que d'ardeur et de peine animée. 90
Sur mes yeux égarez ma tristesse se lit, .

REMARQUES.

VERS 60. *Je lasche mon discours.*] Dans toutes
les anciennes éditions, même dans celle de 1613,
faite pendant la vie de l'auteur, il y a *ton discours,*
ce qui est une faute qu'on a voulu corriger dans
l'édition de 1642, en mettant : *Je lasche ce discours.* Dans celle de 1645 on a mis *mon discours,*
qui est la bonne leçon.

VERS 62. *Par force je vous fais cette piteuse
plainte.*] Il s'adresse à sa dame.

VERS 64. *Si mon dernier soûpir ne la jettoit
dehors.*] C'est ainsi qu'il faut lire, et non pas *ne
la jette,* comme portent toutes les éditions avant
celle de 1642.

VERS 70. *Vous direz que, mourant, je meurs à
la bonne heure.*] Vous direz que ma mort vous est
indifférente ; car cette façon de parler, *à la bonne
heure,* est un signe d'indifférence. Peut-être aussi
Regnier a-t-il voulu dire *au bon moment, à propos.*

VERS 76. *Et par feu, comme Hercule, immortel devenir.*] Hercule se brûla lui-même sur le
mont OEta.

Mon âge, avant le temps, par mes maux s'cuvieillit,
Au gré des passions mes amours sont contraintes,
Mes vers brûlans d'amour ne resonnent que plaintes,
De mon cœur tout flétri l'allegresse s'enfuit ; 95
Et mes tristes pensers, comme oyseaux de la nuit,
Volant dans mon esprit, à mes yeux se présentent,
Et comme ils font du vrai, du faux ils m'épouventent,
Et tout ce qui repasse en mon entendement,
M'apporte de la crainte et de l'étonnement, 100
Car, soit que je vous pense ingrate, ou secourable,
La playe de vos yeux est toûjours incurable ;
Toûjours faut-il, perdant la lumiere et le jour,
Mourir dans les douleurs, ou les plaisirs d'amour.
Mais tandis que ma mort est encore incertaine, 105
Attendant qui des deux mettra fin à ma peine,
On les douceurs d'amour, ou bien vôtre rigueur,
Je veux sans fin tirer les soûpirs de mon cœur ;
Et, devant que mourir ou d'une ou d'autre sorte,
Rendre, en ma passion, si divine et si forte, 110
Un vivant témoignage à la posterité,
De mon amour extrême, et de vôtre beauté ;
Et, par mille beaux vers que vos beaux yeux m'inspirent,
Pour vôtre gloire atteindre où les sçavans aspirent,
Et rendre memorable aux siécles à venir 115
De vos rares vertus le noble souvenir.

ELEGIE ZELOTYPIQUE II (1).

BIEN que je sçache au vray tes façons et tes ruses,
J'ai tant et si long temps excusé tes excuses ;
Moi-même je me suis mille fois démenty,
Estimant que ton cœur, par douceur diverty,
Tiendroit ses laschetez à quelque conscience : 5
Mais enfin ton humeur force ma patience.
J'accuse ma foiblesse, et sage à mes despens,
Si je t'aymay jadis, ores je m'en repens ;
Et brisant tous ces nœuds, dont j'ai tant fait de conte,

REMARQUES.

VERS 98. *Et comme ils font du vrai, du faux ils m'épouventent.*] Ils m'épouventent du faux comme du vrai. (Voyez la note sur le vers 22 de la satire V.)

VERS 102. *La playe de vos yeux est toûjours incurable.*] *Playe* est ici de deux syllabes, contre l'usage présent. Ce mot est employé dans la signification active, c'est-à-dire, *la plaie que vos yeux m'ont faite.* Virgile a dit de même : *la plaie d'Ulysse*, pour *la plaie qu'Ulysse avoit faite* :

. . . . *Pelias et vulnere tardus Ulyssis.*
Æneid., liv. II, v. 416.

(Voyez Aulu-Gelle, *Noct. Att.*, liv. IX, chap. 12.)

(1) Cette pièce et celle qui suit parurent pour la première fois dans l'édition de 1613. Elles sont imitées d'Ovide, du moins en partie, et contiennent les plaintes et les reproches d'un amant jaloux : c'est ce que signifie *zélotypique.*
On peut voir les élégies III et IV du livre II de Desportes.

VERS 1. *Bien que je sçache au vray.....*]

Multa diuque tuli : vitiis patientia victa est.
Cede fatigato pectore, turpis amor.
Scilicet asserui jam me, fugique catenas,
Et quæ depuduit ferre, tulisse pudet.
Vicimus, et domitum pedibus calcamus amorem :
Venerunt capiti cornua sera meo.

OVIDE, *Amorum*, liv. III, élégie XI.

Ce qui me fut honneur, m'est ores une honte. 10
Pensant m'oster l'esprit, l'esprit tu m'as rendu,
J'ai regagné sur moy ce que j'avois perdu.
Je tire un double gain d'un si petit dommage ;
Si ce n'est que trop tard je suis devenu sage.
Toutesfois, le bonheur nous doit rendre contens, 15
Et, pourveu qu'il nous vienne, ils vient toujours à temps.
Mais j'ay donc supporté de si lourdes injures !
J'ay donc creu de ses yeux les lumieres parjures,
Qui, me navrant le cœur, me promettoient la paix,
Et donné de la foy à qui n'en eut jamais ! 20
J'ay donc leu d'autre main ses lettres contrefaites,
J'ay donc sçeu ses façons, recogneu ses déffaites,
Et comment elle endort de douceur sa maison,
Et trouve à s'excuser quelque fausse raison : 24
Un procez, un accord, quelque achat, quelques ventes,
Visites de cousins, de freres, et de tantes ;
Pendant qu'en autre lieu, sans femmes, et sans bruit,
Sous prétexte d'affaire elle passe la nuit.
Et cependant, aveugle en ma peine enflamée,
Ayant sceu tout cecy, je l'ay toûjours aymée. 30
Pauvre sot que je suis ! ne devoy-je à l'instant
Laisser là ceste ingrate et son cœur inconstant ?
Encor seroit-ce peu, si, d'amour emportée,
Je n'avois à son teint, et sa mine affectée,
Leu de sa passion les signes évidens, 35
Que l'amour imprimoit en ses yeux trop ardens.
Mais qu'est-il de besoin d'en dire davantage ?
Iray-je rafraichir sa honte et mon dommage ?
A quoy de ses discours diray-je le déffaut ?
Comme, pour me piper, elle parle un peu haut, 40
Et comme bassement, à secrettes volées,
Elle ouvre de son cœur les flames récelées ;
Puis, la voix rébaussant en quelques mots joyeux,
Elle pense charmer les jaloux curieux,
Fait un conte du roy, de la reine, et du Louvre ; 45
Quand, malgré que j'en aye, amour me le découvre,
Me déchiffre aussi-tost son discours indiscret,
(Hélas ! rien aux jaloux ne peut estre secret !)
Me fait voir de ses traits l'amoureux artifice, 49
Et qu'aux soupçons d'amour trop simple est sa malice ?
Ces heurtemens de pieds, en feignant de s'asseoir,
Faire sentir ses gands, ses cheveux, son mouchoir ;
Ces rencontres de mains, et mille autres caresses,
Qu'usent à leurs amans les plus douces maistresses,
Que je tais par honneur, craignant qu'avec le sien, 55
En un discours plus grand, j'engageasse le mien ?
Cherche donc quelque sot, au tourment insensible,
Qui souffre ce qu'il m'est de souffrir impossible ;
Car pour moy j'en suis las (ingrate) et je ne puis
Durer plus longuement en la peine où je suis. 60
Ma bouche incessamment aux plaintes est ouverte.
Tout ce que j'aperçois semble jurer ma perte.
Mes yeux toûjours pleurans, de tourment esveillez,
Depuis d'un bon sommeil ne se sont veuz sillez,
Mon esprit agité fait guerre à mes pensées, 65
Sans avoir reposé vingt nuits se sont passées,

REMARQUES.

VERS 51. *Ces heurtemens de pieds....*]

Quid juvenum tacitos inter convivia nutus,
Verbaque compositis dissimulata notis.
Idem.

VERS 54. *Qu'usent à leurs amans les plus douces maistresses.*] Il auroit été plus régulier de dire :

Que font à leurs amans les plus douces maistresses ?

VERS 64. .... *Ne se sont veuz sillez.*] Cillés, fermés.

Je vais comme un lutin deça delà courant,
Et ainsi que mon corps, mon esprit est errant.
Mais tandis qu'en parlant du feu qui me surmonte,
Je despeins en mes vers ma douleur et ta honte;   70
Amour dedans le cœur m'assaut si vivement,
Qu'avecque tout desdain, je perds tout jugement.
Vous autres, que j'employe à l'espier sans cesse,
Au logis, en visite, au sermon, à la messe,
Connoissant que je suis amoureux et jaloux,   75
Pour flatter ma douleur que ne me mentez-vous?
Ha! pourquoi m'estes vous, à mon dam, si fidelles?
Le porteur est fascheux de fascheuses nouvelles.
Déferez à l'ardeur de mon mal furieux,
Feignez de n'en rien voir, et vous fermez les yeux.   80
Si dans quelque maison, sans femme elle s'arreste,
S'on lui fait au palais quelque signe de teste,
S'elle rit à quelqu'un, s'elle appelle un vallet,
S'elle baille, en cachette, ou reçoit un poullet,
Si dans quelque recoin quelque vieille incognuë,   85
Marmotant un pater, luy parle, et la saluë;
Déguisez-en le fait, parlez-m'en autrement:
Trompant ma jalousie et vostre jugement.
Dites moi qu'elle est chaste, et qu'elle en a la gloire;
Car bien qu'il ne soit vray, si ne le puis-je croire? 90
De contraires efforts mon esprit agité,
Douteux s'en court de l'une à l'autre extrémité.
La rage de la hayne, et l'amour me transporte;
Mais j'ay grand peur, enfin, que l'amour soit plus forte.
Surmontons par mespris ce desir indiscret: 95
Au moins, s'il ne se peut, l'aymeray-je à regret.
Le bœuf n'aime le joug que toutesfois il traine;
Et, meslant sagement mon amour à la hayne,
Donnons luy ce que peut, ou que doit recevoir,
Son merite égalé justement au devoir.   100
En conseiller d'estat, de discours je m'abuse.
Un amour violent aux raisons ne s'amuse.
Ne sçay-je que son œil, ingrat à mon tourment,
Me donnant ce desir, m'osta le jugement?
Que mon esprit blessé nul bien ne se propose,   105
Qu'aveugle, et sans raison, je confonds toute chose,
Comme un homme insensé qui s'emporte au parler,
Et dessigne avec l'œil mille chasteaux en l'air?
C'en est fait pour jamais, la chance en est jettée.
D'un feu si violent mon ame est agitée,   110
Qu'il faut, bon-gré, mal-gré, laisser faire au destin;
Heureux! si par la mort j'en puis estre à la fin.
Et si je puis, mourant en cette frénésie,
Voir mourir mon amour avecq' ma jalousie!   114
Mais Dieu! que me sert-il de pleurs me consommer,
Si la rigueur du ciel me contraint de l'aimer?
Où le ciel nous incline, à quoi sert la menace?
Sa beauté me rapelle où son défaut me chasse:

REMARQUES.

VERS 69. *Mais tandis qu'en parlant du feu qui me surmonte.*] Il y avoit *au feu* dans toutes les éditions.

VERS 91. *De contraires efforts mon esprit agité.*]

Luctantur, pectusque leve in contraria tendunt,
  Hac amor, hac odium; sed puto vincet amor.
Odero, si potero: si non, invitus amabo;
  Nec juga taurus amat; quæ tamen odit, habet.
            OVIDE, *ibidem.*

VERS 115. ...... *De pleurs me consommer.*] On dit aujourd'hui *consumer* dans cette acception.

VERS 118. *Sa beauté me rappelle où son défaut me chasse.*]

Nequitiam fugio, fugientem forma reducit,
Aversor morum crimina, corpus amo.

Aimant et desdaignant par contraires efforts,
Les façons de l'esprit et les beautez du corps.   120
Ainsi je ne puis vivre avec elle, et sans elle.
Ha, Dieu! que fusses-tu ou plus chaste, ou moins belle!
Ou pusses-tu connoistre et voir par mon trespas
Qu'avecque ta beauté mon humeur ne sied pas!
Mais si ta passion est si forte, et si vive,   125
Que des plaisirs des sens ta raison soit captive,
Que ton esprit blessé ne soit maistre de soy;
Je n'entends en cela te prescrire une loy:
Te pardonnant par moy cette fureur extreme,
Ainsi, comme par toy, je l'excuse en moi-mesme.   130
Car nous sommes tous deux, en nostre passion,
Plus dignes de pitié que de punition.
Encore, en ce malheur où tu te précipites,
Dois-tu par quelque soin t'obliger tes merites,
Connoistre ta beauté, et qu'il te faut avoir,   135
Avecque ton amour, égard à ton devoir.
Mais, sans discrétion, tu vas à guerre ouverte;
Et, par ta vanité triomphant de ta perte,
Il montre tes faveurs, tout haut il en discourt,
Et ta honte et sa gloire entretiennent la court.   140
Cependant, me jurant tu m'en dis des injures.
O Dieux! qui sans pitié punissez les parjures,
Pardonnez à ma dame, ou, changeant vos effects,
Vengez plustost sur moy les péchez qu'elle a faicts. 144
S'il est vrai sans faveur que tu l'escoutes plaindre,
D'où vient, pour son respect, que l'on veut contraindre?
Que tu permets aux siens lire en tes passions,
De veiller jour et nuict dessus tes actions;
Que tousjours d'un vallet ta carrosse est suivie,
Qui rend, comme espion, compte exact de la vie;   150
Que tu laisse un chacun pour plaire à ses soupçons,
Et que, parlant de Dieu, tu nous faits des leçons,
Nouvelle Magdelaine au desert convertie,
Et jurant que ta flâme est du tout amortie,
Tu prétends finement par cette mauvaitié,   155
Luy donner plus d'amour, à moi plus d'amitié;
Et me cuidant tromper, tu voudrois faire accroire,
Avecque faux sermens, que la neige fust noire?
Mais comme tes propos, ton art est découvert,
Et chacun, en riant, en parle à cœur ouvert;   160
Dont je creve de rage, et voyant qu'on le blasme,
Trop sensible en ton mal, de regret je me pasme,
Je me ronge le cœur, je n'ay point de repos,

REMARQUES.

Sic ego nec sine te, nec tecum vivere possum,
  Et videor voti nescius esse mei.
Aut formosa fores minus, aut minus improba, vellem:
  Non facit ad mores tam bona forma malos.
                        Idem.

VERS 138. *Et par sa vanité.....*] L'auteur parle de son rival, que par mépris il affecte de ne point nommer.

VERS 151. *Que tu laisse un chacun.....*] Il falloit écrire *que tu laisses*; c'est pourquoi on a mis *que tu laisses chacun* depuis l'édition de 1642.

VERS 155. ...... *Par cette mauvaitié.*] *Mauvais-tié* dans l'édition de 1642 et les suivantes, et c'est ainsi qu'on l'écrivoit toujours quand ce mot étoit en usage.

VERS 157. *Et me cuidant tromper......*] *En me pensant tromper*; correction nouvelle dans la même édition de 1642 et dans celles qui ont suivi.

VERS 162. *Trop sensible en ton mal.....*] C'est ainsi qu'on lit dans les anciennes éditions. Celles de 1652, 1655, 1667, etc., portent: *Trop sensible à ton mal*, qui est la bonne leçon; 1642 et 1645, *à mon mal.*

Et voudrois estre sourd, pour l'estre à ces propos.
Je me hay de te voir ainsi mésestimée.   165
T'aymant si dignement, j'ayme ta renommée;
Et si je suis jaloux, je le suis seulement
De ton honneur, et non de ton contentement.
Fay tout ce que tu fais, et plus s'il se peut faire;   169
Mais choisi pour le moins ceux qui se peuvent taire.
Quel besoin peut-il estre, insensée en amour,
Ce que tu fais la nuict, qu'on le chante le jour?
Ce que fait un tout seul, tout un chacun le sçache?
Et monstres en amour ce que le monde cache?
Mais puisque le destin à toy m'a sçeu lier,   175
Et qu'oubliant ton mal, je ne puis t'oublier,
Par ces plaisirs d'amour tous confits en délices,
Par tes appas, jadis à mes vœux si propices,
Par ces pleurs, que mes yeux et les tiens ont versez,
Par mes soûpirs, au vent, sans profit, dispersez,   180
Par les dieux, qu'en pleurant tes sermens appellerent,
Par tes yeux, qui l'esprit, par les miens, me volerent,
Et par leurs feux si clairs, et si beaux à mon cœur,
Excuse, par pitié, ma jalouse rancœur;   185
Pardonne, par mes pleurs, au feu qui me commande:
Si mon péché fut grand, ma repentance est grande;
Et voy, dans le regret dont je suis consommé,
Que j'eusse moins failly, si j'eusse moins aimé.

ÉLEGIE III.

SUR LE MESME SUJET.

Aymant comme j'aymois, que ne devois-je craindre?
Pouvois-je estre asseuré qu'elle se deust contraindre?
Et que, changeant d'humeur au vent qui l'emportoit,
Elle eust, pour moy, cessé d'estre ce qu'elle estoit?
Que laissant d'estre femme, inconstante et légere,   5
Son cœur, traistre à l'Amour, et sa foy mensongere,
Se rendant en un lieu, l'esprit plus arresté
Peust, au lieu du mensonge, aimer la verité?
Non, je croyois tout d'elle, il faut que je le die,
Et tout m'estoit suspect horsmis la perfidie.   10
Je craignois tous ses traits que j'ay sçeus du depuis,

REMARQUES.

Vers 169. *Fay tout ce que tu fais....*]

Non ego, ne pecces, cùm sis formosa, recusem;
Sed ne sit misero scire necesse mihi.
Nec te nostra jubet fieri censura pudicam;
Sed tantùm, ut tentes dissimulare, rogat.
Non peccat, quæcumque potest peccasse negare;
Solaque famosam culpa professa facit.
Quis furor est, quæ nocte latent, in luce fateri?
Et quæ clam facias, facta referre palàm?

Quæ facis, hæc facito; tantùm fecisse negato, etc.
Idem, élégie 14.

Vers 172. *Ce que tu fais la nuict, qu'on le chante le jour.*] Édition de 1642 et suivantes, *qu'on le conte le jour.*

Vers 173. *Ce que fait un tout seul, tout un chacun le sçache?*] Édition de 1642, *tout que chacun;* 1652 et suivantes, *que tout chacun.*

Vers 174. *Et monstres en amour......*] Édition de 1642 et celles qui ont suivi, *et montrer.*

Vers 177. *Par ces plaisirs d'amour...*]

Parce per ô lecti socialia jura, per omnes,
Qui dent fallendos se tibi sæpe, deos.
Perque tuam faciem, magni mihi numinis instar,
Perque tuos oculos; qui rapuêre meos.
Quidquid eris, mea semper eris, etc.
Idem, élégie 11.

Ses jours de mal de teste, et ses secrettes nuits;
Quand se disant malade, et de fiévre enflammée,
Pour moy tant seulement sa porte estoit fermée.
Je craignois ses attraits, ses ris, et ses courroux,   15
Et tout ce dont Amour allarme les jaloux.
Mais la voyant jurer avec tant d'assurance,
Je l'advoûe, il est vray, j'estois sans déffiance.
Aussi, qui pourroit croire, après tant de sermens,
De larmes, de souspirs, de propos véhémens   20
Dont elle me juroit que jamais de sa vie
Elle ne permettroit d'un autre estre servie;
Qu'elle aymoit trop ma peine, et qu'en ayant pitié,
Je m'en devois promettre une ferme amitié;
Seulement pour tromper le jaloux populaire,   25
Que je devois, constant, en mes douleurs me taire,
Me feindre toujours libre, ou bien me captiver,
Et quelqu'autre perdant, seule la conserver?
Cependant, devant Dieu, dont elle a tant de crainte,
Au moins comme elle dit, sa parole estoit feinte;   30
Et le ciel luy servit, en cette trahison,
D'infidele moyen pour tromper ma raison.
Et puis il est des dieux témoins de nos paroles!
Non, non, il n'en est point, ce sont contes frivoles,
Dont se repaist le peuple, et dont l'antiquité   35
Se servit pour tromper nostre imbecilité.
S'il y avoit des dieux, ils se vengeroient d'elle
Et ne la voiroit-on si fiere ny si belle.
Ses yeux s'obscurciroient, qu'elle a tant parjurez,   39
Son teint seroit moins clair, ses cheveux moins dorez;
Et le ciel, pour l'induire à quelque pénitence,
Marqueroit sur son front son crime et leur vengeance.
Ou s'il y a des dieux, ils ont le cœur de chair:
Ainsi que nous, d'amour ils se laissent toucher;
Et, de ce sexe ingrat excusant la malice,   45
Pour une belle femme ils n'ont point de justice.

IMPUISSANCE.

ELEGIE IV (1).

Quoy! ne l'avois-je assez en mes vœux desirée?
N'estoit-elle assez belle, ou assez bien parée?
Estoit-elle à mes yeux sans grace et sans appas?
Son sang estoit-il point issu d'un lieu trop bas?
Sa race, sa maison, n'estoit-elle estimée;   5

REMARQUES.

Vers 33. *Et puis il est des dieux....*]

Esse Deos credamne? fidem jurata fefellit,
Et facies illi, quæ fuit ante, manet.
Quàm longos habuit, nondum perjura, capillos,
Tam longos, postquam numina læsit, habet.
Candida, candorem roseo suffusa rubore,
Ante fuit: niveo lucet in ore rubor.
Pes erat exiguus: pedis est aptissima formâ;
Longa, decensque fuit; longa, decensque manet.
Argutos habuit, radiant ut sidus ocelli,
Per quos mentita est perfida sæpe mihi.
Scilicet æterno falsum jurare puellis
Di quoque concedunt: formaque numen habet.

Ovide, liv. III, élégie 3.

Vers 43. *Ou s'il y a des dieux....*]

Aut si quis Deus est, teneras amat ille puellas;
Et nimium solas omnia posse jubet.

(1) Cette pièce est imitée d'Ovide, livre III des *Amours*, élégie VII, qui commence ainsi: *At non formosa est,* etc. On ne rapportera point ici les

Ne valoit-elle point la peine d'estre aimée ?
Inhabile au plaisir, n'avoit-elle dequoy ?
Estoit-elle trop laide, ou trop belle pour moy ?
Ha ! cruel souvenir ! cependant je l'ay euë
Impuissant que je suis, en mes bras toute nuë,   10
Et n'ay peu, le voulant tous deux également,
Contenter nos desirs en ce contentement.
Au surplus, à ma honte, Amour, que te diray-je ?
Elle mit en mon col ses bras plus blancs que neige,
Et sa langue mon cœur par ma bouche embrasa,   15
Bref, tout ce qu'ose Amour, ma déesse l'osa ;
Me suggerant la manne en sa lévre amassée,
Sa cuisse se tenoit en la mienne enlassée,
Les yeux luy petilloient d'un desir langoureux,
Et son ame exhaloit maint soûpir amoureux,   20
Sa langue, en begayant, d'une façon mignarde,
Me disoit : mais, mon cœur, qu'est-ce qui vous retarde,
N'auroy-je point en moy quelque chose qui peust
Offenser vos désirs, ou bien qui vous dépleust ?   24
Ma grace, ma façon, ha ! Dieu, ne vous plaist-elle ?
Quoy ! n'ay-je assez d'amour, ou ne suis-je assez belle?
Cependant, de la main animant ses discours,
Je trompois, impuissant, sa flamme, et mes amours ;
Et comme un tronc de bois, charge lourde et pesante,
Je n'avois rien en moy de personne vivante.   30
Mes membres languissans, perclus, et refroidis,
Par ses attouchemens n'étoient moins engourdis.
Mais quoy ! que deviendray-je en l'extresme vieillesse,
Puisque je suis rétif au fort de ma jeunesse ?
Et si, las ! je ne puis et jeune et vigoureux   35
Savourer la douceur du plaisir amoureux ?
Ha ! j'en rougis de honte, et dépite mon âge,
Age de peu de force, et de peu de courage,
Qui ne me permet pas, en cest accouplement,
Donner ce qu'un amour peut donner un amant.   40
Car, Dieux ! ceste beauté par mon défaut trompée,
Se leva le matin de ses larmes trempée,

Que l'amour de dépit écouloit par ses yeux,
Ressemblant à l'Aurore, alors qu'ouvrant les cieux,
Elle sort de son lit, hargneuse et dépitée,   45
D'avoir, sans un baiser, consommé la nuitée ;
Quand, baignant tendrement la terre de ses pleurs,
De chagrin et d'amour elle enjette ses fleurs.
Pour flatter mon deffaut, mais que me sert la gloire,
De mon amour passée inutile mémoire ;   50
Quand aimant ardemment, et ardemment aimé,
Tant plus je combattois, plus j'estois animé :
Guerrier infatigable en ce doux exercice,
Par dix ou douze fois je rentrois en la lice,
Où vaillant et adroit, aprés avoir brisé,   55
Des chevaliers d'amour j'étois le plus prisé ?
Mais de cest accident je fais un mauvais conte,
Si mon honneur passé m'est ores une honte ;
Et si le souvenir trop prompt de m'outrager,
Par le plaisir receu ne me peut soulager.   60
O ciel ! il falloit bien qu'ensorcelé je feusse,
Ou, trop ardent d'amour, que je ne m'aperceusse,
Et sur mon corps perclus son venim espanchoit !
Mais qui pourroit atteindre au point de son merite? 65
Veu que toute grandeur pour elle est trop petite.
Si par l'égal, ce charme a force contre nous,
Autre que Jupiter n'en peut estre jaloux.
Luy seul, comme envieux d'une chose si belle,
Par l'émulation seroit seul digne d'elle.   70
Hé quoy, là haut au ciel mets-tu les armes bas ?
Amoureux Jupiter, que ne viens-tu ça-bas
Jouir d'une beauté sur les autres aimable ?
Assez de tes amours n'a caqueté la fable.
C'est ores que tu dois, en amour vif et promt,   75
Te mettre encore un coup les armes sur le front ;
Cacher ta déïté dessous un blanc plumage,
Prendre le feint semblant d'un satyre sauvage,
D'un serpent, d'un cocu; et te répandre encor,

REMARQUES.

vers d'Ovide, parce qu'ils sont trop licencieux. Elle
fut publiée pour la première fois dans l'édition de
1613, qui fut l'année de la mort de Regnier, mais
elle fut imprimée sur une copie très-défectueuse,
comme on le verra dans les remarques, ce qui fait
présumer que la copie étoit d'une main étrangère
et ignorante ; et que l'auteur, peut-être prévenu
par la mort, n'avoit point vu les épreuves. Une
petite pièce en stances sur le même sujet, et com-
mençant par ce vers,

        Un jour le malheureux Lysandre,

a été attribuée faussement à Pierre Corneille. Elle
se trouve dans les œuvres de Cantenac, et elle est
de cet auteur.

VERS 16. *Bref, tout ce qu'ose Amour, ma déesse
l'osa.*] Il y a grande apparence que ce vers n'est
pas de Regnier. Dans la première édition, faite en
1613, il manquoit ici un vers qui n'avoit point été
rétabli dans les éditions suivantes, et ce n'a été que
dans celle de 1642 qu'on a rempli cette lacune par
le vers dont il s'agit.

VERS 34. *Puisque je suis rétif au fort de ma
jeunesse.*] Ce vers a encore été inséré dans l'édition de 1642 à la place de celui de Regnier ; qui
manquoit dans toutes les éditions précédentes.

VERS 35. *Et si, las ! je ne puis.....] Las !* pour
hélas ! Le vers auroit été plus harmonieux, et
exempt de l'équivoque que font ces mots, *et si
las*, s'il avoit été ainsi tourné : *Hélas ! si je ne
puis.*

REMARQUES.

VERS 45. *Elle sort de son lit....*] Les poëtes ont
feint que Tithon, mari de l'Aurore, étant fort âgé,
cette déesse se levoit tous les matins avant le jour.

Ibid. ...... *Hargneuse et dépitée.*] Les nouvelles
éditions, depuis 1642, ont substitué *honteuse* à
hargneuse, terme bas et populaire.

VERS 48. *De chagrin et d'amour elle enjette ses
fleurs.*] *Enjette*, du verbe composé *enjetter*, qui
est hors d'usage, et dont nous n'avons retenu que
le simple, *jeter.*

VERS 49. *Pour flatter mon deffaut, mais que
me sert la gloire.*] Dans l'édition de 1645 on a mis
de quoy me sert la gloire, correction qui a été
adoptée par toutes les éditions suivantes.

VERS 55. .... *Aprés avoir brisé.*] Il faut sous-
entendre *plusieurs lances.*

VERS 58. *Si mon honneur passé m'est ores une
honte.*] Édition de 1642 et suivantes, *maintenant
est ma honte.*

VERS 63. *Que l'œil d'un envieux.....*] Dans la
première édition, de 1613, on lisoit ici *ennuieux*,
faute qui avoit été répétée dans le vers 69.

VERS 76. *Te mettre encore un coup les armes
sur le front.*] Jupiter prit la figure d'un taureau
pour enlever Europe.

VERS 77. *Cacher ta déïté dessous un blanc plumage.*] Il se changea en cygne pour tromper Léda,
femme de Tyndare.

VERS 78 et 79. *Prendre le feint semblant d'un
satyre sauvage, D'un serpent, d'un cocu...*] Au-

Alambiqué d'amour, en grosses gouttes d'or;   80
Et puisque sa faveur, à moy seul octroyée,
Indigne que je suis, fust si mal employée,
Faveur qui de mortel m'eust fait égal aux dieux,
Si le ciel n'eust esté sur mon bien envieux!   84
    Mais encor tout boüillant en mes flames premieres,
De quels vœux redoublez, et de quelles prieres
Iray-je derechef les dieux sollicitant,
Si d'un bien-fait nouveau j'en attendois autant?
Si, mes deffauts passez leurs beautez mescontentent,
Et si de leurs bienfaicts je croy qu'ils se repentent? 90
    Or quand je pense, ô dieux! quel bien m'est advenu,
Avoir veu dans un lit ses beaux membres à nu,
La tenir languissante entre mes bras conchée,
De mesme affection la voir estre touchée,
Me baiser haletant d'amour et de desir,   95
Par ses chatouillemeus réveiller le plaisir!
Ha dieux! ce sont des traits si sensibles aux ames,
Qu'ils pouroient l'Amour mesme eschauffer de leurs fla-
mes,
Si plus froid que la mort ils ne m'eussent trouvé,
Des mysteres d'amour amant trop réprouvé.   100
Je l'avois, cependant, vive d'amour extresme;
Mais si je l'eus ainsi, elle ne m'eust de mesme.
O malheur! et de moy elle n'eust seulement
Que des baisers d'un frere, et non pas d'un amant. 104
En vain, cent et cent fois, je m'efforce à luy plaire,
Non plus qu'à mon desir je n'y puis satisfaire;
Et la honte, pour lors, qui me saisit le cœur,
Pour m'achever de peindre, esteignit ma vigueur.
    Comme elle recognut, femme mal-satisfaite,
Qu'elle perdoit son temps, du lict elle se jette,   110
Prend sa juppe, se lace, et puis en se mocquant,
D'un ris et de ces mots elle m'alla piquant:
Non, si j'estois lascive, ou d'amour occupée,
Je me pourois fascher d'avoir esté trompée:
Mais puisque mon desir n'est si vif, ny si chaud, 115
Mon tiéde naturel m'oblige à ton défaut.
Mon amour satisfaicte ayme ton impuissance,
Et tire de la faute assez de récompence,
Qui tousjours dilayant, m'a fait, par le desir,
Esbattre plus long-temps à l'ombre du plaisir.   120
    Mais estant la douceur par l'effort divertie,
La fureur à la fin rompit sa modestie;
Et dit en esclatant: pourquoy me trompes-tu?
Ton impudence à tort a vanté ta vertu;

REMARQUES.

tres métamorphoses de Jupiter, qui sont décrites
dans Ovide, livre VI, vers 101 et suivans.

Vers 89. *Si mes deffauts passez leurs beautez
mescontentent.*] Leurs *bontez* paroîtroit plus juste.

Vers 113. *Non, si j'estois lascive.....*] Ce vers
et les sept suivans sont une paraphrase du commencement de la lettre de Circé à Polyænos, dans
Pétrone: *Si libidinosa essem, quererer decepta:
nunc etiam languori tuo gratias ago. In umbrâ
voluptatis diutius lusi.*

Vers 124. *Ton impudence à tort a vanté....*]
Ce qui suit est imité de la réponse de Polyænos à
Circé: *Fateor me, Domina, sæpe peccasse: nam
et homo sum, et adhuc juvenis; numquam tamen
ante hunc diem usque ad mortem deliqui. Habes
confitentem reum. Quidquid jusseris, merui. Pro-
ditionem feci, hominem occidi, templum violavi.
In hæc facinora quære supplicium. Sive occidere
placet, ferro meo venio: sive verberibus contenta
es, curro nudus ad Dominam. Illud unum me-
mento: non me, sed instrumenta peccasse. Para-*

Si en d'autres amours ta vigueur s'est usée,   125
Quel honneur reçois-tu de m'avoir abusée?
    Assez d'autres propos le despit luy dictoit.
Le feu de son desdain par sa bouche sortoit.
Enfin, voulant cacher ma honte et sa colere,
Elle couvrit son front d'une meilleure chere;   130
Se conseille au miroir, ses femmes appela,
Et se lavant les mains, le faict dissimula.
    Belle, dont la beauté si digne d'estre aymée,
Eust rendu des plus mortz la froideur enflamée;
Je confesse ma honte, et, de regret touché,   135
Par les pleurs que j'espands j'accuse mon péché:
Péché d'autant plus grand, que grande est ma jeunesse.
Si homme j'ay failly, pardonnez-moy, déesse.
J'avoüe estre fort grand le crime que j'ay fait;
Pourtant jusqu'à la mort, si n'avoy-je forfait,   140
Si ce n'est à present, qu'à vos pieds je me jette.
Que ma confession vous rende satisfaicte.
Je suis digne des maux que vous me prescrirez.
J'ay meurtry, j'ay volé, j'ay des vœuz parjurez,
Trahy les dieux Lenins. Inventez à ces vices,   145
Comme estranges forfaicts, des estranges supplices.
O beauté, faictes en tout ainsi qu'il vous plaist.
Si vous me commandez, à mourir je suis prest.
La mort me sera douce, et d'autant plus encore
Si je meurs de la main de celle que j'adore.   150
Avant qu'en venir là, au moins souvenez-vous
Que mes armes, non moy, causent vostre courroux;
Que champion d'amour entré dedans la lice,
Je n'eus assez d'haleine à si grand exercice;
Que je ne suis chasseur jadis tant approuvé,   155
Ne pouvant redresser un deffaut retrouvé.
Mais d'où viendroit ceci? seroit ce point, maîtresse,
Que mon esprit, du corps precedast la paresse?
Ou que, par le desir trop prompt et violent,
J'allasse, avec le temps, le plaisir consommant?   160
Pour moy, je n'en sçay rien; en ce fait tout m'abuse.
Mais enfin, ô beauté, recevez pour excuse,
S'il vous plaist derechef que je rentre en l'assaut,
J'espere avec usure amender mon deffaut.

ELEGIE V[(1)].

L'HOMME s'oppose en vain contre la destinée.
Tel a domté sur mer la tempeste obstinée,
Qui, deceu dans le port, esprouve en un instant
Des accidens humains les revers inconstant,
Qui le jette au danger, lors que moins il y pense.   5

REMARQUES.

*tus miles arma non habui. Quis hoc turbaverit,
nescio: forsitan animus antecessit corporis mo-
ram. Forsitan, dum omnia concupisco, volupta-
tem tempore consummavi. Non invenio quod feci...
Summa tamen excusationis meæ, hæc est: placebo
tibi, si me culpam emendare permiseris.*

Vers 145. *Trahy les dieux benins......*] Dans
toutes les éditions avant celle de 1642, ce vers étoit
ainsi:

Trahy les dieux: venins, inventez à ces vices;

faute grossiere, qui fait comprendre à quel point
la premiere copie étoit corrompue.

Vers 162. *.......Recevez pour excuse.*] Édition
de 1642 et suivantes, *recevez mon excuse.* L'une
et l'autre leçons peuvent estre admises.

(1) Cette élégie fut composée pour Henri IV.

Ores, à mes dépens j'en fais l'experience :
Moy, qui tremblant encor du naufrage passé,
Du bris de mon navire au rivage amassé,
Bastissois un autel aux dieux légers des ondes ;
Jurant mesme la mer, et ses vagues profondes,   10
Instruit à mes despens, et prudent au danger,
Que je me garderois de croire de léger :
Sçachant qu'injustement il se plaint de l'orage,
Qui remontant sur mer fait un second naufrage.

Cependant ay-je à peine essuyé mes cheveux,   15
Et payé dans le port l'offrande de mes vœux,
Que d'un nouveau desir le courant me transporte,
Et n'ay pour l'arrester la raison assez forte.
Par un destin secret mon cœur s'y voit contraint,
Et par un si doux nœud si doucement estreint,   20
Que, me trouvant épris d'une ardeur si parfaite,
Trop heureux en mon mal, je benis ma défaite,
Et me sens glorieux, en un si beau tourment,
De voir que ma grandeur serve si dignement.
Changement bien étrange en une amour si belle !   25
Moy, qui rangeois au joug la terre universelle ;
Dont le nom glorieux aux astres eslevé,
Dans le cœur des mortels par vertu s'est gravé ;
Qui fis de ma valeur le hazard tributaire,
A qui rien, fors l'amour, ne pût estre contraire,   30
Qui commande par tout, indomptable en pouvoir,
Qui sçay donner des loix, et non les recevoir :
Je me vois prisonnier aux fers d'un jeune maistre,
Où je languis esclave, et fais gloire de l'estre ;
Et sont à le servir tous mes vœux obligez.   35
Mes palmes, mes lauriers en myrthes sont changez,
Qui, servant de trophée aux beautez que j'adore,
Font, en si beau sujet, que ma perte m'honore.

Vous, qui dés le berceau de bon œil me voyez,
Qui du troisiéme ciel mes destins envoyez,   40
Belle et sainte planette, astre de ma naissance,
Mon bonheur plus parfait, mon heureuse influence,
Dont la douceur préside aux douces passions,
Vénus, prenez pitié de mes affections ;
Soyez-moy favorable, et faites à cette heure,   45
Plustost que découvrir mon amour, que je meure :
Et que ma fin témoigne, en mon tourment secret,
Qu'il ne vécut jamais un amant si discret ;
Et qu'amoureux constant, en un si beau martyre,
Mon trépas seulement mon amour puisse dire.   50
Ha, que la passion me fait bien discourir !
Non, non, un mal qui plaist ne fait jamais mourir.
Dieux ! où puis-je donc faire au mal qui me tourmente !
La patience est foible, et l'amour violente ;
Et me voulant contraindre en si grande rigueur,   55
Ma plainte se dérobe, et m'échape du cœur.
Semblable à cet enfant, en sa colere,
Aprés un châtiment veut forcer à se taire :
Il s'efforce de crainte à ne point soûpirer,
A grand peine ose-t-il son haleine tirer ;   60
Mais nonobstant l'effort, dolent en son courage,
Les sanglots, à la fin, débouchent le passage :
S'abandonnant aux cris, ses yeux fondent en pleurs,
Et faut que son respect défere à ses douleurs.
De mesme, je m'efforce au tourment qui me tuë,   65
En vain de le cacher mon respect s'évertuë :
Mon mal, comme un torrent, pour un temps retenu,
Renversant tout obstacle, est plus fier devenu.
Or puis que ma douleur n'a pouvoir de se taire,

REMARQUES.

Vers 40. Qui du troisiéme ciel.] L'auteur apostrophe Vénus, qui est la troisième des planètes.

Et qu'il n'est ny desert, ny rocher solitaire,   70
A qui de mon secret je m'osasse fier ;
Et que jusqu'à ce point je me dois oublier
Que de dire ma peine en mon cœur si contrainte,
A vous seule, en pleurant, j'adresse ma complainte.   10
Aussi puisque vostre œil m'a tout seul asservy,   75
C'est raison que luy seul voye comme je vy ;
Qu'il voye que ma peine est d'autant plus cruelle,
Que, seule en l'univers, je vous estime belle :
Et si de mes discours vous entrez en courroux,   79
Songez qu'ils sont en moy, mais qu'ils naissent de vous ;
Et que ce seroit estre ingrate en vos défaites,
Que de fermer les yeux aux playes que vous faites.

Donc, beauté plus qu'humaine, objet de mes plaisirs,
Délices de mes yeux et de tous mes desirs,
Qui regnez sur les cœurs d'une contrainte aimable,   85
Pardonnez à mon mal, hélas ! trop veritable ;
Et lisant dans mon cœur que valent vos attraits,
Le pouvoir de vos yeux, la force de vos traits,
La preuve de ma foy, l'aigreur de mon martyre,
Pardonnez à mes cris de l'avoir osé dire.   90
Ne vous offencez point de mes justes clameurs,
Et si, mourant d'amour, je vous dis que je meurs.

POESIES DIVERSES.

PLAINTE [1].

STANCES.

En quel obscur séjour le ciel m'a-t'il réduit ?
Mes beaux jours sont voilez d'une effroyable nuit ;
Et dans un même instant comme l'herbe fauchée,
    Ma jeunesse est sechée.

Mes discours sont changez en funèbres regrets ;   5
Et mon ame d'ennuis est si fort éperduë,
Qu'ayant perdu ma dame en ces tristes forêts,
Je crie, et ne sçay point ce qu'elle est devenuë.

O bois ! ô prez ! ô monts ! qui me fustes jadis,
En l'avril de mes jours, un heureux paradis,   10
Quand de mille douceurs la faveur de ma dame
    Entretenoit mon ame :

Or' que la triste absence, en l'enfer où je suis,
D'un piteux souvenir me tourmente et me tuë ;
Pour consoler mon mal et flatter mes ennuis,   15
Hélas, respondez-moy, qu'est-elle devenuë ?

Où sont ces deux beaux yeux ? que sont-ils devenus ?
Où sont tant de beautez, d'Amours et de Vénus
Qui regnoient dans sa veuë, ainsi que dans mes veines
    Les soucis et les peines ?   20

REMARQUES.

(1) Cette pièce, qui contient des regrets sur
l'absence d'une maîtresse, parut pour la première
fois dans un recueil imprimé en 1611, à Rouen,
chez Raphaël du Petit-Val, intitulé le Temple
d'Apollon, ou Nouveau recueil des plus excellens
vers de ce temps, page 5, qui est la première du
recueil. Elle fut ensuite insérée parmi les autres
œuvres de Regnier dans l'édition de 1642, avec
quelques légers changemens.

Helas ! fille de l'air , qui sens ainsi que moy
Dans les prisons d'Amour ton ame détenuë,
Compagne de mon mal , assiste mon émoy,
Et responds à mes cris , qu'est-elle devenuë?

Je voy bien en ce lieu, triste et desesperé ,   25
Du naufrage d'amour ce qui m'est demeuré :
Et bien que loin d'icy le destin l'ait guidée,
    Je m'en forme l'idée.

Je voy dedans ces fleurs les tresors de son teint,
La fierté de son ame en la mer toute émeuë :   30
Tout ce qu'on voit icy vivement me peint :
Mais il ne me peint pas ce qu'elle est devenuë.

Las ! voici bien l'endroit où premier je la vy,
Où mon cœur de ses yeux si doucement ravy,
Rejettant tout respect, découvrit à la belle   35
    Son amitié fidelle.

Je revoy bien le lieu , mais je ne revoy pas
La reyne de mon cœur, qu'en ce lieu j'ay perduë,
O bois ! ô prez ! ô monts! ses fideles esbats,
Helas ! respondez-moy , qu'est-elle devenuë?   40

Durant que son bel œil ces lieux embellissoit,
L'agreable printemps sous ses pieds florissoit,
Tout rioit auprès d'elle , et la terre parée
    Estoit énamourée.

Ores que le malheur nous en a sçeu priver,   45
Mes yeux tousjours mouïllez d'une humeur continuë,
Ont changé leurs saisons en la saison d'hyver,
N'ayant sçeu découvrir ce qu'elle est devenuë.

Mais quel lieu fortuné si long-temps la retient?
Le soleil qui s'absente , au matin nous revient ,   50
Et par un tour reglé , sa chevelure blonde
    Eclaire tout le monde.

Si-tost que sa lumiere à mes yeux se perdit ,
Elle est, comme un esclair , pour jamais disparuë ;
Et quoy que j'aye fait , malheureux et maudit ,   55
Je n'ay peu découvrir ce qu'elle est devenuë.

Mais , dieux ! j'ay beau me plaindre , et tousjours sous-
    pirer ,
J'ay beau de mes deux yeux deux fontaines tirer ,
J'ay beau mourir d'amour et de regret pour elle :
    Chacun me la récelle.   60

O bois ! ô prez ! ô monts ! ô vous qui la cachez !
Et qui contre mon gré l'avez tant retenuë :
Si jamais de pitié vous vous vistes touchez ,
Helas ! respondez-moy , qu'est-elle devenuë ?

Fut-il jamais mortel si malheureux que moy ?   65
Je lis mon infortune en tout ce que je voy ;
Tout figure ma perte , et le ciel et la terre
    A l'envy me font guerre.

Le regret du passé cruellement me point ,
Et rend l'objet présent ma douleur plus aiguë :   70
Mais las ! mon plus grand mal est de ne sçavoir point ,
Entre tant de malheurs , ce qu'elle est devenuë.

Ainsi de toutes parts je me sens assaillir ;
Et voyant que l'espoir commence à me faillir ;
Ma douleur se rengrège , et mon cruel martyre   75
    S'augmente et devient pire.

Et si quelque plaisir s'offre devant mes yeux ,
Qui pense consoler ma raison abbatuë ,
Il m'afflige , et le ciel me seroit odieux ,
Si là-haut j'ignorois ce qu'elle est devenuë.   80

Gesné de tant d'ennuis , je m'estonne comment ,
Environné d'Amour , et du fascheux tourment
Qu'entre l'oubli et les regrets son absence me livre,
    Mon esprit a peu vivre.

Le bien que j'ay perdu me va tiranisant ,   85
De mes plaisirs passez mon ame est combatuë ;
Et ce qui rend mon mal plus aigre et plus cuisant,
C'est qu'on ne peut sçavoir ce qu'elle est devenuë.

Et ce cruel penser qui sans cesse me suit ,
Du trait de sa beauté me pique jour et nuit ,   90
Me gravant en l'esprit la miserable histoire
    D'une si courte gloire.

Et ces biens , qu'en mes maux encor il me faut voir ,
Rendroient d'un peu d'espoir mon âme entretenuë ,
Et m'y consolerois , si je pouvois sçavoir   95
Ce qu'ils sont devenus , et qu'elle est devenuë.

Plaisirs si tost perdus , helas ! où estes-vous ?
Et vous , chers entretiens , qui me sembliez si doux,
Où estes-vous allez ? hé ! où s'est retirée
    Ma belle Cytherée?   100

Ha! triste souvenir d'un bien si-tost passé !
Las ! pourquoy ne la voy-je , ou pourquoy l'ay-je veuë ;
Ou pourquoy mon esprit d'angoisses oppressé ,
Ne peut-il découvrir ce qu'elle est devenuë ?

En vain , helas ! en vain la vas-tu dépeignant   105
Pour flatter ma douleur , si le regret poignant
De m'en voir séparé d'autant plus me tourmente ,
    Qu'on me la représente.

Seulement au sommeil j'ay du contentement ,
Qui la fait voir présente à mes yeux toute nuë ,   110
Et chatoüille mon mal d'un faux ressentiment ;
Mais il ne me dit pas ce qu'elle est devenuë.

Encor ce bien m'afflige , il n'y faut plus songer.
C'est se paistre du vent , que la nuit s'alléger   114
D'un mal qui tout le jour me poursuit et m'outrage ,
    D'une impiteuse rage.

Retenu dans des nœuds qu'on ne peut deslier ,
Il faut , privé d'espoir , que mon cœur s'évertuë ,
Ou de mourir bien-tost , ou bien de l'oublier ,
Puisqu'on ne peut sçavoir ce qu'elle est devenuë.   120

Comment , que je l'oublie ! ha ! dieux ! je ne le puis.
L'oubly n'efface point les amoureux ennuis
Que ce cruel tyran a gravez dans mon ame
    En des lettres de flame.

Il me faut par la mort finir tant de douleurs ,   125
Ayons donc à ce point l'ame bien résoluë ;
Et finissant nos jours , finissons nos malheurs ,
Puisqu'on ne peut sçavoir ce qu'elle est devenuë.

Adieu donc , clairs soleils , si divins et si beaux ,
Adieu l'honneur sacré des forests et des eaux ,   130
Adieu monts , adieu prez , adieu campagne verte ,
    De vos beautez déserte.

REMARQUES.

VERS 21. *Helas ! fille de l'air*......] L'écho.
VERS 39. *O bois ! ô prez !*....] Édition de 1642 ,
O ciel ! ô prez !

REMARQUES.

VERS 96. *Ce qu'ils sont devenus , et qu'elle est
devenuë.*] Édition de 1642 :

Ce qu'ils sont devenus , ce qu'elle est devenuë.

l

Las! recevez mon ame en ce dernier adieu.
Puisque de mon malheur ma fortune est vaincuë,
Miserable amoureux, je vay quitter ce lieu,   135
Pour sçavoir aux enfers ce qu'elle est devenuë.

Ainsi dit Amiante, alors que de sa voix
Il entama les cœurs des rochers et des bois,
Pleurant et soupirant la perte d'Yacée,
    L'objet de sa pensée.   140

Afin de la trouver, il s'encourt au trespas.
Et comme sa vigueur peu à peu diminuë,
Son ombre pleure, crie, en descendant là-bas :
Esprits, hé! dites-moy, qu'est-elle devenuë?

ODE (1).

JAMAIS ne pourray-je bannir
Hors de moy l'ingrat souvenir
De ma gloire si tost passée?
Tousjours pour nourrir mon soucy,
Amour, cet enfant sans mercy,   5
L'offrira-t-il à ma pensée?

Tyran implacable des cœurs,
De combien d'ameres langueurs
As-tu touché ma fantaisie?
De quels maux m'as-tu tourmenté?   10
Et dans mon esprit agité,
Que n'a point fait la jalousie?

Mes yeux aux pleurs accoutumez,
Du sommeil n'estoient plus fermez;
Mon cœur frémissoit sous la peine :   15
A veu' d'œil mon teint jaunissoit,
Et ma bouche, qui gémissoit,
De souspirs estoit toujours pleine.

Aux caprices abandonné,
J'errois d'un esprit forcené,   20
La raison cedant à la rage :
Mes sens, des desirs emportez,
Flottoient confus de tous costez,
Comme un vaisseau parmy l'orage.

Blasphémant la terre et les cieux,   25
Mesmes je m'estois odieux,
Tant la fureur troubloit mon ame :
Et bien que mon sang amassé,
Autour de mon cœur fust glacé,
Mes propos n'estoient que de flâme.   30

Pensif, frénétique, et resvant,
L'esprit troublé, la teste au vent,
L'œil hagard, le visage blesme :
Tu me fis tous maux éprouver;
Et sans jamais me retrouver,   35
Je m'allois cherchant en moy mesme.

REMARQUES.

(1) Cette ode fut aussi imprimée pour la première fois dans le même recueil de 1611, et fut
insérée dans l'édition de 1642. L'auteur y exprime
les regrets d'un homme usé par les plaisirs, qui
invective contre les peines de l'amour.

VERS 44. *D'avoir esté, et n'estre plus.*] Édition
de 1642 :

D'avoir esté, sans estre plus.

Cependant, lorsque je voulois,
Par raison enfraindre tes loix,
Rendant ma flame refroidie :
Pleurant, j'accusay ma raison,   40
Et trouvay que la guérison
Est pire que la maladie.

Un regret pensif et confus
D'avoir esté, et n'estre plus,
Rend mon ame aux douleurs ouverte,   45
A mes dépens, las! je voy bien,
Qu'un bon-heur comme estoit le mien
Ne se connoist que par la perte.

CONTRE
UN AMOUREUX TRANSI (1).

STANCES.

POURQUOY perdez-vous la parole,
Aussi-tost que vous rencontrez
Celle que vous idolâtrez,
Devenant vous mesme une idole?
Vous estes là sans dire mot,   5
Et ne faites rien que le sot.

Par la voix Amour vous suffoque,
Si vos souspirs vont au devant,
Autant en emporte le vent,
Et vostre déesse s'en mocque :   10
Vous jugeant de mesme imparfaict
De la parole et de l'effect.

Pensez-vous la rendre abatuë
Sans vostre fait luy déceler?
Faire les doux yeux sans parler,   15
C'est faire l'amour en tortuë.
La belle fait bien de garder
Ce qui vaut bien le demander.

Voulez-vous, en la violence
De vostre longue affection,   20
Monstrer une discretion?
Si on la voit par le silence,
Un tableau d'amoureux transi
Le peut bien faire tout ainsi.

Souffrir mille et mille traverses,   25
N'en dire mot, prétendre moins,
Donner ses tourmens pour tesmoins
De toutes ses peines diverses,
Des coups n'estre point abatu;
C'est d'un ame avoir la vertu.   30

L'effort fait plus que le merite,
Car pour trop mériter un bien,
Le plus souvent on n'en a rien :
Et dans l'amoureuse poursuite,
Quelquefois l'importunité   35
Fait plus que la capacité.

REMARQUES.

(1) Cette pièce ne parut qu'en 1616, après la
mort de Reguier, et elle ne contenoit que les cinq
premières stances.

VERS 31. *L'effort fait plus que le merite.*] Les
sept stances suivantes furent ajoutées dans l'édition
de 1642.

J'approuve bien la modestie ,
Je hay les amans effrontez.
« Evitons les extremitez.
Mais des dames une partie,   40
Comme estant sans élection,
Juge en discours l'affection.

En discourant à sa maistresse,
Que ne promet l'amant subtil ?
Car chacun , tant pauvre soit-il ,   45
Peut estre riche de promesse.
« Les grands , les vignes , les amans
» Trompent tousjours de leurs sermens. »

Mais vous ne trompez que vous mesme ,
En faisant le froid à dessein.   50
Je croy que vous n'estes pas sain :
Vous avez le visage blesme.
Où le front a tant de froideur,
Le cœur n'a pas beaucoup d'ardeur.

Vostre belle ,. qui n'est pas lourde ,   55
Rit de ce que vous en croyez.
Qui vous void , pense que soyez
Ou vous muët, ou elle sourde.
Parlez, elle vous oira bien ;
Mais elle attend, et n'entend rien.   60

Elle attend d'un desir de femme,
D'ouyr de vous quelques beaux mots.
Mais s'il est vray qu'à nos propos
On reconnoist quelle est nostre ame ;
Elle vous croit , à cette fois ,   65
Manquer d'esprit comme de voix.

Qu'un honteux respect ne vous touche :
Fortune aime un audacieux.
Pensez, voyant Amour sans yeux,   70
Mais non pas sans mains , ny sans bouche ;
Qu'après ceux qui font des présens,
L'Amour est pour les bien-disans.

LOUANGES DE MACETTE (1).

BELLE et savoureuse Macette,
Vous estes si gente et doucette,
Et avez si doux.le regard,
Que si vos vertus et merites
N'étoient en mes œuvres décrites,   5
Je croirois mériter la hard.

Ouy, je croirois qu'on me deût pendre ,
Si je ne m'éforçois de rendre ,
Avec de doubles interests,
Vostre nom autant en estime ,   10
Au mont des muses , par ma rime ,
Comme il l'est dans les cabarets.

REMARQUES.

VERS 59. *Parlez , elle vous oira bien.*] Édition
de 1667 et suivantes, *elle vous orra.*

(1) Regnier n'est point l'auteur de cette pièce ,
mais on l'a insérée dans le recueil de ses œuvres ,
parce qu'elle figure avec la satire XIII, dont la
fameuse Macette est l'héroïne. Elle fut imprimée
dans l'édition de 1652.

Puis vostre amour , qui s'abandonne ,
Ne refusa jamais personne.
Tant elle est douce à l'amitié.
Aucun respect ne vous retarde ;   15
Et fût-il crieur de moutarde ,
Vous en avez toûjours pitié.

Vostre poil , que le temps ne change ,
Et aussi doré qu'une orange ,
Et plus qu'un chardon frisotté ;   20
Et vostre tresse non confuse,
Semble à ces mesches d'arquebuse,
Qu'un cadet porte à son costé.

Vostre face est plus reluisante   25
Que n'est une table d'attente,
Où l'on a assiet de la couleur;
Et vostre œil a telle étincelle,
Que le soleil n'est , auprès d'elle,
Qu'un cierge de la Chandeleur.   30

La muse autour de vostre bouche,
Volant ainsi comme une mouche,
De miel vous embrène le bec :
Et vos paroles nompareilles
Resonnent doux à nos oreilles,   35
Comme les cordes d'un rebec.

Les graces, d'amour eschauffées,
Nuds pieds, sans juppes , décoiffées,
Si tiennent toutes par la main ,
Et d'une façon sadinette,   40
Se branslent à l'escarpolette,
Sur les ondes de vôtre sein.

Vénus , autour de vos œillades ,
En cotte fait mille gambades ;
Et les Amours, comme poussins,   45
Ou comme oysons hors de la muë ,
Qui ont mangé de la ciguë,
Semblent dancer les matassins.

Vostre œil chaud à la picorée,
L'esbat de Vénus la dorée,   50
Ne laisse rien passer sans flus ;
Et vostre mine de poupée ,
Prend les esprits à la pipée,
Et les appétits à la glus.

Je ne m'estonne donc , Macette ,   55
Estant si gente et si doucette ,
Vostre œil si saint et si divin ,
Si vous avez tant de pratique ;
Et s'il n'est courtaut de boutique
Qui chez vous ne prenne du vin.   60

Car , sans nulle misericorde ,
Je serois digne de la corde,
Si d'un caprice fantastic
Je n'allois chantant vos loüanges ;
Priant Dieu , les saints , et les anges ,   65
Qu'ils vous conservent au public.

Ce n'est pas pourtant qu'il me chaille ,
Que chez vous la vendange faille ;
Mais je craindrois doresnavant,
Que vostre vin , qui se disperse ,   70
Veu le long temps qu'il est en perce,
Se sentist un peu de l'évent.

STANCES (1).

Si vostre œil tout ardent d'amour et de lumiere,
De mon cœur vostre esclave est la flamme premiere
Que comme un astre saint je révère à genoux,
    Pourquoy ne m'aymez-vous ?

Si vous que la beauté rend ores si superbe,   5
Devez, comme une fleur qui flestrit dessus l'herbe,
Esprouver des saisons l'outrage et le courroux,
    Pourquoy ne m'aymez-vous ?

Voulez-vous que vostre œil en amour si fertile
Vous soit de la nature un présent inutile ?   10
Si l'Amour comme un dieu se communique à tous,
    Pourquoy ne m'aymez-vous ?

Attendez-vous qu'un jour un regret vous saisisse ?
C'est à trop d'interests imprimer un supplice.
Mais puisque nous vivons en un âge si doux,   15
    Pourquoy ne m'aymez-vous ?

Si vostre grand' beauté toutes beautés excelle,
Le ciel pour mon malheur ne vous fist point si belle :
S'il semble en son dessein avoir pitié de nous,
    Pourquoy ne m'aymez-vous ?   20

Si j'ai, pour vous aymer, ma raison offensée,
Mortellement blessé d'une flesche insensée
Sage en ce seul esgard que j'en bénys les coups,
    Pourquoy ne m'aymez-vous ?

La douleur, m'estrangeant de toute compagnie,   25
De mes jours malheureux a la clarté bannie ;
Et si dans ce malheur pour vous je me résous,
    Pourquoy ne m'aymez-vous ?

Fasse le ciel qu'enfin vous puissiez recognoistre
Que mon mal a de vous son essence et son estre.   30
Mais, Dieu ! puisqu'il est vray, yeux qui m'estes si doux,
    Pourquoy ne m'aymez-vous ?

COMPLAINTE (2).

STANCES.

Vous qui violentez nos volontez subjettes,
Oyez ce que je dis, voyez ce que vous faites :
Plus vous la fermerez plus ferme elle sera,
Plus vous la forcerez plus elle aura de force,
Plus vous l'amortirez plus elle aura d'amorce,   5
Plus elle endurera plus elle durera.

REMARQUES.

(1) Ces stances charmantes, et les deux pièces
qui suivent, sont imprimées pour la première fois
dans les œuvres de Regnier. Elles sont tirées du
Parnasse satirique.

Vers 22. *Mortellement blessé d'une flesche.......*]

Mortellement atteint d'une flèche empennée.
           La Fontaine, fable de l'*Oiseau*
                blessé d'une *flèche.*

(2) Cette complainte est une sorte de concession
que fit Regnier au mauvais goût de son temps,
pendant lequel plusieurs sortes de vers ridicules
étoient encore en faveur. La première strophe et
la troisième sont des exemples de ce qu'on nom-

Cachez-la, serrez-la, tenez-la bien contraincte,
L'attache de nos cœurs d'une amoureuse estraincte
Nous couple beaucoup plus qu'elle ne nous dejoincts ;
Nos corps sont désunis, nos ames enlacées,   10
Nos corps sont séparés et non point nos pensées :
Nous sommes désunis et ne le sommes point.

Vous me faictes tirer profit de mon dommage ;
En croissant mon tourment vous croissez mon courage ;
En me faisant du mal vous me faictes du bien ;   15
Vous me rendez content me rendant miserable ;
Sans vous estre obligé je vous suis redevable ;
Vous me faictes beaucoup et ne me faictes rien.

Ce n'est pas le moyen de me pouvoir distraire.
L'ennemi se rend fort voyant son adversaire :   20
Au fort de mon malheur je me roidis plus fort.
Je mesure mes maux avecques ma constance :
J'ai de la passion et de la patience ;
Je vis jusqu'à la mort, j'aime jusqu'à la mort.

Bandez-vous contre moi : que tout me soit contraire   25
Tous vos efforts sont vains : et que pouvez-vous faire?
Je sens moins de rigueur que je n'ai de vigueur.
Comme l'or se rafine au milieu de la flamme
Je despite ce feu où j'épure mon âme
Et vais contre-carrant ma force et ma langueur.   30

Le palmier généreux, d'une constante gloire
Toujours s'opiniastre à gagner la victoire ;
Qui ne se rend jamais à la mercy du poids,
Le poids le fait plus fort, et l'effort le renforce,
Et surchargeant sa charge on renforce sa force.   35
Il eslève le faix en eslevant son bois.

Et le fer refrappé sous les mains résonnantes
Deffie des marteaux les secousses battantes,
Est batu, combattu et non pas abattu ;
Ne craint beaucoup le coup, se rend impénétrable,   40
Se rend en endurant, plus fort et plus durable ;
Et les coups redoublés redoublent sa vertu.

Par le contraire vent en soufflantes bouffées
Le feu va ratisant ses ardeurs étouffées :
Il bruit au bruit du vent, souffle au soufflet venteux,   45
Murmure, gronde, craque à longues hallenées ;
Il tonne, estonne tout de flammes entonnées :
Ce vent disputé bouffe et bouffit despiteux.

REMARQUES.

moit alors *vers couronnés.* Clément Marot en a
composé de cette espèce :

    Dieu des amours, d'amour me garde ;
    Me gardant, donne-moi bonheur :
    En me bien-heurant prends ta darde,
    En la prenant navre son cœur, etc.

La neuvième strophe est en vers rapportés. L'épitaphe de Clément Marot, par Jodelle, est de ce
genre :

    Quercy, la cour, le Piedmont, l'univers
    Me fit, me tint, m'enterra, me cogneut, etc.

c'est-à-dire : *Quercy me fit, la cour me tint, le
Piémont m'enterra, l'univers me connut.*

Regnier étoit digne, par son talent, de mépri-
ser de semblables bagatelles, qui n'ont d'autre mérite que celui de la difficulté vaincue. Il ne faut
donc considérer ces stances que comme un ouvrage
de sa jeunesse, dans lequel il aura voulu, peut-
être, essayer ses forces dans ce genre d'escrime.

Le faix, le coup, le vent, roidit, durcit, embraze
L'arbre, le fer, le feu par antiperistaze.   50
On me charge, on me bat, on m'esvente souvent ;
Roidissant, durcissant et bruslant en mon ame
Je fais comme la palme et le fer et la flamme
Qui despite le faix et le coup et le vent.

Le faix de mes travaux esleve ma constance,   55
Le coup de mes malheurs endurcit ma souffrance,
Le vent de ma fortune attise mes desirs.
Toi, pour qui je pastis, subject de mon attente,
O ame de mon ame, sois contente et constante,
Et joyeuse jouïs de mes tristes plaisirs.   60

Nos deux corps sont à toy, je ne suis plus que d'ombre ;
Nos ames sont à toy, je ne sers que de nombre :
Las ! puisque tu es tout et que je ne suis rien
Je n'ay rien en t'ayant ou j'ay tout au contraire.
Avoir et rien et tout, comme se peut-il faire ?   65
C'est que j'ay tous les maux et je n'ay point de bien.

J'ay un ciel de désirs, un monde de tristesse,
Un univers de maux, mille feux de détresse :
J'ay un ciel de sanglots et une mer de pleurs ;
J'ay mille jours d'ennuy, mille jours de disgrace,   70
Un printemps d'espérance et un hiver de glace,
De souspirs un automne, un esté de chaleurs.

Clair soleil de mes yeux, si je n'ay ta lumiere,
Une aveugle nuée évite ma paupiere,
Une pluye de pleurs découle de mes yeux.   75
Les clairs éclairs d'amour, les esclats de son foudre
Entrefendent mes nuicts et m'écrasent en poudre :
Quand j'entonne mes cris lors j'étonne les cieux.

Vous qui lisez ces vers, larmoyez tous mes larmes ;
Souspirez mes souspirs vous qui lisez mes carmes :   80
Car vos pleurs et mes pleurs amortiront mes feux :
Vos souspirs, mes souspirs animeront ma flamme ;
Le feu s'esteint de l'eau et le souffle l'enflamme.
Pleurez, pleurez toujours et ne souspirez plus.

Tout moite, tout venteux, je pleure, je souspire   85
Pour, esteignant mon feu, amortir le martyre :
Mais l'humeur est trop loing et le souffle trop près.
Le feu s'esteint soudain, soudain il se renflamme.
Si les eaux de mes pleurs amortissent ma flamme
Les vents de mes desirs les tarissent après.   90

La froide salamandre, au chaud antipathique,
Met parmy le brasier sa froideur en pratique
Et la bruslante ardeur n'y nuit que point ou peu.
Je dure dans le feu comme la salamandre ;
Le chaud ne la consomme, il ne me met en cendre,   95
Elle ne craint la flamme et je ne crains le feu.

Mais elle est sans le mal et moy sans le remède.
Moi extrêmement chaud, elle extrêmement froide :
Si je porte mon feu elle porte son glas ;   99
Loing ou près de la flamme elle ne craint la flamme ;
Ou près ou loing du feu j'ay du feu dans mon âme ;
Elle amortit son feu, moi je ne l'esteins pas.

Belle ame de mon corps, bel esprit de mon âme,
Flamme de mon esprit et chaleur de ma flamme,
J'ennuie tous les vifs, j'ennuie tous les morts.   105
Ma vie, si tu veux, ne peut estre ravie,
Veu que ta vie est plus la vie de ma vie
Que ma vie n'est pas la vie de mon corps.

REMARQUES.

VERS 49 et 50. *Le faix..... L'arbre....*] Le faix
roidit l'arbre, le coup durcit le fer, le vent embrase le feu.

Je vis par et pour toy, ainsi que pour moy-mesme ;
Tu vis par et pour toy, ainsi que pour toy-mesme : 110
Nous n'avons qu'une vie et n'avons qu'un trespas.
Je ne veux pas ta mort, je desire la mienne ;
Mais ma mort est ta mort, et ma vie est la tienne ;
Aussi je veux mourir et je ne le veux pas.

STANCES

POUR LA BELLE CLORIS.

Cloris, le bien qui m'importune
Ne change ma condition :
Le changement de ma fortune
Ne finit pas ma passion.

Mon amour est trop légitime   5
Pour se rendre à ce changement :
Et vous quitter seroit un crime
Digne d'un cruel chatiment.

Vous avez dessus moy, madame,
Un pouvoir approuvé du temps ;   10
Car les vœux que j'ay dans mon âme
Servent d'exemple aux plus contents.

Quelque force dont on essaye
D'assujettir ma volonté,
Je bénirai toujours la playe   15
Que je sens par votre beauté.

Je veux que mon amour fidelle
Vous oblige autant à m'aymer,
Comme la qualité de belle
Vous faict ici-bas estimer.   20

Mon âme à vos fers asservie,
Et par amour et par raison,
Ne peut consentir que ma vie
Sorte jamais de sa prison.

N'adorant ainsi que vos chaisnes   25
Je me plais si fort en ce lien,
Qu'il semble que parmy mes peines
Mon âme gouste quelque bien.

Vos vœux, où mon âme se fonde,
Me seront à jamais si chers,   30
Que mes vœux seront en ce monde
Aussi fermes que des rochers.

Ne croyez donc pas que je laisse
Vostre prison qui me retient,
Car jamais un effet ne cesse   35
Tant que la cause le maintient.

DIALOGUE.

CLORIS et PHILIS.

CLORIS.

Philis, œil de mon cœur, et moitié de moi-mesme,
Mon amour, qui te rend le visage si blesme ?
Quels sanglots, quels souspirs, quelles nouvelles pleurs,
Noyent de tes beautez les graces et les fleurs ?

PHILIS.

Ma douleur est si grande, et si grand mon martyre,   5
Qu'il ne se peut, Cloris, ny comprendre ny dire.

CLORIS.

Ces maintiens égarez, ces pensers esperdus,
Ces regrets et ces cris par ces bois espandus,
Ces regards languissans, en leur flames discrettes,
Me sont de ton amour les paroles secrettes.　　10

PHILIS.

Ha! Dieu, qu'un divers mal diversement me point!
J'ayme; hélas! non, Cloris, non, non, je n'ayme point.

CLORIS.

La honte ainsi dément, ce que l'amour décelle,
La flame de ton cœur par tes yeux estincelle,
Et ton silence mesme, en ce profond malheur,　　15
N'est que trop éloquent à dire ta douleur.
Tout parle en ton visage; et, te voulant contraindre,
L'amour vient, malgré toi, sur ta lèvre se plaindre.
Pourquoy veux-tu, Philis, aimant comme tu fais,
Que l'amour se démente en ses propres effets?　　20
Ne sçais-tu que ces pleurs, que ces douces œillades,
Ces yeux, qui se mourant, font les autres malades,
Sont théâtres du cœur, où l'amour vient joüer
Les pensers que la bouche a honte d'avoüer?
N'en fais donc point la fine, et vainement ne cache　　25
Ce qu'il faut, malgré toy, que tout le monde sçache;
Puisque le feu d'amour, dont tu veux triompher,
Se montre d'autant plus qu'on le pense étouffer.
L'Amour est un enfant nud, sans fard et sans crainte,
Qui se plaist qu'on le voye, et qui fuit la contrainte.　　30
Force donc tout respect, ma chere fille, et croy
Que chacun est sujet à l'Amour comme toy.
En jeunesse j'aimay, ta mere fit de mesme,
Licandre aima Lisis, et Félisque Philesme;
Et si l'âge esteignit leur vie et leurs soûpirs,　　35
Par ces plaines encore on en sent les zéphirs.
Ces fleuves sont encor tout enflez de leurs larmes,
Et ces prez tout ravis de tant d'amoureux charmes;
Encore oit-on l'éco redire leurs chansons,
Et leurs noms sur ces bois gravez en cent façons.　　40
Mesmes que penses-tu? Bérénice la belle,
Qui semble contre Amour si fiére et si cruelle,
Me dit tout franchement, en pleurant, l'autre jour,
Qu'elle estoit sans amant, mais non pas sans amour.
Telle encor qu'on me voit, j'ayme de telle sorte,　　45
Que l'effet en est vif, si la cause en est morte.
Es cendres d'Alexis Amour nourrir le feu
Que jamais par mes pleurs éteindre je n'ay peu.
Mais comme d'un seul trait nostre ame fut blessée,
S'il n'avoit qu'un desir, je n'eus qu'une pensée.　　50

PHILIS.

Ha! n'en dis davantage, et de grace, ne rends
Mes maux plus douloureux, ny mes ennuis plus grands.

CLORIS.

D'où te vient le regret dont ton ame est saisie?
Est-ce infidelité, mépris, ou jalousie?

PHILIS.

Ce n'est ny l'un, ny l'autre, et mon mal rigoureux　　55
Excede doublement le tourment amoureux.

REMARQUES.

VERS 34. *Licandre aima Lisis, et Félisque Philesme.*] La cadence demandoit qu'il fût tourné ainsi:

Licandre aima Lisis, Félisque aima Philême.

VERS 36. *Par ces plaines encore on en sent les zéphirs.*] Toutes les éditions portent: *Par ces plaintes.*

CLORIS.

Mais ne peut-on sçavoir le mal qui te possede?

PHILIS.

A quoy serviroit-il, puis qu'il est sans remede?

CLORIS.

Volontiers les ennuis s'alègent aux discours.

PHILIS.

Las! je ne veux aux miens ny pitié, ny secours.　　60

CLORIS.

La douleur que l'on cache est la plus inhumaine.

PHILIS.

Qui meurt en se taisant, semble mourir sans peine.

CLORIS.

Peut-estre en la disant te pourrai-je guerir.

PHILIS.

Tout remede est fâcheux alors qu'on veut mourir.

CLORIS.

Au moins avant la mort dis où le mal te touche.　　65

PHILIS.

Le secret de mon cœur ne va point en ma bouche.

CLORIS.

Si je ne me déçois, ce mal te vient d'aimer?

PHILIS.

Cloris, d'un double feu je me sens consumer.

CLORIS.

La douleur, malgré-toy, la langue te dénoue.

PHILIS.

Mais faut-il, à ma honte, hélas, que je l'avoue?　　70
Et que je die un mal pour qui jusques ici
J'eus la bouche fermée, et le cœur si transi,
Qu'étouffant mes soûpirs, aux bois, aux prez, aux plaines,
Je ne pûs, ny n'osay discourir de mes peines?

CLORIS.

Avec toi mourront donc tes ennuis rigoureux!　　75

PHILIS.

Mon cœur est un sépulcre honorable pour eux.

CLORIS.

Je croy lire en tes yeux quelle est ta maladie.

PHILIS.

Si tu la vois, pourquoi veux-tu que je la die?
Aurai-je assez d'audace à dire ma langueur?
Ha! perdons le respect, où j'ay perdu le cœur.　　80
J'ayme, j'ayme, Cloris; et cet enfant d'Eryce,
Qui croit que c'est pour moy trop peu que d'un suplice,
De deux traits qu'il tira des yeux de deux amans,
Cause en moy ces douleurs, et ces gémissemens:
Chose encor inoüe, et toutefois non feinte,　　85
Et dont jamais bergere à ces bois ne s'est plainte!

CLORIS.

Seroit-il bien possible?

REMARQUES.

VERS 81. .... *Et cet enfant d'Eryce.*] L'A-
mour, fils de Vénus, surnommée Érycine, du
mont Éryx, en Sicile, où cette déesse avoit un
temple.

PHILIS.

A mon dam tu le vois.

CLORIS.

Comment ! qu'on puisse aimer deux hommes à la fois !

PHILIS.

Mon malheur en ceci n'est que trop veritable ; 89
Mais las ! il est bien grand, puisqu'il n'est pas croyable.

CLORIS.

Qui sont ces deux bergers dont ton cœur est espoint ?

PHILIS.

Amynte et Philémon ; ne les connois-tu point ?

CLORIS.

Ceux qui furent blessez, lors que tu fus ravie ?

PHILIS.

Ouy, ces deux dont je tiens et l'honneur et la vie.

CLORIS.

J'en sçay tout le discours, mais dy-moy seulement 95
Comme amour par leurs yeux charma ton jugement ?

PHILIS.

Amour tout dépité de n'avoir point de flesche
Assez forte pour faire en mon cœur une bresche,
Voulant qu'il ne fût rien dont il ne fût vainqueur,
Fit par les coups d'autrui cette playe en mon cœur : 100
Quand ces bergers navrez, sans vigueur, et sans armes,
Tout moites de leur sang, comme moy de mes larmes,
Près du satyre mort, et de moy, que l'ennuy
Rendoit en apparence aussi morte que lui,
Firent voir à mes yeux, d'une piteuse sorte, 105
Qu'autant que leur amour leur valeur estoit forte.
Ce traître, tout couvert de sang et de pitié,
Entra dedans mon cœur sous couleur d'amitié,
Et n'y fut pas plustost, que morte, froide, et blesme,
Je cessay, toute en pleurs, d'estre plus à moi mesme. 110
J'oubliay pere et mere, et troupeaux, et maison.
Mille nouveaux desirs saisirent ma raison.
J'erray deçà, delà, furieuse, insensée,
De pensers en pensers s'égara ma pensée ;
Et comme la fureur estoit plus douce en moy, 115
Réformant mes façons, je leur donnois la loy.
J'accommodois ma grace, agençois mon visage,
Un jaloux soin de plaire excitoit mon courage,
J'allois plus retenuë, et composois mes pas,
J'apprenois à mes yeux à former leurs appas, 120
Je voulois sembler belle, et m'efforçois à faire
Un visage qui pûst également leur plaire :
Et lors qu'ils me voyoient par hazard tant soit peu,
Je frissonnois de peur craignant qu'ils eussent veu
(Tant j'estois en amour innocemment coupable) 125
Quelque façon en moy qui ne fust agreable.
Ainsi, tousjours en transe, en ce nouveau soucy,
Je disois à part-moy, las ! mon Dieu ! qu'est-ceci ?
Quel soin, qui de mon cœur s'estant rendu le maistre,
Fait que je ne suis plus ce que je soulois estre ? 130
D'où vient que jour et nuit je n'ay point de repos,
Que mes soûpirs ardens traversent mes propos ;
Que loin de la raison tout conseil je rejette,
Que je sois, sans sujet, aux larmes si sujette ?
Ha ! sotte, répondois-je après, en me tançant, 135
Non, ce n'est que pitié que ton ame ressent
De ces bergers blessez ; te fasches-tu, cruelle,
Aux doux ressentimens d'un acte si fidele ?
Serois-tu pas ingrate en faisant autrement ?
Ainsi je me flattois en ce faux jugement, 140

Estimant en ma peine, aveugle et langoureuse,
Estre bien pitoyable, et non pas amoureuse.
Mais, las ! en peu de temps je connus mon erreur,
Tardive connoissance à si prompte fureur !
J'aperçeus, mais trop tard, mon amour vehemente. 145
Les connoissant amans, je me connus amante.
Aux rayons de leur feu, qui luit si clairement,
Helas ! je vis leur flame, et mon embrasement,
Qui croissant par le temps, s'augmenta d'heure en heure,
Et croistra, ç'ay-je peur, jusqu'à tant que je meure. 150
Depuis, de mes deux yeux le sommeil se bannit.
La douleur de mon cœur mon visage fannit.
Du soleil, à regret, la lumiere m'éclaire,
Et rien que ces bergers au cœur ne me peut plaire.
Mes flêches et mon arc me viennent à mépris, 155
Un choc continuel fait guerre à mes esprits,
Je suis du tout en proye à ma peine enragée,
Et pour moy, comme moy, toute chose est changée.
Nos champs ne sont plus beaux, ces prez ne sont plus verts,
Ces arbres ne sont plus de feüillages couverts, 160
Ces ruisseaux sont troublez des larmes que je verse,
Ces fleurs n'ont plus d'émail en leur couleur diverse,
Leurs attraits si plaisans, sont changez en horreur,
Et tous ces lieux maudits n'inspirent que fureur,
Icy, comme autrefois, ces pastis ne fleurissent, 165
Comme moy, de mon mal, mes troupeaux s'amaigrissent,
Et mon chien m'abbayant, semble me reprocher,
Que j'ay ore à mépris ce qui ne fut si cher.
Tout m'est à contre-cœur, hormis leur souvenance.
Hélas ! je ne vis point, sinon lors que j'y pense, 170
Ou lors que je les vois, et que vivante en eux,
Je puise dans leurs yeux un venin amoureux.
Amour, qui pour mon mal me rend ingénieuse,
Donnant trêve à ma peine ingrate et furieuse,
Les voyant, me permet l'usage de raison, 175
Afin que je m'esforce après leur guerison ;
Me fait panser leurs maux ; mais las ! en vain j'essaye,
Je sonde de leurs coups l'étrange profondeur,
Et ne m'étonne point pour en voir la grandeur. 180
J'étuve de mes pleurs leurs blessures sanglantes,
Hélas ! à mon malheur, blessures trop blessantes,
Puisque vous me tuez, et que mourant par vous,
Je souffre en vos douleurs, et languis de vos coups !

CLORIS.

Brûlent-ils comme toy d'amour démesurée ? 185

PHILIS.

Je ne sçay ; toutefois, j'en pense estre assurée.

CLORIS.

L'amour se persuade assez légèrement.

PHILIS.

Mais ce que l'on desire, on le croit aisément.

CLORIS.

Le bon amour, pourtant, n'est point sans défiance.

PHILIS.

Je te diray surquoy j'ay fondé ma croyance : 190
Un jour, comme il avint qu'Amynte étant blessé,
Et qu'estant de sa playe et d'amour opressé,
Ne pouvant clorre l'œil, éveillé du martyre,
Se pleignoit en pleurant, d'un mal qu'il n'osoit dire ;
Mon cœur, qui du passé, le voyant, se souvint, 195
A ce piteux objet toute pitié revint,
Et ne pouvant souffrir de si rude alarmes,
S'ouvrit à la douleur, et mes deux yeux aux larmes.
Enfin comme ma voix, ondoyante à grands flots,

Eut trouvé le passage entre mille sanglots,   200
Me forçant en l'accez du tourment qui me grève,
J'obtins de mes douleurs à mes pleurs quelque trève.
Je me mis à chanter, et le voyant gémir,
En chantant, j'invitois ses beaux yeux à dormir ;   204
Quand lui, tout languissant, tournant vers moi sa teste,
Qui sembloit un beau lis battu de la tempeste,
Me lançant un regard qui le cœur me fendit,
D'une voix rauque et casse, ainsi me répondit :
Philis, comme veux-tu qu'absent de toy je vive ?
Ou bien qu'en te voyant, mon ame, ta captive,   210
Trouve, pour endormir son tourment furieux,
Une nuit de repos au jour de tes beaux yeux ?
Alors toute surprise en si prompte nouvelle,
Je m'enfuy de vergongne, où Filémon m'apelle,
Qui navré, comme luy, de pareils accidens,   215
Languissoit en ses maux trop vifs et trop ardens.
Moy, qu'un devoir égal à mesme soin invite,
Je m'aproche de luy, ses playes je visite,
Mais, las ! en m'aprestant à ce piteux dessein,
Son beau sang qui s'émeut, jaillit dessus mon sein ;   220
Tombant évanoüi, toutes ses playes s'ouvrent,
Et ses yeux, comme morts, de nuages se couvrent.
Comme avecque mes pleurs je l'eûs fait revenir,
Et me voyant sanglante en mes bras le tenir,
Me dit, belle Philis, si l'amour n'est un crime,   225
Ne méprisez le sang qu'épand cette victime.
On dit qu'estant touché de mortelle langueur,
Tout le sang se resserre, et se retire au cœur.
Las ! vous estes mon cœur, où pendant que j'expire,
Mon sang brûle d'amour, s'unit et se retire.   230
Ainsi de leurs desseins, je ne puis plus douter ;
Et lors, moy, que l'amour oncques ne sçut dompter,
Je me sentis vaincuë, et glisser en mon ame,
De ces propos si chauds, et si brûlans de flame,
Un rayon amoureux qui m'enflama si bien,   235
Que tous mes froids dédains n'y servirent de rien.
Lors je m'en cours de honte où la fureur m'emporte,
N'ayant que la pensée, et l'Amour pour escorte ;
Et suis comme la biche, à qui l'on a percé
Le flanc mortellement d'un garot traversé,   240
Qui fuit dans les forests, et tousjours avec elle
Porte, sans nul espoir, sa blessure mortelle.
Las ! je vay, tout de mesme, et ne m'apperçois pas,
O malheur ! qu'avec moy, je porte mon trépas.
Je porte le tyran qui de poison m'enyvre,   245
Et qui, sans me tuer, en ma mort me fait vivre.
Heureuse, sans languir si long-temps aux abbois,
Si j'en puis échapper pour mourir une fois !

CLORIS.

Si d'une mesme ardeur leur ame est enflamée,
Te plains-tu d'aimer bien, et d'estre bien aimée ?   250
Tu les peux voir tous deux, et les favoriser.

PHILIS.

Un cœur se pourroit-il en deux parts diviser ?

CLORIS.

Pourquoy non ? c'est erreur de la simplesse humaine,
La foy n'est plus au cœur qu'une chimere vaine,
Tu dois, sans t'arrester à la fidelité,   255
Te servir des amans comme des fleurs d'esté,
Qui ne plaisent aux yeux qu'étant toutes nouvelles.
Nous avons, de nature, au sein doubles mammelles,
Deux oreilles, deux yeux, et doubles sentimens :
Pourquoy ne pourions-nous avoir divers amans ?   260
Combien en connoisse-je à qui tout est de mise,
Qui changent plus souvent d'amans que de chemise ?

La grâce, la beauté, la jeunesse et l'amour,
Pour les femmes ne sont qu'un empire d'un jour,
Encor que d'un matin ; car à qui bien y pense,   265
Le midy n'est que soin, le soir que repentance.
Puis donc qu'Amour te fait d'amans provision,
Use de ta jeunesse, et de l'occasion,
Toutes deux, comme un trait de qui l'on perd la trace,
S'envolent, ne laissant qu'un regret en leur place.   270
Mais si ce proceder encore t'est nouveau,
Choisy lequel des deux te semble le plus beau.

PHILIS.

Ce remède ne peut à mon mal satisfaire.
Puis nature et l'Amour me défend de le faire.
En un choix si douteux s'égare mon desir.   275
Ils sont tous deux si beaux qu'on n'y peut que choisir.
Comment beaux ! Ha ! nature, admirable en ouvrages,
Ne fit jamais deux yeux, ny deux si beaux visages :
Un doux aspect qui semble aux amour convier.
L'un n'a rien qu'en beauté l'autre puisse envier.   280
L'un est brun, l'autre blond, et son poil, qui se dore
En filets blondissans, est semblable à l'Aurore,
Quand toute échevelée, à nos yeux soûriant
Elle émaille de fleurs les portes d'Orient ;
Ce teint blanc et vermeil où l'Amour rit aux Graces,   285
Cet œil qui fond des cœurs les rigueurs et les glaces,
Qui foudroye en regards, éblouït la raison,
Et tuë, en basilic, d'un amoureux poison ;
Cette bouche si belle, et si pleine de charmes ;
Où l'Amour prend le miel dont il trempe ses armes ;   290
Ces beaux traits de discours, si doux et si puissans,
Dont l'Amour par l'oreille assujettit mes sens,
A ma foible raison font telle violence,
Qu'ils tiennent mes desirs en égale balance :
Car si de l'un des deux je me veux départir,   295
Le ciel, non plus que moy, ne peut y consentir.
L'autre, pour estre brun, aux yeux n'a moins de flâmes,
Il seme, en regardant, du soufre dans les ames,
Donne aux cœurs aveuglez la lumiere et le jour :
Ils semblent deux soleils en la sphere d'Amour.   300
Car si l'un est pareil à l'Aurore vermeille,
L'autre, non teint plus brun, a la grace pareille
A l'astre de Vénus, qui doucement reluit,
Quand le soleil tombant dans les ondes s'enfuit.
Sa taille haute et droite, et d'un juste corsage,   305
Semble un pin qui s'éleve au milieu d'un bocage ;
Sa bouche est de coral, où l'on voit au dedans,
Entre un plaisant soûris, les perles de ses dents,
Qui respirent un air embaumé d'une halcine
Plus douce que l'œillet, ny que la marjolaine.   310
D'un brun mêlé de sang son visage se peint.
Il a le jour aux yeux, et la nuit en son teint,
Où l'Amour, flamboyant entre mille estincelles,
Semble un amas brillant des étoiles plus belles,
Quand une nuit sereine avec ses bruns flambeaux,   315
Rend le soleil jaloux, en ses jours les plus beaux.
Son poil noir et retors, en gros flocons ondoye,
Et, crêpelu, ressemble une toison de soye.
C'est, enfin, comme l'autre, une miracle des cieux.
Mon ame, pour les voir, vient toute dans mes yeux ;   320
Et ravie en l'objet de leurs beautez extremes,
Se retrouve dans eux, et se perd en soi-mesmes.
Las, ainsi je ne sçay que dire, ou que penser.
De les aimer tous deux, n'est-ce les offencer ?   324
Laisser l'un, prendre l'autre, ô Dieux ! est-il possible ?
Ce seroit, les aimant, un crime irrémissible.
Ils sont tous deux égaux de merite, et de foy.
Las ! je n'ayme rien qu'eux, ils n'ayment rien que moy.
Tous deux pour me sauver hazarderent leur vie,

Ils ont mesme dessein, mesme amour, mesme envie. 330
De quelles passions me senté-je émouvoir ?
L'amour, l'honneur, la foy, la pitié, le devoir,
De divers sentimens également me troublent ;
Et me pensant aider, mes angoisses redoublent.
Car si, pour essayer à mes maux quelque paix, 335
Par fois oubliant l'un, en l'autre je me plais ;
L'autre, tout en colere, à mes yeux se présente,
Et me montrant ses coups, sa chemise sanglante,
Son amour, sa douleur, sa foy, son amitié,
Mon cœur se fend d'amour, et s'ouvre à la pitié. 340
Las ! ainsi combatue en cette étrange guerre,
Il n'est grace pour moy au ciel ny sur la terre.
Contre ce double effort débile est ma vertu.
De deux vents opposez mon cœur est combatu,
Et reste ma pauvre ame entre deux étouffée, 345
Miserable dépoüille, et funeste trophée.

SONNET

SUR LE TRESPAS DE M. PASSERAT (1).

———

Passerat, le séjour, et l'honneur des Charites.
Les délices de Pinde, et son cher ornement :
Qui, loing du monde ingrat, que bien-heureux tu quittes,
Comme un autre Apollon, reluis au firmament !

Afin que mon devoir s'honore en tes merites, 5
Et mon nom par le tien vive éternellement ;
Que dans l'éternité ces paroles écrites
Servent à nos neveux comme d'un testament.

Passerat fut un Dieu sous humaine semblance,
Qui vid naistre et mourir les muses en la France, 10
Qui de ses doux accords leurs chansons anima.

Dans le champ de ses vers fut leur gloire semée :
Et, comme un mesme sort leur fortune enferma,
Ils ont à vie égalle, égalle renommée.

SONNET

SUR LA MORT DE M. RAPIN (2).

———

Passant, cy gist Rapin, la gloire de son âge,
Superbe honneur de Pinde, et de ses beaux secrets :
Qui vivant surpassa les Latins et les Grecs,
Soit en profond sçavoir, ou douceur de langage.

Eternisant son nom avecq' maint haut ouvrage, 5
Au futur il laissa mille poignants regrets
De ne pouvoir attaindre, ou de loin, ou de près,
Au but où le porta l'étude et le courage.

On dit, et je le croy, qu'Apollon fut jaloux,
Le voyant comme un Dieu réveré parmi nous ; 10
Et qu'il mist de rancœur si-tost fin à sa vie.

Considere, passant, quel il fust icy-bas :
Puisque sur sa vertu les dieux eurent envie,
Et que tous les humains y pleurent son trespas.

REMARQUES.

Vers 346. *Miserable dépoüille, et funeste trophée.*] Il paroît que cette piece n'est pas achevée.

(1) Jean Passerat, professeur royal en éloquence à Paris, excellent orateur et poëte françois, mourut en 1602, âgé de soixante-treize ans.

(2) Ce sonnet n'avoit point encore paru parmi

ÉPITAPHE DE REGNIER,

FAITE PAR LUI-MESME (1).

———

J'ay vescu sans nul pensement,
Me laissant aller doucement
A la bonne loy naturelle ;
Et je m'estonne fort pourquoy
La mort osa songer à moy, 5
Qui ne songeay jamais en elle.

STANCES (2).

———

Quand sur moi je jette les yeux,
A trente ans me voyant tout vieux,
Mon cœur de frayeur diminuë :
Estant vieilli dans un moment,
Je ne puis dire seulement, 5
Que ma jeunesse est devenuë.

Du berceau courant au cercuëil,
Le jour se dérobe à mon œil,
Mes sens troublez s'évanoüissent.
Les hommes sont comme des fleurs, 10
Qui naissent et vivent en pleurs,
Et d'heure en heure se fanissent.

Leur age à l'instant écoulé,
Comme un trait qui s'est envolé,
Ne laisse après soy nulle marque ; 15
Et leur nom si fameux ici,
Si-tost qu'ils sont morts, meurt aussi,
Du pauvre, autant que du monarque.

N'agueres, verd, sain, et puissant,
Comme un Aubespin florissant, 20
Mon printemps estoit délectable.
Les plaisirs logeoient en mon sein ;
Et lors estoit tout mon dessein
Du jeu d'amour, et de la table.

Mais, las ! mon sort est bien tourné ; 25
Mon age en un rien s'est borné,
Foible languit mon esperance :
En une nuit, à mon malheur,
De la joye et de la douleur
J'ay bien appris la difference ! 30

La douleur aux traits venéneux,
Comme d'un habit épineux

REMARQUES.

les œuvres de Regnier. Il est inséré à la fin des œuvres de Rapin, imprimées à Paris en 1610, in-4°.

Nicolas Rapin, poëte françois, mourut le 15 février 1608, âgé de soixante-huit ans. (Voyez la première note sur la satire IX.)

(1) Le P. Garasse, jésuite, qui rapporte ces six vers dans ses *Recherches des Recherches*, p. 648, dit que Regnier « se bâtit jadis cet épitaphe à soy-
» mesme en sa jeunesse débauchée, ayant déses-
» peré de sa santé, et estant, comme il pensoit,
» sur le point de rendre l'ame. »

(2) Toutes les pieces suivantes furent insérées dans l'édition de 1652.

Vers 1. *Quand sur moi je jette les yeux.*] L'auteur déplore la perte de sa santé, et revient à Dieu par des sentimens de pénitence.

III

Me ceint d'une horrible torture.
Mes beaux jours sont changés en nuits ;
Et mon cœur tout flétri d'ennuis ,   35
N'attend plus que la sépulture.

Enyvré de cent maux divers ,
Je chancelle , et vay de travers ,
Tant mon ame en regorge pleine :
J'en ay l'esprit tout hébété ,   40
Et si peu qui m'en est resté ,
Encor me fait-il de la peine.

La mémoire du temps passé ,
Que j'ay folement dépencé ,
Espand du fiel en mes ulceres :   45
Si peu que j'ay de jugement ,
Semble animer mon sentiment ,
Me rendant plus vif aux miseres.

Ha ! pitoyable souvenir !
Enfin , que dois-je devenir !   50
Où se réduira ma constance !
Estant ja défailly de cœur ,
Qui me donra de la vigueur ,
Pour durer en la pénitence ?

Qu'est-ce de moy ? foible est ma main ,   55
Mon courage , hélas ! est humain ,
Je ne suis de fer ny de pierre.
En mes maux montre-toy plus doux ,
Seigneur , aux traits de ton couroux ,
Je suis plus fragile que verre.   60

Je ne suis à tes yeux , sinon
Qu'un festu sans force , et sans nom ,
Qu'un hibou qui n'ose paroistre ;
Qu'un fantosme icy bas errant ,
Qu'une orde escume de torrent ,   65
Qui semble fondre avant que naistre.

Ou toy , tu peux faire trembler
L'univers , et desassembler
Du firmament le riche ouvrage ;
Tarir les flots audacieux ,   70
Ou , les élevant jusqu'aux cieux ,
Faire de la terre un naufrage.

Le soleil fléchit devant toy ,
De toy les astres prennent loy ,
Tout fait joug dessous ta parole :   75
Et cependant tu vas dardant
Dessus moy ton courroux ardent ,
Qui ne suis qu'un bourrier qui vole.

REMARQUES.

VERS 78. *Qui ne suis qu'un bourrier qui vole.*]
Bourrier est une espèce de chardon dont la tête
est couverte d'une houppe de bourre ou de duvet
qui est emportée par le vent. Ce vers et les deux
précédens sont une paraphrase de ce verset de
Job , qui est le vingt-cinquième du chap. XIII :
*Contra folium , quod vento rapitur , ostendis
potentiam , et stipulam siccam persequeris.* De
bourrier vraisemblablement on a fait le terme
populaire *ébouriffé* , qui se dit de ceux dont les
cheveux ou la perruque ont été dérangés par un
grand vent. Scaliger , chapitre 13 du livre II des
Ausanianæ lectiones , sur ce vers d'Ausone :

   Burras , quisquilias , ineptiasque ,

dit que *burras* , au nominatif *burræ* , qui signifie proprement *bourriers* , est un mot gascon. Dans

Mais quoy ! si je suis imparfait ,
Pour me défaire m'as-tu fait ?   80
Ne sois aux pécheurs si sévere.
Je suis homme , et toi Dieu clément :
Sois donc plus doux au châtiment ,
Et punis les tiens comme pere.

J'ay l'œil scellé d'un sceau de fer ;   85
Et déja les portes d'enfer
Semblent s'entr'ouvrir pour me prendre :
Mais encore , par ta bonté ,
Si tu m'as osté la santé ,
O Seigneur ! tu me la peux rendre.   90

Le tronc de branches dévêtu ,
Par une secrette vertu
Se rendant fertile en sa perte ,
De rejettons espere un jour
Ombrager les lieux d'alentour ,   95
Reprenant sa perruque verte.

Où , l'homme , en la fosse couché ,
Après que la mort l'a touché ,
Le cœur est mort comme l'écorce :
Encor l'eau reverdit le bois ;   100
Mais l'homme estant mort une fois ,
Les pleurs pour luy n'ont plus de force.

SUR LA NATIVITÉ

DE NOSTRE SEIGNEUR.

HYMNE (1).

PAR LE COMMANDEMENT DU ROY LOUIS XIII , POUR
SA MUSIQUE DE LA MESSE DE MINUIT.

Pour le salut de l'univers ,
Aujourd'huy les cieux sont ouverts ;
Et par une conduite immense ,
La grace descend dessus nous.
Dieu change en pitié son courroux ,   5
Et sa justice en sa clémence.

Le vray Fils de Dieu tout-puissant ,
Au fils de l'homme s'unissant ,
En une charité profonde ,
Encor qu'il ne soit qu'un enfant ,   10
Victorieux et triomphant ,
De fers affranchit tout le monde.

Dessous sa divine vertu ,
Le péché languit abbatu ;
Et de ses mains à vaincre expertes ,   15
Etouffant le serpent trompeur ,
Il nous assure en nostre peur ,
Et nous donne gain de nos pertes.

Ses oracles sont accomplis ;
Et ce que , par tant de replis   20
D'âge , promirent les prophètes ,
Aujourd'huy se finit en luy ,
Qui vient consoler nostre ennuy ,
En ses promesses si parfaites.

REMARQUES.

le Dictionnaire françois-anglois de Cotgrave, 1673,
in-fol. , *bourrier* et *herbe bourreuse* sont expliqués
par *cudweed , chafweed , cottonweed* , en anglois ;
et par *cnaphalium* , en latin , espèce de chardon.

(1) Cette hymne fut composée en 1611 ou 1612.

Grand roy, qui daignas en naissant
Sauver le monde perissant,
Comme pere, et non comme juge :
De graces comblant nostre roy,
Fay qu'il soit des meschans l'effroy,
Et des bons l'assuré réfuge.

Qu'ainsi qu'en esté le soleil,
Il dissipe, aux rays de son œil,
Toute vapeur et tout nuage ;
Et qu'au feu de ses actions,
Se dissipant les factions,
Il n'ayt rien qui luy fasse ombrage.

SONNET I.

O Dieu, si mes péchez irritent ta fureur,
Contrit, morne et dolent, j'espere en ta clémence.
Si mon deüil ne suffit à purger mon offence,
Que ta grace y supplée, et serve à mon erreur.

Mes esprits éperdus frissonnent de terreur,   5
Et ne voyant salut que par la pénitence,
Mon cœur, comme mes yeux, s'ouvre à la repentance,
Et me hay tellement, que je m'en fais horreur.

Je pleure le présent, le passé je regrette,
Je crains à l'avenir la faute que j'ay faite :   10
Dans mes rebellions je lis ton jugement.

Seigneur, dont la bonté nos injures surpasse,
Comme de pere à fils uses-en doucement.
Si j'avois moins failli, moindre seroit ta grace.

SONNET II.

Quand dévot vers le ciel j'ose lever les yeux,
Mon cœur ravy s'émeut, et confus s'émerveille.
Comment, dis-je à part moy, cette œuvre nompareille
Est-elle perceptible à l'esprit curieux ?

Cet astre, ame du monde, œil unique des cieux,   5
Qui travaille en repos, et jamais ne sommeille,
Pere immense du jour, dont la clarté vermeille
Produit, nourrit, récrée, et maintient ces bas lieux.

Comment t'éblouis-tu d'une flamme mortelle,
Qui du soleil vivant n'est pas une estincelle,   10
Et qui n'est devant luy sinon qu'obscurité ?

Mais si de voir plus outre aux mortels est loisible,
Croy bien, tu comprendras mesme l'infinité,
Et les yeux de la foy te la rendront visible.

SONNET III.

Cependant qu'en la croix, plein d'amour intime,
Dieu pour nostre salut tant de maux supporta,
Que par son juste sang nostre ame il racheta,
Des prisons où la mort la tenoit asservie :

Alteré du desir de nous rendre la vie,   5
J'ay soif, dit-il aux Juifs. Quelqu'un lors apporta
Du vinaigre et du fiel, et le luy présenta ;
Ce que voyant sa mere en la sorte s'écrie :

Quoy, n'est-ce pas assez de donner le trépas
A celuy qui nourrit les hommes icy bas,   10
Sans frauder son desir d'un si piteux breuvage ?

Venez, tirez mon sang de ces rouges canaux,   25
Ou bien prenez ces pleurs qui noyent mon visage :
Vous serez moins cruels, et j'auray moins de maux.

COMMENCEMENT
D'UN POEME SACRÉ.

J'ay le cœur tout ravy d'une fureur nouvelle,
Or' qu'en un saint ouvrage un saint démon m'appelle,
Qui me donne l'audace et me fait essayer,
Un sujet qui n'a peû ma jeunesse effrayer.
Toy, dont la Providence en merveilles profonde,   5
Planta dessus un rien les fondemens du monde ;
Et baillant à chaque estre et corps et mouvemens ;
Sans matiere donnas la forme aux élemens :
Donne forme à ma verve, inspire mon courage ;
A ta gloire, ô Seigneur, j'entreprens cet ouvrage.   10
Avant que le soleil eust enfanté les ans,
Que tout n'estoit qu'un rien, et que mesme le temps,
Confus, n'étoit distinct en trois diverses faces ;
Que les cieux ne tournoyent un chacun en leurs places,
Mais seulement sans temps, sans mesure, et sans lieu ; 15
Que seul parfait en soy regnoit l'esprit de Dieu,
Et que dans ce grand vuide, en majesté superbe,
Estoit l'estre de l'estre en la vertu du Verbe ;
Dieu, qui forma dans soy de tout temps l'univers,
Parla ; quand à sa voix un mélange divers....   20

ÉPIGRAMMES.

I.
SUR LE PORTRAIT D'UN POËTE COURONÉ.

Graveur, vous deviez avoir soin
De mettre dessus ceste teste,
Voyant qu'elle estoit d'une beste,
Le lien d'un botteau de foin.

RÉPONSE.

Ceux qui m'ont de foin couronné,   5
M'ont fait plus d'honneur que d'injure :
Sur du foin Jesus-Christ fut né ;
Mais ils ignorent l'écriture.

REPLIQUE.

Tu as, certes, mauvaise grace.
Le foin, dont tu fais si grand cas,   10
Pour Dieu n'estoit en cette place,
Car Jesus-Christ n'en mangeoit pas ;
Mais bien pour servir de repas
Au premier asne de la race.

II (1).

Vialart, plein d'hypocrisie,
Par sentences et contredits,
S'estoit mis dans la fantaisie
D'avoir mon bien et paradis.
Dieu me gard' de chicanerie,   5
Pour cela, je le sçay fort bien,
Qu'il n'aura ma chanoinerie :
Pour paradis, je n'en sçay rien.

REMARQUES.

(1) Cette épigramme est rapportée dans l'Anti-
Baillet, tome II, chap. 145, page 343. Vialart
étoit compétiteur de Regnier dans la poursuite d'un
canonicat de Chartres, dont Regnier s'étoit fait
pourvoir par dévolu.

III.

Si des maux, qui vous font la guerre,
Vous voulez guerir désormais,
Il faut aller en Angleterre,
Où les loups ne viennent jamais (1).

IV.

Je n'ay pû rien voir qui me plaise
Dedans les psalmes de Marot :
Mais j'aime bien ceux-là de Beze,
En les chantant sans dire mot.

V.

Je croy que vous avez fait vœu
D'aimer et parent et parente :
Mais, puis que vous aimez la tante,
Epargnez au moins le neveu.

VI.

Cette femme à couleur de bois,
En tout temps peut faire potage :
Car dans sa manche elle a des pois,
Et du beurre sur son visage.

POÉSIES LIBRES (2).

ODE

SUR UNE VIEILLE MAQUERELLE.

Esprit errant, ame idolastre,
Corps verolé, couvert d'emplastre,
Aveuglé d'un lascif bandeau ;
Grande nymphe à la harlequine,
Qui s'est brisé toute l'eschine   5
Dessus le pavé du bordeau ;

Dy-moy pourquoy, vieille maudite,
Des rufiens la calamite,
As-tu si-tost quitté l'enfer ?
Vieille, à nos maux si préparée,   10
Tu nous ravis l'asge dorée,
Nous ramenant celle de fer.

Retourne donc, ame sorciere,
Des enfers estre la portiere ;
Pars et t'en-va, sans nul delay,   15
Suivre ta noire destinée,
Te sauvant par la cheminée,
Sur ton espaule un vieux balay.

Je veux que par-tout on t'appelle
Louve, chienne, et ourse cruelle,   20
Tant deçà que delà les monts ;
Je veux de plus qu'on y ajoute :
Voilà le grand diable qui joute
Contre l'enfer et les demons.

REMARQUES.

(1) Mauvaise allusion au mot de *loups*, nom d'une maladie des jambes.

(2) Ces poésies, omises à dessein dans l'édition de Brossette, furent comprises dans celle de Lenglet Dufresnoy.

Je veux qu'on crie enimy la rue :   25
Peuple, gardez-vous de la grue
Qui destruit tous les esguillons.
Demandant si c'est aventure,
Ou bien un effect de nature,
Que d'accoucher des ardillons.   30

De cent clous elle fut formée ;
Et puis, pour en estre animée,
On la frotta de vif-argent :
Le fer fut premiere matiere ;
Mais meilleure en fut la derniere,   35
Qui fist son cul si diligent.

Depuis honorant son lignage,
Elle fit voir un beau ménage
D'ordure et d'impudicitez ;
Et puis, par l'excez de ses flames,   40
Elle a produit filles et femmes
Au champ de ses lubricitez.

De moy tu n'auras paix ny tresve
Que je ne t'aye veue en Gresve
La peau passée en maroquin,   45
Les os brisez, la chair meurtrie,
Preste à porter à la voirie,
Et mise au fond d'un manequin.

Tu mérites bien davantage,
Serpent dont le maudit langage   50
Nous perd un autre paradis :
Car tu changes le diable en ange,
Nostre vie en la mort tu change,
Croyant cela que tu nous dis.

Ha Dieu ! que je te verray souple,   55
Lors que le bourreau couple à couple
Ensemble pendra tes putains !
Car alors tu diras au monde
Que malheureux est qui se fonde
Dessus l'espoir de ses desseins.   60

Vieille sans dent, grand' hallebarde,
Vieux baril à mettre moutarde,
Grand morion, vieux pot cassé,
Plaque de lict, corne à lanterne,
Manche de lut, corps de guiterne,   65
Que n'es-tu desjà *in pace* !

Vous tous qui, malins de nature,
En desirez voir la peinture,
Allez-vous-en chez le bourreau ;
Car s'il n'est touché d'inconstance,   70
Il la fait voir à la potence,
Ou dans la salle du bordeau.

STANCES

SUR LA CH.... P....

Ma foy, je fus bien de la feste,
Quand je fis chez vous ce repas ;
Je trouvay la poudre à la teste,
Mais le poivre estoit vers le bas.

Vous me montrez un dieu propice,   5
Portant avecq' l'arc un brandon.
Appellez-vous la ch.... p.....
Une flesche de Cupidon ?

Mon cas, qui se leve et se hausse,
Bave d'une estrange façon;   10
Belle, vous fournistes la sausse,
Lors que je fournis le poisson.

  Las! si ce membre eut l'arrogance
De fouiller trop les lieux sacrez,
Qu'on luy pardonne son offense,   15
Car il pleure assez ses péchez.

ODE

SUR LA CH.... P....

——

Infasme bastard de Cythere,
Fils ingrat d'une ingrate mère,
Avorton, traistre et desguisé,
Si je t'ay servy dès l'enfance,
De quelle ingrate recompense   5
As-tu mon service abusé!

  Mon cas, fier de mainte conqueste,
En Espagnol portoit la teste,
Triomphant, superbe et vainqueur,
Que nul effort n'eust sceu rabattre: 10
Maintenant lasche, et sans combattre,
Fait la cane et n'a plus de cœur.

  De tes autels une prestresse
L'a reduit en telle destresse,
Le voyant au choc obstiné,   15
Qu'entouré d'onguent et de linge,
Il m'est advis de voir un singe
Comme un enfant embeguiné.

  De façon robuste et raillarde
Pend l'oreille et n'est plus gaillarde;   20
Son teint vermeil n'a point d'esclat;
De pleurs il se noye la face,
Et fait aussi laide grimace
Qu'un boudin crevé dans un plat.

  Aussi penaut qu'un chat qu'on chastre,   25
Il demeure dans son emplastre,
Comme en sa cocque un limaçon.
En vain d'arrasser il essaye,
Encordé comme une lampraye,
Il obéit au caveçon.   30

  Une salive mordicante
De sa narine distillante
L'ulcere si fort par dedans,
Que crachant l'humeur qui le picque,
Il bave comme un pulmonique   35
Qui tient la mort entre ses dents.

  Ha! que cette humeur languissante
Du temps jadis est differente,
Quand brave, courageux et chaud,
Tout passoit au fil de sa rage,   40
N'estant si jeune pucelage
Qu'il n'enfilast de prime assaut!

  Apollon, dès mon asge tendre,
Poussé du courage d'apprendre
Auprès du ruisseau parnassin,   45
Si je t'invoquay pour poëte,
Ores, en ma douleur secrette,
Je t'invoque pour médecin.

  Severe roy des destinées,
Mesureur des vites années,   50
Cœur du monde, œil du firmament,

Toy qui présides à la vie,
Guery mon cas, je te supplie,
Et le conduis à sauvement.

  Pour recompense, dans ton temple   55
Servant de memorable exemple
Aux jousteurs qui viendront après,
J'appendray la mesme figure
De mon cas malade en peinture,
Ombragé d'ache et de cyprès.   6

DISCOURS

D'UNE VIEILLE MAQUERELLE.

Philon, en t'ayant irrité,
Je m'en suis allé despité,
Voire aussi remply de colere
Qu'un voleur qu'on mene en galere,
Dans un lieu de mauvais renom,   5
Où jamais femme n'a dit non:
Et là je ne vis que l'hostesse;
Ce qui redoubla ma tristesse,
Mon amy, car j'avois pour lors
Beaucoup de graine dans le corps.   10
Ceste vielle, branlant la teste,
Me dit: Excusez; c'est la feste
Qui fait que l'on ne trouve rien;
Car tout le monde est gens de bien:
Et si j'ay promis en mon ame   15
Qu'à ce jour, pour n'entrer en blasme,
Ce péché ne seroit commis;
Mais vous estes de nos amis,
Parmanenda je le vous jure:
Il faut, pour ne vous faire injure,   20
Après mesme avoir eu le soin
De venir chez nous de si loin,
Que ma chambriere j'envoye
Jusques à l'Escu de Savoye:
Là, mon amy, tout d'un plein saut,   25
On trouvera ce qu'il vous faut.
Que j'ayme les hommes de plume!
Quand je les vois mon cœur s'allume.
Autrefois je parlois latin.
Discourons un peu du destin: 30
Peut-il forcer les propheties?
Les pourceaux ont-ils deux vessies?
Dites-nous quel auteur escrit
La naissance de l'Antechrist.
O le grand homme que Virgile!   35
Il me souvient de l'évangile
Que le prestre a dit aujourd'huy.
Mais vous prenez beaucoup d'ennuy.
Ma servante est un peu tardive;
Si faut-il vrayment qu'elle arrive   40
Dans un bon quart d'heure d'icy:
Elle me sert tousjours ainsi.
En attendant prenez un siége.
Vos escarpins n'ont point de liége!
Vostre collet fait un beau tour?   45
A la guerre de Montcontour
On ne portoit point de rotonde.
Vous ne voulez pas qu'on vous tonde?
Les choses longs sont de saison.
Je fus autrefois de maison,   50
Docte, bien parlante et habile,
Autant que fille de la ville:
Je me faisois bien decroter;
Et nul ne m'entendoit peter

Que ce ne fust dedans ma chambre.   55
J'avois tousjours un collier d'ambre,
Des gands neufs, des souliers noircis :
J'eusse peu captiver Narcis.
Mais hélas! estant ainsi belle,
Je ne fus pas long-temps pucelle.   60
Un chevalier d'autorité
Acheta ma virginité ;
Et depuis, avecq' une drogue,
Ma mere, qui faisoit la rogue
Quand on me parloit de cela,   65
En trois jours me repucela.
J'estois faite à son badinage.
Après, pour servir au ménage,
Un prélat me voulut avoir :
Son argent me mit en devoir   70
De le servir et de luy plaire :
Toute peine requiert salaire.
Puis après voyant en effet
Mon pucelage tout refait,
Ma mere, en son mestier sçavante,   75
Me mit une autre fois en vente ;
Si bien qu'un jeune tresorier
Fut le troisieme aventurier
Qui fit bouillir nostre marmite.
J'appris autrefois d'un hermite   80
Tenu pour un sçavant parleur,
Qu'on peut desrober un voleur
Sans se charger la conscience.
Dieu m'a donné ceste science.
Cet homme, aussi riche que laid,   85
Me fit espouser son valet,
Un bon sot qui se nommoit Blaise.
Je ne fus oncq' tant à mon aise,
Qu'à l'heure que ce gros manant
Alloit les restes butinant,   90
Non pas seulement de son maistre,
Mais du chevalier et du prestre.
De ce costé j'eus mille francs ;
Et j'avois jà, depuis deux ans,
Avecq' ma petite pratique,   95
Gagné de quoy lever boutique
De cabaret à Montléry,
Où nasquit mon pauvre mary.
Hélas! que c'estoit un bon homme!
Il avoit esté jusqu'à Rome ;   100
Il chantoit comme un rossignol ;
Il sçavoit parler espagnol.
Il ne recevoit point d'escornes ;
Car il ne portoit pas les cornes
Depuis qu'avecques luy je fus.   105
Il avoit les membres touffus :
Le poil est un signe de force,
Et ce signe a beaucoup d'amorce
Parmy les femmes du mestier.
Il estoit bon arbalestier ;   110
Sa cuisse estoit de belle marge ;
Il avoit l'espaule bien large ;
Il estoit ferme de roignons,
Non comme ces petits mignons
Qui font de la saincte Nitouche ;   115
Aussi-tost que leur doigt vous touche,
Ils n'osent pousser qu'à demy :
Celuy-là poussoit en amy,
Et n'avoit ny muscle ny veine
Qui ne poussast sans prendre haleine ;   120
Mais tant et tant il a poussé,
Qu'en poussant il est trespassé.
Soudain que son corps fut en terre,

L'enfant Amour me fit la guerre ;
De façon que, pour mon amant,   125
Je pris un basteleur Normant,
Lequel me donna la verole ;
Puis luy prestay, sur sa parole,
Avant que je cognusse rien
A son mal, presque tout mon bien.   130
Maintenant nul de moy n'a cure :
Je fleschis aux loix de nature ;
Je suis aussi seche qu'un os ;
Je ferois peur aux huguenots
En me voyant ainsi ridée,   135
Sans dents, et la gorge bridée,
S'ils ne mettoient nos visions
Au rang de leurs dérisions.
Je suis vendeuse de chandelles :
Il ne s'en voit point de fidelles   140
En leur estat, comme je suis ;
Je cognois bien ce que je puis.
Je ne puis aymer la jeunesse
Qui veut avoir trop de finesse ;
Car les plus fines de la cour   145
Ne me cachent point leur amour.
Telle va souvent à l'église,
De qui je cognois la feintise ;
Telle qui veut son fait nier
Dit que c'est pour communier ;   150
Mais la chose m'est indiquée :
C'est pour estre communiquée
A ses amys par mon moyen,
Comme Héleine fit au Troyen.
Quand la vieille, sans nulle honte,   155
M'eut achevé son petit conte,
Un commissaire illec passa,
Un sergent la porte poussa.
Sans attendre la chambriere,
Je sortis par l'huis de derriere,   160
Et m'en allay chez le voisin,
Moitié figue, moitié raisin,
N'ayant ny tristesse ny joye
De n'avoir point trouvé la proye.

ÉPIGRAMMES.

LE DIEU D'AMOUR.

Le dieu d'amour se pourroit peindre
Tout aussi grand qu'un autre dieu,
N'estoit qu'il luy suffit d'atteindre
Jusqu'à la piece du milieu.

FLUXION D'AMOUR.

L'amour est une affection
Qui, par les yeux, dans le cœur entre,
Et, par forme de fluxion,
S'escoule par le bas du ventre.

MAGDELON VRAYMENT MAGDELON.

Magdelon n'est point difficile
Comme un tas de mignardes sont :
Bourgeois, et gens sans domicile,
Sans beaucoup marchander luy font :
Un chacun qui veut la reconstre.   5
Pour raison elle dit un point :
Qu'il faut estre putain tout outre,
Ou bien du tout ne l'estre point.

LA LANGUE QUI FOURCHE.

Hier la langue me fourcha ,
Devisant avecq' Antoinette ;
Je dis f..... ; et ceste finette
Me fit la mine , et se fascha.
Je deschus de tout mon credit ,   5
Et vis , à sa couleur vermeille ,
Qu'elle aymoit ce que j'avois dit ,
Mais en autre part qu'en l'oreille.

LES CONTRE-TEMPS.

Lors que j'estois comme inutile
Au plus doux passe-temps d'amour ,
J'avois un mary si habile
Qu'il me caressoit nuict et jour.

Ores celuy qui me commande   5
Comme un tronc gist dedans le lict ,
Et maintenant que je suis grande ,
Il se repose jour et nuict.

L'un fut trop vaillant en courage ,
Et l'autre est trop alangoury.   10
Amour, rens-moy mon premier asge ,
Ou me rens mon premier mary.

LIBERTÉ DANS LE CHEMIN DU ROY.

Dans un chemin un pays traversant
Perrot tenoit sa Jeannette accollée :
Sur ce de loing advisant un passant ,
Il fut d'avis de quitter la meslée.
Pourquoy fais-tu , dit la garce affollée ,   5
Tresve du cul ? Ha ! dit-il , laisse-moy ;
Je vois quelqu'un : c'est le chemin du roy.
Ma foy , Perrot , peu de cas te desbauche ;
Il n'est pas fait plustost , comme je croy ,
Pour un piéton , que pour un qui chevauche.   16

LISETTE TUÉE PAR ROBIN.

Lisette , à qui l'on faisoit tort ,
Vint à Robin tout esplorée ,
Et luy dit : donne-moy la mort ,
Que tant de fois j'ay desirée.
Luy , qui ne la refuse en rien ,   5
Tire son... vous m'entendez bien ;
Puis au bas du ventre la frappe.
Elle , qui veut finir ses jours ,
Luy dit : Mon cœur , pousse toujours ,
De crainte que je n'en reschappe.   10
Mais Robin , las de la servir ,
Craignant une nouvelle plainte ,
Luy dit : Haste-toy de mourir ,
Car mon poignard n'a plus de pointe.

TABLE DES MATIÈRES.

FIN.

TABLE

DES

OEUVRES DE REGNIER.

www.ingramcontent.com/pod-product-compliance
Lightning Source LLC
Chambersburg PA
CBHW060609100426
42744CB00008B/1373